军工营销

姚 慰 著

国防工业出版社

·北京·

内容简介

本书的研究分析对象是中国特色社会主义市场经济条件下的军工行业营销，以辩证唯物主义哲学为理论指导，以军工营销战略、战术及方法研究为主线，从体系营销的角度出发，对军工营销开展多角度、多层次、全维度的阐述分析。通过本书，希望能结合哲学、心理学、管理学等诸多领域的内容，找寻共性的、可以作为定律的东西，探寻军工营销的价值本质和起源。

本书适用于军工及政府采购等组织市场从业人员。

图书在版编目（CIP）数据

军工营销 / 姚慰著. — 北京：国防工业出版社，2023.6重印
ISBN 978-7-118-10866-8

Ⅰ.①军… Ⅱ.①姚… Ⅲ.①军工企业—营销管理—研究—中国 Ⅳ.①F426.48

中国版本图书馆 CIP 数据核字（2016）第 064049 号

※

国防工业出版社出版发行
（北京市海淀区紫竹院南路 23 号　邮政编码 100048）
北京虎彩文化传播有限公司印刷
新华书店经售

*

开本 710×1000　1/16　印张 25¾　字数 450 千字
2023年6月第1版第2次印刷　印数 1501—2500 册　定价 57.00 元

（本书如有印装错误，我社负责调换）

国防书店：(010) 88540777　　发行邮购：(010) 88540776
发行传真：(010) 88540755　　发行业务：(010) 88540717

谨以此书
献给我所挚爱的军工事业

序

国防工业是国家战略性产业,是国防建设和国家安全重要的物质和技术基础,也是综合国力和大国地位的重要标志和体现。

新中国的军事工业经历了从无到有、从小到大、从弱到强的艰辛历程,为我国国防和军队现代化建设做出了卓越贡献。随着"四个全面"战略布局的深入实施,军工行业既迎来了前所未有的战略机遇,也面临着更加严峻的竞争和挑战。如何准确把握国家战略需求,有效适应市场竞争需要,无论是对传统的军工企业,还是有志于国防事业的其他企业来说,都是一个必须面对的时代课题。姚慰同志的这本《军工营销》,或许就可以给读者提供一个独特的视角。

在我看来,这本书和他的作者有两个难能可贵的地方。一方面,作者把在军工行业长期认知和实践经验,与理论进行了有效融合,不仅构建了比较系统的军工营销理论框架,更深入阐述了"军工人"的价值追求和人文情怀。另一方面,作者本人在繁忙的工作之余,还能安静地思考中国军工行业的发展,不仅这种求知不辍的精神值得肯定,这种传播知识的追求也更加值得鼓励。

针对军工市场营销的体系研究还是一个全新命题,本书无论在理论还是实践层面,都可能存在一些不足。我由衷地希望,通过这本书的探讨和传播,能够激发更多人为国防工业的建设和发展,共同思考、共同行动、共同成就、共同分享。

中国电子科技集团 吴曼青院士

前言

针对军工市场营销的体系研究是一个全新的命题，目前还未见相关部门或人员针对其开展深入研究，很难找到相应的一些成果进行借鉴。本书中，笔者尝试依托多年来在军工行业开展市场分析、营销策划、渠道拓展和项目管理的实践经验，积累在市场营销、项目管理领域学习认知的点滴，并结合个人对于营销理论的创新和辩证唯物主义的学习融合，试图站在体系和全局的角度进行阐述分析，从战略层面上提出了较为系统的军工营销理论和应用框架，具有开创性，其探索和研究凝聚了笔者对于军工营销的深度思考和实践提升，可以帮助相关从业人员找寻规律，开放思路。

多年来，笔者一直致力于军工行业营销实践及相关认知研究工作，由于我国军工行业的爆发性增长也就是"十五"以后的事，作为特种行业，其保密要求的高标准以及事物表象背后所体现的国家意志，使得社会上没有军工行业营销方面的专业书籍可供学习和参考，在一些期刊杂志、论文中，虽然也有针对军工营销开展的一些资料，但基本上是零星的、分散的，不系统、不全面、也不够成熟。而在传统行业大行其道的某些营销模式或技巧，无法在军工市场直接进行复制应用，军工营销工作中面对的很多问题都无法解答有困惑，就有思考，通过不断地归纳总结，分析研究，笔者整理了个人的一些体会、感悟和经验，储存在脑海里，记录在报告中，由点及面，聚沙成塔，逐步建立了军工营销理论体系的网络架构，并结合具体营销实践不断地进行完善与自我提升，最终形成了本书。

所有的营销战略、策略、模式和方法都有一定的时效性，历史在发展，环境在变化，军工营销理论和体系也需要不断的完善提升，因此，挖掘军工营销的价值本源以及核心内涵才是最重要的。美国学者梅琳达·戴维斯认为"现在,追求内心圆满境界的原始欲望将主导一切"。在军工营销里,我们不仅要关注"利润、产品、用户",更应该关注那些人类千百年来信仰的精神和普世价值,市场经济的浪潮冲击之下,信仰开始缺失,军工市场是为数不多的净土,如何在这股浪潮中保存自我,不忘初心,需要我们认真思考,如何才能把军工企业发展对于利润的渴望,与对于人文精神和价值理性的追求完美结合,设计出一种新型的军工营销模式,大家可以在营销实践中不断找寻最终答案。

虽然认识不完全到位,理解可能存在偏颇,文字水平也很有限,但仍然整理成书,权当是抛砖引玉,只是希望能创造一个机会,搭建一个平台,寻找到一些志同道合的朋友,通过知识交流和经验融合,共同研究探讨军工营销领域的一些共性或者特性问题,把军工营销形成相对独立的专业语言。也希望通过本书与热爱并奋斗在军工行业的同志们建立一种紧密的双向交流模式,共同推广辩证唯物主义理论指导下的体系化军工营销思维和工作模式。

姚慰
2016年2月于成都

目录 / Contents

第一部分 军工行业概述

第1章 军工行业的初步解读 ················· 1
- 1.1 军工行业的核心概念 ················· 1
  - 1.1.1 国防和军事 ················· 2
  - 1.1.2 国防工业、军事工业与国防科技工业 ················· 2
  - 1.1.3 军工行业与军工企业 ················· 3
  - 1.1.4 军事技术、军事科研与军事生产 ················· 3
- 1.2 军工行业的地位定位及意义 ················· 4
  - 1.2.1 军工行业的职能定位 ················· 4
  - 1.2.2 军工行业的战略意义 ················· 4
- 1.3 军工行业及企业特征分析 ················· 5
  - 1.3.1 军工行业特征 ················· 5
  - 1.3.2 军工企业特点 ················· 6

第2章 军工行业的发展历程及现状分析 ················· 9
- 2.1 军工行业历史沿革 ················· 9
  - 2.1.1 创建初期(1928—1949) ················· 9
  - 2.1.2 夯实基础(1949—1978) ················· 9
  - 2.1.3 改革开放(1978—1990) ················· 10
  - 2.1.4 体制调整(1990—2000) ················· 11
  - 2.1.5 转型发展(2000—至今) ················· 11
- 2.2 我国军事工业发展状态 ················· 12
  - 2.2.1 我国国防费用支出状况 ················· 12

  2.2.2 我国军工发展现状 ··· 13
  2.2.3 国外军工行业现状 ··· 15
 2.3 军工集团简介 ·· 16
  2.3.1 军工集团的发展 ·· 16
  2.3.2 十一大军工集团 ·· 17

第3章 军工行业管理模式及趋势分析 ······································ 20
 3.1 军工市场化进程 ·· 20
 3.2 军工管理模式分析 ··· 22
  3.2.1 我国军工行业管理模式 ··································· 22
  3.2.2 中外军工管理模式比较 ··································· 24
 3.3 军工行业的机遇与挑战 ··· 26
  3.3.1 面对的挑战 ·· 27
  3.3.2 迎来的机遇 ·· 28
 3.4 军工行业趋势分析 ··· 30
  3.4.1 展望未来 ··· 30
  3.4.2 趋势发展 ··· 31

第二部分 军工营销的基本轮廓

第4章 军工营销的概念内涵 ·· 33
 4.1 军工营销与"赢"销 ·· 33
  4.1.1 军工营销的概念及区分 ··································· 33
  4.1.2 军工"赢"销 ·· 35
 4.2 军工营销的内涵 ·· 36
  4.2.1 军工营销的对象、目的及产品类型 ·················· 36
  4.2.2 军工营销的地位、作用和流程 ························· 38
 4.3 军工营销的条件保障 ··· 39
 4.4 军工营销的影响因素 ··· 40
 4.5 军工营销中存在的问题 ··· 42

第5章 军工市场分析 ··· 44
 5.1 军工市场概念、特点及用户分析 ······························· 44

  5.1.1 军工市场的概念 …………………………………………… 44
  5.1.2 军工市场的特点 …………………………………………… 45
  5.1.3 军工市场中的利益群体 …………………………………… 47
  5.1.4 军工市场用户分析 ………………………………………… 48
 5.2 军工市场需求分析 ………………………………………………… 50
  5.2.1 军工市场需求的概念及作用 ……………………………… 50
  5.2.2 军工市场需求的类型 ……………………………………… 51
  5.2.3 军工市场需求信息的采集处理 …………………………… 51
  5.2.4 军工市场的需求变化 ……………………………………… 52
 5.3 军工市场的需求引导与用户导向 ………………………………… 53
  5.3.1 引导用户需求 ……………………………………………… 53
  5.3.2 用户导向战略 ……………………………………………… 54

第6章 军工市场调研与购买行为分析 …………………………………… 56
 6.1 军工市场调研 ……………………………………………………… 56
 6.2 军工市场数据收集 ………………………………………………… 57
  6.2.1 二手数据 …………………………………………………… 57
  6.2.2 原始数据 …………………………………………………… 58
 6.3 军工市场购买行为分析 …………………………………………… 61
  6.3.1 生产者市场 ………………………………………………… 61
  6.3.2 中间商市场 ………………………………………………… 63
  6.3.3 最终消费市场 ……………………………………………… 64

第7章 军工市场营销环境分析 …………………………………………… 66
 7.1 军工营销环境概述 ………………………………………………… 66
  7.1.1 概念 ………………………………………………………… 66
  7.1.2 特征 ………………………………………………………… 67
  7.1.3 环境分析方法 ……………………………………………… 68
 7.2 军工营销宏观环境分析 …………………………………………… 69
 7.3 军工营销微观环境分析 …………………………………………… 71
 7.4 军工市场机会和威胁的企业应对 ………………………………… 72
  7.4.1 对机会的反应 ……………………………………………… 72
  7.4.2 对威胁的反应 ……………………………………………… 73

7.4.3　机会和威胁的相互转化 ································· 75

第三部分　军工营销的理论体系

第8章　核心理论指导 ······································· 76
8.1　理论概述 ·· 77
8.1.1　内涵及特性 ····································· 77
8.1.2　精髓是"实事求是" ······························ 78
8.2　军工营销需要主观与客观的统一 ······················· 81
8.2.1　一切从军工实际出发 ····························· 81
8.2.2　在军工营销中发挥主观能动性 ····················· 84
8.2.3　没有调查研究就没有发言权 ······················· 85
8.3　军工营销需要理论与实践的统一 ······················· 86
8.3.1　实践是军工营销的本质 ··························· 86
8.3.2　实践是提高军工营销认识的基础 ··················· 88
8.3.3　实践是检验营销真理的唯一标准 ··················· 89
8.3.4　理论与实践的统一是军工营销的根本原则 ··········· 90

第9章　核心观点分析 ······································· 92
9.1　用联系的观点看待军工营销问题 ······················· 92
9.1.1　联系的普遍性 ··································· 92
9.1.2　联系的客观性 ··································· 93
9.1.3　联系的多样性 ··································· 93
9.1.4　联系的系统性 ··································· 94
9.2　用发展的观点分析军工营销问题 ······················· 94
9.2.1　事物的质与量 ··································· 95
9.2.2　发展的渐进性和飞跃性 ··························· 95
9.2.3　发展的前进性和曲折性 ··························· 96
9.3　用矛盾的观点解决军工营销问题 ······················· 97
9.3.1　矛盾是事物发展的根本动力 ······················· 97
9.3.2　矛盾的同一性与斗争性 ··························· 98
9.3.3　矛盾的普遍性和特殊性 ··························· 99
9.3.4　主要矛盾与次要矛盾 ···························· 100

9.3.5　具体问题具体分析 ·· 101

第四部分　军工营销的思维与法则

第10章　军工营销思维模式 ··· 102
10.1　概述 ··· 102
10.2　辩证思维 ··· 103
10.3　体系思维 ··· 106
10.4　战略思维 ··· 108
10.5　系统思维 ··· 110
10.6　创新思维 ··· 112
10.7　逻辑思维 ··· 115

第11章　军工营销适用法则 ··· 119
11.1　二八法则 ··· 119
11.2　蝴蝶效应 ··· 121
11.3　吸引法则 ··· 123
11.4　木桶原理 ··· 125
11.5　马太效应 ··· 126
11.6　墨菲定律 ··· 128
11.7　破窗理论 ··· 130
11.8　长尾理论 ··· 131

第五部分　军工营销的素质要求

第12章　核心素质要求 ··· 134
12.1　品德是根本 ··· 135
12.2　理念是核心 ··· 137
　　12.2.1　信仰 ··· 137
　　12.2.2　使命 ··· 138
　　12.2.3　责任 ··· 139
12.3　格局是关键 ··· 140
12.4　有眼界 ··· 142

12.5　有思路 …………………………………………………… 143
　　12.6　有胸怀 …………………………………………………… 145
　　12.7　讲政治 …………………………………………………… 147
　　12.8　讲定位 …………………………………………………… 149
　　12.9　讲态度 …………………………………………………… 150
第13章　基本素养与能力要求 …………………………………… 154
　　13.1　良好的心态 ……………………………………………… 154
　　13.2　正确的认知 ……………………………………………… 155
　　13.3　绽放的魅力 ……………………………………………… 156
　　13.4　渊博的知识 ……………………………………………… 158
　　13.5　成功的习惯 ……………………………………………… 159
　　13.6　全面的能力 ……………………………………………… 161

第六部分　军工营销的战略设计

第14章　军工目标市场战略 ……………………………………… 164
　　14.1　军工市场细分 …………………………………………… 164
　　　　14.1.1　概念、内涵与作用 ………………………………… 164
　　　　14.1.2　市场细分依据 ……………………………………… 165
　　　　14.1.3　市场细分条件及关注问题 ………………………… 169
　　14.2　军工目标市场战略选择 ………………………………… 170
　　　　14.2.1　无差异战略 ………………………………………… 170
　　　　14.2.2　差异性战略 ………………………………………… 171
　　　　14.2.3　集中型战略 ………………………………………… 173
　　　　14.2.4　战略选择依据 ……………………………………… 173
　　14.3　军工企业的市场定位 …………………………………… 175
　　　　14.3.1　定位依据 …………………………………………… 175
　　　　14.3.2　定位流程 …………………………………………… 176
　　　　14.3.3　定位方法选择 ……………………………………… 179
第15章　军工市场竞争战略 ……………………………………… 181
　　15.1　概述 ……………………………………………………… 181
　　　　15.1.1　军工市场的竞争特性 ……………………………… 181

15.1.2　竞争主要形式 …………………………………… 182
　15.2　军工市场竞争者分析 …………………………………… 183
　　15.2.1　竞争者识别 …………………………………… 183
　　15.2.2　竞争者战略设计 …………………………………… 185
　　15.2.3　竞争者的优劣势分析 …………………………………… 186
　　15.2.4　竞争者的市场反应预测 …………………………………… 187
　　15.2.5　军工企业的竞争对策选择 …………………………………… 188
　15.3　军工市场竞争基本战略类型 …………………………………… 190
　　15.3.1　成本领先战略 …………………………………… 190
　　15.3.2　差异竞争战略 …………………………………… 192
　　15.3.3　目标集聚战略 …………………………………… 194
　15.4　军工市场竞争战略模式选择 …………………………………… 195
　　15.4.1　领导者战略 …………………………………… 195
　　15.4.2　挑战者战略 …………………………………… 198
　　15.4.3　跟随者战略 …………………………………… 200
　　15.4.4　补缺者战略 …………………………………… 201

第16章　军工新产品开发战略 …………………………………… 204
　16.1　军工新产品开发战略概述 …………………………………… 204
　　16.1.1　新产品的概念及特征 …………………………………… 204
　　16.1.2　新产品开发的必要性 …………………………………… 206
　　16.1.3　新产品战略应用 …………………………………… 207
　16.2　军工新产品开发战略选择 …………………………………… 208
　　16.2.1　领先型开发战略 …………………………………… 208
　　16.2.2　追随型开发战略 …………………………………… 209
　　16.2.3　其他开发战略 …………………………………… 209
　16.3　军工新产品的开发过程 …………………………………… 210
　　16.3.1　新产品开发的层次 …………………………………… 210
　　16.3.2　新产品开发的形式 …………………………………… 210
　　16.3.3　新产品开发的主要阶段 …………………………………… 211
　16.4　军工新产品的采用与推广 …………………………………… 212
　　16.4.1　新产品采用 …………………………………… 213
　　16.4.2　新产品推广 …………………………………… 216

　　　　16.4.3　影响因素 …………………………………………… 217
第17章　军工品牌营销战略 ……………………………………………… 219
　17.1　军工品牌概述 …………………………………………………… 219
　　　17.1.1　品牌的概念 ………………………………………………… 219
　　　17.1.2　品牌的类型 ………………………………………………… 220
　　　17.1.3　品牌的作用 ………………………………………………… 221
　17.2　军工品牌资产 …………………………………………………… 222
　　　17.2.1　品牌资产含义及特点 ……………………………………… 222
　　　17.2.2　品牌资产的构成 …………………………………………… 223
　17.3　军工品牌营销 …………………………………………………… 227
　　　17.3.1　品牌定位 …………………………………………………… 227
　　　17.3.2　品牌设计 …………………………………………………… 229
　　　17.3.3　品牌形象 …………………………………………………… 231
　　　17.3.4　品牌传播 …………………………………………………… 232
　　　17.3.5　品牌危机 …………………………………………………… 234
第18章　军工国际业务战略 ……………………………………………… 237
　18.1　国际军贸概述 …………………………………………………… 237
　　　18.1.1　国际军贸的作用、特点与趋势分析 ……………………… 237
　　　18.1.2　我国军贸出口的概念及方式 ……………………………… 240
　　　18.1.3　我国军工企业走向国际化的动因 ………………………… 241
　　　18.1.4　我国国际军贸的发展历程 ………………………………… 242
　18.2　国际军贸营销 …………………………………………………… 243
　　　18.2.1　主要概念区分 ……………………………………………… 243
　　　18.2.2　国际军贸营销的环境分析 ………………………………… 245
　18.3　国际军贸市场分析 ……………………………………………… 247
　　　18.3.1　国际军贸市场选择 ………………………………………… 247
　　　18.3.2　国际军贸市场现状 ………………………………………… 248

第七部分　军工营销的策略制定

第19章　基本型营销策略组合 …………………………………………… 250
　19.1　营销战略与策略 ………………………………………………… 250

- 19.2 军工营销策略组合概述 251
  - 19.2.1 营销策略组合的发展演变 251
  - 19.2.2 营销策略组合的特点 252
  - 19.2.3 营销策略组合对军工企业的重要意义 252
  - 19.2.4 营销策略组合在军工市场的运用原则 253
  - 19.2.5 营销策略组合军工应用的制约条件 254
- 19.3 营销策略组合的军工应用 254
  - 19.3.1 4P 组合 254
  - 19.3.2 4C 组合 256
  - 19.3.3 4R 组合 258
  - 20.3.4 4V 组合 262

第20章 应用型军工营销策略 264

- 20.1 文化营销 264
  - 20.1.1 概念与内涵 264
  - 20.1.2 军工文化与文化营销 265
  - 20.1.3 文化营销的策略实施 266
- 20.2 观念营销 268
  - 20.2.1 概念与内涵 269
  - 20.2.2 军工价值观营销的内容 270
  - 20.2.3 价值观营销的军工应用 271
- 20.3 关系营销 272
  - 20.3.1 概念与内涵 272
  - 20.3.2 军工市场关系营销策略内容 273
  - 20.3.3 军工市场关系营销的基本途径 275
  - 20.3.4 关系营销的军工应用 276
- 20.4 口碑营销 278
  - 20.4.1 概念与内涵 278
  - 20.4.2 军工口碑营销的优劣势分析 280
  - 20.4.3 军工市场如何实施口碑营销 282
  - 20.4.4 军工口碑营销的形式及关键点 283
- 20.5 体验营销 284

  20.5.1 概念与内涵 ……………………………………………… 284
  20.5.2 军工市场体验营销的特征 ……………………………… 285
  20.5.3 军工体验营销的构成及模块设计 ……………………… 286
  20.5.4 军工市场体验营销的关键 ……………………………… 289
 20.6 深度营销 ………………………………………………………… 290
  20.6.1 概念与内涵 ……………………………………………… 290
  20.6.2 军工市场深度营销的特征 ……………………………… 291
  20.6.3 军工市场深度营销的原则 ……………………………… 291
  20.6.4 军工市场深度营销的要素 ……………………………… 292
  20.6.5 军工市场深度营销的流程及方法 ……………………… 294
 20.7 精准营销 ………………………………………………………… 295
  20.7.1 概念与内涵 ……………………………………………… 295
  20.7.2 军工精准营销的要素及特点 …………………………… 296
  20.7.3 军工精准营销的实施流程 ……………………………… 298
  20.7.4 军工精准营销的应用模式及关注问题 ………………… 299
 20.8 价值营销 ………………………………………………………… 300
  20.8.1 概念与内涵 ……………………………………………… 300
  20.8.2 军工市场价值营销的实施 ……………………………… 301
  20.8.3 价值创新是军工价值营销的前提 ……………………… 302

第八部分 军工营销的方法执行

第21章 军工营销的常用模型和工具 ……………………………………… 305
 21.1 马斯洛需求分析模型 …………………………………………… 305
  21.1.1 需求模型概述 …………………………………………… 305
  21.1.2 需求层次模型的军工应用分析 ………………………… 308
  21.1.3 需求模型之于军工营销的意义和不足 ………………… 309
  21.1.4 需求模型与军工营销实践的融合发展 ………………… 311
 21.2 SWOT分析模型 ………………………………………………… 312
  21.2.1 概念与特征 ……………………………………………… 312
  21.2.2 SWOT模型的军工应用原则 …………………………… 313

  21.2.3 SWOT 模型的意义及存在问题 …………………… 314
  21.2.4 军工市场 SWOT 分析步骤 …………………………… 315
21.3 波特五力分析模型 ……………………………………………… 316
  21.3.1 概念与特征 …………………………………………… 316
  21.3.2 波特五力模型的军工应用 …………………………… 317
21.4 PDCA 循环模型 ………………………………………………… 322
  21.4.1 概念与特征 …………………………………………… 322
  21.4.2 PDCA 循环的步骤 …………………………………… 325
21.5 PEST 分析模型 ………………………………………………… 326
  21.5.1 政治环境 ……………………………………………… 326
  21.5.2 经济环境 ……………………………………………… 327
  21.5.3 社会环境 ……………………………………………… 327
  21.5.4 技术环境 ……………………………………………… 328
21.6 ITA 模型 ………………………………………………………… 329
  21.6.1 信息 …………………………………………………… 329
  21.6.2 思考 …………………………………………………… 331
  21.6.3 行动 …………………………………………………… 333
21.7 安索夫矩阵 ……………………………………………………… 334

第 22 章 军工营销的原则、方法与关键阶段 …………………… 337
22.1 军工营销重要原则 ……………………………………………… 337
  22.1.1 布局 …………………………………………………… 337
  22.1.2 统筹 …………………………………………………… 339
  22.1.3 平衡 …………………………………………………… 340
  22.1.4 共赢 …………………………………………………… 341
22.2 军工营销方法应用 ……………………………………………… 342
  22.2.1 FABE 法则 …………………………………………… 343
  22.2.2 AIDA 法则 …………………………………………… 344
  22.2.3 USP 法则 ……………………………………………… 345
  22.2.4 5W2H 法则 …………………………………………… 346
22.3 军工营销关键阶段 ……………………………………………… 348
  22.3.1 市场分析阶段 ………………………………………… 348

  22.3.2 策划实施阶段 ……………………………… 352
  22.3.3 招标投标阶段 ……………………………… 356
  22.3.4 合同管理阶段 ……………………………… 359

第九部分 军工营销的配套体系

第23章 军工行业文化体系 …………………………………… 362
 23.1 概念、本质和内涵 ………………………………… 363
 23.2 军工文化的作用地位 ……………………………… 365
 23.3 军工文化的特征与核心要素 ……………………… 366
 23.4 军工文化的发展历程 ……………………………… 367
 23.5 军工文化所面临的问题 …………………………… 369
 23.6 军工文化建设的趋势与展望 ……………………… 369

第24章 军工市场采购体系 …………………………………… 372
 24.1 军事采购概述 ……………………………………… 372
  24.1.1 主要概念及区分 …………………………… 372
  24.1.2 军事采购的市场化及历史发展 …………… 373
  24.1.3 军事采购的目标、作用和特点 …………… 375
 24.2 军事采购管理体系 ………………………………… 376
  24.2.1 采购管理 …………………………………… 376
  24.2.2 采购法规 …………………………………… 378
  24.2.3 采购模式 …………………………………… 379
  24.2.4 采购经费 …………………………………… 379
 24.3 军事采购关键流程 ………………………………… 380
  24.3.1 需求管理 …………………………………… 380
  24.3.2 列入计划 …………………………………… 382
  24.3.3 采购方式 …………………………………… 383
  24.3.4 监督审查 …………………………………… 386

参考文献 ……………………………………………………………… 388
后记 …………………………………………………………………… 389

第一部分　军工行业概述

中国的军事工业走过了曲折艰苦的发展道路,有经验、有教训、也有辉煌,但更多的是不断地探索和优化调整,近年来,随着大国崛起的战略实现和国家安全形势的迫切需要,军事工业迎来了新的机遇和挑战。

第一部分,主要介绍军工行业的基本概念、发展历程、行业特征以及挑战、机遇和趋势分析。区分了概念,对军工行业的了解才会清晰;学习了历史,才能更好地总结经验,梳理脉络;了解了现状及特征,才能对军工有一个更加全面且深刻的认识;明确了挑战、机遇和趋势,才能更好地基于现在,面向未来,开展军工营销的战略制定、战术设计和方法研究。

第 1 章　军工行业的初步解读

在本书开头,明确并区分几个概念非常必要,否则容易使人产生混淆;此外,在简要阐述军工行业的地位、作用和意义的基础上,我们针对军工行业及企业特征进行初步解读。

1.1　军工行业的核心概念

关于军工行业核心概念的阐述及分析,是结合军工行业特点和军工市场实际来表述的个人观点,主要抱着学术探讨的想法,有部分观点和传统的认识论述存在一些不同,大家见仁见智。

1.1.1 国防和军事

2011年《中国人民解放军军语》中,"军事"指一切与战争、国防、军队直接相关的事项,包括准备战争、实施战争、遏制战争,以及国防建设和军队建设等。按照这个定义,军事的内容似乎比国防更加广泛,但换个角度来看,在概念上,"国防"是国家为防备和抵抗侵略,制止武装颠覆,保卫国家的主权、统一、领土完整和安全所进行的军事及与军事有关的政治、经济、外交、科技、文化、教育等方面的活动,是国家生存与发展的安全保障。除军事以外,与军事相关的政治、经济、外交、科技、文化、教育等方面的活动也都是国防的概念范畴,可见,"国防"的概念外延要比"军事"大。

这里,军事以战争为核心服务对象,性质上更主动一些,国防以防为主,更被动一些。把国防和军事区分开来,主要是为下面的相关概念区分做铺垫。

1.1.2 国防工业、军事工业与国防科技工业

"国防工业亦称军事工业,是研制和生产武器装备、军用器材、军需用品及国防所需特殊物资的工业。通常包括兵器工业、军用航空工业、军用舰船工业、军用电子工业、军用核工业、军用航天工业、军需工业等"。这是《中国人民解放军军语》中对于军事工业与国防工业的概念界定,认为两者是画等号的,但从实际情况来看,两者是有区别的。

笔者认为:军队是为政治和国防服务的,但国防并不仅是军队、军事和战争,结合目前我国军工行业的市场经济发展现状和军民融合发展趋势来看,国防工业的概念已经被赋予了新的内涵,有了扩展和延伸。此外,国防科技工业,是军事产品研究、开发和生产的经济部门,主要包括武器装备、国防交通工具、侦察手段设备、军事通信联络和指挥系统等科技部门和生产企业,核心就是现在的十一大军工集团。而军事工业,则在此基础上,还包含了军需物资及国防所需特殊物资的工业等其他方面,例如油料、军装等,这些主要是由军队主管后勤采购的各级机关部门及其所对应的行业生产体系负责。

综上所述,国防工业的概念要广于军事工业,军事工业又要大于国防科技工业。范畴上,三者在概念上是有区别的,内容上,有交叉,容易搅在一起,产生混淆,大家应注意区分。本书主要是阐述军工营销方面的内容,为

了便于大家理解和聚焦,我们把军事工业、国防工业、国防科技工业领域统称为军工行业,军工行业所从事的营销活动称为军工营销。

1.1.3 军工行业与军工企业

军工行业,军是军事,是有关军队和战争的事情或事务;工是工业,是指采集原料,并生产成产品的工作和过程。

行业是指从事同性质的生产或其他经济活动的经营单位、个体所组成的组织结构体系。军工行业是特殊的社会组织体系,是国民经济中国防经济的核心,军工企业就是其中的经营单位,是军工行业的主体。这里,给军工行业作一个初步定义:与军队或战争有关的,直接为国防建设服务,通过科研生产和再加工过程为部队提供武器装备和其它军需物资的工业部门、科研院所和工厂企业所构成的组织体系。

军工企业的概念有广义和狭义之分。狭义的理解认为,隶属于十一大军工集团的科研院所、工厂和企业才是军工企业。广义的理解则认为,只要是参与了国家军事工业建设的所有组织机构都可以叫做军工企业。需要注意的是,如果企业绝大部分的资源都在从事民用领域的市场行为,军工市场交易只占企业总产值的一小部分,就算该企业具备军工历史和国企背景,算不算军工企业仍需商榷。

按照上面的定义理解,结合军工行业实际,我们在这里给军工企业作一相对宽泛的定义:与军队或战争有关的,直接为国家安全和国防建设服务,通过科研生产和再加工过程为部队提供武器装备、军需物资或者技术服务的机构。在本书中,主要面向国防科技工业领域军工企业的存在形式为系统集成商、设备配套商、元器件供货商、技术论证研究单位等,由于很多企业开始产业多元化进程,还有前向一体化和后向一体化,所以,很多时候,军工企业是以一个多面的混合体形式存在。

1.1.4 军事技术、军事科研与军事生产

关于军事技术的概念,国内军事技术哲学专家刘戟锋将军在其著作中提出:军事技术有广义和狭义之分,广义上,军事技术是物化技术与观念技术的结合;狭义上,军事技术仅仅是指用于军事实践的物化技术。这个概念定义精准且清晰。

军事科研是以军事为目的的科学研究。军事科研按过程可分为军事基

础研究、应用研究和开发研究,基础研究是以创新探索军事知识为目标的研究;应用研究是应用基础研究成果,以及有关知识为创造军事新产品、新方法、新技术、新材料的技术基础所进行的研究;开发研究是利用基础研究、应用研究成果和现有知识,以生产军事产品或完成军事工程任务而进行的技术研究活动。

军事生产,是指运用一定的人力、财力、物力等资源,生产出武器装备和军用物资交付给军队用户使用,以及与此相配套的科研和服务活动,军事生产与供给的最终表现形式是国防威慑力和军队战斗力,它们是通过军事人员和武器装备、军队物资的结合而体现出来的。一般来说,军事科研引领军事生产,军事生产通过战斗力提升效果反过来影响军事科研的发展方向,两者是相辅相成、相互作用的关系。

1.2 军工行业的地位定位及意义

1.2.1 军工行业的职能定位

我国军工行业的主要职能有:努力提高武器装备科研生产能力;加快研制生产高新技术武器装备;调整武器装备科研生产能力结构,促进军事工业的结构优化升级;加强和改进军用技术基础科研工作,开展前沿技术探索和前瞻性研究,增加技术储备;用高新技术改造军工企业,实现武器装备生产能力由刚性结构向柔性结构转变;加强军用标准建设,建立适应武器装备新发展的通用技术标准体系;对武器装备科研生产实施动态调整等。

按照中国特色军事变革的要求,在满足国防需要的同时,军工行业还承担着推动国民经济发展和提升综合国力的重要任务,在确保完成军事订货任务的同时,肩负着大力发展军民两用技术,积极参与国民经济建设的责任,还有承担国家重点工程建设项目、重大设备研制和技术攻关任务,促进国民经济产业升级和技术进步等职责定位。

1.2.2 军工行业的战略意义

自古以来,国无防不立,国防是一个国家生存与发展的安全保障,是国家独立自主的前提,也是国家繁荣发展的重要条件,更是国家全面协调可持续发展的首要保证。

军事工业是国家战略性产业，是国家现代化建设的重要工业、物质和技术基础，是国家经济发展和科学技术进步的重要推动力量，是承担军队武器装备研制生产的唯一行业，也是展现我国科技发展水平的重要标准。作为国家科技创新体系的核心力量，中国独立自主地建设和发展军事工业，对于提高国家军事的整体能力和作战效益，促进国防建设与经济建设协调发展，保证国家战略利益实现等都具备极为重要的意义。

军工行业的竞争优势，是国家在政治、军事、经济等各方面优势的综合体现，其发展状态是国防现代化建设水平的决定性因素，关乎国家安全及民族利益，一定程度上，它超出了市场和行业的范畴，也绝不限于技术和军事领域。

1.3 军工行业及企业特征分析

1.3.1 军工行业特征

军工行业是关系到国家安全和战略利益实现的特种行业，也是关系到我国科技创新能力和大国地位体现的核心支柱产业，它与传统行业在市场构成、组织模式、群体文化等方面都存在明显区别，有其自身所特有的一些属性。

(1) 军工行业对企业资质有严格要求，要想成为合法的武器装备生产者，除了技术、资金等必要条件以外，还需要拥有包括武器装备科研生产许可证、装备承制单位注册证书、保密体系认证、国军标体系认证等在内的一系列资质证书；此外，用户对项目研发周期、技术成熟度、产品可靠性、保密管理、企业文化体系建设等方面，要求也很高，这些要求无形中大大提高了军工企业的市场进入门槛。

(2) 军工市场需求来源于国家需求，所以需求波动小，缺乏弹性，短期内受价格变动影响也比较小，最重要的是把用户交办的事情做好，实现技术或装备效益，提升用户价值，因此，相比较传统行业而言，价格战在军工行业作用有限。但近年来，随着军工市场化进程的提速，用户的成本控制意识在增强，对于军工产品的性价比要求越来越高，价格在军工市场竞争中扮演着越来越重要的角色。

(3) 军工营销工作需要尽可能前伸后延。前伸指企业在营销过程中，绝不能仅关注招投标阶段的工作,必须要前伸到用户需求论证阶段,甚至直接帮助用户开展项目策划及立项推进;后延是指,不能在拿到项目并移交给计划管理部门后,营销部门就万事大吉,当"甩手掌柜",而是需要持续跟踪推进,时刻关注用户需求及其态度变化。

(4) 军工行业内部的契约关系还不够严密。虽然是处于市场经济体制中,但军工行业契约关系的建立和维护,更多的是以相互间的信任为基础,不论是合作还是竞争,出现问题,大部分时候是以双方共同协商解决为主,很少出现重大纠纷或诉讼公堂的情况,对用户来说,合同在很多时候,更多的是在战技指标、交付周期和售后服务方面的约束文件。

(5) 军工行业对于企业文化有很高标准,企业的文化体系是否完整,价值体系是否成熟,讲不讲政治,懂不懂原则,对于用户来说很重要。甚至,军工企业管理团队的文化和政治素养有时候会决定企业存亡;在群体认同方面,整个行业有相对一致的文化观、世界观、价值观、社会观,包括严谨、细致、政治、责任、使命等要素,深入理解并融入军工行业文化,对于军工营销人员至关重要。

(6) 军工市场是一个巨大的组织市场,市场购买者和决策者数量少但权利大,用户群体的社会地位普遍较高,掌握的资源也多,其在某种程度上代表了国家权力机关,这个群体在项目的需求确认、论证研究、设计研发、过程控制、经费拨付、合同履约等各方面扮演至关重要的角色,因此,军工行业并不像传统行业那样,完全通过市场来调节供需关系,这里面,人为因素占有重要地位。

(7) 虽然体制上已经放开,但在军工行业,民营企业很长一段时间内都只能是有益的重要的补充,想要达到发达国家那样的市场开放度,需要机遇,需要时间,也需要努力。这期间,民营企业需要在军工行业中谨慎地确定方向,找准定位,把握脉搏,"十三五"期间,伴随着军队改革以及国家对于军民融合战略的深化推进,将是民营军工企业的重要机遇期。

1.3.2 军工企业特点

目前,军工企业大多是关系国家安全和国民经济命脉,在重要方向和关键领域占支配地位的骨干企业,是国有企业的排头兵,对全面建设小康社会、发展壮大国有经济、发挥国有经济的控制力、影响力和带动力方面具有举足轻重的作用。下面,我们从现实状态、属性特征等方面对军工企业的特点进行简要阐述。

一、现状描述

"十五"以来,为尽快适应军工市场的发展变化,各军工企业都在不断地运用现代营销理论和方法,积极应变,开疆拓土,相比以前,其市场意识明显增强,更加重视制度完善和机制改革,技术水平和创新能力大幅提升,资源整合以及对于资本的运用能力也越来越娴熟,虽然仍然存在这样或那样的问题,但整体来看,处于一种良性向上的发展通道中。

(1) 企业文化。目前主要军工企业的文化在其表征上存在不同,但核心内涵是相统一的,如国家利益至上,忠诚使命、追求卓越、求实创新等。对于军工企业来说,要善于继承优良传统,做军工文化之魂的传薪者,尤其是"两弹一星"精神和"载人航天"精神;要坚持与时俱进,做军工文化的践行者,实践中要诚信为本、质量第一、追求卓越;还要立足创新发展,做军工文化创新的探索者。

(2) 市场目标。传统企业的市场目标大致可以归结为:通过开发更好的产品建立有价值的客户关系,并获取利润。但对于军工企业,将客户关系或者利润作为企业的核心目标,可能并不合适,利润只是军工企业在服务于国家安全和利益实现时的附属产品,如果营销人员把利润作为企业唯一的核心追求,企业可能会在军工市场中举步维艰。站在军工市场决策层的角度来说,企业为国家把事情做好,应该给予回报,但企业不能仅为了回报来做事,这有悖于军工市场的思维模式和群体文化。

(3) 产品属性。军工企业的产品形式是多样的,如武器装备、技术开发、研究论证等,但说到底,不外乎以硬装备还是以软装备的形式表现,硬装备主要包括系统、装备、武器平台等,软装备主要表现为研究报告、技术分析、情报信息等。所有的军工产品,它的使用方只能是国家或是军队,因此,军工产品虽然具有公共属性,但不是完全意义上的公共产品。

(4) 人才培养。企业要做好军工市场,需要人才,尤其需要高端人才。过去,高端人才以及培养人才土壤的缺失一直是制约军工企业跨越式发展的瓶颈,也直接影响到企业战略的实现。但近年来,通过拓宽人才来源渠道、引入竞争机制、完善管理制度、建立评估体系等多种手段,军工企业越来越重视科技、营销、管理等各类型人才资源的引进和培养。

二、特征分析

初步归纳总结,我国军工企业主要有下列几个特征:

1. 产品意义大,政治属性强

军工产品带有强烈的政治属性,意义重大。军工核心产品研制试验成功与否,关乎国家的政治安全、经济安全和军事安全,关乎国家在国际上的政治地位和影响力。邓小平同志曾说:"如果60年代以来中国没有原子弹、氢弹,没有发射卫星,中国就不能叫有重要影响的大国,就没有现在这样的国际地位。"因此,军工企业在讲求经济效益的同时,必须始终把国家利益放在首位,对于重点项目,必须作为政治任务来抓。

2. 技术含量高,研发标准高

军工企业主要研制生产涉及核、电子、通信、航天、航空、船舶等高科技领域的产品,代表着我国科技发展的顶尖水平。这些尖端的科技产品不仅技术含量高,研发要求也非常苛刻,很多时候需要企业群体协作才能完成,尤其是系统工程项目的成功实现,背后往往是一个企业集群来合作完成。

3. 质量要求严,责任风险大

军工是神圣的事业,周恩来同志曾与航天科研人员座谈,要求做到"周到细致、严肃认真、稳妥可靠、万无一失"。我们每一个战斗在军工一线的人都知道质量的分量,只能成功,失败不起,没有退路,这是军工人的因循准则。这种因国家利益、民族荣誉而形成的对军工装备产品超乎寻常的质量要求,决定了军工企业的责任风险相对较大。

4. 知识型员工多,价值追求高

军工企业的知识型员工居多,这类群体具有善于思考、勤于学习、不惧权威,并注重自我价值实现等特性。对于军工人来说,必须了解所在企业的使命、责任和价值体现,把这些融进血液里,嵌入脑海中,才能在工作中如鱼得水,如航天科技"两弹一星""载人航天"精神;航空工业"航空报国、强军富民"的企业宗旨;中电集团"国家利益高于一切"的认知;兵器集团"服务于国家国防安全、服务于国家经济发展"的价值诉求等。

第2章 军工行业的发展历程及现状分析

我国的军事工业是伴随着中国革命和军队的建立而诞生,1927年,我党创建了人民军队,有军队就必须要有武器装备,有物资给养,就要建立军事工业。本章主要是了解我国军工行业的历史沿革,掌握军工发展现状,熟悉主要军工集团的基本情况,这有助于我们更好地开展军工营销研究、指导战略设计和具体营销实现。

2.1 军工行业历史沿革

军工行业发展,为我国建设一支强大的军队、建立强大的国防做出了突出贡献,并随着我国社会主义现代化建设的前进而不断优化调整,自我完善。

回顾历史,我国的军事工业历经了土地革命时期、抗日战争时期、解放战争时期、建国初期,从"老兵工"到"现代化高科技的军工企业",我国的军工行业至今已走过了八十多年的光辉历程,有着极其丰富的历史积淀,下面我们从创建、夯实、改革、调整和转型几个阶段简要阐述行业的发展历程。

2.1.1 创建初期(1928—1949)

自1928年在井冈山建立第一个红军被服厂始,我党我军就一直十分重视军工的发展;1931年,我党领导下的首个兵器制造工厂江西省兴国县官田兵工厂成立;抗日战争时期,我军提出"一面战斗,一面生产",大力发展军事工业,到1945年,各类军工厂已发展到数百个;1949年,通过合并、集中和扩大,建成了一批拥有相当规模的军工厂,军事工业初具雏形。这是我国军工产业发展的初期阶段,以作坊为主,在抗日战争、解放战争时期,军事工业为最后的胜利做出了至关重要的贡献。

2.1.2 夯实基础(1949—1978)

新中国成立后,我国经历了很长时间的计划经济时代,这时期,内外部环境复杂,国家集中资源优先开展军工产业建设。"一五"期间,先后建立兵器、电子、船舶、航天等工业部门,这是后来十一大军工集团的雏形;六七十年代,根据当时的国内外形势,国家提出"靠山、分散、隐蔽"的方针,展开了一场大规模的国防"三线建设"。在资源有限的条件下,这一时期的军工产业仍然取得了不错的突破和建设成果,在广大的中西部地区建成了生产门类较为齐全、科研实验与配套生产相结合的军工体系。

这个阶段是我国军工行业发展的关键时期,它为我国后面的军工行业的战略布局和体制改革奠定了技术基础和人才储备。但由于投资盲目和求大求快,也给整个军工体系的可持续发展造成了一定破坏,在相当长的时间里,存在布局分散、体系封闭、重复建设、技术水平低下、政企职能不分等情况。

2.1.3 改革开放(1978—1990)

随着国际局势趋于缓和,十一届三中全会以后,党和国家的工作重点转移到了以经济建设为中心上来,军事工业由过去单纯地为国防建设服务逐步转向了国民经济主战场,伴随而来的是一场大规模的调整搬迁,也就是我们常说的"出山进城",军工企业的第二次创业也由此拉开了序幕。时代在发展,环境在变化,我国的军工产业积极开展体制改革并逐步走向了市场化,这时期,邓小平同志创造性地提出了"军民结合"的方针,即"军民结合、平战结合、军品优先、以民养军",这条战略一直延续至今,每一个时期都赋予了它新的内涵延伸,衍生出了军民共用、军民统筹、军民融合等一系列战略概念构想。

改革开放后,政府逐步重视并赋予国有企业更多的经营管理自主权,推进政企分家,军工企业也先后开展了扩权让利、责任承包以及战略重组的尝试,标志性的事件是1982年组建成立了中国船舶工业总公司;同时,政府序列的军工部门逐渐为所属企业调整责权关系,军品采购开始逐步转变为合同制的订货形式,军品具备了商品属性,军品的采购也从指令计划的强制约束逐步让位于合同保障。但是,由于原来集中优势资源保障军工发展的政策,转变成了保障国家经济建设需要,很多军工企业在此阶段面临生存危机,加上原来遗留下来的布局分散、技术水平低下等问题没有得到有效解决,军工企业活力弱、经营难、负债高,整个军工行业处于亏损局面。这时期,整个军工行业大部分还是"多研制、小生产、多品种、少批量"的产品结构,实际上,到了今天,还有部分军工企业的产品结构仍然可以看到这种模式的影子。

2.1.4 体制调整(1990—2000)

为了推动我国国防现代化建设,军工行业在这一时期向着集中化、市场化和军民结合的方向进行体制和机制调整,以原七机部下属企业为主体,改组重建,初步实现由政府管理体制向市场经济实体的战略转变。这一时期,军工行业仍存在很多亟待解决的棘手问题,是当时国民经济中最困难的行业之一,但这只是短暂的蛰伏,是黎明前的黑暗,军工行业在体制、机制改革上还是取得了突破性进展,现代市场竞争和企业管理理念开始普及,军工企业通过重组、整合,逐步在高技术、军转民、规模经济方面探索出了一条适合我国特色社会主义的新军工发展之路。

这段时期,为了扭转不利局面,国务院和中央军委也在不断地寻求解决方案,为了理顺政府与军队、企业与军队、供给与需求的关系,加强政府和军队机关在军转民、市场化进程中的指导和牵引作用,持续进行机构改革。1997年始,国务院将与国防工业有紧密联系的部委,先后改制为十一个特大型国有军工集团,划归国务院国资委与国防科工委管理。通过改制,我国军工行业完成了从走向市场经济到初步融入市场经济的重要转身。

1998年,经中央军委批准,成立了解放军总装备部。1999年,国家又成立了新的国防科工委,负责各大军工集团所承担的军工职能的统筹指导,新的国防科工委不再直接管理各军工集团,各军工集团也不再承担政府职能。

2.1.5 转型发展(2000—至今)

跨入21世纪以来,随着世界政治格局的变化,我国在经济实力不断增强的同时,大国意识随之提升,政治及战略利益的诉求也开始多元化,我国军工行业完成了从初步融入市场经济到基本融入市场经济的转变,实现了政、军、企分离,供需分开,军工企业在"集中化、市场化、融合化、国际化"等方面齐头并进,从企业改革、结构调整和体制变革几个方面入手,进行了大量卓有成效的工作。

军工企业改革方面,首先要解决的是全面亏损状态,2003年,国务院、中央军委先后批准了几大军工集团的能力结构调整方案和军工企业改革脱困补充方案,这也成为整个军工行业扭亏为盈的转折点。在剥离不良资产的同时，我国对部分军民两用资产企业进行了直接改制上市，以及借助上市公司平台推进国防资产证券化等多种形式的资本运作，目前，军工集团直接或间接控股的上市企业已超百家。2008年，根据十一届全国人大会议精神，为进一步深化推进军工行业改革，加速其转型发展，《国务院机构改革方案》出台，国家新成立了工业与信息化部，不再保留原来的国防科工委，成立新的国防科技工业局，作为工信部中一个相对独立的部门，其职能定位进行了一定程度的调整。

在一系列的结构调整和优化升级后，"十一五"期间，军工行业获得了爆发性增长，各大军工集团逐步转型成为创新能力强、资产规模大、盈利状况好的优质央企；到"十二五"，虽然由于基数变大，年均增速有所下降，但仍然保持每年两位数的高速增长，尤其是在体现国家意志，具有军工特色的航天、航空、核能、电子等领域。当然，从整个行业的情况来看，军工企业改革过程中仍然存在着各种各样的问题，军工行业的产业化、市场化进程任重而道远，但毫无疑问，这个阶段是我国军工行业发展的黄金年代。

2.2 我国军事工业发展状态

近年来，我国军事工业稳步发展，其基础科研、生产能力和技术水平不断提升，一批重大前沿技术、基础和关键技术取得突破，高精尖领域的高速发展以及各种新型武器装备的亮相都极大地振奋人心，军队现代化建设取得了长足进步。

2.2.1 我国国防费用支出状况

分三个阶段来看：第一阶段，建国以后，我国一直处于相对不安全的国际环境中，客观存在的军事威胁以及并不强大的经济条件，使国家必须维持较高的国防开支比例，但基数很低；第二阶段，改革开放以后，国家把工作中心转到了经济建设上，集中力量发展经济，并且大大改善了同西方国家的关系，同苏联的关系也逐步缓和，从而使国家安全形势大为改观，国防支出的实际额度在相当长时间里没有明显增长，这段时间，正是市场经济与计划经济的斗争磨合期，实际上也是军工行业较为困难的迷茫时期；第三阶段，20世纪90年代后，伴随着苏联解体，冷战结束，世界格局发生巨大变化，中国崛起的步伐加快，经济发展对于国防安全的要求越来越高，该阶段国家通过体制调整、转型发展,持续推进国防和军队现代化建设,部分解决了与经济发展并不匹配的国防安全问题,国防费用支出也不断攀升,军工行业迎来了发展的黄金时期。

"十五"以来,我国的国防费用以年均两位数的增幅迅速增加,基本上是每五年翻一番,从公开的信息来看,2000年到2005年,国防费支出从1207亿元增加到2475亿元;到2010年,国防费增加到5321亿元,翻了一番;到2014年,根据政府报告的数据,我国国防费预算约为8082亿元,增加的国防费用主要用于我军的武器装备现代化和军队管理体系现代化。这些数据,表明了国家对于国防安全和军队现代化建设的重视程度,虽然国防费支出仍远远低于美国,但目前,中国已经是世界第二大国防开支国,未来,在很长的时期内,我国的国防费支出仍将继续维持高位,也就意味着,我国的军工行业至少在相当长一段时间内,仍然处于高速增长阶段。

2.2.2 我国军工发展现状

跨入21世纪以来,随着国家经济总量的不断增长,大国地位的巩固,国家战略诉求的不断调整,我国面临的国际形势也越来越复杂,包括东海问题、南海问题、台湾问题以及国内反恐维稳的迫切需求,都将促使国家保持对军工行业的高度关注及持续投入,军工行业前景广阔。未来,我国还将加快向强国迈进的步伐,在坚持以经济建设为中心的前提下,逐步加大对于军事工业的投入力度,国防投入与国民经济发展和国防现代化进程更加匹配,相得益彰。

一、机制改革方面

随着我国军事工业的管理体制、机制创新不断发展,武器装备科研生产及创新体系不断完善。依据2005年发布的《武器装备科研生产许可实施办法》,军工行业开始实行分类管理的武器装备科研生产许可制度;2007年,国家发布了《非公有制经济参与国防科技工业建设指南》,在保持国家对武器装备科研生产控制力的同时,鼓励非公有制经济进入武器装备科研生产领域,参与军品研制与生产任务竞争;同年,国务院批准《深化国防科技工业投资体制改革的若干意见》,明确提出建立政府调控有效、社会资本参与、监督管理有力、军民良性互动的新型投资体制,开放性国防科技工业发展格局逐步形成;2008年,国务院、中央军委又公布《武器装备科研生产许可管理条例》,对口职能管理部门分别是国防科工局和军队的总装备部;此外,"十二五"期间,国家还针对军工行业的股份制改造、军民融合模式的深化推进、军用高新技术的产业化推广等方面,发布了一系列的重要政策文件,如2015年9月,国防科工局会同解放军总装备部在全面梳理分析的基础上,联合发布了《武器装备科研生产许可(产品)目录(2015版)》,对于进一步推动军工市场开放,充分利用社会资源,加快吸收优势民营企业进入军工领域,促进有序竞争,推动军民融合深度发展,具有重要意义。此外,2015年,"全军武器装备采购信息网"的正式上线运行,作为全新的军工产业信息平台,对于破除军用装备采购信息壁垒,大力推进竞争性采购,加快推进装备采购体制机制改革,也将起到很好的作用。

二、国际合作方面

我国军工行业的国际合作及军品贸易初见成效,例如航天产品的国际市场开拓取得重大突破,在卫星发射、整星出口等领域都取得很大成绩;航空领域对外合作的水平和质量大幅提高,国产战机已在国际军贸市场占据了一席之地。但是,与世界上军事工业发达的国家相比,我国军事武器装备和技术在国际军贸市场上所占的份额非常小,出口对象主要集中于亚非拉等第三世界及发展中国家,在军事工业的国际技术合作、资源共享、研发创新方面,与我国目前的国际地位并不相符。

三、创新发展方面

目前,我国军工企业的自主创新能力还不强,军事工业要提高自主创新能力,必须通过改革,形成有利于增强自主创新的体制和机制,以政府及军队为主导,通过政策引导、投资推动等手段营造创新环境和土壤;以军工科研院所和企业为骨干,以基础性科研机构和高等院校为生力军,发挥产学研联合优势,增强军工行业的自主创新能力;同时,以国家科技重大专项、国防科研和武器装备研制重大工程为平台,发现、培养、使用和凝聚优秀的军工人才,进一步强化军事工业创新发展的人才基础。

四、战略规划方面

当今世界正经历着以信息技术为核心的军事变革,我国也正在全面推进国防和军队改革。伴随国防和军队建设战略、军兵种发展战略、空间战场体系发展等一系列顶层规划的出台,可以帮助军事工业确定发展方向,加速推进军工企业转型,建立新时代、新环境下的新型军工体系,促进战略性结构调整。

最后，虽然我国的军事工业有了长足发展，但其整体发展水平与美、俄等世界军事强国相比，还有较大的差距，还不能完全适应维护国家安全统一、应对周边复杂局势、更好履行大国责任的需要。目前，我军武器装备体系完整，但仍有不少短板，同时，在一些对国防具有重要价值的新兴领域，技术、人才都储备不足，而在创新土壤、政策机制、顶层设计等软件配套方面，我国也仍然还有很长的路要走。这些差距和不足，意味着国家必然要给军工行业提出更高的要求，这对军工企业来说，既是机遇，也是挑战。

2.2.3 国外军工行业现状

世界军事工业经过冷战时期的疯狂扩张及其后的不断调整，目前保持着相当大的规模，分布于各个国家和地区。从总体规模的大小、创新研发和研制生产能力的强弱以及在国际军贸市场份额的多少看，当前世界军事工业从强到弱的地理分布大致是：北美洲、欧洲、亚洲、大洋洲、南美洲和非洲。国家里面，美国、俄罗斯、英国、法国、德国、以色列、日本等都是军工产业比较发达的国家。

长期以来，世界军事工业在地理上的分布是不平衡的，世界主要军事装备及技术出口的前几位都被美、俄、法、英、德等国家牢牢占据，绝大部分实力强大的军工企业集中在北美和欧洲少数工业发达的军事强国，在世界最大的10家军工企业中，有6家来自美国，而在全球最大的100家军工企业中，近八成企业总部位于美国和欧洲，比较著名的有洛马、BAE、波音、通用等。尤其是美国和俄罗斯两个大国，在国际军贸市场占据绝对优势，苏联解体后，俄罗斯继承下来的军事工业虽然短期内出现了一定衰退，但其深厚的实力积淀、强大的工业基础和外向型的国防战略，加上近年来国家整体实力和影响力的稳步提升，俄罗斯在世界军工市场扮演着至关重要的角色；而美国的军事工业，通过不断的转型优化，始终保持着全球最大的产业规模和持续领先的行业地位。但也要看到，亚洲的军事工业发展迅猛，很多技术在国际上都处于领先地位，在世界军工市场也扮演着越来越重要的角色。

在世界军工能力体系中，我国的军事工业离美国、俄罗斯等军事大国还有相当差距。不过，由于机构在资料收集时，有很多涉及技术转让，或者通过军事援助来获取政治利益的行为并没有被列入，加上国际军工市场的交易行为仍然受到某些政治因素的干预和影响，例如2013年，土耳其采购我国导弹,就引起美国和欧盟的激烈阻扰,因此,一些统计数据的价值并没有我们想象的那么严谨和重要,也并不能完全代表我国军事工业的整体实力。实际上,从目前我国军事工业的综合实力来说,我国的军事工业发展水平应该是位于世界前列的。

结合现状及未来发展潜力分析,世界军工行业的整体实力分布在很长时期内,都将处于一家独大、多极并存的时代。从国家来看,美国为龙头,俄罗斯、德国分立两侧,传统强国英法及后来大步赶上的中国、以色列、日本、印度等都在"圆桌"上;从地理分布来看,未来应该是北美洲、欧洲、亚洲三足鼎立的结构。

2.3 军工集团简介

新的历史发展阶段,在强调并坚持艰苦奋斗、奉献精神的同时,我国的军工行业一直在努力朝着市场化、军民融合以及创新突破的方向高速迈进,这个过程中的主力和排头兵就是国有军工集团。

目前,我国的军工行业主要是由十一大军工集团、科研院所以及参与军工的民营企业组成。其中,十一大军工集团是当之无愧的行业领导者,主要涉及核、航天、航空、船舶、兵器以及电子六大领域,包括核工业集团、核工业建设集团、航天科技集团、航天科工集团、航空工业集团、船舶工业集团、船舶重工集团、兵器工业集团、兵器装备集团、电子科技集团和电子信息产业集团,其产品基本涵盖了所有与国防安全和军队建设有关的武器装备、创新研究、技术服务等。

2.3.1 军工集团的发展

军事工业是国家安全的保证和支柱产业,各国都有其独特的发展道路,归纳起来主要有国家投资和民转军两条路,其中国家投资比较有代表性的是俄罗斯,它是在经济和技术落后的条件下独立发展起来的,是国家优先投资的结果;民转军的代表是美国,这是因为美国是在成长为世界第一工业大国后,在民用技术上发展起来的军事工业。

中国军事工业的发展,是苏联模式和美国模式相结合的产物。在20世纪七八十年代中国政府中几个部委:核工业部、航天工业部、兵器工业部等,就是现在十一大军工集团公司的前身;后来,在改革开放的过程中为了转变政府职能,把这些部委改制为公司,即:中国核工业总公司、中国航天工业总公司、中国航空工业总公司、中国船舶工业总公司、中国兵器工业总公司,这就是原来的五大军工集团;1997年,为了引入竞争机制,国务院把四个与国防工业有紧密联系的部委,改制为十一个特大型国有军工集团,划归国务院国有资产管理委员会与国防科学技术委员会管理,涉及六个子行业:核、航天、航空、船舶、兵器、军工电子,这六个行业就是《中国人民解放军军语》中关于军事工业的定义主体;1999年,我国军工行业的脊梁——十一大军工集团成立完毕,同年,国务院、中央军委启动能力结构调整及体制改革,批准了《兵器工业能力结构调整方案》;2003年,国务院、中央军委先后批准了各大军工集团的能力结构调整方案和改革脱困补充方案,军工经济开始好转;到2007年,军工企业改革脱困和能力调整两项工作基本完成,军工集团完成了从计划经济向市场经济的阶段性转型。

军工集团及其下属企业几乎都具有国家背景,其行为模式和价值观念带有浓厚的政府色彩,在其战略认知及价值体系中,政治利益的获取非常重要,经济利益是企业的重要目标之一,但不是第一位的,从各大军工集团的使命、定位、愿景的阐述可以看出来,这也从根本上决定了我国的军工行业必然是一个半垄断和半封闭市场,就算允许民营资本或者其他资本进入,但由于资本的逐利天性,会在某种程度上与军工文化及其价值观念的磨合存在先天不足,决定了民营资本在这个行业只能扮演配角,是重要、有益的补充,而且在相当长的时间内,都会是这样。

2.3.2 十一大军工集团

我国的军事工业是一个相对特殊的组织独立的体系,其核心和支柱,就是十一大军工集团,它们代表了与国家安全最密切相关的六个行业方向,是国民经济的重要组成部分,是国家应对挑战和危机的战略性团队,在中国的国防现代化建设中,体现了基础性的战略地位,发挥着越来越重要的作用。

一、核工业

核工业是高科技战略产业,在原国家核工业部的基础上,改制为中国核工业总公司,后根据业务不同划分为核工业集团公司和核工业建设集团公司。自创建以来,为我国国防建设和经济建设作出了重要贡献,实现了"两弹一艇"的成功研制、首座核电站的自行设计建造等一系列伟大成就。经过多年的努力,我国的核工业已完成了多元化产业结构的大调整,并转型成为军民结合的新体系,实现了核工业的历史性跨越。

二、航空工业

我国的航空工业主体来源于原国家航空航天工业部。1999年,经国务院批准,中国航空工业集团公司分为中航工业第一集团公司与中航工业第二集团公司,2008年,两大航空工业集团公司又合并组建成立新的航空工业集团公司。作为航空工业领域的国家队和当仁不让的领导者,中航集团是主要承担军、民用飞机和相关的发动机、机载设备、战术导弹以及各种民用航空产品的开发、生产、销售和售后服务的特大型国有企业。新中国成立后,包括第一架飞机和第一台航空发动机在内的几乎所有航空工业发展的重要成果和里程碑节点,都是由中国航空工业集团完成,此外,作为最早开展对外军贸合作的国企,航空工业集团在国际合作方面也取得了累累硕果。

三、电子工业

中国电子科技集团以及电子信息产业集团是经国家批准组建的大型国有企业集团,是军工电子行业的绝对领导者,其历史可追溯到原国家电子工业部。电子信息产业集团成立于1989年,是目前国内最大的综合性IT企业集团;电子科技集团成立于2002年,是在信息产业部直属的数十家电子科研院所及全资或控股高科技企业基础上组建而成的。其中,电子信息产业集团更多侧重于民用市场,长期服务于国防、通信、航天、金融、能源、交通等国民经济各行业;电子科技集团则侧重于军工市场,在雷达、测控、指挥控制、电子对抗、导航、信息处理、通信网络等多个领域具有很强的综合实力。

四、兵器工业

原国家兵器工业部,后改制为中国兵器工业总公司,后来又分为兵器工业集团公司和兵器装备集团公司,两大集团是中央直接管理的大型国有骨干企业,集中了我国兵器工业的主要力量,代表着中国兵器工业的发展状态和能力水平,其主要业务是武器装备的设计、制造、生产,重点发展精确打击、远程压制、防空反导、高效毁伤等高新技术武器装备,拥有完整的研究、设计、试制、生产及试验能力体系;此外,两大集团在军转民、国际贸易及市场产业化推进方面,近年来都取得了很不错的成绩。

五、船舶工业

以原国家船舶工业部为基础,1982年,我国组建成立了中国船舶工业总公司,到1999年7月,改制拆分为中国船舶工业集团公司和中国船舶重工集团公司,两大船舶集团公司旗下聚集了一批中国最具实力的骨干造修船企业、船舶研究设计院所及配套企业,研制的产品几乎涵盖了我国海军所有主战舰艇装备,可承担包括航母等超大型船舶在内的各种海上平台、海洋工程、大型水面水下战斗舰艇和水中兵器及相关配套设备的研究、设计、建造和修理,是服务于中国海军装备建设的骨干力量。随着我国海洋安全形势越来越严峻,南海权益维护和东海钓鱼岛争端的迫切需要,我国的海洋发展战略已上升为国家战略,船舶工业必将成为中国军事工业可持续发展的主要推动力量。

六、航天工业

我国的航天工业主要以中国航天科技集团和航天科工集团为核心,历经航天工业部、中国航天工业总公司的发展,1999年7月,中国航天科技集团和中国航天科工集团成立。两大集团都具有丰富的大型航天系统工程管理的能力和经验,极大地提高了我国国防综合实力和天基领域的装备水平。航天科技集团主要从事运载火箭、人造卫星、载人飞船和战略、战术导弹武器系统的研究、设计、生产和试验;航天科工集团公司先后为国家提供了大量不同类型、性能先进的导弹武器系统,并在军民两用信息技术、卫星平台与数据应用以及成套军用设备方面,拥有很强的实力。

最后,需要补充说明的是,在传统的十一大军工集团之外,实力雄厚的中国科学院,军工也是其核心业务之一,且近几年呈稳步增长态势,其下属各科研单位,如中科院计算所、电子所、微电子所、声学所、遥感所等,在军工行业中的信息安全、电子通信、航天元器件、水下探测、遥感应用等细分领域市场占有重要地位。

第3章 军工行业管理模式及趋势分析

从全球市场经济发展趋势来看,绝大多数的政府都希望其军工企业更具活力和弹性,通过引进多种经营模式,吸引各种投资方式,提高其商业化程度,提升其运营效率和竞争能力,全力推进军工企业市场化进程。

跨入21世纪以来,我国的国防投入力度逐年加大,市场不断扩容,行业壁垒高,替代品威胁较小,加上上下游产业链的稳固,规模经济和高技术附加所产生的高利润空间,军工市场化进程取得了巨大的突破和发展。但另一方面,通过对军工行业的机遇、挑战及未来趋势的分析,围绕军工企业产权制度改革的核心主线,我国军工市场化的深度推进,仍然还有相当长的路要走。

3.1 军工市场化进程

改革开放以来,我国军工行业的市场化主要经历了走向市场、规模经济、高技术附加、证券化和国际化几个阶段,历史和经验证明,这是我国军工行业发展壮大的必经之路,也是行业可持续发展的内在要求。

一、走向市场

改革开放后,我国的战略重心发生转移,军工生产任务大幅下降,很多军工企业陷入了停产或濒临停产局面。为渡过难关,解决生存问题,很多军工企业采取了在体制和机制约束下的,有选择有步骤的市场化进程。这个阶段,由于行业发展的不规范,政策上也并没有明确性的引导和支持,加上军工企业管理者认识上的局限性,很多企业只是把市场化过程看作是解决眼前困难的权宜之计,于是丢掉企业的技术、人才和资源等核心优势,转向低技术含量的紧俏商品上,如自行车、电风扇、电视机等家用电器。但受计划经济的思维影响和机制限制,管理能力跟不上,成本控制不下去,在市场竞争中进退维谷。到了20世纪80年代中后期,国家有关部委开始对军工行业的军转民问题进行研究规划,期望通过政策引导来解决问题,例如调整军工行业管理机制,将军转民的市场化纳入国家统筹和国民经济发展计划,并将军转民的行业方针上升为国家发展战略的一部分。

二、规模经济

改革开放后很长一段时间，我国坚持以经济建设为中心，军事需求牵引不足，军费增速放缓，加上转型期间对于市场经济的不适应，给当时军工企业的生存和发展带来了极大的挑战。进入20世纪90年代以后，世界政治、军事格局风云变幻，作为崛起中的大国，军工行业对于国家安全和战略利益实现，意义重大，国防投入开始增多，军工市场竞争越来越激烈，如果不能实现规模经济，企业的效益就无法得到提升和保障。这时期，很多军工企业和集团进行了战略重组、并购、整合，以追求规模经济，这种规模化和集中化的发展趋势实际是对产业结构的调整和梳理，通过加速集中化程度，组建大型军工企业集团，集中优势力量，实现规模经济，增强其核心竞争力。

三、高技术附加

随着我国综合实力的稳步上升，其军工市场化推进的方向也在不断调整以适应国家战略利益实现的需要。跨入新世纪以来，在进行了一系列体制、机制改革后，国家利益实现带来的广泛需求和军工市场的广阔前景，为军工企业的跨越式发展带来了机遇，也为军工企业转向高技术附加值的产业并建立核心竞争力创造了条件。十一大军工集团是高技术附加值的典型代表，在国家政策扶持和自身努力之下，逐步建立了较高的技术壁垒和市场门槛。

四、证券化

"十五"以来，我国军工行业始终保持快速增长势头，国家陆续出台了多项政策，以推动军工企业的管理和产权制度改革，实现投资主体多元化，加大军工资产的证券化力度。尤其是政策放开以后，在发展的需要和利益的驱动下，军工集团对于资产的整合有很强的动力。目前，主要采取围绕行业内的重点上市公司进行资本运作，如中国船舶、航天长峰、中国卫星等，并以这些上市公司为平台，实现军工资产证券化和专业化重组，做大做强，从各上市军工企业的主营业务、利润率等主要经营指标来看，基本都处于上升通道，发展潜力巨大。

五、国际业务

军工行业的国际化趋势是对其市场化程度的进一步提升，也是我国扩大国际影响、获取经济和政治利益的现实需要，军工企业越来越多地开展国际项目合作以实现技术和资源上的优势互补,同时通过积极促进武器平台、卫星业务等军工装备产品的外销,实现企业品牌的国际化推广和经济效益获取。但另一方面,我国军工企业的国际化程度相比欧美等发达国家还不是很深入,面也不是很广,从我国的综合实力和军工行业的发展趋势分析,主营业务国际化是军工行业市场化进程的重要内容。

3.2 军工管理模式分析

军事工业在国家发展战略体系中凸显着越来越重要的意义和价值,这对于我国军事工业管理模式的探索和改革也提出了具体的要求,例如军工企业在立足自身特点的前提下,如何加速市场化运作,建立现代企业制度,进行集团化管控等。

3.2.1 我国军工行业管理模式

这里,以国防科技工业为研究对象,进行军工行业的管理模式分析。

一、主管职能部门

目前,我国国防科技工业的主管机关是国防科工局,根据2008年3月第十一届全国人大一次会议通过的《国务院机构改革方案》,国务院在原来国防科工委的基础上,组建新的国防科工局,由新组建的工业和信息化部管理,国防科工局内设政策法规司、综合计划司、系统工程司等十余个职能机构,其中,直接面对军工集团进行项目指导、批复和监督管理的主要是综合计划司、系统工程司等业务部门。

国防科工局的主要职能包括:研究拟订国防科技工业和军转民发展的方针、政策和法律、法规;制定国防科技工业及行业管理规章;组织国防科技工业的结构、布局、能力的优化调整工作;组织军工企事业单位实施战略性重组;研究制定国防科技工业的研发、生产、固定资产投资及外资利用的年度计划;组织协调国防科技工业的研发、生产与建设,以确保军备供应的需求;拟订核、航天、航空、船舶、兵器和电子工业的生产和技术政策、发展规划、实施行业管理;负责组织管理国防科技工业的对外交流与国际合作等。

二、行业管理模式

为了保证国家安全和军事需求的满足,以及国际政治和国家战略地位的需要，我国政府把军工行业的管理进行了区别对待，其管理模式有其特殊之处，体现在多个方面。

在我国，国防科工局和国资委代表政府对国防科技工业实施核心管理和指导职能，军用装备采购主管机关，暨装备发展部代表中央军委实施军品订购及管理职能。简单来说，国防科工局和国资委代表军工行业，是卖方，装备发展部代表军工市场，是买方，这样更方便理解。我国政府对于国防科技工业管理的主要内容是战略制定、宏观调控、投资扶助，通过制定实施政策、法规、规划、标准并设立监督机构，对军品科研生产、国际贸易等进行管理，这也是军工行业能科学可持续发展的重要保证。目前，这种政府直接进行管理调控的形式在世界上作为一种主要的军工管理模式被普遍采用，包括军工产业化最发达的美国，其军工产业也仍然需要政府的调控、指导和监督管理。但应注意，政府管控并不会与军工市场化存在冲突，恰恰相反，在现阶段，它有益于军工市场化的深化推进和有序发展。

在我国目前的发展阶段，政府对于国防科技工业体系下的军工企业会进行扶助，例如对科研生产所必需的条件保障进行一定的投资建设，也就是我们常说的"技改费"；此外，为鼓励创新，保证军工行业的稳定可持续发展，政府和军队要求在整个行业的产品形态中要保持相当比例的国产化，并以文件形式作为项目立项原则下发执行，"十一五"开始，国产化已经作为非常重要的项目批复和评价依据，在几乎所有的项目立项评审过程中被频繁提及，这也是政府对于军工采购过程进行管理监督的重要内容；同时，由于军工产品都是为国家安全服务的特殊属性，政府和军队要对整个科研生产过程进行宏观引导和实施监督，包括科研生产计划的制定实施、关键技术预研、科研生产经费及资产的管理、军转民的政策推进等方面。

目前，我国军工行业的总体规模和发展水平已居世界前列，结构比较完整、布局相对合理、组织管理也比较健全，但行业的开放度还不够，体制约束也很明显；一方面，一些所谓的老牌军工企业已经多年没有承担重点军品任务了，却仍然享受着军工企业的政策红利，另一方面，目前在军工行业中民营企业，由于在旧的军工体系和军工企业的概念中，它们不属于军工企业范畴，国家给予的资金和政策支持就比较少，例如"技改费"；第三，政府和军队之间，缺乏一个能平衡各方利益的协调机关，增加了军工企业的资金使用难度还影响了投资效益，这是目前我国军工行业存在的一个很大的弊端，但这是体制决定的，在很长的时间里还会保持目前状态；第四，军品科研生产的管理,对于军工科研生产单位来说,存在着上级主管部门、军方和政府的主管机关代表等,由于职能定位的交叉,在很多系统工程的研制建设过程中带来很多的问题,协调难度非常大,尤其是目前很多的军民融合项目,动辄就是数十个亿、上百个亿的巨型系统工程,在项目的具体实施过程中,面临着军地协同模式、组织管理机制、经费使用控制、项目管理团队架构等多方面问题。

三、军工企业管理

我国的军工企业从红军的第一家被服厂算起,已经有80多年的历史了,一直紧紧地与我党我军的壮大发展和国家现代化建设牢牢的联系在一起。

从土地革命到解放战争,军工企业生产方式落后,规模很小,实行小生产经营与供给制的简单管理方式;新中国成立以后,军工企业开始制定规章制度,建立正常的工作秩序,初期基本上采用经验管理的方式,后来逐步实行企业化管理;党的十一届三中全会以后,国家对军工企业进行了全面的清理整顿,建立并完善了企业经济责任制,逐步建立起现代化管理体系,1986年,国家经委颁发《企业管理现代化纲要(草案)》,军工企业以此作为指导文件和工作准则,全面推进了企业的现代化管理工作;如今,计划管理、质量管理、经济核算、企业文化、人力资源管理、渠道管理、品牌宣传以及成本分析控制、采购流程控制、自动化办公系统等一系列现代化的管理方法和手段,在军工企业中得到了普遍应用,在创造巨大生产价值的同时,也意味着我国军工企业已经迈入了现代化管理的新阶段。

3.2.2 中外军工管理模式比较

各国军工行业的管理模式,有一些共性,但是具体国情不一样,军工行业的发展状态和阶段不一样,模式上也存在差异。

一、管理体制比较

从已经形成了独立和完整军工行业体系的国家来看,大部分实行政府对军工行业集中统一进行投资管理,政府全权承担维持国家军事工业基础的责任,军队在政府的协调组织下,参与军事工业建设和管理活动,也就是说,政府和军队之间不存在利益分割和协调问题。而在我国,政府有国防科工局,军队有装备发展部(暨原总装备部)负责专门的武器装备采办和管理,部门之间没有隶属关系,加上军工企业的主体都是国有性质,不完全以盈利为目的,很多时候,无法通过市场经济行为杠杆来进行自适应管理,政府、军队之间在职能、责任和利益方面的交叉,各类型壁垒的现实存在,一定程度上影响了我国军工行业的跨越式融合发展。

二、发展战略比较

由于国家实力和国防战略的不同,各个国家采取了不同的军工发展战略,美国、俄罗斯作为军事综合实力排名全球第一、第二的军事强国,采取的是独立发展、保持一流的军事工业发展战略;英、法等欧洲发达资本主义国家实施的是以我为主,国际合作为辅,保持较强军事工业能力水平的战略;德、日等由于都属于二战战败国,情况特殊,所以采取的都是寓军于民、保持强大的军事工业基础能力的发展战略;而一些发展中国家实行的是以引进拉动创新发展,逐步实现以我为主,建立满足其国家需求的军工体系,以印度为例,为了实现其在印度洋地区的霸主地位及其全球战略实现,引进了很多尖端武器装备,如核潜艇、航母等,但自身也在不断加强研究消化,完善自身的军事工业体系;而对于非洲、南美洲、东南亚的一些第三世界国家,军工体系不完善,国力孱弱,也缺乏国家战略对于军事工业的牵引,所以基本上是纯引进。

而我国的军事工业发展战略,是以我为主,军民融合,通过对外引进和自主研发相结合,夯实军工基础,完善军工体系,优化军工结构,保持较强的军事工业发展水平。这种定位也是基于我国目前仍然以经济建设为中心,战略上以积极防御为主的国家大方针政策决定的,符合我国现实国情。但未来随着国家综合实力的稳步提升,军工发展战略也必须不断地进行调整以适应国家利益实现的需要。

三、科研生产比较

对军品的科研生产,不少国家采取政府负责规划、政策的制定实施和过程的监督管理,军队作为用户代表进行采办,军工科研生产机构具体开展研发过程管理的模式,军工企业的利益依托市场行为得到保障。

在我国,主要是军队来对军品科研生产进行管理,同时负责采办和监督,当国家财政把年度经费拨付给军队装备采购的主管机构后,其采购管理体系对于整个军工项目的立项论证研究、科研生产过程、合同管理、验收测试等全流程都有介入和控制。

四、采购管理比较

大部分的西方国家,军工采购都是政府采购的内容之一。我国,鉴于军事采购的特殊性,《政府采购法》第八十六条规定:"军事采购法规由中央军事委员会另行制定",明确了我国将军事采购与政府采购区别对待,不过在实践中,军工采购无论从采购模式、采购方式还是采购程序上都与政府采购有许多相通之处。

军工发达国家的军品采购基本是同等条件国内采购优先,本国不生产或者效益低下的军品生产任务,会通过国际外包采购,保证了本国军事工业投资效益的最大化;而一些发展中国家和第三世界国家主要是采取优先国外采购,因为本国的军工体系不完整,国外采购更合算;对于我国来说,虽然目前我国的军事工业基础还不是很强,但我们的国家地位和战略需要我国有一个独立、自主、可控,具备核心竞争力的军事工业。以往,当我们的军事工业还很薄弱时,我们需要扶持军工企业,军工采购大部分来自于国内;改革开放后,我军装备需求在不断扩大,出于对高精尖军事装备的迫切需要,有一段时间,采取了国外引进与国内自主研发共存的采购模式;随着近年来我国科技水平的不断发展和创新能力的持续提升,加上工业基础能力体系的逐步完善,政府和军队的主管机关又重新将国产化作为核心要求来实施采购管理。

五、企业形态比较

由于社会制度和意识形态的差别,所谓的军事工业在一些西方国家只是一个市场概念,是经济领域中的一个范畴。当企业承担军事产品生产的时候就是军工企业,不承担军事产品生产时就不是军工企业,判定是否军工企业的主要依据所承担生产任务的性质而定,所以,只有那些直接为军事目的生产军事专用品的企业才能划入军工企业。结合我国实际来看,绝大多数军工企业都是以军品为主,集军品与民品开发、生产于一体的经济混合体。

3.3 军工行业的机遇与挑战

随着改革开放的深入和国家政治经济发展的要求,我国的军工行业面临着更好的机遇,当然也伴随着更大的挑战。我们军工行业的发展重心,将是不断调整以适应世界政治形势发展变化的需要,并为我国战略利益的实现夯实基础。此外，内外环境的变化也在催动着中国军事工业的转型发展。面对机遇和挑战，我们任重而道远。

3.3.1 面对的挑战

近年来，我国的军事工业取得了举世瞩目的巨大成绩，但在军民融合、技术创新、产业结构、市场壁垒等方面，依然存在诸多问题，如何解决，需要不断摸索研究。

一、军民融合

目前的军民融合战略，在深化推进和落实方面做的还不够，与美国等发达国家相比差距较大。主要表现在：一是军民管理体制不完善，缺乏有效的宏观调控和协同机制，相对封闭的行业格局仍然存在，涉及军民融合统筹发展的很多方面，国家以及军队机关层面还没有形成统一意见，分歧不小。例如国家于2012年推出了《统筹国民经济与国防经济发展规划》，但由于内外部关系没有理顺，机制上也没有完全放开，推进非常缓慢；二是军民两用技术缺乏有效转移，军工企业重成果，却在产业化推广能力方面缺乏有效的解决办法，军工市场及行业管理机构也没能搭建一个好的平台，用于军品或军转民技术的产业化推广。

二、技术创新

相比欧美发达国家，我国的军工行业及企业的创新能力有明显差距，目前很多所谓的国产武器装备平台，还是建立在技术引进或者模仿设计之上，甚至包括部分关键技术和核心装备。当然，相比过去而言，我国军工企业的技术创新能力已有了长足进步，例如我国的军工行业并非仅仅满足于简单引进，而是尽量对其核心内容进行消化吸收，很多技术改造升级都是自身努力的结果，如"枭龙"主力战机系列，战机性能实际上要超过原型机很多。

三、产业结构

我国的军工行业一直被一些产业结构性问题所困绕，如果得不到妥善解决，必将制约行业的长远发展，其中有几个问题比较突出：第一，军工企业之间缺乏有效竞争，例如，大部分现役战斗机由沈阳飞机工业集团和成都飞机工业集团生产，几乎所有的卫星平台都是由航天科技集团研发等；第二，由于军工行业管理制约体系的不完整，在快速发展的过程中，重复投资、烟囱林立的情况相当普遍，尤其是在与市场经济的接轨过程中，对于利益的追求,使得整个军工行业中存在一些不和谐的因素和不健康的现象;第三,虽然国家对于军工行业一直都非常重视,但军事技术的发展受设计、工艺、材料等多方面综合能力限制,而在这些基础性的技术和工业领域,国家投入偏低,发展水平并不高。

四、市场壁垒

军工行业作为特种行业,在军工背景、企业资质、技术创新等诸多方面有很高的市场准入门槛。对于军工企业而言,需要诸如武器装备科研生产许可证、装备承制单位注册证书、保密资质、武器装备质量体系认证等一系列的资质证明文件。这些资质文件,由于历史沿革和继承性方面的原因,老牌军工企业几乎都具备,而对于希望从事军工行业的民营企业来说,很难全部获取,尤其是其中最为关键的《装备承制单位注册证书》。这种先天不足,使得民营企业可能在军工市场竞争中一开始就输在起跑线上;此外,就算是顺利进入了军工市场,民营企业也会因为资源投入大、项目周期长、需求把握不准确等因素,承受极大的军工市场生存压力。而国有军工企业则不然,有背景,有资源,完全可以通过价格战、持久战等多种方式直接或间接设立市场壁垒。以上这些存在的不平等现象,虽然有诸如风险可控、资源集中等优势,但也直接导致目前的军工行业一定程度上缺乏活力,创新力不强,竞争度不够。

3.3.2 迎来的机遇

随着军工核心能力建设升级换代,自主创新能力的不断提升,军民融合发展战略的深化推进,我国军工行业的综合实力将实现整体跃升及可持续发展。未来相当长的时期内,军工市场将继续保持高速增长,中国的军事工业发展处于可以大有作为的重要战略机遇期。

一是国际形势和国防现实决定了我国为维护国家安全和发展利益,以及适应新军事变革的需要,会继续保持对于军工这一战略行业的高度重视。

对我国来说,外部环境总体有利,国家综合实力、核心竞争力、抵御风险能力显著增强,国际地位和国际影响力不断提高,在较长一段时间内应该不会有全面大规模战争。但围绕国家战略资源、战略要地和战略主导权的争夺将加剧,加上国家对内维稳安全的迫切需求,我国仍将面临长期复杂且多元的安全威胁与挑战。此外,随着我国外向型经济模式的发展,未来海外的能源、资源供应和运输通道都将成为我们的保卫目标,我国的国防战略将由积极防御向攻防兼备转化。

二是从我国国防费占国家财政支出的比重来看,国防费总额虽然排名世界第二,但从人均数额上看,仍处于很低的水平。

相对应的是,我国周边主要国家的军事投入一直保持增长态势,美国、日本的军费开支多年来一直保持高位并持续增长,包括俄罗斯在受金融危机冲击比较严重的那几年,其军费开支仍保持增长。根据统计,在国民人均军费支出排行榜上,以色列多年来一直名列前茅,这与以色列地小人少,又面临极为复杂和严峻的周边环境有关系。而我国所面临的国际政治环境比以色列更复杂,面对的挑战更严峻,从人均国防费用支出和国家实际需求来说,国防费用会保持稳步增长,这将为军事工业的科学可持续发展提供源源不断的动力。

三是资产注入与大规模重组将大大增强军工企业的核心竞争力。

从国际上看,我国的军工企业,在规模水平、盈利能力、行业竞争、经营效率、管理体制等诸多方面,与国外一流的军工企业相比,仍然存在较大差距。此外,我国的军工行业尚处于成长期,行业集中度和资本化程度都很低,因此,军工企业的资产注入与大规模重组迫在眉睫。新的国防白皮书中提出"稳步推进军工企业股份制改造,重点扶持符合条件的优势企业整体改制上市",这预示着我国的军工行业将继2008年航空工业资产整合后,在专业化整合、资本化运作以及统筹国民经济与国防经济的发展道路上,继续得到国家的政策支持。

四是军队武器装备更新换代及国产化要求将促使军工行业提高自主创新能力。

目前,我军的新装备比例明显偏低,老旧装备规模还很大,武器装备的一体化、信息化水平还不够高,要实现上述目标,就必须加快武器装备更新换代和国产化创新的步伐,这也必将为军事工业在新局面、新形势下的跨越发展提供新的机遇。"十三五"期间,国家在军工行业的发展思路仍然是夯实基础,加强创新,以军民融合的模式,通过各领域的重点专项工程方向建设,加强创新体系建设和创新能力提升,推动军事工业的全面升级。

五是外部形势动荡,迫切需要重点发展军工行业。

局部形势动荡客观上促使我国迫切需要发展成为军工强国,近年来全球范围武装冲突频繁发生,冲突的诱因主要包括领土主权争端、部族冲突、民族矛盾、宗教对立、武装叛乱和恐怖袭击。这些诱因根植于国际政治的深层矛盾,反映的是现有国际体系的自有缺陷,不可能在短期内消除。亚太地区是军事热点的一个集中地,特别是周边稳定、油气资源、领土争端等问题长期存在,愈演愈烈,促使我国必须以强大的国防实力和军事工业能力来保卫领土完整和经济成果。

六是鼓励民营资本参与军工行业,将使我国的军工行业增加活力。

随着我军竞争性装备采购制度改革的不断推进完善,民间资本进入军工行业道路将更顺畅。国家先后发布了《非公有制经济参与国防科技工业建设指南》等一系列关键性文件,引导和支持民营企业有序参与军工企业的改组改制,鼓励民营企业参与军民两用高技术开发和产业化,允许民营企业按有关规定参与承担军工生产和科研任务,并明确非公有制经济可参与军工建设5大领域,即:军工基础设施建设投资;国防基础科研项目、军工配套科研项目;军品科研生产任务;军工企业的改组改制;以及采取多种方式与军工企业合作,参与军民两用高技术开发及其产业化发展。

3.4 军工行业趋势分析

3.4.1 展望未来

未来,我国军事工业的发展重点集中于:高新技术武器装备研制能力;军民融合产业发展;军工精密制造技术;掌握军工产业核心前沿技术;加强军事工业创新能力等。我国军工行业的发展思路和方向,在遵循现有战略思路的基础上会有延伸,但目标和执行过程会更加具体,更加坚定,由维护国家生存利益延伸到维护国家发展利益,由维护国家和平发展延伸到促进世界的共同繁荣。

这里,我们引用国家2015年发布的《中国的军事战略》一文中的相关内容,从国家军事战略的角度展望未来,重点很突出,也更有权威性:① 海洋关系国家长治久安和可持续发展;② 太空是国际战略竞争制高点;③ 网络空间是经济社会发展新支柱和国家安全新领域;④ 核力量是维护国家主权和安全的战略基石。

从国家的军事战略可以看出,海洋、太空、网络空间和核工业建设将是未来国家军事工业领域力量发展的重中之重。事实上,近年来,海战场、太空战场和网络空间战场一直都是军工行业的热点词,军工企业在这几个领域方向和细分市场可以提前布局,以谋划未来。

3.4.2 趋势发展

十八大后,习近平主席提出了"战斗力"标准的概念,这不仅是对军队的明确要求,其核心内涵同时适用于军工行业及全体军工人。围绕军工行业的战斗力标准提升,军工行业需要在巩固成果的基础上,统筹发展和改革,做强做大,通过推进体制机制创新,形成一个适应新形势的新型军事工业体系。下面,梳理一下我国军工行业的发展趋势。

一、军民融合战略

军民融合实际上是军事工业内部剩余产能在民用领域的充分释放和领先技术在民用领域的合理转移,这种释放和转移在适当的时机又会反过来拉动军工行业的发展。从更宏观的角度来看,军民融合是世界,也是我国军事工业发展的必然选择,它可以更加合理地配置军工行业的生产和技术资源,从而保证其核心竞争力。

每个时期,国家都会结合新的国际政治形势和行业发展趋势,赋予军民融合新的内涵延伸。针对目前军民融合国家战略推进过程中出现的一些问题,下阶段,军工行业要继续贯彻军民结合、寓军于民的方针,不断完善融合机制、丰富融合形式、拓展融合范围、提升融合层次,努力形成全要素、多领域、高效益的军民融合深度发展格局;其次,加大对军工行业的政策扶持力度,全面推进军地双方在海洋、太空、空域、测绘、导航、气象、频谱等领域资源的合理开发和合作应用,促进军地资源的互通互补互用;第三是完善军地统筹建设运行模式,在军工行业内部建立适应于国家军民融合战略发展的军地协调、需求对接和资源共享机制。

二、改革创新机制

军工行业的战略价值和核心地位,使其具有内生增长和外延扩张的迫切需要,相比军工行业对于国家战略实现的重要价值而言,目前的机制并不匹配,改革势在必行。推进军工市场、行业的体制机制改革,一是有利于打破行业界限,拓宽渠道,提升军事工业整体能力和水平;二是有利于军工企业成为真正的市场主体;三是有利于军工企业国有资本的合理流动和重组,实现资源优化配置和军工国有资产保值增值。

创新方面,在处于薄弱环节的军事技术和武器装备方面,要积极吸收国外先进技术,有选择地引进,但必须是以坚持核心装备、技术的自主创新为前提,此外,还包括机制创新、理论创新和技术创新等多个层面内容。可以这样来理解,以创新理论为指导,在创新的机制保障下,通过加强技术创新研究,形成与打赢未来战争相适应的先进军事工业体系。

三、重组整合资源

我国军工产业一直在不断地进行资源整合,通过扩展核心军工企业的规模,保证核心企业的盈利水平,并摊薄军工领域高企的研发费用,以兼并收购为主要手段的军工产业重组,将引导未来我国军工行业的深刻变革。

伴随全球新军事变革的深化,我国的军工行业将进入一个大整合大发展的新时代。国家将继续坚持推进军工企业的调整重组。从政策层面来看,军工行业将会迎来资源整合和重组的历史机遇期,在"富国强军"的历史使命下,组建规模化、集团化、综合化、国际化的具有全球竞争力的军工集团。

四、股份改造模式

股份制改造等资本运作手段与军工行业的未来紧密联系在一起,军工企业股份制改造的深化推进,是一项十分重要而紧迫的任务,国家也一直在坚持推进军工行业的股份制改造和资产证券化进程,先后发布了《关于推进军工企业股份制改造的指导意见》《军工企业股份制改造实施暂行办法》和《中介机构参与军工企事业单位改制上市管理暂行规定》等一系列相关文件,对军工企业的股份制改造进行政策放行。从趋势上看,大部分的军工核心优质资产会逐步进入资本市场,通过资本运作来分享行业大发展带来的业绩提升和红利。

五、国际合作能力

国际政治、经济形势复杂多变,虽然我国在军事工业领域保持相当高的投入和热情,但国防军工是一项高投入、高风险的产业,所从事的很多属于无先例的研究和开发,一项技术,一套系统,完全靠一个国家来承担技术及资金风险,并不是最佳选择。因此,我国的军事工业要适应时代需要,走跨越式发展的道路,就必须积极开展对外合作,按照互利共赢,共同发展的原则开展国际化业务,坚持"引进来"和"走出去"相结合,既要重视与发达国家的军工技术、管理方面的交流与合作,学习借鉴国外的先进技术和管理经验,又要加强与发展中国家的互利合作,联合研制,联合生产,使军工行业不断提高对外合作与开放水平,实现可持续发展。

第二部分 军工营销的基本轮廓

我们所处的时代,营销活动无处不在,军工营销,是以市场营销学的理论为基础,结合军工行业的特征和内涵,研究军工市场营销活动和规律的实践过程。本部分内容,分别从军工营销的核心概念、内涵特征、环境分析、市场研究、需求调研等几个方面,力图多视角全维度地剖析军工营销的整体轮廓,进一步加深理解,提高认识。

第4章 军工营销的概念内涵

在军工行业,成功的评判标准绝不仅仅是企业的年营业额或者利润率,更多的是企业品牌、政治影响力、行业地位、技术领先程度以及用户满意度等软性价值的综合体现,这也直接决定了军工营销的内容和流程、对象与作用、相关概念和影响因素等主要方面,与传统行业营销存在某些区别。

4.1 军工营销与"赢"销

为了更深刻地理解军工营销的本质与内涵,首先需要掌握军工营销的定义、相关概念的区分以及市场中主要利益体的特征。

4.1.1 军工营销的概念及区分

一、军工营销的概念

营销学的发展过程中,对于市场营销曾有过很多种版本的定义,它随着企业市场营销实践的丰富而发展。比较有代表性的,菲利普·科特勒:营销是通过为顾客创造价值和从顾客身上获得价值来建立有价值的客户关系的过程;日本市场营销学会则认为:市场营销是包括教育机构、医疗机构、行政管理机构在内的各种组织,基于与顾客、委托人、业务伙伴、个人及有关方面达成的相互理解,通过对社会、文化、自然环境等领域的细致观察,而对组织内外部的调研、产品、价格、促销、分销、顾客关系、环境适应等进行整合、集成和协调的各种活动。

在关于营销的传统定义基础上,结合军工行业的现状、特征以及理解思索和营销实践,在这里给军工市场营销下一个定义,供大家参考和研究:军工营销是参与军工行业的组织和个人,在国家利益至上的前提下,针对代表国家利益的特殊社会群体所开展的发现、创造、传递、使用和管理价值关系的互动过程。如果想获得来自于军工用户的价值回报,就必须要深刻理解军工市场需求和用户需要,通过设计、制定并实施营销计划,为军工用户提供价值、实现价值并传递价值。

对于军工企业来说,军工市场营销不是售出,而是收入,收入信任、认可、地位以及与此相匹配的政治影响力,通过军工营销,收集用户的需求,根据用户的需求进行产品开发和技术的研究,然后收集用户的意见并改进,达到满意后,获得用户的品牌忠诚,收入一种长期的、可持续的、巩固的价值关系,并据此获得政治优势和社会地位,然后才是利润。了解这一点,至关重要。

二、军工营销与传统行业营销

传统行业营销,更在乎于对机会的把握、市场地位的巩固和品牌效应的最大化等,以及一切与利润取得相关联的事件推进;而军工行业营销,在获取利润之外,还需要更多关注用户价值的实现、关系的长远发展和企业文化理念的传播等形而上的东西,需要智慧、理性和系统思考,对于战略规划和营销模式设计的要求也会更高。下面,从工作目标、关注中心、营销技巧和方法路径四个方面简要描述两者的区别。

(1)工作目标上的区别。传统行业营销的理念是获得大众的关注,吸引人们的眼球,依赖于广告、促销等营销行为的熟练运用;军工营销更重视与用户建立科学、长期的联系,而这种联系是建立在价值文化的统一,相互的尊重和信任基础上的,所以更加的牢固和可持续。

(2)关注中心上的区别。传统行业营销的中心是通过宣传产品的质量、性能、特征等,争取尽可能多的客户;军工营销的中心在于了解、掌握用户的需求,并向同一位用户或者代表同一利益的群体不断推荐符合其实际需要的产品。

（3）营销技巧上的区别。传统行业营销技巧是以讲述为核心,寻找具有共性特征的客户并向其传播相同的信息,如产品性能、特征优势等;军工营销则关注与用户之间的良好的沟通互动,着重于听取、学习和收集,深入了解用户需求,满足并超越。

（4）方法路径上的区别。传统行业营销会评估客户需求,生产产品,然后通过营销推广,使客户了解、接受并最终购买该产品;而军工行业营销,是通过各种手段,与用户充分交流,从需求出发,进行价值整合,强调的是过程,以及如何生产用户需要的产品,结合实际需求开展定制化服务的内容。

上面关于军工营销与传统行业营销的区别,是简单概括,也比较片面,还有很多没说到的地方,大家可以自己去总结分析,不断挖掘,以便更好地理解贯通军工营销的本质内涵。

三、营销与销售

军工市场中,更需要营销活动,纯粹的销售行为可表现的机会并不多。相比传统行业销售,军工市场对分销、广告等常规销售行为的需求很小,人员推销和销售促进在军工行业的实际应用价值并不高,甚至会遇到排斥,主要原因在于销售思维与军工市场、行业的文化价值体系匹配度较低,有一点格格不入。

营销的核心是价值创新,完全不同于销售,德鲁克说过:市场营销的目的就是让销售成为不必要。企业的市场营销活动主要包括市场研究、需求分析、技术开发、产品定价、分销物流、广告宣传、公共关系、销售促进、售后服务等,可见,销售只是营销的一个部分,而且很多时候占的比重并不大。

比较常用的区分是:销售是卖产品的过程;营销则是为了能卖出产品所开展的一系列活动。此外,销售关注短期目标和最终结果,以顾客是否购买为衡量标准,是一个手段,以"推"为主,是操作层面的事情,是由内向外的思维模式;而营销在乎长期目标,以提升用户满意度、提升社会认知度、提升品牌形象等多重标准衡量,核心是以消费者需求为导向,由外而内的思维模式,以"拉"为主,是一个体系管理的过程。

4.1.2 军工"赢"销

军工营销的核心本质,是赢销,其中,"赢"是关键,"销"是目的,也是手段。评价军工营销成功与否的重要标准之一就是:通过营销,是否实现多赢,是否达成了国家利益、用户价值和企业目标的和谐统一。

中国有句古话,"我有利客无利,则客不存;我利大,客利小,则客不久;客我利当,则客可久存,我可久利",体现的核心理念就是多赢。需要再次强调的是,军工行业的"利",不能仅仅狭隘地理解成物质利益,政治利益、精神利益等也是非常重要的用户价值实现需求,例如,配合用户圆满地完成了项目建设,产生了很好的政治影响力;在各个营销环节,都能使用户产生满足感以及精神上的愉悦等等。

结合军工企业的特点,在这里对军工"赢销"作如下阐述:军工企业在优化内部架构设计、健全市场机制体制保障的基础上,要以国家利益为根本,以用户需求为导向,以价值整合为中心,以技术创新为动力,通过专业营销人才积极开展其产品的市场研究、细分、分析、定位,多方位、宽领域、全过程地参与军工市场竞争和权力公关,建立成熟稳定富有长远价值的渠道,实现企业的战略目标,达成多方共赢。

对于军工营销人员来说,要想做好营销工作,我们脑海里要时时刻刻装着"赢"的理念,这里的"赢"是在市场中赢得胜利,在对手那里赢得尊重,在用户那里赢得信任,在合作伙伴那里赢得未来,在这些都有了以后,也就自然而然地赢得了一切。

4.2 军工营销的内涵

军工营销的最终目标,应该是在完成国家所赋予的使命任务的同时,把企业的发展理念、价值认知、文化传承等营销出去,而项目的获得、利益的获取只是这个过程中的附加收益而已。

4.2.1 军工营销的对象、目的及产品类型

一、军工营销的对象

军工营销的执行群体是目前从事军工行业或者准备进入军工行业的企业及其营销团队;市场主体是广大的代表国家利益的装备采购主管机关、采购执行部门、技术支撑及专家系统、军品的最终使用者等群体代表。此外,对于设备配套或者任务分包为主业的二级市场的军工企业而言,承担总体工作的企业、院所就是市场主体。

从角色定位来分,军工市场分为买方和卖方,买方主要指军事采购职能

部门、论证单位及其个体代表,负责项目立项、战标论证、需求分析、系统采购、监督管理及装备使用,他们是军工营销的主要受众和目标对象。卖方主要包括企业本身、市场竞争者、合作伙伴、供应商等;市场竞争者分为现实竞争者、潜在竞争者和替代者等;合作伙伴包括渠道合作伙伴、技术合作伙伴、战略合作伙伴等;供应商包含器部件供应商、配套设备供应商、软件外包方等。从操作层面来说,军工市场中的买卖双方都是军工营销的对象。

在研究军工营销对象时,还需要注意到,用户在决策或参与选择军品承研单位时,需要承担技术风险和政治风险,技术风险来源于卖方的技术承诺是否真实,政治风险主要指选择的承研单位在合同执行过程中是否遵守相关制度,保守国家秘密。因此,在针对目标对象开展军工营销的过程中,要多站在用户角度考虑问题,一切从用户利益保障和价值实现出发,企业自身的利益和目标追求要放在后面,这样,关系才能巩固,事业才会长远。

二、军工营销目的

军工营销的目的是为了交换,但在特定的一些情况下,军工营销的目的不是交换,也不是交易,它的营销行为不是为了获得什么,为的是军工企业满足国家利益需要的使命感、责任感,一种实现民族腾飞的紧迫感,一种为国家安全贡献力量的荣誉感。因此,有些时候,军工企业会无偿地来开展军工任务,尽管这违背市场规律。

案例:2011年,某国家核心部门需要一套装备,暂时没有经费预算,在没有任何经济回报的条件下,从事相关设备研发的军工单位却趋之若鹜,因为在实现军工企业使命的同时,还可以帮助企业获取政治收益,提升品牌影响力。最终,某军工所在开展了一系列卓有成效的营销活动后,获得了该项目,这实际上是一种无偿技术转让活动。当然,这本身是不符合市场经济规律的,但符合"价值"规律,也符合中国军工行业的现实状态及潜在需求。

三、军工产品类型

这里,我们大致把军工市场产品分为武器装备系统、配套设备载荷和研究辅助项目三类产品,可以简单理解为系统、设备和技术预研。

(1)武器装备系统是代表各行业基本特征的产品或核心产品,一般为武器、武器系统或独立应用的国防技术系统,如飞机、导弹、航天器、坦克、舰船等武器平台或者武器自动化指挥、控制系统等,此外,诸如情报信息处理系统、数据传输系统等作为独立应用的技术系统也占有相当的比重;

(2）配套设备载荷是根据任务而设计并安装在系统平台上的设备、装置或载荷,如飞机的通信设备、导弹的推进系统,卫星转发器、星上计算机等,除此之外,还有很多系统级项目中的分级设备配套,也都属于这个范畴;

(3）研究辅助项目主要是为了实现下阶段的武器装备及技术研发而开展的预先研究、策划评估论证项目,形式上主要以预研软成果或者演示试验系统为主,例如军口863项目、973项目等。

4.2.2 军工营销的地位、作用和流程

一、军工营销的作用地位

著名管理学家德鲁克曾指出:市场营销是企业的基础,不能把它看作是单独的职能,从营销的最终成果,亦即从顾客的观点看,市场营销就是整个企业。

近年来,军工企业面临的市场环境,开放程度越来越高,竞争愈来愈激烈,加上军工企业营销观念的逐步成熟,越来越多的企业意识到军工营销的重要性,将其贯穿于企业经营活动的全过程,对调整企业经营战略、发展观念、技术创新方向等方面都会产生根本性的影响。从宏观角度看,营销对军工行业发展的主要作用是解决社会生产与国防消费之间的现有矛盾;从微观角度看,军工营销是联结军工需求与军工企业响应的中间环节,是军工企业用来把军工需求转化成为实际效益的有效途径。站在军工企业角度讲,其市场营销的职能就是指导企业市场决策,确保企业的竞争优势,具体来说,主要包括战略设计、策略制定、市场调研、需求收集、渠道拓展、项目争取、用户管理、品牌推广等等一系列的活动内容。

营销在军工企业中不仅仅是一项很重要的工作,更是企业最核心的理念,不管是营销战略制定、方案设计等务虚的营销活动,还是收集需求、市场定位、建立渠道、品牌推广等一系列的具体营销实践,都在军工企业的发展中起着关键的作用。毫不夸张地说,军工营销之于军工企业,是生存的重要保障,是发展的动力源泉,也是基业长青的基础。军工营销,绝不能做表面功夫,每个步骤都需要脚踏实地的去做,它不是军工企业成功的唯一条件,但绝对是最为重要的影响因素。

二、军工营销的流程

在《市场营销原理》一书中,科特勒重点围绕市场、用户分析以及设计顾

客导向的营销战略和营销组合对市场营销过程进行了阐述这里,结合军工行业实际,军工营销的宏观流程如图1所示。

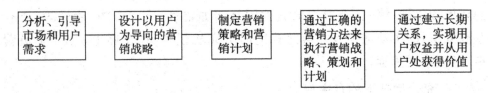

图1　军工营销流程

根据军工企业营销战略、策略和指导思想的不同,在军工营销过程中,企业的营销模式和方法应用并不一样,有很多微观的、通用型的具体工作环节和内容,初步整理一下,大致有:开展信息收集,进行市场分析,制定营销计划,提出解决方案,做出销售预测,获取内部资源,执行营销过程,监督后续服务等方面的工作。

4.3　军工营销的条件保障

营销体系是军工营销成功的重要前提和保障,要建立成熟、高效的营销体系,企业首先需要做到以下几点:

一、高效的营销管理流程

目前,主力军工企业几乎都有国企背景,且体量巨大,这也带来了机构臃肿、决策缓慢,内部流程复杂等弊病,无法实现军工营销的灵活机动,以应变市场环境的千变万化,同时也降低了军工营销团队的创新活力和对于市场的控制能力。不少的军工企业,有严格的汇报、审批制度和流程,一个报告上去,审批周期根本无法预期,有时还会出现中层营销管理人员想当然地认为该思路与高层领导的思路不合,直接将一线营销人员的想法和建议束之高阁,根本无法到达决策层,于是会出现反复就某一件事情进行汇报,上级却没有任何响应的情况,这对于机会稍纵即逝的军工市场而言,会严重影响营销团队的主动性、积极性和战斗力。

二、有一支战斗力高的营销队伍

如何才能建设一支藏龙卧虎、具有超强战斗力的营销队伍,这是一个复杂命题,包含的方面很多,例如,企业管理者及营销人员必须拥有较深厚的理论修养,对于营销有深刻的认识,注重经验积累,具备较强的营销管理能力;其次,营销团队必须要有能吃苦、善学习的主动性,企业要为此营造良好的环境和氛围;第三,企业中的其他团队诸如财务、人力资源、后勤等,要有营销意识,能主动地配合并帮助营销团队完成任务,这实际上有点"全员营销"的要求在里面。

三、充分信任下的自主权力

军工企业应在资源支配方面给予营销人员足够的的信任及自主权,信任是保持营销人员激情与战斗力的动力来源,自主权是其能够迅速把握市场机会,抢占先机的基础条件。当然,在军工行业中,也存在少数的营销人员有着耽于享乐,中饱私囊,随意挥霍的现象,甚至还存在涉及犯罪的行为,这就要求企业除了注重对于营销能力的培训提升之外,还要重点培养营销人员正确的价值观、世界观和社会观,同时建立健全奖惩制度。营销人员出现问题,不仅其个人要反思,其管理者更要自省,但不管怎样,疑人不用,用人不疑,企业需要给予营销人员足够的信任和自主权。

四、建立完善的制度体系

对于军工企业来说,必须针对营销活动建立完善的制度及工作流程,同时还要注重人事制度、财务管理等配套制度体系的建立完善,使营销工作有章可依,有法可循。这里,尤其是人事和财务管理制度,人事管理通过保持一定的流动性来保证团队活力并清除落后分子和害群之马,财务管理对于任何企业来说都是事关生死存亡的大事。目前,我国针对军工行业及其参与企业有着越来越严格的财务审计保障体系和流程,企业如何在竞争激烈的军工市场中保证"常在河边走,也能不湿鞋",必须要有完善的制度体系作保障。

4.4 军工营销的影响因素

影响军工市场营销的因素比较多,这里,选择几个主要的进行简单分析。

一、内部体制改革

建国后很长一段时间,我国武器装备等军品的供给与需求满足是一种高度集中的指令性计划关系,军工长期处于封闭半封闭状态,摊子铺得大,战线拉得长,重复建设多,经济效益低,自主创新能力和市场竞争能力也不强。到1998年,按照供需分开、政企分开的原则,国家对原有的国防工业管理体制和军工产品供求体制进行调整,成立了新国防科工委,形成了宏观军工经济管理的职能机构;成立了中央军委领导的总装备部,作为武器装备订货管理部门,这两者形成了军工市场的主体和核心管理层;1999年,国家又重组成立了十一大军工集团公司;2015年,军队改革全面展开,以装备发展部为核心的装备采购体系与国资委、国防科工局归口管理的军工科研承制单位,是装备订货与组织生产的关系,是需求与供给的关系,是采购与供应的关系。

二、外部环境变化

国际经济、政治和军事形势的变化会影响到国家对于军工行业的投入以及军工企业的国际化业务开展,也会对军工营销的地位和作用产生直接影响。一方面,全球经济放缓,世界和平与发展趋势在不断深入,这些因素使得我国军费开支在一定程度上受到抑制;但另一方面,我国所面临的国家权益的维护,战略目标的实现,以及从大国到强国的转型发展等宏观层面的因素会增加军工市场需求。在军工营销中,我们需要对大形势、大环境有透彻的认识,结合实际情况,适应新环境下的新常态,做好军工营销。

三、企业属性特征

军工市场、行业和企业都有自身一定的封闭性,这是由军品这种商品的特殊性决定的。目前的状态下,军工企业一般同时处在四种体系之中:事业单位体系、国有企业体系、国防科技工业体系和国家科学体系。因此,军工用户通常对传统的军工企业信任度较高,并在利益上形成一定的共同体,新进入者在进入市场前期比较困难,加上市场需求信息的不对称等,都需要非传统军工企业在营销模式上不断创新,才能在市场竞争中勇往直前。

四、市场竞争状态

随着军品采购体制由计划经济转变为市场经济,军品采购逐步由过去的国家调配分割向激烈的市场竞争演变,政府正在逐步建立和完善军工市场机制,打破军工行业市场留存的部分封闭垄断现象,通过市场竞争合理配置和有效利用军工资源,用户拥有了更多选择权。而随着国家对于非公有制企业进入军工市场的政策支持和方向引导,预计在即将到来的军工跨越式发展期,企业、科研院所、民营资本等,甚至包括外资军工都会加入到市场竞争中来,军工市场的竞争会越来越激烈,军工营销人员要在正确的思想和原则指导下,与时俱进,开拓创新。

4.5 军工营销中存在的问题

企业在军工营销过程中可能会存在以下方面的问题,需要引起我们的注意:

一、营销观念不适应新时期发展需要

近十年,军工企业一直处于转型发展期,缺少军工营销人才培养的土壤,缺乏竞争观念,危机感不足,营销管理落后,缺乏营销理论指导和市场营销意识。一些国有军工企业的营销人员缺乏对于军工营销特殊性的认知,对军工营销工作模式、内容的理解还比较浅显,体现在缺乏主动意识,坐等用户上门;而营销之外的其他部门也都从自己的视角观察市场营销问题,没有形成合力,例如研发部门更多的是关注产品的先进性,财务部门只关注现金流量问题,制造部门主要关注如何完成生产并交付等等。

二、营销机制及保障体系不健全

目前,仍有不少军工企业,营销管理层级多,流程复杂,考核与激励机制不完善,信息和资源的的整合能力弱,部门间缺乏相互协同与信息共享,很多信息遗漏,没有遗漏的信息在内部传递时也经常扭曲和失真,主要原因就是企业的营销及保障体系不健全,机制上也没有放开。近年来,各主要军工集团在这方面有了非常大的改善,但相比开放的传统市场中完全竞争化状态下的民营公司来说,步子还不够大,机制还不够灵活,存在一定的差距。

三、缺乏优秀的军工营销团队及专业人员

优秀的军工营销人员需要和用户群体中不同角色、不同层面的人保持良好的沟通,需要协调各个部门共同完成营销策划推进;很强的信息收集分析处理能力;专业的技术和管理知识储备;对于渠道的全面掌控;对用户需求的深度把握,对用户心理的敏锐感知;还需要高屋建瓴,全局思维,以及发自内心的军工使命感、责任心和荣誉感等。而目前大部分的军工营销人员的能力离这个标准差距还比较大,营销成绩大部分依靠上层关系和企业资源,很多营销人员以事务性工作为主,无法独当一面,收集到的信息没有得到充分有效的分析应用,难以为军工营销提供决策支撑。

四、营销管理综合能力较弱

对于军工营销管理而言,如果企业没有与顶层营销战略和规划设计相配套的营销管理能力来指导营销工作的开展,营销工作的方向及具体实现会存在走偏的可能。存在的问题主要体现在:营销过程管理缺乏责任主体;大客户及重点用户的关系管理能力不足;缺少从售前到售后的全过程营销跟踪管理;缺少用户资料信息的细致管理与持续更新;合同管理混乱,内容存在法律风险和漏洞;售后管理方面,渠道主要掌握在营销部门手中,而职能定位的不同和意识上的欠缺,其他部门掌握的信息不能及时有效地传递给企业管理层及营销部门,直接导致营销工作上的被动。

第 5 章 军工市场分析

为了提高军工产品的市场占有率,军工企业及其营销团队必须高度重视军工市场分析工作,在掌握军工组织市场的特点、构成的基础上,以用户分析和需求分析为核心,开展市场研究工作,并结合军工营销实践加以运用。

毛泽东同志曾说过:我们订方案、作计划、办事情、想问题,既要从客观存在着的实际出发,又要从人民群众的需要出发。这句话可以直接用来指导军工营销,这里的从客观实际出发就是要实事求是,一切从实际出发,做好信息收集和市场分析;从人民群众的需要出发则突出强调了一切以用户为中心,以及军工市场需求之于军工营销的重要意义。

5.1 军工市场概念、特点及用户分析

5.1.1 军工市场的概念

经济学家把市场表述为卖主、买主及双方交易规则的集合,是由一组具有买卖关系的经济实体构成的区域空间和场所。军工市场可以理解成以交换为主要形式来满足国家利益诉求和军事活动需要的全部空间单元。具体来说,军工市场,是指军事采购各级主管部门出于国家利益实现和国防建设需要,在一定监督下,按照法定的方式和流程,通过多种采购形式,购买军事用品或者服务的行为空间集合。军工市场的大小,取决于军工产品、服务的最终用户是谁;取决于国家利益以及战略实现的需要;取决于国家现有资源以及国家愿意用来换取所需要价值的资源数量。

军工市场是由国家主导的组织市场,它的构成主体中,有政府、军队机构,也有企业等各类组织,以及组织所构成的原材料、部件、设备、系统工程和服务的庞大采购市场。其中,政府代表是国防科工局,军方代表是装备发展部,暨原总装备部,对口军用装备的采购管理,企业代表就是以十一大军工集团为核心的所有参与到军工行业交易过程中的企业和个体。由于军工行业的社会分工和项目协作非常频繁,很多军工企业既是买主也是卖主,既

是服务者,又是主导者。对于直接承担系统总体任务的企业而言,国家是市场主体,而对于很多参与军工行业交易的二级分包商而言,承担了军工项目总体职能的军工企业和科研院所就成了市场主体,因此,军工营销的部分内容存在交集。

军工市场不是一个传统意义上的空间集合,很多时候,它是无形的,不可视的,没有一个具体的形式存在,不少交易过程是在后台完成的。例如,部分国家支持的高新技术预研项目,或者国防科技重点工程投资,出于国家利益需要,可能会经过专家论证加管理层研究决策,避开通用招标流程直接指定某企业开展;一些型号科研项目,可能在初建阶段,开展了招投标工作,但在后续的系统升级改造项目中,从继承性和项目风险控制的角度,用户一般会直接指定原来的系统总体承研单位完成相关工作,这个过程中,市场竞争者或者新进入者几乎没有任何机会。

5.1.2 军工市场的特点

作为特种行业,军工市场有着一些独有的特点,诸如决策者数量少但购买规模大,市场需求衍生于国家国防安全和战略利益实现的需要,营销结果受价格变动影响比较小,技术发展快,个性化定制多等。同时,在购买方来说,涉及更多的采购参与者,涉及更加专业的采购行为,决策环境比较复杂,采供双方往往建立有长期的、亲密的合作关系等。

军品市场是一个竞争很不完全的市场,其市场机制的作用会受到国家政治利益和战略目标实现的约束,对军品市场进行政府干预和管控是各个国家的通行做法,例如市场准入制度,就是国家有效控制军品市场竞争度的重要手段。美国推行军民一体化,改革国防采办政策,强调尽可能地采用民用标准,使更多的承包商有机会承担国防采办项目,保持军工行业的良性竞争;俄罗斯则采用了完全相反的做法,通过更加严格的军品市场准入管制政策,保护国家控股的军工企业利益;介于美国和俄罗斯的做法之间,中国政府对于军品市场的管控更柔和,更有弹性,更具有战略思维,也符合现实国情。

此外,我国的军品市场是一个混合经济市场。一方面,军品供需体现出高度计划性,军品研制生产的规模、数量严格执行国家计划及预算;另一方面,军品生产依托于基本市场化的国防工业部门,所以,与市场经济密切相关的竞争、价格、利润等也在军工市场发挥着重要作用。依据市场中买卖双方的数量和力量对比、产品的可替代性、信息的透明程度,可将军品市场结构区分为三种主要类型,即寡头垄断市场、垄断竞争市场和接近完全竞争市场。国外主要军事强国的军品市场中,俄罗斯更倾向于寡头垄断市场,美国更接近于完全竞争市场,而我国,结合目前军工市场发展的实际情况,应该是属于垄断竞争市场。

初步归纳一下,我国的军品组织市场有如下特点:

(1) 竞争度有限。垄断竞争市场存在较高的进入壁垒,主要表现在经济规模壁垒、资金投入壁垒、专用技术壁垒以及扮演非常重要角色的政策壁垒等。以民营资本为例,大部分企业在军工领域难以做到巨资投入,军品专用核心技术也往往需要顶尖的研发力量以及长期的积累,其资产专用性极强,构成很大的沉淀成本,因此,老牌军工集团拥有比较强大的市场垄断力,军工市场竞争度有限。

(2) 信息不透明。军品采购是一个信息非对称博弈过程,以目前占据市场主力地位的十一大军工集团来说,为在军品竞争中保持主动,主观上并不愿用户完全掌握其科研、财务、管理情况;其次,由于装备或系统研制的复杂度高,军方受人力和技术水平所限,也难以全面深入地掌握军工企业的各方面情况;而对于军工用户群体来说,很多信息对于军工企业也是不透明的,老牌军工集团尚且如此,可以想象,参与军工市场的非公有制经济体,必然会面临更加严峻的市场信息不透明状况。

(3) 保密程度高。由于军品研制生产的密级高,军品的战技性能、需求量、采购预算等对外界严格保密,除研制生产企业和有关政府、军队机关外,其他企业很难获得有价值的相关信息。目前来说,大部分军工企业对于用户需求的信息收集渠道并不完整,由于企业参与市场化程度比较深入,人员流动比较大且不可控,在一些核心军事需求信息方面,军队用户无法保证信息对于地方军工企业的全透明转发与传播,尤其是在国防重点工程项目的策划、跟踪和推进方面。

(4) 决策过程长。和一般的流通商品不同,军工市场的需求不是由所谓的个人需求决定的,它体现的是国家战略利益,并受国家内外部环境、战略需要、政治博弈等多方面因素的影响,所以决策过程相对更复杂;军工市场一般购买金额比较大,决策参与者多,产品技术性能要求很高,结构复杂,因此,组织购买行为过程会持续较长的一段时间,尤其是对于系统工程项目而言,一般从需求分析、列入计划、立项论证到项目批复,需要很长的时间。这带来的最大的问题是企业很难判断其营销努力会有什么样的后果,这也是纯粹追求经济利益的资本很难在军工行业站住脚的原因之一。

(5) 售后要求高。对于军工市场来说,一般情况下,产品本身并不能满足用户的全部需求,用户对于技术支持、人员培训、交付时间、产品升级、免费维修普遍有着非常高的要求。这些需求的满足,企业所耗费的资源有时候一点都不小于产品研制生产过程所耗费的资源总和,军工营销人员在前期就需要关注到类似这些隐性成本。例如,2007年,某军工企业交付给用户一批设备,合同总额1500万,从当时来看,企业有一定的经济收益,但是项目的设备损耗快,维护要求高,整个售后服务过程持续了六年,开支近300万元,直到该批设备被替代,经企业财务最终核算,该项目实际处于亏损状态。

5.1.3 军工市场中的利益群体

军工市场中,营销活动不仅仅是局限于交易环节,而是存在于立项论证、需求研究、技术支撑、设计研发、计划生产、验收交付和后续服务等全过程,这些活动,涉及的相关利益群体很多,按用户属性来分,主要有三类:

(1) 购买方。有权选定供货者并能对交易条件最后拍板的单位或个人,主要是军工决策层和采购群体代表,例如装备发展部机关、军兵种装备采购部门等,军代室也属于这一层次的相关利益人。

(2) 使用人。即实际操作使用产品或者技术的人,很多情况下,他们是军工需求的源头,不仅提出购买需求,而且提出战技指标要求,例如某集团军通信团、某部业务局等。

(3) 影响者。指可直接或间接影响购买决策的人。他们常常提供各种资料、数据,以帮助购买方确定需要采购商品的性能、规格,并参与评估各种可供选择对象的优缺点,群体代表如用户总体单位、需求论证单位等,个体代表主要就是各领域的专家学者等。

在军工行业里,购买方、使用人和影响者是不同身份概念,这几个身份有时候会交融,有时候又会以完全独立的形态存在,在军工营销过程中,他们是最为重要的核心利益人,军工企业及营销人员对此要有足够清晰的认识。大部分时候,购买方是控制了经费拨付、项目批复、监督验收等关键环节的群体,如果有招投标环节,也是购买方来负责,它可能是军队采购部门机关,也可能是机关的指定采购代表,如军代表,毫无疑问,这个群体的意志和意见至关重要;而使用人员,指的是军工市场中产品和服务的最终使用者,可能是基层部队,也有可能是总部下面的直属单位,可能指个人代表,也可能是组织单元;由于人力及资源有限,决策层有时候会把购买产品或者服务的控制及评估工作,如招投标过程、方案评审筛查等,部分或者全部交给指定代表、使用群体或者影响者群体来进行,这时候,上述三个相关利益人群体的工作定位就有交叉。

军工营销是多向多维的空间集合,是一个立体结构,中间是网格。购买方、使用人和影响者之间,及其内部关系层面都需要开展军工营销活动。购买方内部需要达成共识,用户的需求必须得到采购决策层的认可,并找到购买方所认可的军工企业来完成;采购决策层也需要使用人和影响者的积极配合来实现其所追求的政治使命和责任;此外,军工企业为了发展,不光是面对三类主要利益体来开展营销活动,企业与企业之间,企业内部各部门之间,也需要开展营销活动,合作共赢。

5.1.4 军工市场用户分析

军工市场用户分为几个层面,管理层是总部机关及相关采购管理职能部门,如装备发展部、各军队部委装备管理部门、军兵种装备部等,下一层级是使用者用户,用户是装备的直接使用者和管理者,第三是军工企业用户,这是针对分承包商或者军工行业的外包方而言。军工用户群体有自己的独特文化,有内涵和本质上基本一致的世界观、价值观、社会观和文化观,对于用户的原始诉求,为什么要采购军用产品或者服务,他们希望从中获得什么,营销人员一定要清楚,要牢牢抓住军工用户的心,必须了解他们的思考模式和利益关注,这是做好军工营销工作的基础。

马斯洛提出了需求理论:生理、安全、社交、尊重和自我实现,对该需求层次理论的深度把握能帮助我们更好地开展用户分析,并直接为军工营销工作服务。军工市场中,相对于生理、安全和社交需求而言,被尊重和自我实现对军工用户可能更为重要,不仅仅是满足功能和情感需要的产品或服务,精神层面的需求满足也很关键。军工用户群体中,尤其是一些高端用户,他们追求的是人生的意义、快乐和精神满足,物质享受很重要,但排在意义和价值的后面。那么,怎么样才能使他们有不一样的体验,那就是营销过程中触及其内心深处的那些东西,心理精神层面的回报对高层面军工用户来说才是最重要的,正如美国学者梅琳达·戴维斯在其《新欲望文化》一书中所提出的"现在,追求内心圆满境界的原始欲望将主导一切",能否提供这种回报将是一个企业、一个军工营销者优秀与否的重要评价标准。因此,可以毫不夸张地说,在军工营销中,为用户传递意义,实现价值是军工营销活动的灵魂。当然,在认识到这一点的同时,我们还需要关注到处于军工市场底层,参与采购但并没有决策能力的普通工作人员,这部分人群仍然会存在生理上、物质上的低层次需求,军工营销人员要注意到这些区别并给予相对应的营销解决方案。

经过不断的价值和认知优化,在马斯洛暮年,他把幸福感、成就感和对后人的福祉放在"自我实现",也就是需求理论的最高级别之上,他称之为"自我超越",而这一点,与军工行业用户群体最高价值实现的内涵本质是相匹配的。在军工行业中,不论是管理层面还是技术专家,用户群体的综合素养、学历层次、价值认知都比较高,社会地位普遍较高,在某种程度上代表了国家权力机关,这个群体在需求确立、设计研发、过程管理、经费拨付、合同履约等各方面扮演至关重要甚至直接决策的角色。虽然他们也会有着这样或者那样的利益诉求,但是其中有部分人是期望或者正在朝着"自我超越"的方向在前行,如果军工营销人员认识到这点,成功必然不远,因为当他的价值观已经上升到这个层面的话,那他一定是在做事业,而不是做事情,会得到军工行业各链条环节的充分尊重和认可。事实上,军工用户群体一直在努力寻找那些具有使命感、远景规划和核心价值观的企业,并希望这些企业能满足自己对国家、社会、经济、环境等问题的深刻内心需求。

根据对军工用户的分析,军工企业及其营销人员必须把这部分特殊群体的精神力融入自己的使命、愿景和价值观,这不是作秀,而是需要我们始终铭记并坚决予以贯彻的。正如某专家型领导曾说过的"使命决定责任,胸怀决定格局,眼界决定高度,文化决定未来",我们可以把这句话作为核心价值指导铭刻在内心最深处,并落实到工作实践中,在这种充满正能量的价值思维的指导下,军工营销工作变得更加崇高、富有意义并且更有趣味,也必将为我们的军工生涯提供源源不断的精神营养和拼搏动力。

5.2 军工市场需求分析

谁掌握了需求,谁就掌握了未来。所有的军工市场行为都来源于需求,对于需求的概念和作用有准确认知,熟练掌握需求分析的技巧,是优秀军工营销人员的必备素质,有助于军工营销人员始终保持对市场的高度敏锐和洞察力,赢在起跑线。

5.2.1 军工市场需求的概念及作用

关于军工市场需求的来源,主要有以下几点:一是在现有国防科研生产能力的基础上,为了满足国家军事斗争准备产生的需求;二是为了优化武器装备体系,提高军事效能和部队战斗力所产生的需求;三是保证国家军事和科技发展战略目标的实现,促进国民经济和国防工业统筹发展的需求;四是通过促进军事工业发展,刺激国民经济发展的需求;五是国家现代化建设、高科技创新方面的需求。

目前,并没有关于军工市场需求的专业概念和定义阐述,考虑到军工市场需求来源于军事需求,这里,我们结合军事需求的概念定义,来分析研究军工市场需求。军事需求,是特定主体为完成某一军事任务或达成既定军事目的,在一定时期和范围内,针对特定对象提出的有关军事属性、功能、能力或相应条件的规范性要求。军工市场需求,主要是指为实现国防现代化建设、军事战略目标和战争目的所需的装备、技术、服务等所有要求的统称。

需求,是开展国防和军队建设的核心依据和发展动力,也是军工市场和行业壮大发展的基础和输入,对于军工企业来说,军工市场需求分析是一个基础性、长期性、战略性问题,也是一个系统工程,需要持续不断研究分析,深刻认识并把握需求的规律、特点和本质,需求分析能力弱则营销体系弱,需求分析方向偏则营销方向偏。要想取得军工市场竞争中的主动权,军工营销人员就必须在武器装备研制、信息系统开发等各类型项目的争取过程中,不断拓宽市场需求信息的来源渠道,提高对于市场需求分析的认识,规范对于需求分析论证的管理,持续强化企业的需求分析能力。

"始于用户需求,终于用户满意",需求是起点,对于需求的满足是终点,但也是下一个起点。每一个期望在军工领域取得成就的营销人,都必须时刻牢记,对于需求的掌握和满足是重中之重,一定要以军事需求牵引和指导军工营销工作,不断深化军工市场需求的收集、分析和梳理,充分发挥需求在军工营销工作中的导向作用,这将确立营销人员在军工营销领域的地位和价值。

5.2.2 军工市场需求的类型

按照需求的迫切程度来分,军工市场需求可以分为需求紧迫、可有可无、潜在需求等类型:

(1)需求紧迫就是必须被满足,如果不满足就会导致国家安全出现漏洞的一类需求,例如战斗平台隐身技术、网络攻防等,由于需求迫切,军工营销难度就比较低,对整个营销过程的管理控制也比较容易。2009年,笔者在和某位专家型领导就餐的过程中,根据其过往的海军服役经历,敏锐地感觉到国防安全在某些重要方向存在一些薄弱环节,有紧迫需求,且具有潜在的战略意义和价值。后来,通过持续的策划推进,从国家申请了一个军民融合项目。

(2)可有可无的需求,这种情况是指用户有需求,但这种需求并不是必须被满足的,例如用户已经有一条通信链路,且不论是带宽、速率还是可靠性都符合作战要求,那么,你现在提出有一种更加新型的传输路径进行替换,传输速度更快,抗干扰性更强,但用户可能就会觉得可有可无,采购愿望并不强烈。

(3)需要引导的潜在需求。在军工营销过程中,营销人员经常会碰到这样的状况,用户有需求,但他自己并不知道,是潜在的,是动态的,变化的,不稳定的,需要引导。这种情况在军工行业比较普遍的,如果引导得好,它就转化成为紧迫的需求;如果引导得不好,它就变得可有可无。

5.2.3 军工市场需求信息的采集处理

在开展需求分析之前,营销人员首先要完成市场需求的采集与处理工作,在此基础上,充分发挥需求的主导作用,以需求牵引方向,直接指导军工营销策划。在军工市场需求的采集处理过程中,有五个原则需要把握:

一是全局与局部的结合,应站在全局的角度开展需求采集处理工作,然后把研究重点落在局部需求上,这样既有统筹,又有针对性;二是需求采集处理应紧贴我国军工市场实际,着眼未来,整理并研究军工市场需求的发展变化;三是客观、准确地反映各层次军工用户提出的原始需求;四是需求的采集处理相对独立,不受部门业务职责归属范围的影响和现有手段、能力的影响,不管企业中的任何人,都要有意识地主动进行需求采集处理,绝不仅仅是营销部门的事情;五是关注需求采集处理的"精细度",需求采集不同于战略、规划等顶层设计,要精准、饱满且落于实处。

军工企业通过全面、准确、详细的采集和梳理市场需求,可以达到以下目的:一是支撑军工营销体系建设的深化研究和制定完善;二是作为设计输入支撑军工市场分析工作;三是为军工企业的发展规划研究提供参考依据;四是支撑军工项目的策划和可行性论证研究;五是指引企业在新领域新技术的拓展方向。

5.2.4 军工市场的需求变化

军工行业里,通过改变营销支出、营销工具的类型和数量、增加力量配置和提高营销效率,在一定程度上是可以改变用户需求的,这种改变有一个变化区间,但是区间比较小,因为,军工市场的需求来源于国家诉求,完全由国家及其权力代表来操控,这个项目上不上,何时上,投入资金多少,都是军事采购权力机关经过规划、研究、论证分析过后确定的,一旦确定了,想通过企业的力量来改变有一定难度,而且,往往是删减经费额度、缩小产品应用范围等逆向操作。

另一方面,军工市场需求主要是受国家经济实力、政治军事需要等方面的影响,但在产品、价格、设计、促销、营销模式不同的情况下,军工市场需求仍然是具备一定弹性变化区间的,这也为军工企业在市场中提供了一定的操作空间,至于变化方向是好是坏,取决于企业的主动作为。

案例:某系统工程列入了军方装备建设的"十二五"规划,这已经表明市场的需求态度了。但由于企业的报价高,营销投入少,营销效率低,以及项目紧迫性、必要性和可行性的论证研究开展得不充分等原因,国家没有同意该项目的立项申请,市场需求不能说消失了,只是变化了。反过来,如果当时采取一系列行之有效的方法来增加营销力量配置,丰富营销组合,提高营销支出,这个项目会有可能立项成功。因此,我们说通过营销力量来调整市场需求是有弹性的。

我们也可以把整个军工市场需求,看作是一个函数,一条曲线,它受多种营销力量的影响,横轴表示企业在一定时间内的营销投入,纵轴表示受营销投入影响的市场需求大小,曲线表示这种函数关系是非线性的,市场不同,环境不同,企业不同,操作不同,曲线都不一样。

需要注意的是,即使没有任何的刺激,不开展任何营销活动,军工市场对于某种军工产品的需求仍然存在,这种状态下的企业市场额度就叫市场最小量。随着行业市场营销费用增加,营销效率的提高,营销配置的提升,市场需求一般会随之增加,但相对于其他行业来说,军工行业的这种变化要小一些,营销对需求的影响力相对有限。

5.3 军工市场的需求引导与用户导向

5.3.1 引导用户需求

(1) 用户需求。军工营销中最重要的工作是分析并掌握用户的真实需要,而这里的用户需求反映和代表的是国家意志,需求形式上主要有各种装备生产、系统集成、技术咨询等,这些需求,是国家的利益、战略和实力的综合因素决定的,不是军工营销人员创造出来的,是需要军工营销人员能够分析掌握的对象;但还有一部分需求,是需要我们的营销人员能够积极谋划,主动挖掘的需求,有一部分代表国家利益的用户,由于专业、事业方面的限制,他们并不清楚自己所处领域的真实需求,需要我们的军工营销人员结合市场分析和企业技术发展实际,在深入挖掘和引导的基础上,与用户一起共同谋划项目来满足用户的潜在需求。

在军工行业,三流的企业通过市场调查、数据分析,能做到满足需求;二流的企业能做到在满足需求的基础上引导需求;一流的企业与用户一起去研究需求、代表需求并去满足需求,这种企业是行业的佼佼者和领导者,它甚至能在某种程度上凭一己之力部分地影响到国家国防发展战略的方向。

(2) 市场提供物。每一个市场都有它的市场提供物,市场提供物的主要表现形式是产品、服务、信息或体验的集合,军工市场的主要表现形式也是这几种,具体来说,有形的包括武器、装备、器件、软件、报告等,无形的包括服务体验、技术支撑、战略思维、品牌信息等。需要强调的是,态度其实也是一种市场提供物,而且往往能起到很重要的满足需求、提升用户满意度的作用;而配合用户进行需求的分析、挖掘,并由用户去表现出来,这个过程本身就是一种市场提供物,这种形式很多时候能对用户群体中个别人员的精神满足提供支持。

（3）用户价值与满意。对于一些占据了制高点的重点军工企业来说，军工市场本身是一个不完全竞争市场，有竞争，但是用户的可选择面并不广，尤其是这个行业还具备很强的排他性。

在这种非完全开放的竞争环境下，如何能保持军工用户价值的最大化和满意度的高水准，恰恰体现出一个军工企业的企业文化和战略眼光。目前的蓝海不代表始终是蓝海，尤其是国家近年来对于民营资本进入军工行业的鼓励以及在行业内部培养竞争氛围的导向，现在不重视用户价值和满意度最大化的企业，在未来一定会面临困境。帮助用户分析需求、引导用户明确需求，是保证用户满意度和用户价值最大化的一个非常有效的手段，而且投入小，收益大，不仅会收获一个长期紧密的关系渠道，企业也会因此获得直接且可持续的效益来源。

5.3.2 用户导向战略

在充分掌握了用户需求，并进行了市场引导后，军工企业还需要设计"以用户为导向"的营销战略，这种战略的设计过程需要军工营销人对服务用户对象、企业价值主张等方面有清晰而准确的认识。

1. 用户聚焦

军工企业营销团队需要通过市场细分来定位目标市场，这一点非常重要，军工用户作为国家利益的代表，不会允许市场的无序竞争，他一般会在某个细分领域，有意识地维持三至五家优质军工企业，在一种有益的竞争氛围中开展可控的竞争。军工企业管理者应该明白，企业不可能什么都做，就算你强大到什么都能做，用户也不会把鸡蛋全部放在你这一个篮子里面，所以服务对象一定要聚焦，对自身定位也要准确。

案例：西安某重点军工研究所，"十五"期间虽然行业名气不大，但始终保持一种有序递增的良好的发展模式。"十一五"期间，该研究所在新的领导带领下，大范围地快速扩张，将触角延伸到好几个他们并不擅长的非传统优势领域中去，结果，不但所获取的项目没有获得用户的充分的认可，原来的传统优势领域，由于资源投入受到新市场开拓的分流，也在逐步减弱，给了一些竞争者新的市场机会；最不利的是，这种行为导致了很多军工同行的反感，行业名声和品牌美誉度下降。"十二五"后，研究所意识到这个问题，又开始收缩战线，围绕主营业务进行有限的多元化布局，才逐步回到正确的轨道上来。

与之相反,成都某研究所,"十二五"期间,从同一个用户那里承担了数个大型系统工程的建设项目,企业的管理者为了保证项目进度及质量,把资源集中投入到最为重要的用户那里,会故意削减其他非重点领域市场拓展的广度和深度,收缩服务对象的范围。

2. 价值主张

一个军工企业的价值主张是它承诺的传递给用户,并满足其需求的具有企业特色的价值集合。如航空工业集团提出的"航空报国、强军富民",电科集团"国家利益高于一切",兵器集团"服务于国家国防安全、服务于国家经济发展",这些价值主张具有差异性,但其核心利益和内涵是相同的,都在强调使命、奉献、创新、责任以及国家利益高于一切的符合军工行业特殊政治需要的价值主张。这种价值主张的提出实质上就是以用户为导向的战略体现。

第6章 军工市场调研与购买行为分析

要做好军工营销工作,首先必须把军工市场研究清楚,分析透彻,充分开展市场调研,广泛收集市场信息,掌握竞争者的最新动态,并据此制定相适宜的营销战略、战术及方法,促进市场购买行为,进而取得合理的利益和价值。

6.1 军工市场调研

市场调研是制定军工市场营销战略、策略制定及具体方法推进的重要基础、前提和依据,对于正确地进行军工营销资源配置、营销策划及过程控制等具有直接指导作用。

一、含义

军工市场调研,是指军工企业系统的设计、收集、分析并报告与军工市场有关的数据和研究结果的活动。在军工企业,市场调研是营销部门最为重要的工作内容之一,分为定量和定性两种研究模式,企业在工作实际中,都是两种模式综合应用,但根据企业主营业务方向的不同,会有所侧重。

军工市场调研中,定量研究是将数学模型运用于市场调研,可以深入揭示仅靠定性分析难以表达的军工市场错综复杂的相互关系及其变动趋势,可以通过对于市场需求和营销环境客观事实的准确描述预测企业营销活动的直接和间接效果,帮助营销管理者确定营销决策的性质、方向、力度和边界。相比较而言,主要生产单机设备或通用装备类的军工企业,会更多地使用定量研究。

定性研究具有探索性、诊断性和预测性等特点,并不追求精确的数据,而是了解症结所在,摸清情况,通过分析研究得出感性认识。在军工行业,尤其是一些以承担军工系统项目研制、工程总体任务或者技术服务作为主营业务的军工企业,定性分析要用得较多一些,这对于操作人员的综合素质要求非常高,要求军工营销人员在完整详实地收集数据的基础上,对于各个信息之间的脉络关系和内在联系,要了然于胸,并且具备非常强的综合判证分析能力,否则定性分析方法容易有遗漏并产生偏差,会直接造成决策失误。

二、调研过程

调研技术中凝结着经济学、统计学、社会学、心理学、计算机科学等多门学科的研究成果,对于军工企业的市场营销人员来说,要善于学习、引进并掌握一些基本的、主要的调研技术,并努力将之创造性地应用到军工市场调研工作中去。

军工市场调研过程是一个相对复杂的过程,操作层面需要注意以下几点:首先,要有认识。要充分认识市场调研的必要性,就好像打仗一样,没有信息,没有情报,军队的眼睛是"瞎"的,这仗怎么打?其次,要有方向。很多军工营销人员知道市场调研的重要性,也知道调研的目的是什么,但很多人弄不清楚调研方向,导致"瞎子摸象",效率低下,造成调研资源的浪费。第三,要有准备,需要充分做好市场调研前的准备工作,例如确认数据来源渠道,决定获取数据的方法,设计调查内容和数据收集形式等。第四,要有分析。数据和信息收集完以后,要有统计和分析,要有结果,要形成个人对于整个态势环境的理解和认知。最后,要有落实。信息收集的目的是为决策提供依据,在收集、分析、整理后,军工营销人员要及时详尽地向企业或者营销管理者汇报,在企业做出相应的决策后,营销人员要完成落实,并进行闭环。

6.2 军工市场数据收集

市场调研成果的主要体现形式之一就是"数据",有原始数据、二手数据之分,军工企业依靠自身资源收集的市场数据是原始数据,二手数据是企业外部其他组织、个体开展原始数据收集,经过编排或者加工处理过后的数据。很多时候,由于原始数据的收集需要耗费大量的人力、物力和财力资源,作为军工营销人员来说,比较合理的方法是充分利用可靠性高的二手数据,然后有选择有重点地去验证关键数据的真实性,同时,在不进行新的资源投入的情况下,通过"全员营销"理念的灌输,引导企业员工结合日常工作,用观察、调查等方法,进行原始数据收集。

6.2.1 二手数据

一、来源渠道

军工市场二手数据的来源渠道主要有四种:一是企业内部信息系统的数

据;二是行业协会、合作伙伴的信息系统;三是各种出版物,包括书籍、报告或者光盘等;四是专业提供营销信息和市场数据的企业。

对于军工营销人员来说,如果所需的数据能够从现有来源找到,可以省去大量的时间和费用。但是对于二手数据的质量,也是一个不得不面对的问题。二手数据都是在过去时间里由不同的群体,出于不同目的,在不同的条件和环境下收集来的,其适用性、可信性、时效性都会受到一定限制。尤其是在市场环境和信息瞬时万变的时代,军工营销人员如果对于二手数据不加以筛选、甄别、审查、评估,就直接引用,往往招致不可挽回的损失,对于企业来说,也会增加不必要的风险。

二、评估标准

对于二手数据的评估,需要军工营销人员有自己的信息收集渠道、基础数据来源和正确的分析判证方法,审查和评估二手数据的标准主要有三个:公正性、时效性、可靠性。

公正性,从现实情况来讲,二手数据的绝对公正是不可能的,只能是相对的,比如,某些部委下属的战略和政策研究机构出具的行业分析报告,其公正性就明显高于一些证券公司出具的关于军工行业的咨询报告。互联网上有一些所谓的军工行业市场分析报告,存在相互抄袭、闭门造车、数据错误、浮于表面等情况,基本上没有太多参考价值。真正有针对性且使用价值非常高的数据,很多是在军工营销人的脑海里存放着,通过多年不断的积累、学习和提升,最终形成数据库。

时效性,是指所收集的数据是否符合有效时间范围等参考条件。比如,利用我国 20 世纪 90 年代的军工行业数据来分析预测现阶段及下阶段军工行业的趋势和方向,就明显不具备时效性,但从某种角度来说,具备一定的有效性,这数据能用,但是在整个参考依据数据中的权重很小。

可靠性,是指抽出来的样本数据能否反映整个群体的实际情况,例如,用华东地区的军工产业的数据反映不了军工行业的全面情况,由此得出来的分析结果也是不可靠的。

6.2.2 原始数据

当现有的二手数据来源无法解决军工企业所面临的市场营销问题时,就必须进行原始数据的收集,主要通过三种方法:观察法、调查法和实验法。实施原始数据收集的不仅是营销人员,从事军工项目的技术、财务、管理、售后等相关人员,都是非常重要的数据收集群体。

一、观察法

所谓观察法,是指通过观察正在进行的特定市场营销过程,来解决企业的市场调研问题。

案例:有一次,笔者参加了某军工企业在北京举办的产品发布会,通过观察参与者的眼光流动、看到新产品时候的反应、询问时的状态、衣着谈吐等,笔者对参会个体的需求和内涵信息进行了分析判断,将其分为四类:第一类有迫切的购买意向;第二类比较犹疑,需要询问清楚各种指标,以进行横向比较;第三类是有潜在需求,但是需要挖掘和引导;第四类就是毫无需求,过来玩的。随机抽取了10个人进行了取样,通过观察并大致认定,发现有1人属于第一类型,4人属于第二类型,2人属于第三类型,3人属于第四类型。

从产品发布会的目的实现来看,这种比例是可以接受的,但存在几个主要问题,如参会有100人,随机取样10人只是抽样,不能代表整体情况;另外,毫无需求的游客型参会人员比例还是比较高的,企业的营销团队对于信息和数据收集的目标和方向还有模糊认识,存在一定资源浪费的状况。当然,企业是否还有其他方面考虑,不得而知,例如产品发布会是否同时还承担着老用户拜访或感谢的职能。参与这种活动,通过观察法,笔者完成了一次有针对性的市场调研工作,并获取了部分有效信息,为下阶段同类型产品的市场分析提供了初步依据,同时,针对第一、二、三类用户目标,交换了名片,借用其他企业所提供的平台,完成了一次有效的用户接触。

二、调查法

在军工市场的营销调研活动中,调查法是非常重要的原始数据采集方法,可以获得广泛的数据来源,而且对研究问题、解决问题具有直接指导意义和价值,通过调查可以收集包括行业经济特征,用户态度、意见、动机以及公开行为等多方面的信息。

在军工营销中,主要有三种调查方法,分别是电话访问、问卷调查、人员访问。军工市场中,出于保密原因,很多内涵信息不能在电话里讲,也不能写在纸上,加上军工行业文化严谨,作风比较传统,面对面的交流方式效果会更好。因此,以目前的实际应用效果来说,人员访问的调查方法最直接,收集的数据最全面、最直观、最有效,但成本较高,同时还需要营销人员综合素质较全面。

调查法的要素是目的、策略、收集和分析,以人员访问调查法为例,第一步是确定目的和对象,目的就是你是为了什么而去用户那里开展调查活动,为了收集信息、掌握用户的真实想法还是渠道维护,或者是为了某一个具体的项目推进,对象就是你的调查对象是谁,这个不弄清楚,后面的工作全都是白做;第二步就是策略,选择合适的方法,在进行用户拜访时,可以实现营销人员多个目的,例如进行渠道维护和客户管理、需求调研分析、项目信息收集、用户想法的掌握等;第三步是收集数据,这个过程中,要非常注意各种可能出现的偏差或者风险,例如用户接受访问,却敷衍了事,所以军工营销人员要非常注意辨别所收集的数据的可靠性和有效性;第四步是数据分析,对数据进行整理、分类、评估、分析,最终形式一般是研究报告,直接提供给企业管理者作为决策依据。

使用人员访问调查法,最糟糕的事情,就是在拜访过程中,营销人员准备不充分,情况不熟悉,素质不全面,不但没有收集到有效数据,而且还给用户留下了非常不好的印象。而且,在军工营销中,用户往往是把营销人员的素质判定和对于企业的判定绑在一起,军工营销人员是在第一线和用户接触的,他的眼界、学识、谈吐、衣着,以及对于市场的熟悉、情况的掌握、专业程度等都会大大影响整个访问过程的效果,而且这个效果会延伸。因此,军工营销人员要尽可能注意形象,博古通今,提高站位的高度和眼界,注重素质培养和提升,同时加强对于专业技术的了解。

三、实验法

对于军工营销来说,实验法就是将选定的市场刺激引入到营销环境中,通过改变其刺激程度,测定用户的行为反应。实验法的几个要素是实验主体、投入和产出。举例来说,用户是营销实验的主体;投入主要指实验中的措施,例如价格、促销、奖励计划等;实验产出也就是结果,这种结果主要包括企业的产值变化、用户态度与行为的变化等。对于一般行业来说,实验结果的最直观和最终的体现形式就是销售额。但是在军工行业,有时候最终体现形势不一定是经济利益,也可能是政治收益或者其他利益体现。

从本质上来说,军工行业与普通行业实验法数据采集的设计方法、流程是相近的。但是,从军工的营销特点和实际情况来说,传统的实验设计类型和方法并不适用。因此,营销人员要结合军工行业特点、企业能力、市场分析和用户情况,有所创新和延伸。

6.3 军工市场购买行为分析

根据军工产业供应链的各个流通环节来划分,主要分为三种类型:生产者市场、中间商市场和最终消费市场。这里,我们围绕这三类军工市场开展购买行为分析。

6.3.1 生产者市场

生产者市场,是指通过购买产品和服务并将之用于生产其他产品或服务,以供销售、出租或供应给他人的个人和组织构成的市场。例如,企业 A 采购了企业 B 的天线,完成了数据接收系统的研制生产,并将之销售给军队用户,企业 A 所在的市场就是生产者市场。

军工生产者市场,是最终消费市场的派生市场,因为,其市场需求来源于最终消费市场的需求,其市场主体是军工企业,面向生产者市场开展军工营销,还要注意其流动特性。例如,就某装备平台的生产与销售来说,器部件厂商要把产品卖给设备厂商,设备厂商要把设备卖给分系统承研单位,分系统承研单位将集成系统卖给平台研制总体单位,总体单位最终将整个平台销售给最终用户。

一、购买决策参与者

一般来说,参与军工生产者市场购买过程的决策群体主要包括使用者、影响者、采购者、决定者,比较大的军工企业还会设立专门的物资处或采购中心。

使用者主要是指技术人员,例如选用哪款专用板卡型号,选用哪种定制信号源等,技术人员的意见会占有很重要的角色,而常规的大批量采购的配套单机或者器部件,一般是集中采购,技术人员的话语权偏低;影响者主要是在企业内外部,能直接或者间接影响购买决策的人群,例如军工企业的高管,这部分人的影响力在经费大、数量多的购买行为中会占据非常重要的位置,对于一些小规模的购买行为,他们一般不会过多干涉;采购者主要指在企业中专业从事采购工作的人员,在目前的行业状态下,大部分军工企业的采购人员是没有决策权的,他们的主要工作在于与供应商谈判并签订采购合同,但他有一个非常重要的职能,就是和财务人员一起对采购对象进行考察和分析,如果其他决策人群拟定的采购对象报价太高,采购部门会提出质询;决定者一般是企业的行政管理者、企业的上级机关管理层等,他们是企业中的核心权力层。

以上所说的几种购买决策参与者,只代表普遍状况下,环境不同、采购对象不同,参与购买决策过程的人员类型和数量是变化的。比如,采购二极管、电阻电容等小的标准品的购买中,采购者就是决定者,在专用工控机等需要研发的特种产品采购中,使用者可能就是决定者,而在一般所谓的复杂采购中,如采购金额在百万级以上,技术性很强,系统结构复杂的产品,企业的管理者才是决定者。所有以生产者市场为主要营销对象的军工营销人员,要非常注意一点,就是要根据实际情况,确认主要决策参与者,尽可能地开展参与者信息收集,积极沟通。

二、购买行为类型

军工生产者市场中,企业的购买行为类型主要分为直接重购、全新采购和修正采购。直接重购是指采购部门或人员根据过去的经验,从供应商名单中选择供货企业,直接订购过去采购过的同类产品,这种采购行为需要军工企业列入生产者市场中营销对象的合格供应方名单,并采取有效措施来保持用户满意度;修正重购是采购主体适当改变需要采购的产品规格、价格等条件或者更改供应商,这种行为类型比较复杂,创造一种比较有效但同时可控的竞争环境,是绝大部分的生产者市场采购主体的常用模式;全新采购是指的企业第一次采购某供应商的某种产品,新购的成本费用越高,风险越高,这种行为类型最为复杂,需要很多的决策参与者,共同决策,但这种采购行为类型对于市场的挑战者和新进入者非常重要。

三、影响购买决策的因素

军工生产者市场中的采购主体做购买决策时,要受一系列的因素的影响,包括环境因素、组织因素、人际因素等。环境因素有大小之分,大环境诸如国家的经济前景、技术发展、市场需求、军工行业发展战略等,小环境诸如企业采购方所处的领域和子行业的发展状况,企业采购方如果发展不好,就会减少采购及投资行为;组织因素主要是指作为采购主体的军工企业的目标、程序、结构、体制等,也会影响购买决策和行为;人际因素主要是指刚才所说的几种决策参与人群类型在地位、职权以及年龄、受教育程度、个性等方面有所不同,会影响购买决策和行为;个人因素方面,取决于决策参与者在购买过程中更看重哪方面的价值,如价格、质量、品牌、服务、情感、信任度、灵活性、兼容性、交货周期、可扩展性、政治意义、长期合作潜力等。

对于以军工生产者市场为营销对象的企业来说，还需要了解主要决策参与者在购买过程中各个阶段的情况，并在结合实际的基础上开展用户分析，采取措施，满足需求。不论是直接采购、修正采购还是全新采购的行为类型，营销人员都需要关注以下几个购买阶段，主要有认识需求、确定需求、寻找供方、征求建议、选择供方、合同履行等。结合采购方的购买决策过程，相对应的，作为供应方的军工企业的营销人员需要挖掘需求、跟踪需求、开展公关、参与招投标、合同履行等。

6.3.2 中间商市场

军工中间商市场，是指直接通过购买某军工产品或者服务，并将之转售、出租或供应给他人的个人和组织构成的市场，这个过程处于供应链当中的流通环节。例如，企业A采购了企业B的一套检测设备，然后转售给军工市场的最终用户，企业A就是中间商市场。

中间商这种直接通过购买某种产品或者服务并将之转售、出租或供应给他人的企业，在军工市场中并不是主体，也不是主流。因为，完全的转售或者出租某种产品，虽然可以在短时期内达成企业部分利益的满足，但是，对于军工市场来说，考验一个军工企业可持续发展能力的关键指标就是企业的核心竞争力，包括研发、创新、生产、服务等全面能力。中间商模式，对于企业核心竞争力的提升和品牌推广并无裨益，且关键是经过利润的多次摊薄分配后，中间商企业本身所获取的利益也比较有限，长期下来，支撑不了企业的长远发展，但在某特定阶段，能部分解决企业的现金流问题；其次，对于最终用户市场来说，多一个中间商的流通环节，会浪费时间，增加成本，因此，军工市场中的大部分中间商会朝着生产者市场的方向转型。

目前，在军工市场中，中间商市场之所以存在，主要原因就是作为供货方的军工企业资源受限，例如人力资源，于是采用技术转让或者销售外包的模式。目前军工市场中，有国企背景的军工企业通过股改、体制变革、机制调整等多种方式，口子已经放开，可以部分解决人力资源受限的问题。但军队属性的军工部门，其人员编制受限是束缚其大发展的硬伤，尤其是一些技术实力非常强的科研院所、工厂，不能实现研发成果的效益最大化，也不能满足国家对于军民融合模式的发展要求，因此，有时候会采用技术转让和销售外包的形式。例如，将一些比较成熟的技术转让给外面的合作方，或者把一些比较成熟并具有一定市场竞争力的产品销售工作整体外包给中间商。一般来说,中间商是研发实力较弱,但市场渠道比较强的军工企业,军工厂居多,大的军工集团及其下属科研院所很少做中间商。

6.3.3 最终消费市场

军工最终消费市场的购买行为与政府采购行为,不论从表现形式、市场特点,还是具体内容上,都存在共性和交集,但也有不一样的地方。政府采购是指各级国家机关、事业单位和团体组织使用财政性资金,采购货物、工程和服务的行为,主要依据是《政府采购法》,用户是政府;军工最终消费者市场的采购主体是军队各级用户代表,来源于专用经费,多种采购方式并存,军事采购在《政府采购法》的基础上制定规则,但保持其独立性,依据的是《军品采购办法》等专门针对军工市场采购的制度体系。

最终消费市场是军工市场的核心空间,因此,对于最终消费市场购买行为的研究分析和掌握至关重要。

一、定义及特点

军工市场的最终消费市场是指那些为执行军队的主要职能实现和诉求满足而采购、租用某些产品或服务的各级军工用户代表所组成的市场。这里的最终消费市场同时也就是生产者和中间商的最终消费市场,军工市场中所有流通的产品、服务的最终买单者和使用者都是军队用户,是流通的终点。

军工最终消费市场中,采购人主要指各级军队部委采购机关、下属采购单位等职能部门;采购资金,来源于财政专用资金;采购行为,指以合同方式有偿取得设备产品、系统工程和技术服务的行为。军工最终消费市场的特点主要有:① 主体的特定性和资金来源的特殊性;② 非完全赢利性;③ 公开性与非公开性并存;④ 政策影响。

二、采购基本原则

军工最终消费市场的采购一般遵循以下原则:

(1)诚实信用原则。言出必践,不信口开河,军工市场的最终用户非常重视这一点,因此,对于军工营销人员来说,诚信很多时候比任何营销战略和方法都更重要。

(2)勤俭节约原则。一般情况下不得超出用户预算,尽可能站在用户角度考虑问题,这也符合军工市场国家利益至上的基本原则。

(3)支持国产原则。在《政府采购法》以及《军品采购办法》中,对于国产化都有明确要求:军品项目,国内已能生产,或可以相当规格之国产品代用,或国内已具制造能力得以试制方式采购者,应向国内采购。

三、采购方式

目前军工市场中的政府和军队采购方式主要有公开招标、邀请招标、竞争性谈判、单一来源采购和询价五种方式。这几种类型有时候也会并行,例如,某军队用户组织的项目招投标,采购部门在编制采购目录时候,将一个大系统工程分成了专用装备和常规配套设备,专用装备采购采用了非公开的邀请招标形式,而诸如计算机、存储器等常规配套设备采用集中采购、公开招投标的方式开展。

从目前军工行业发展的现状来看,随着军事采购部门对于采购过程控制度的提升,对于采购流程的透明度要求也越来越高,加上越来越严格的项目审计,未来,在军工最终消费市场中,最主要的还是公开招标、邀请招标和竞争性谈判,单一来源采购等模式会越来越少。

第7章 军工市场营销环境分析

在现代市场经济条件下,军工企业需要建立一个针对其市场环境的信息监测分析系统,营销人员通过持续的信息采集、分析、评估并预测企业内外部营销环境的发展变化,识别由于环境变化而造成的营销机会和威胁,及时采取适当措施,从而达到利用机会,化解威胁的目的。

7.1 军工营销环境概述

军工企业,实质上是一个开放系统,它与周围环境之间不断进行能量、信息、物质等方面的交换,其营销行为,是在特定的环境里进行的,而构成环境的每个因素都有其自身的运动方式和轨迹,因此企业的营销环境通常呈现出不规则的动态变化。

7.1.1 概念

军工市场营销环境是指影响军工企业市场营销活动及其目标实现的各种因素和动向,可分为宏观环境和微观环境。宏观环境是间接营销环境,指间接影响企业营销活动的因素,主要是人口、经济、政治法律、科学技术、社会文化及自然生态等;微观环境是直接营销环境,指与企业紧密相连,直接影响企业营销能力的各相关方,包括企业、渠道、竞争对手及公众等。

军工市场环境始终处于不断的变化当中,每个军工企业都要受到内外部环境的因素作用和影响,成功的军工企业,必然是能较好适应环境的企业,优秀的军工营销人员,也必然是环境适应能力很强的个体。一般来说,军工企业所面向的宏观环境变化相对较小,有可能保持长时期的稳定,而微观环境变化会非常快,军工企业得以生存、发展、壮大的关键因素在于当环境变化时,企业拥有良好的自我调节能力,以保证企业的现行发展战略不会因为营销环境的变化而无法执行。

军工市场营销环境的发展趋势主要分为威胁和机会。威胁是指在市场营销环境中一些不利的趋势所形成的挑战和威胁,若不采取应对措施,这种不利趋势将损害军工企业的具体利益及战略实现;机会是指军工市场上出现的对于军工企业的营销行为有利的动向和趋势,懂得顺应趋势,把握需求,趋利避害的企业将拥有巨大的市场竞争优势。

对于军工营销人员来说,优秀的营销人员能够预知威胁,提前制定应对计划;合格的营销人员能够在遇到威胁时,及时制定应对措施,渡过难关;而一般的营销人员只知道埋头营销,迷失在具体的营销活动和事务中,这是某种形式的"事务主义"。

7.1.2 特征

军工企业的营销环境变化主要由机会和威胁构成,具有客观性、均等性、可变性、差异性、关联性和相对可控性等特征。这里,以国家发布的《非公有制经济参与国防科技工业建设指南》(以下简称《指南》)为案例,结合军工企业营销环境变化来进行营销环境的特征分析。

一、客观性

军工市场的机会和威胁是环境因素变化的结果,不以企业的意志为转移,有着自己的运行规律和发展趋势。《指南》的出台,对新老军工企业来说,环境有变化,但这种变化是客观存在,逐步演变的,既不能夸大,也不能回避,如果不尊重客观存在和事物的发展规律,必然会导致营销的盲目与决策上的失误。

二、均等性

在军工市场中,机会与威胁对企业是均等的,至于企业能否很好地利用机会或避开威胁,则取决于企业本身的综合素质和应变能力。《指南》本身是鼓励非公有制经济参与到军工行业中来,这个机会对于所有想进入军工市场的民营企业来说是均等的,但如何利用好,敏锐度高与低,综合实力强与弱,机会均等的种子结出的却是不一样的果实。

三、可变性

市场机会和环境威胁是可以变化和相互转化的,它们随着环境因素的变化而产生,也会随着环境因素的变化而减弱、消失或者相互转化。可变性的另一个含义是时间上的不可逆性,机会稍纵即逝,不可复得;威胁若不能及时处理,也会恶化,失去减轻威胁的时机。《指南》以及相关文件发布后,代表着非公有制经济参与军工市场竞争是大势所趋,是军工的未来方向,对于老牌军工企业来说,可以通过加强自主创新能力,提高核心竞争力,优化内部组织架构,提升管理效率等方法策略来降低威胁;对于市场新进入企业来说,也可以通过机制改革、管理优化、加强营销、提升创新能力来更好地把握住这次机会。

四、差异性

各种营销环境因素的变化,对同一军工企业来说,营销人员的应对模式和方式方法不同,既可能带来市场机会,也可能形成某种威胁。从另外角度来说,对这个企业造成威胁,就可能为其它企业带来机会。《指南》的出台,对于现有老牌军工集团企业是威胁,对于民营企业就是机会;对这个军工企业是威胁,可能在另外的企业看来是机会。

五、关联性

构成营销环境的各种因素和力量是相互联系、相互依赖的。如经济因素不能脱离政治因素而单独存在,同样,政治因素也要通过经济因素来体现。《指南》的发布,体现的不仅仅是国家优化军工体系结构,刺激军工向市场转型的经济因素,这背后,体现的是在国家形势大背景下,通过军事现代化和国家核心竞争力的提升,实现国家战略利益扩展的政治诉求。

六、相对可控性

市场机会和环境威胁,总体上说是企业不能控制的,但可控还是不可控是相对的。在某一局部、某一范围、某一时段,军工企业可以在一定程度上对机会和威胁实施一定的控制、影响,甚至改变。《指南》出台后,有部分老牌军工企业在面对该变化时是有危机感的,有的企业通过提前布局,提前控股一些有潜力在单个领域或者多个领域形成威胁的民营企业,在做大的同时也把威胁控制在可控范围内,使其朝有利于企业的方向转化发展。

7.1.3 环境分析方法

营销环境分析即军工企业通过监测跟踪环境发展变化,及时发现市场机会和威胁,从而调整营销策略以适应环境变化。结合军工营销实际来说,用得较多的是"五力模型"和"SWOT分析法",在后面营销分析模型章节有详细阐述。这两种方法都是通过不同侧面对军工企业的营销环境进行综合评估与分析得出结论,然后再调整企业资源及应对策略来达成目标。

是否善于开展营销环境分析,是军工营销实践的重要内容之一,也是判断军工营销人员能力强弱和素质高低的重要指标。相比企业的其他岗位人员而言,军工营销人员一般具有更好的收集环境信息的渠道,有更好的开展营销环境研究分析的技能,也有更多的热忱投放到营销环境分析上。

7.2 军工营销宏观环境分析

军工营销宏观环境,是指那些给军工企业造成市场机会和环境威胁,进而能够影响企业运作和绩效的自然和社会力量的总和,包括人口、经济、自然、技术、政治和法律、社会和文化环境等,是企业不可控制的外部变量。

一、人口环境

对于绝大部分的普通行业和市场来说,人越多,市场的潜在规模越大。但对于军工行业来说,市场规模并不取决于人口多少,主要是由国家的战略部署以及国防的战略定位来决定。比如我国和美国,我国的人口总数远高于美国,但是美国军事工业的市场规模要远大于我国,主要原因在于,美国的国防战略定位是进攻性的,它的目标是全球霸主并且保持下去,而我国的国防战略定位是积极防御,中心还是大力发展经济,夯实基础。

二、经济环境

对于军工企业来说,还需要密切注意国家经济环境的动向,随着国民生产总值的不断攀升和经济实力的持续提高,国家的战略定位和政治地位的目标也在调整,国防经费支出会增加,军工市场规模会变大。需要注意的是,在整个国防经费增长的情况下,国防经费的变化与各方面支出变化之间存在比例关系上的规律性,类似于"恩格尔定律",例如,国防经费增长了,传统武器装备如枪支弹药、火炮、坦克的支出比重会下降;高科技手段平台的经费支出比重会上升,如卫星、战略核潜艇、航母等;而被服、营房等保障经费支出比重会基本持平。由此也可见,掌握了经济大环境和支出模式的变化,可以直接指导军工企业的产业结构和行业布局。

三、自然环境

军工行业的发展和自然环境息息相关,大部分军事装备及用品需要用到煤、锡、锌和石油等资源。在我国,随着工业化和城市化的发展,环境污染问题所带来的影响已开始显现,随着政府和公众对于环境污染与日俱增的重视,这个问题必将影响到未来军工行业的发展走向,因为军工行业本身就是一个污染比较重的行业,包括空气污染、噪声污染、电磁污染等。认识到这个问题的军工企业会有新的市场机会,没有意识到这个问题的企业则会面临新的威胁。可喜的是,近几年来,随着经济发展和科技的进步,越来越多的军工企业已经开始将对污染的全面控制作为日常工作的重要部分加以重视,力图使科研生产的过程绿色化,这也符合全面、协调、可持续的科学发展观这一重大战略指导思想的客观要求。

四、技术环境

军工行业是高技术含量的特殊行业,它代表着国家科技发展的最高水平,因此,军工企业需要格外注意其技术环境的变化、发展以及由此带来的影响。每一种新技术的产生都会给企业带来新的市场机会,给竞争对手造成新的威胁,这种威胁甚至是毁灭性的,例如传统行业中,互联网经济对于实体经济的冲击,数码相机的出现对于胶片行业的摧毁等。对于军工行业来说,技术创新就是军工企业的生命线,是一个企业核心竞争力最直接的体现,最根本的内涵,也是企业可持续发展的保证。在军工行业的装备形态中,CPCI、DODAF架构设计、星地一体化等都是技术创新的具体体现;在高精尖的科技攻关中,高精度定轨、飞机发动机设计、卫星平衡、精确制导等一系列的领先科技已经取得了很多的突破,有部分技术成果已经得到应用;此外,在知识经济时代到来的大背景下,军工行业以数字化、网络化为特征的现代信息技术革命,推进了信息作战体系建设的快速发展。

五、政治和法律环境

军工企业的市场营销决策要受到其政治和法律环境的压制和影响。跨入新世纪以来,随着国家综合实力的不断提升,我国在国际事务中扮演了越来越重要的角色,例如亚丁湾护航、环太军演、APEC会议等,不论是从国家形象维护还是国家战略利益实现的角度,国家都迫切需要建立一个强大的军工体系和富有战斗力的军工队伍。因此,在不断进行机制体制调整的同时,颁布下发了一系列有益于军工行业健康快速发展的文件,包括对于非公有制经济进入军工的政策引导,对于军工企业股份制改造的环境营造,对于军工企业合法权益的制度保护等;同时,为了健全法制,规范市场行为,适应我国军工行业体制改革和对外开放的需要,国家又陆续制定和颁布了一系列的经济法律和法规,如招投标法、装备定价方法等。总的来说,政治和法律环境对于军工行业的科学可持续发展来说,是正向的、积极的、有益的。

六、社会和文化环境

社会文化因素通过影响消费者的思想和行为来影响企业的市场营销活动,这是企业在做营销决策时需要非常重视的一个环境因素。对于军工行业,主要是教育水平、价值观念等社会文化因素对于军工营销活动产生的影响。军工行业和市场的主体是一个教育水平相当高的群体,群体的很多行为是组织行为,而很多决策过程却又充分体现着个人意志,这个群体有着基本一致的价值观念,对于社会生活中各种事物的态度、评价和看法,其内涵是一致的,在面对这个特殊群体时,军工企业用什么样的营销策略、模式和方法,是非常值得研究的重要课题。

7.3　军工营销微观环境分析

军工营销微观环境,是指对企业服务用户的能力构成了直接影响的各种力量,包括企业、渠道、竞争对手和公众等主要方面。下面,来分析微观环境对于军工营销的影响。

一、企业

军工企业在市场活动中,需要开展营销、设计、研发、财务、项目管理等一系列业务活动。目前,军工企业的营销部门一般由营销管理者、营销部门经理、营销主管构成。军工企业市场营销部门在研究制定决策时,需要首先在符合国家和军队发展战略方向的前提下,在满足企业的目标、愿景、使命、战略等内部需要的基础上,制定营销计划;同时,需要与企业内部的设计、采购、研发、生产、定价等其他职能部门开展密切合作,共同研究确定营销计划,并获取尽可能多的资源支持。

二、渠道

普通行业的市场营销渠道主要包括供应商、经销商、代理商,企业在市场活动中,很多时候会选择依靠经销商、代理商等中间商来进行市场研究、产品推广、物流运输以及营销活动等。在军工行业,由于目标对象范围小,用户的个性化需求都不一样,加上行业保密要求,大部分军工企业选择了直接面向用户、自主掌控渠道的方法,有合作伙伴,也有以其他形式存在、协助企业完成竞标的代理机构,但真正意义上的经销商和代理商并不多。

三、对手

军工企业要想在军工市场竞争中获得成功,就必须关注竞争对手,比竞争对手更加优质地满足用户的需求,取得优势,巩固地位。竞争者主要分为愿望竞争者、产品竞争者、品牌竞争者三种,其中,比较高端的是愿望竞争者,是能够满足军工用户各种愿望的提供者。对军工企业来说,愿望竞争者会更多侧重于对于用户价值实现、政治收益、学术成果等方面的满足,而物质层面的愿望满足是比较低端的,这对于军工营销人员的营销模式选择具有直接指导意义。

四、公众

公众是指对企业实现其市场营销目标构成实际或者潜在影响的所有团体,主要包括政府、媒体、群众、员工等。例如,目前我国军工企业的投资主体多元化,逐步开始学习用资本市场和金融杠杆来增加企业收益,由于市场的开放化趋势,与金融机构、网络平台等大众传播媒体的接触越来越多,如何充分发挥公众的力量,更高效地开展军工营销活动,需要营销人员重点关注。

7.4 军工市场机会和威胁的企业应对

对于军工企业来说,如何在市场中有效地进行机会把握、威胁规避,是军工营销的核心工作内容,关乎企业生存和长远发展。

7.4.1 对机会的反应

面对机会时,军工企业应该充分利用并引导,主要有三种方式。

一、抢先

机会的均等性和时效性决定了军工企业在利用机会的过程中必须抢先一步,争取主动,要"先敌一步,快敌一筹",谁能抢得先机,谁就赢得了在军工市场自由活动的时间和空间,就赢得了主动权。当然,这里的抢先是基于细致全面的信息收集和严谨周密的判断分析基础上的,绝不是脑袋一热的冲动行为。

二、创新

军工市场的圈子就这么大,企业各自都有成熟渠道。营销人员在收集到每一个新的项目机会信息时,都需要假定主要及次要竞争对手也掌握相关情况,事实上也基本如此。这就更加要求企业在利用市场机会时一定要大胆创新,包括技术创新、管理创新、营销创新等,如果说"抢先"利用市场机会是力求做到"人无我有",创新则是"人有我优"。

三、应变

企业不可能一劳永逸地反复利用同一市场机会,为了在竞争中取得主动,企业必须在利用机会之初,就主动考虑机会的可变性,有预见性地提出应变对策,包括:会有哪些新进入的市场竞争者发现同一机会?机会是否会变成威胁?是继续利用这一市场机会,还是寻求新的机会等。在军工行业,企业的应变能力是决定企业的行业地位和可持续发展的关键,很多企业都被市场大浪淘沙掉了,其中有一些不是因为整体实力或者战略眼光,仅仅只是因为在市场环境变化时,应变能力不足。

需要关注的是,军工营销人员处在营销第一线,在面对市场机会时,务必慎重评价机会的质量以供企业决策。市场机会来了,但它是战略性的,还是战术性的;是可持续的,还是阶段性的;有没有列入采购规划,有没有经费来源;如果有来源,用户是否明确;找到了用户,是否就这一单,不可持续?诸如此类的问题,军工营销人员要多问自己几次,企业管理者也要多问营销人员几次。

7.4.2 对威胁的反应

结合军工行业特点及营销实际,企业在面对威胁时,一般会有反抗、减轻、转移和利用四种对策。

一、反抗

指企业通过努力,限制或扭转不利因素的发展,这里要注意,军工行业里,原则上不要采用诋毁或者贬低对手的方法来扭转不利局面,这个行业非常注重企业和营销人员的道德标准。建议主要还是采用内部改进如产品改良、管理优化等,和外部环境改善如寻找合作伙伴、建立联盟等,在此基础上,提高营销资源投入,注重营销方法运用,进行抗争。

案例:2009年,为填补某技术领域空白,笔者开始主持策划推进该新领域的系统项目立项工作,但却遭到了原有市场领导者的激烈反对和抗争,在部委机关面前,多次表达质疑,甚至不惜歪曲事实,这种简单粗暴的反抗和干涉模式,最终的结果是项目立项失败,市场领导者品牌影响力下降,形象受损,不论是国家利益还是竞争双方的诉求,都没有得到满足。反过来说,如果双方能坐下来,好好沟通,找到符合国家利益的互补点,建立联合体,很可能会申请下来一个大的国家专项工程。

二、减轻

威胁是客观存在的,若无法反抗,可设法减轻。

案例:2010年,某研究所在北京参与某型号项目投标,主要竞争对手都是北京本地的,而用户要求项目过程中技术支持及售后服务的快速响应。该研究所地处西南,存在地域劣势。答辩时,在强调研究所以往在技术服务快速反应和用户需求及时响应方面的良好表现的基础上,重点表达了将会专门就此项目在单位驻北京办事处增设联络点,并派遣单独面向该用户的专职技术服务人员。结果表明,通过努力,可以把地域劣势带来的不利状况和威胁降到最低。

三、转移

即避实击虚,绕道而行,主动回避环境威胁,转移到其他的领域,怎么应用转移的对策,要依据实际情况开展分析。

案例:2010年,笔者参加某次大型专项工程投标,用户将该项目分成了6大分系统,26个子系统,原本应该只参加其中两个子系统的投标,且没有必胜的把握。后根据企业实力、项目环境及竞争对手分析,结合项目公关运作,笔者采取了增加投标项目基数的方法,申请参加了6个子系统的投标,投标基数增加后,用户及评标专家在权衡时或多或少会考虑统筹和平衡、利益和感受,这有点类似于传统市场中常用的先提高报价,再打折促销。同时,这种方法还能分散竞争对手的注意力,本来竞争对手是用一个拳头,现在使它变成五根手指,最终,笔者成功获得了原来那两个子系统的标的。

四、利用

可以理解为利用威胁并将其转化为机会,在顶尖的军工营销人员眼中,威胁与机会是相对的,没有绝对的利,也没有绝对的害,关键是企业如何去设法驾驭它们,使威胁转化成机会。

案例:2011年,笔者组织参加的某一次装备配套项目投标,主要竞争对手把装备样机带到了现场,很直观,效果很好。根据答辩环节的反馈信息,笔者明显感觉到用户及评委对于这种行为的认可,威胁产生了,如何应对?

笔者迅速做出了判断,和项目团队利用中间休息的十分钟时间开会讨论并整理了竞争对手的装备在指标测试上的缺陷和短板,在用户及评委参观装备实物时,请其中关系较好的评委站在客观公正的角度上,针对某关键指标缺陷提出了连续追问,竞争对手措手不及,在回答上出现连续失误,最终出局,这是"乘势利导"以便"化害为利"的典型案例。

7.4.3 机会和威胁的相互转化

威胁和机会有时候是可以相互转换的,这符合矛盾的对立与统一原理,是普适真理,而且在军工行业,这种现象还较为普遍。如何把威胁变成机会,避免使机会变成威胁,在企业经营过程中是一个重要课题,也是一个难题,需要我们解放思想,实事求是,一切从实际出发。

案例:在某一次卫星接收系统的投标中,用户单位决定把原来单独的运控分系统和接收分系统合并为运控系统,笔者所在的A研究所,优势在于接收系统,是接收分系统总体,B企业的长项在于运控系统,是运控分系统的责任总体单位。在军工行业,系统总体地位非常关键,用户的这个决定,从合并后的分系统名称来看,对于A研究所来说是威胁,对于B企业来说是机会。但是,笔者通过项目前期充分细致的信息收集,已经预判到了用户的这个变化,提前采取了一系列的应对措施,例如强调接收系统的核心地位,将包含了运控分系统的接收系统方案进行优化设计,强调A研究所的总体优势,加强高层沟通获得认可,与用户方面的技术专家进行交流获得支持,最终成功中标,成为运控系统总体单位。这里,通过一系列的营销策划和运作,成功地将威胁转化成了机会,除了获得不菲的总体经费,巩固了接收领域市场地位以外,从某种意义上来说,还进入了运控专业市场领域。

第三部分 军工营销的理论体系

英国科学家霍金曾经就科学与哲学的关系进行过论述:科学解决不了的问题需要靠哲学来解决。营销是应用科学,自身解决不了的问题,必然需要哲学的顶层指导。对于军工行业而言,用哲学的理论、思维和方法结合营销基本原理和方法来创造市场奇迹,远比依靠历史经验教训的总结或者某些传统行业所谓的营销战法更贴近军工营销的本质。

军工市场环境在不断变化,企业营销体系也要不断地完善以适应变化,这其中,挖掘本质的、根源的东西是最重要的。所谓本质的、根源的东西,就是唯物主义所教给我们解决问题的能力和思维模式。本部分内容是本书的核心,是"灵魂"。

第8章 核心理论指导

科特勒的经典之作《营销管理》具备普世价值,但《营销管理》只是提出了一些营销框架和原理,没有提出具体的行业解决方法,也没有结合中国国情及其军工实际,对军工营销的指导价值有限。对于军工营销来说,最终解决问题的,最本源的所在,是马克思主义哲学。

本章的内容主要来自于个人的工作体会和学习思考,虽然对于马克思主义哲学仍然是一知半解,还有很多思想不成熟、理解不到位的地方,但笔者会持续地提升认识,在工作中坚持理论与实践结合,努力尝试通过哲学的营销应用来不断突破军工市场营销迷局。

8.1 理论概述

军工营销的最终目标是为了在竞争中获得优势。竞争,不仅是行为的对抗、主张的对立,更是资源的比拼、方法的冲撞和意志的较量,如果没有对事物及其运动变化规律的深刻理解,没有建立在哲学理论基础上的清醒认识,企业想在军工市场中获得可持续的核心竞争优势,几乎不可能。目前在军工营销领域,很多营销人存在非常大的迷惑和困扰,找不到方向,在市场中建立不了核心竞争优势,之所以这样,主要还是因为在营销实践中缺乏理论体系,也就是马克思主义哲学的指导。

8.1.1 内涵及特性

马克思主义哲学科学地揭示了自然、社会和人类思维发展的一般规律,具有强大的生命力,其内涵、思维和方法是指导军工营销活动的理论根源和强大思想武器。

一、内涵

马克思主义哲学是指导军工营销最顶层的理论体系,通过运用马克思主义来对军工营销进行系统牵引和全局统筹,可以深刻揭示我国军工市场和行业发展变化的一般规律,为军工营销实践指明方向。

结合马克思主义来看军工营销的哲学内涵,体现在:军工世界的物质统一性;一切从客观实际出发是军工营销最基本的思想和工作方法;积极开展调查研究是提升军工营销认识的基础,没有调查研究就没有发言权;理论与实践相统一是做好军工营销工作的最基本原则;军工市场和行业内的事物是普遍联系、永恒发展、矛盾运动的,我们要用联系的、发展的、矛盾的核心观点来看待和处理军工营销问题。

马克思主义哲学是以科学实践观为基础的辩证唯物主义和历史唯物主义的有机统一,它是理论,是指导,所以决不能脱离客观实际。邓小平同志曾经鲜明地提出"把马克思主义的普遍真理同我国的具体实际结合起来,走自己的道路,建设有中国特色的社会主义",这句话生动地体现了马克思主义世界观和方法论的最本质的内容。对于军工行业,我们也要把马克思主义理论原理同中国军工营销的具体实际相结合,进行创造性地运用,建设符合中国军工实际、有中国特色的军工营销理论体系。

二、特性

马克思主义哲学具有鲜明的阶级性和实践性,这两种特性对于军工营销来说,具有重要的现实意义和指导价值。首先,军工营销人员必须要认识到,我党是无产阶级的政党,我军是无产阶级的军队,军工用户群体主要是无产阶级,具有阶级性;其次,它还具有鲜明的实践性,实践的观点是马克思主义最基本、最核心的观点,对于军工营销来说,在理论指导下,通过营销实践,我们可以能动地改造军工世界。马克思有一句名言:"哲学家只是用不同的方式解释世界,问题在于改变世界"。所以,在深刻理解营销理论指导体系重要性的同时,军工营销人必须牢记,营销实践才是正确认识的来源、动力和检验认识真理性的唯一标准。

马克思主义哲学是科学的世界观和方法论,这里,世界观和方法论是统一的,有什么样的世界观,就有什么样的方法论。毛泽东同志说:"世界本来是发展的物质世界,这是世界观;拿了这样的世界观转过来去看世界,去研究世界上的问题,去做工作,去从事生产,去指挥作战,去议论人家长短,这就是方法论,此外并没有别的什么单独的方法论。"这句话非常深刻,给予笔者的触动也非常大,在学习马克思主义哲学并向其努力靠近的过程中,需要军工营销人始终注重其哲学理论的阶级本质和实践特性,注重理论和实践的融合贯通,注重世界观的培养,注重方法论的研究和掌握。

我党我军自成立起就一直坚持用马克思主义哲学教育和武装队伍,可以说,目前军工市场中所有层次用户,不论是专业技术人员、行政管理人员、产品使用人员还是掌握权力的核心决策人员,其世界观、价值观的培养形成与马克思主义哲学有着千丝万缕的联系。要想做好军工营销,离不开马克思主义哲学的指导,要想成为顶尖的军工营销人才,必须要坚持学哲学、用哲学。

8.1.2 精髓是"实事求是"

一、概念

实事求是,"实事"就是客观存在着的一切事物或事实,"是"就是客观事物的内部联系,即规律性,"求"就是我们去进行探究。"实事求是"是马列主义的精髓,也是毛泽东思想和邓小平理论的精髓。

邓小平同志曾说过:"搞社会主义一定要实事求是",那么,我们做军工营销,也一定要实事求是,它是军工营销人认识军工市场和改造军工世界的根本要求,是指导军工营销的根本思想方法、工作方法和领导方法,也是军工企业在激烈的市场竞争中不断取得胜利的重要法宝。

二、内涵

下面,结合军工营销对"实事求是"的内涵进行初步解读。

(1) 实事求是体现了唯物论的基本观点。结合军工营销来看,前提是把"实事"搞清楚,例如要把与营销有关的信息收集工作做好,包括市场、环境、用户、对手等相关内容。

(2) 实事求是体现了辩证法的基本观点。矛盾存在于一切事物中,事物运动的根本原因是内部矛盾运动的结果,站在军工营销角度来看,营销也是矛盾运动的结果,营销战略、策略和模式方法的调整,必然是因为企业现有的体系能力无法满足军工市场的现实需要。

(3) 实事求是体现了认识论的基本观点。实事求是首先承认"实事"中有"是",从"实事"出发,目的在于求是,就是从客观存在着的"实事"中找到事物运动发展的规律。这里,"求"的过程是关键,只有发挥人的主观能动性,努力探索和研究,在"求"字上多下功夫,才能真正把握军工营销的发展规律。

(4) 实事求是体现了价值论的基本观点。其中的"实事",既包括客观存在着的自然事物这样的事实,也包括人的需要、利益和目的这样的事实。这同时也告诉我们,在军工营销的过程中,我们要正确理解和对待用户的精神、物质需要以及具体的利益诉求。

(5) 实事求是包含着历史观的基本观点。在军工行业,用户是军工历史的创造者,军工营销中实事求是的过程就是相信用户、依靠用户,始于用户需求,终于用户满意的历史过程。此外,用户是军工市场中最基本的认识主体、实践主体和价值主体,一切以用户为中心的观点和路线是实现军工营销真理和价值相统一的根本途径。

三、核心

"一切从实际出发,理论联系实际,实事求是,在实践中检验真理和发展真理",这是我党的思想路线,它同样适用于军工营销的顶层指导,其核心就是"实事求是"。

对军工营销来说,一切从实际出发是坚持实事求是的前提。客观实际是

第三部分 军工营销的理论体系

对于军工市场正确认知的来源和基础;理论联系实际,是坚持实事求是的保证,是正确认识和改造我们所面对的军工世界的必要途径,两者必须要融会贯通,缺一不可;在实践中检验真理和发展真理,是实事求是的必然要求,毛泽东同志对此有精妙的阐述:"真理只有一个,而究竟谁发现了真理,不依靠主观的夸张,而依靠客观的实践。"

四、要求

那么,如何才能在军工营销中坚持实事求是,需要我们解放思想,与时俱进。解放思想,就是要求军工营销人员在马克思主义哲学指导下,冲破传统营销观念和主观偏见的束缚,不满足现状,不因循守旧,不断研究新情况、解决新问题。邓小平同志指出:"解放思想,就是使思想和实际相符合,使主观和客观相符合,就是实事求是"。我们每一位军工人都会有着认识上的局限性,天性使然,总会习惯性或者下意识地因循守旧,而解放思想是主动作为,是不断突破,尤其是对于军工营销工作,有着重要的指导价值。与时俱进,是实事求是的具体体现,也是必然要求,营销人员要善于把握新时代的新特点,适应军工市场新常态,不断深化对军工市场和行业各种发展规律的认识,并以此来指导军工营销实践。

此外,我们还要学会用矛盾的、联系的、历史的和发展的观点来看待并解决营销问题,实事求是地认识军工市场和行业,把握军工营销的各个方面以及企业内外部的联系和关系,这一块内容,会在后面章节重点阐述。

五、综述

在这里阐述马克思主义哲学,谈实事求是,不是讲教条主义,也不是脱离实际,更不是故作高深,而是笔者从事军工营销工作以来,在不断总结和提升的同时,发现在军工行业中,营销工作如果缺乏理论指导,缺乏顶层设计,缺乏思想原则,营销实践就会陷入无序的混沌状态,而且始终游离在军工核心文化和价值体系之外。

实事求是,是指导我们开展军工营销实践的一切方法论的源头,可以套用在任何时间、任何地点、任何事件,不论是对于军工企业还是个体,都具有划时代的重要意义。实事求是,是军工企业最核心的竞争优势,是关系到企业生死存亡的严肃问题,也是判断军工营销人员综合能力的重要标准,是取得成功的基石和保证。

军工行业作为代表国家利益和科技发展实力的特种行业,必然对军工营销人员要提出不一样的要求,其营销战略、营销模式、营销思路、营销方法都有别于一般行业。市面上很多的营销和销售书籍,由于站位高度、行业特性、文化匹配等方面的问题,更适合于传统行业营销,对于军工营销并没有太直接的指导意义,或者说,没有与军工营销的实际相结合,没有触及到军工营销的最核心和最本质的东西,所以解决不了根本性的问题。要想成为顶尖的军工营销人才,在军工营销领域实现国家利益与个人使命的融合,实现个人的最大价值,需要我们认真学习马克思主义哲学,把它作为自己的看家本领,掌握它的立场、观点和方法,并时刻与实践相结合,解放思想,与时俱进,求真务实,开拓创新。

8.2 军工营销需要主观与客观的统一

恩格斯指出:"哲学的基本问题,是思维和存在的关系问题"。在现实生活中,思维和存在,具体表现为主观和客观的关系。我们认识军工市场、融入军工文化、改变军工世界,实质就是在观念上和实践中,实现主观与客观相统一的过程。军工营销,最根本的就是要解决主观与客观、理论与实践的关系问题。对于军工营销人员来说,就是在深刻理解军工世界是运动中的物质世界的前提下,一切从实际出发,尊重客观规律,充分发挥主观能动性,通过调查研究,形成营销决策,指导营销实践。

从本质上说,主观思想是对客观实际的反映,但也反过来对客观实际发生一定的反作用,这是主客观相统一的另一种表现形式。操作上,军工营销人员首先要了解和掌握军工行业及市场现状,在形成主观判断的基础上,开展分析研究,然后通过营销策划和具体执行来对军工世界实施反作用。

8.2.1 一切从军工实际出发

实际是指军工世界里的认识对象,一切从实际出发,是马克思主义哲学的根本要求,是军工人想问题、办事情的根本立足点,也是我们做好营销工作的源头活水和重要基础。正如毛泽东同志所说:"按照实际情况决定工作方针,这是一切共产党员所必须牢牢记住的最基本的工作方法。"同样,一切从实际出发,开展营销战略制定、策略设计和方法执行,是所有军工营销人员必须牢牢记住的基本营销思路和工作方法。

在军工营销活动中,要做到一切从实际出发,除了要善于把握用户对象、市场环境等客观存在以外,还要善于运用唯物辩证法去分清并把握这些客观存在中的现象与本质、形式与内容、局部与全局、主流与支流、偶然与必然的关系。

一、现象与本质

事物都是现象与本质的统一,本质是内在的、相对稳定并具有决定性;现象是外在的,变化的,是本质的表现形式,是事物的外部特征。对于军工营销工作来说,我们也必须要学会分清并把握好其本质和现象。平时我们所接触到的信息数据、机会威胁、环境变化等都是现象,但现象是片面的,局部的,易变的,如何运用理性思维,由表及里,透过现象把握其本质才是解决军工市场营销问题的关键。

本质是多层级的构成,有时候,在面对复杂多变的军工市场环境时,营销人员应该根据自身所拥有的资源、时间、信息等具体情况,找到挖掘问题本质,直至内核的方法和途径,以便更深刻、更全面、更完整地反映军工世界的客观现实,指导军工营销活动。

二、形式与内容

军工市场中的任何事物都是形式与内容的统一体,内容是构成事物的要素总和,形式是要素结合的方式,内容决定形式,形式依赖于内容。在军工营销实践活动中,必须首先着眼于与营销相关的事件内容,采取适合于营销内容并能对内容起到促进、推动作用的营销形式。

有那么一些军工营销人员,热衷于邀请用户吃饭喝酒、外出旅游或者从事娱乐活动,却不注重通过精神层面的深入沟通提升双方世界观的统一,不注重通过交流获得有价值的渠道关系,不能与用户在情感上产生递进和共鸣,用户从活动中也没有获得任何精神上的启发,于是,营销人员不断地应酬,却始终无法走进用户的内心世界,直至相互腻烦。这些与内容脱节的形式,就是军工营销中的"形式主义",热闹非凡,却没有内容,是空架子、摆样子,对军工营销工作意义不大,甚至会起到消极的阻碍和破坏作用。

三、局部与全局

没有局部,就没有全局,不认识局部,就无法认识全局。但要真正地认识事物,就必须把握住事物的全局,把局部当成全局,就是盲人摸象,管中窥豹,把全局当成局部,工作就落不了地,就是空中楼阁。军工营销工作实践中,由于知识积累、信息收集和世界观等诸多限制,我们很容易陷入到只见树木、不见森林,囿于已见、以偏概全的状态,然后还以为这就是实际,这就是实事求是。

具体一点,对军工营销来说,营销战略是全局,营销策略就是局部;顶层设计是全局,方案策划就是局部;国家利益是全局,企业利益就是局部。需要特别注意的是,全局也好、局部也罢,都是相对的,要辩证地看,对单个项目来说是全局,对企业来说,可能是局部;对企业来说是全局,对军工行业来说,可能就是局部;对军工行业来说是全局,对国家战略实现来说,就是局部。

四、主流与支流

对于军工营销来说,我们要学会抓住市场营销问题的主要矛盾及其主要方面,把握事物发展主流,才能找到正确的解决办法;在具体营销实践中,我们要分清中心工作与日常工作,日常工作要做,但必须抓住中心;相关利益人的用户关系要维护,但一定要清楚谁是最重要的核心决策者;可以选用多种营销策略,但要有主要执行策略等。总之,在军工营销中,我们一定要防止"平均主义",避免毫无重点,乱无头绪。

目前的军工市场和行业,虽然存在诸如创新力不足、市场调控能力弱等问题,但中国军事工业所取得的成绩才是主流,对于这些实际,我们在分清主次的基础上,还要从事物发展的整体、性质和趋势上,对军工市场、行业实际作出清醒的认识和全面的分析判断。

五、偶然与必然

任何军工营销实践的过程都包括着偶然和必然,必然是事物本质决定的确定性联系,偶然是不确定的联系,偶然和必然看起来是相反的,但却是辩证统一的,没有脱离偶然的赤裸裸的必然事实,也没有脱离了必然的纯粹的偶然存在。

在军工营销工作中,我们面对的是大量的、甚至是突如其来的偶然现象以及不计其数的、各式各样的问题和困扰,这个时侯,我们需要沉着冷静地结合实际、分析问题,决不能"头痛医头、脚痛医脚",而是要从偶然现象中找到必然原因,这样才能真正的解决根本性问题。

最后,必须要提醒大家注意的是,一切从实际出发,就必须反对主观主义,两者是对立的,因为主观主义的特征就是主观与客观分离、理论与实践脱节,属于唯心主义的范畴。在军工营销工作中,如果我们总是从主观意愿出发,从书本出发,脱离实际,就会在具体的营销活动中不断碰壁。除此之外,还有形式主义、事务主义,都是阻碍我们认识和把握客观规律的病症,只有持之以恒地反对主观主义、形式主义和事务主义,才能真正做到一切从实际出发,掌握事物本质,运用客观规律解决军工营销问题,通过具体实践不断提升自己。

8.2.2 在军工营销中发挥主观能动性

马克思主义哲学是以科学实践观为基础的,目的就是科学地认识和改造世界,这些都离不开对于客观规律的尊重和主观能动性的发挥。在军工领域,所有的营销实践,在本质上就是人类社会与自然、主观与客观世界的物质和能量交换,是在一定的思想指导下进行的,有计划、有目的的人类活动,活动的最终效果取决于营销人员主观能动性的发挥状态。

在军工营销实践中,如何发挥营销人员的主观能动性,其关键是正确认识主观能动性与市场规律间的关系,发挥主观能动性的前提就是尊重市场规律,市场规律是军工经济发展过程中固有的本质的必然的普遍联系,是对军工世界客观现实的反映,不以营销人员的意志为转移。这里,我们需要防止两种错误倾向:

一是夸大主观能动性作用,超越客观可能所允许的范围,单凭主观想象、热情和愿望去办事。

案例:某军工研究所长期以来在其主营业务的细分市场,牢牢占据领导者地位,市场份额始终保持在70%以上,另一家军工企业从2008年开始筹建团队,准备进入该细分市场,但企业决策者及营销部门主观上认为,相比市场领导者而言,有更开放的市场机制,有更出色的营销团队,只要发挥主观能动性,就可以轻而易举地进入市场并在五年以内取代竞争对手成为市场第一,却忽略了作为市场领导者的研究所,与主要用户单位数十年的渠道交集,营销能力虽弱,但却拥有一支讲政治、有理想、能担当的具备很强战斗力的研发团队,有着国家利益高于一切,使命重于泰山的价值文化理念系,加上产品型谱完整,质量过硬,其行业领导者地位牢不可破。结果是,试图挑战的企业一直在追赶,却始终未超越。

二是夸大客观形势发展的作用,消极悲观,无所作为,认为这也不可能,那也办不到,经过主观努力可以做到的事情也不去做,本来可以争取到的成果也不去争取。

案例：某武器平台，市场门槛很高，其研发、设计和生产，多年来被某军工集团牢牢控制，国内另一家军工企业，在技术、渠道和人才方面，本有实力在该市场谋取立足之地，但多年来，不论是管理层还是营销部门，始终觉得挑战市场垄断者的难度太大，底气不足，精神上的气馁导致了主观上的不作为，直接的后果就是企业在该市场始终无法取得突破，市场没有形成良性的竞争态势，国家的利益也没有得到保障。

总之，不管是过分夸大主体能动性作用，还是过分夸大客观形势发展的限制，这两种极端情况都是不可取的，如何处理好客观规律和发挥主观能动性之间的关系，关键还是坚持一切从实际出发，一方面，以客观规律为决策依据，杜绝拍脑袋、乱决策；另一方面，要大胆探索，不断总结，勇于创新。

8.2.3 没有调查研究就没有发言权

习近平主席曾说过："要了解客观实际，就必须深入实践进行调查研究，把客观存在的事实搞清楚，把事物的内部和外部联系弄明白，从中找出能够解决问题的方法来"。在军工营销实践中，没有调查研究就没有发言权，调查研究是一切从实际出发的营销活动的中心环节，是尊重军工市场规律、发挥营销人员主观能动性的典型形式，也是"实事求是"开展军工营销的根本方法应用。

调查和研究两个环节，都是在科学的世界观和方法论的指导下进行的，是同一认识过程的两方面，二者相辅相成，缺一不可，用军工项目术语来形容调查研究过程，调查就是前端数据采集，研究是后端信息处理。这里，有一些个人体会，以调查阶段为例，笔者会对所有的市场信息和用户需求的来源做一次整理，并在分析所能动用资源的基础上确定重要的信息来源方向，有的放矢地去开展调研工作，整个调研过程，把资源集中在关键阶段进行投入，同时既关注顶层营销设计，也关注具体营销执行，通过把整个营销团队揉成一股绳，由表及里、由浅入深、由点到面、由单维到立体的开展全面调查研究，保证信息和需求收集的全面性、准确性和时效性，为后面的分析研究以及营销决策提供直接的有价值的依据和参考；研究方面，就是对调查所获取的信息，开展分析、研究、综合并得出结论，从"事"中求"是"，认识事物的本质和规律。

对于军工营销来说，调查研究的对象要尽可能地覆盖全面，但同时也要区分重点和一般、主要和次要，不能"眉毛胡子一把抓"。此外，还需要掌握正确的步骤和方法。步骤过程方面,主要体现为"实践—认识—再实践—再认识"的认识路线;方法层面,要始终坚持以用户为中心,"从用户中来,到用户中去",需求、信息、项目、反馈、评估等都来自于用户,而军工营销,要做到用户心里去。

8.3 军工营销需要理论与实践的统一

要真正的实事求是,除了解决好主观与客观的统一,还需要厘清理论与实践的关系,理论指导,深入实践,达成统一。

8.3.1 实践是军工营销的本质

之所以说实践是军工营销的本质,其主要原因在于:首先,军工营销,其核心内涵是实践的,所有的军工营销活动都是由不同的实践活动组成的,其内部关系也是由实践活动的内在联系决定的;其次,军工营销的本质就是人与自然、人与社会、人与人之间的关系实践;第三,人类社会发展的最终决定力量是生产力,是人的实践能力,实践,是军工营销活动推进开展的动力之源,也是军工营销行为的唯一载体,没有实践,就不存在军工营销。

一、营销实践的特性

实践是人类自觉能动的活动,只有从实践出发,才能真正理解营销活动的本质特性,在此基础上,如果能与营销应用紧密结合,进行聚焦与发散,会有很好的收获。

营销实践具有社会性、历史性、发展性和目标性,作为营销的实践主体,军工营销人员必须借助其他社会力量去同外部环境发生关系,从事军工营销活动,所以营销实践是社会的实践;任何军工营销实践只要一启动,就已经成为历史,成为军工历史进程中的一个组成部分,所以营销实践是历史的实践;军工营销要以实际为依据,整个营销过程是发展的、动态的,而在军工市场发展的各个阶段,营销实践的形式、方法、内容也都是在不断变化的,所以营销实践是发展的实践;军工营销活动的结果,在营销开始时就作为目标在军工营销人员的头脑中存在,这个目标决定着营销人员的行为,所以营销实践具有目标性。

在军工市场和行业中,实践是营销人与营销对象相互作用的唯一形式;其次,是军工市场、行业得以存在和发展的基础,发展中的矛盾、问题主要通过实践来解决；第三，实践是营销认识发生和发展的前提，我们对于军工营销的认识依赖于营销实践并接受实践的检验；最后，实践是军工营销关系形成和发展的基础。

二、营销实践的类型

军工营销实践的形式是多种多样的，大体划分为三种基本类型：生产实践、关系实践和文化实践。

（1）生产实践是改造自然、创造物质生活条件的实践活动。军工产品形态如系统工程、装备平台、研究报告、技术服务等，自然界是无法直接提供的，而用户存在这方面的需要，因此，必须通过实践进行军用物质生产，在此基础上才能开展军工营销。

（2）关系实践是改造和创造社会关系的实践活动。对于军工营销人员来说，任何人在活动能力上都是有限的，必须通过彼此间的合作构成社会关系，才能在军工行业生存和发展。这种关系包括营销人员与团队内部人员之间、与企业管理层之间、与用户之间、与合作伙伴之间、与竞争对手之间等，形式多样。

（3）文化实践是创造精神文化产品的实践活动。精神文化需求是更高层面的需要，对于军工行业来说，文化实践是不可或缺的。军工行业的发展离不开军工文化的指引和支撑，军工文化是爱国主义、集体主义、社会主义精神和科学创新精神的生动体现，是属于中华民族的宝贵财富，其中最有代表性的就是"两弹一星""载人航天"和"核潜艇"精神。

三、营销实践的发展

科学的实践观犹如一根红线，贯穿于军工营销的各个环节，并将其联结成一个有机整体，我们要想做好军工营销工作，必须要立足于营销实践。

随着军工行业的快速发展，军工营销实践活动出现了新的变化，呈现出新的发展特点，实践的范围越来越广泛、程度越来越深入、影响越来越深远。一些看似非常一般的问题却有可能对国家安全和战略实现产生意想不到的重要影响，"多米诺骨牌效应"和"蝴蝶效应"明显增强。因此，我们对军工营销问题的思考和解决，以及营销过程中，如何处理与军工用户、社会公众、竞争对手以及企业内部之间的实践关系，都需要全局性的战略眼光与系统性的思维。

此外，随着科学技术的快速发展，营销实践的形式趋向多样化，例如虚拟体验,就是新的营销实践形式,企业在互联网上搭建一个产品推荐和演示的虚拟仿真空间,用户不受时间和空间限制,可以远程登录,在虚拟机器人的指导下,进行产品体验,企业几乎不需要更多的资源投入,便完成了与营销对象之间的双向信息交流活动。

8.3.2 实践是提高军工营销认识的基础

毛泽东同志曾经说过:"人的正确思想是从哪里来的?是从天上掉下来的吗?不是。是自己头脑里固有的吗?不是。人的正确思想,只能从社会实践中来"。这句话深刻地阐明了实践在认识活动中的地位和作用。对于军工营销来说,实践是企业营销战略制定、策略设计、市场调研、需求研究等所有相关认识活动的基础。

一、实践之于军工营销认识的意义

首先,实践是军工营销认识的来源,我们进行管理决策、制定营销方案等,绝不能拍脑袋,必须通过深入实践,通过调查研究来形成;其次,实践是营销认识发展的动力,就过程来看,认识产生于实践的需要,恩格斯曾指出"社会一旦有技术上的需要,则这种需要就会比十所大学更能把科学推向前进";第三,实践是营销认识的目的,认识世界是为了改造世界,我们所有关于军工行业营销的认识都是为了指导营销实践的开展。

要想在军工营销实践中达到预期目标,不仅要掌握了解整个营销过程的各个要素,还必须把握军工营销的表象与本质,这就要求我们必须在营销实践的基础上进行营销策划、设计以及具体操作,并通过实践来使得整个营销过程处于可控范围之内,最终达成营销目标。

二、营销认识是递进和上升的过程

我们关于军工营销的所有正确认识的产生,是从实践到认识、又从认识到实践的反复递进、螺旋上升的过程,是从感性认识到理性认识的过程,也是由理性认识到实践的过程。

首先,营销认识是一个由感性认识到理性认识的过程。我们在军工营销实践活动中获得的大量的未经过处理的感性材料,常常是粗精混杂、真伪并存的,要达到对于营销对象和客体的正确认识,就必须通过思考、研究,去粗取精、去伪存真、由表及里的分析判证、加工整理,形成概念和理论,即从感性认识上升到理性认识,实现感性认识和理性认识的相互渗透。这里,我们需要注意的是要避免单方面夸大感性或者理性认识的作用,否则就容易陷入教条主义和经验主义的泥沼。

其次,营销认识是一个由理性认识到实践的过程。从感性认识到理性认识的飞跃非常重要,但这只是营销认识发展过程中的一定阶段,要完成对一个具体客体的认识过程,必须再从理性认识回归到营销实践,实现营销认识过程的第二次飞跃。毛泽东同志指出:"认识的能动作用,不但表现于从感性的认识到理性的认识之能动的飞跃,更重要的还须表现于从理性的认识到革命的实践这一个飞跃。"理性认识向实践的飞跃之所以必要,其原因在于:一方面,营销理论只有在营销实践中才能实现自身价值;另一方面,营销理论的真理性也只有在营销实践中才能得到检验和发展。这也是为什么直接照搬国外的营销理论,没有太大实际应用价值的原因,理论再好,无法同我国的军工实际及其营销实践相结合,那就发挥不了理论的指导意义和现实价值。

实践和认识是构成军工营销过程两大核心要素,"实践、认识、再实践、再认识",循环往复,而每完成一个循环的内容,都会进到更高一级的程度,这就是我们关于军工营销认识的辩证发展的总过程,在认识的指导下,营销实践才能以最合理的方式,沿着正确的方向,不断深入推进,这是一个波浪式前进和螺旋式上升的过程。

8.3.3 实践是检验营销真理的唯一标准

在人类社会发展的现实阶段,军工营销需要以马克思主义为指导思想,这是一个基本原则,不这么做,中国特色社会主义下的军工事业可能就会迷失方向。而作为军工人,我们也要清醒的认识到,任何事物都是相对的,是不断发展变化的,马克思主义代表了人类认识世界的一个里程碑,但它是时代的产物,所以不可能穷尽一切事物及其规律的认识。因此,马克思主义也仍然需要随着社会的发展而发展,又具有相对性的一面。

一、营销实践与真理的关系

形成军工营销认识的直接目的是为了获得真理,把握规律,这个目的的实现只能在营销实践中完成。军工营销工作中,我们要勇于实践,善于实践,在实践中积累经验,并结合理论指导,进行思想升华,使我们的认识趋向于真理性的认识,再用以指导和推动军工营销实践。通过实践,使我们对于军工行业和市场的整个认知得以检验、丰富和发展,这是认识并掌握军工世界客观规律的根本途径,也是实现军工营销目标的前提。

马克思明确指出:"人的思维是否具有客观的真理性,这不是一个理论的问题,而是一个实践的问题。"毛泽东同志也指出:"判定认识或理论之是否真理,不是依主观上觉得如何而定,而是依客观上社会实践的结果如何而定。真理的标准只能是社会的实践。"

二、营销实践如何检验并发展真理

在军工行业营销过程中,实践是检验真理的唯一标准,目的是更好地发现隐藏在市场表象下的规律和真理,研究它、掌握它、发展它,以便更有效地指导军工营销实践。要实现这个目标,需要坚持以下原则:

(1)在营销实践活动中发展真理。实践是发展的,真理也是发展的,发现和发展真理的过程,就是在实践活动中主客观逐步统一的过程,是"实事求是"的过程。我们只有在军工营销实践中实事求是,才能使我们的营销认识如实地反映军工市场实际,反映军工营销发展的规律,从而保证军工营销认识的真理性和营销实践的正确性,才能使我们的认识随着实践的变化而发展,更好地指导军工营销实践。

(2)在同谬误斗争中发展真理。必须承认,在军工营销实践过程中,难免出现这样或那样的错误,我们唯一能做的,就是提高防止和克服错误的自觉性,尽量减少错误,但犯了错误,要敢于正视错误并进行改正。错误的客观原因主要是因为对象的复杂性和我们个人的局限性,这些很难改变。但主观原因,通过加强理论学习,优化思维方式,使用正确方法,可以尽可能地减少或者避免一些错误的发生。

(3)在解放思想中发展真理。实践发展永无止境,解放思想也永无止境。如果我们的认识一直停留在原有的水平上,将很难避免营销工作中的错误,这就要求我们在军工营销实践中,必须要解放思想,打破各种条条框框的束缚,打破习惯和主观偏见的限制,研究新老情况,解决新旧问题。当然,这里的解放思想仍然是辩证的,完全无限制的解放思想容易导致军工营销活动的无序和混沌,容易导致类似于无政府主义的一些极端思维,只有辩证地解放思想,才能真正做到唯物的实事求是,才能真正发现规律,发展真理。

8.3.4 理论与实践的统一是军工营销的根本原则

毛泽东同志强调:"马克思主义的普遍真理一定要同中国革命的具体实

践相结合,如果不结合,那就不行,这就是说,理论与实践要统一。理论与实践的统一,是马克思主义的一个最基本的原则。"指明了理论与实践统一的重要意义,也凸显了理论联系实践对于具体营销工作的指导价值。

在军工营销领域,坚持理论与实践的统一,既是理论的需要,也是实践的需要。从营销理论方面来看,不和实践相结合的理论是空洞的理论,对于军工营销来说,不存在纯粹的、脱离实践的理论,所有关于军工营销的理论认识都来源于营销实践,都是各层次、各类型营销以及相关从业人员通过实践对事物本质和规律的认识总结,而且,任何营销理论也只有在营销实践中才能发挥指导作用,并在实践中经受检验,不断丰富和发展;从营销实践来看,没有营销理论指导的实践是盲目的实践,是"盲人骑瞎马,夜半临深池",万不可取。

要坚持理论和实践相统一,必须不断地总结反思,不断地自我修正,只有坚持真理,才能更新观念,才会有正确的营销决策、正确的营销方法,才能更好地开展营销实践。这一点非常重要,不总结、不反思、不修正、不更新,实践的效果会大打折扣。在每一次军工营销流程结束后,我们都应该形成营销总结报告,把整个的营销策划、思路、内容、过程、结果、收获、体会等一一整理,记录在案,这些经验和总结是营销人员的宝贵财富。

要坚持理论与实践相统一,还必须反对本本主义和实用主义。有些军工营销人员,喜欢阅读销售类书籍,学习销售技巧并直接应用到军工营销实践中去。但目前的销售书籍没有专门针对军工行业的,如果不结合军工实际,用诸如快速消费品的销售技巧来进行军工行业营销,那就是理论脱离实践,机械地硬套硬搬,其结果就是本本主义;还有一部分营销人员喜欢照搬西方的营销理论,推崇麦卡锡、科特勒等营销大师的理论体系,但如果不结合中国的军工实际,理论表面再新鲜诱人,事实却是削足适履,效果不好,甚至还可能起到反作用。

还有就是实用主义,貌似重视联系实际,但往往是从某种主观需要出发,把严密完整的理论分割成只言片语,硬套到实践上去,这也是对理论的窒息和扼杀,它与本本主义都违背了马克思主义的基本原则,是两个极端。这里,由于笔者对于马克思主义哲学认识的局限性,可能也或多或少存在断章取义、实用主义的问题,所以,大家在阅读本书时,请带着批判的眼光,这样才能持续地改进提升。

第 9 章 核心观点分析

联系的、发展的和运动的观点是唯物辩证法的总观点、总特征,在军工营销实践中,我们要始终坚持用普遍联系的观点看待营销问题,用永恒发展的观点分析营销问题,用矛盾运动的观点来解决营销问题。

9.1 用联系的观点看待军工营销问题

联系是指事物之间和事物内部诸要素之间相互影响、相互作用、相互制约的关系,整个世界就是由各种事物相互联系组成的统一体。对于军工营销人员来说,军工世界里的万事万物都处在普遍联系之中,这种联系是普遍的、客观的、多样的、系统的,在军工营销实践中,我们要始终坚持用联系的观点来对待和处理营销问题。

9.1.1 联系的普遍性

联系是普遍的,我们所面对的世界,从基本粒子到宇宙天体,从自然界到人类社会,一切的事物、现象和活动都不是孤立存在的,都与周围的事物存在着普遍联系,任何事物都通过物质、能量、信息的交换和传递,与周围事物处于广泛的、普遍的联系之中。

随着信息化和经济全球化的不断发展,整个世界也处于日益紧密的普遍联系之中。2008 年,由美国次贷危机引发的全球性金融危机就是一个例证。而对于全球的军品贸易来说,虽然它具有区别于其他领域的一些特殊属性,但其始终都是世界市场经济体系的一部分。波音在全球拥有上万个供应商,我国在部分军用核心技术方面,仍然需要进口,市场经济已经把不同的国家、行业紧密地联系在一起了,任何人和事物都处于普遍联系之中。

联系的普遍性,要求我们在军工营销实践中必须用普遍联系的观点来观察和分析问题,承认但不能夸大事物对象的相对独立性。例如,在很多军工企业,营销部门的工作是相对独立的,别的团队无法插手营销策划、执行到评估的整个过程。但这种独立是相对的,在整个营销活动中,营销部门与企业内部的财务管理、人力资源、战略规划、技术研发、售后服务等团队始终保持着千丝万缕的联系,没有这些部门的支持和配合,忽视与他们之间的联系,最终会使营销团队陷入困局。

9.1.2 联系的客观性

联系是客观的,事物间的联系不以人的意志为转移,物质世界的客观联系早就被19世纪自然科学的三大发现,即细胞学说、能量守恒和转化定律、生物进化论所证明。在现代自然科学的发展证实了事物联系客观性的同时,现代社会科学也进一步揭示了人与自然、人与人之间的联系,物质生产与精神生产之间、物质文明与精神文明之间的联系,它们都是客观存在的,不以人的意志为转移。

很多军工营销人员可能有疑惑:军工世界中事物联系的客观性好理解,但为什么人与人之间的联系也是客观存在,不以人的意志为转移的。我不想和这个用户发生联系,当然就可以没有联系,这个联系就不是客观存在,也就是说,个体的意志可以影响到联系的客观性。这里,需要区分一下,军工世界里,人与人之间、人与事之间的联系都是在人类的活动中形成的,这种联系所得以建立的根据和基础是客观存在的,不以人的意志为转移。作为个体,可以在一定程度上影响到与其他个体或事物之间联系的存在形式,但不管形式是什么,联系始终存在,只是可能由于认知上的局限性,个人不知道而已。

联系的客观性,要求我们在军工营销实践中,必须从事物固有的联系去把握事物,切忌主观随意性。否认客观的联系,编造虚假的联系,是唯心主义在实际工作中的反映。在军工行业,"拍脑袋"决策,"拍胸脯"保证,还是很有市场,这是用主观臆想的联系代替事物固有联系的表现。曾经某个军工企业,其营销负责人喜欢"拍胸脯",作保证,保证按时交货,保证质量和服务,保证成本供应等,结果,由于很多事情他做不了主,加上各种客观条件的限制,往往成为空话,最终导致了用户对于企业的不信任感,这就是主观主义的典型表现。

9.1.3 联系的多样性

联系的形式是多样的。事物的联系有内部联系与外部联系、本质联系与非本质联系、必然联系与偶然联系、直接联系与间接联系、主要联系与次要联系等,其中,事物内部的、本质的、必然的联系,决定着事物的基本性质和发展趋势;事物外部的、非本质的、偶然的联系对事物的发展具有加速或延缓作用。

对军工营销人员来说,其军工认识及营销实践的真正目的在于,透过营销事件外部的、现象的、偶然的联系发现其内部的、本质的、必然的联系,从而揭示和把握军工营销的发展规律。

在军工营销实践中,我们对事物间联系的多样性,要认真对待和具体分析。毛泽东同志曾指出:"要抓紧中心工作,又要围绕中心工作而同时开展其他方面的工作。……必须学好弹钢琴。"也就是说,在营销活动中要分清主次,统筹兼顾,一个手指头弹不了钢琴,十个手指头弹一个琴键也不行。如果我们只关注主要联系、主要方面,工作效果肯定不理想,而把主要联系、次要联系放在同等重要的角度来考虑,就会缺少主线,无法聚焦,整体营销工作也会显得杂乱无章。

9.1.4 联系的系统性

联系具有系统性,系统是普遍联系中的系统,联系是系统中的联系,系统性是事物的基本属性。我们在工作中,要对军工营销体系中各种联系的系统性,有相当清晰的认知。首先,我们承认军工世界中,事物存在普遍联系,这有利于我们在营销工作中的发散思考;其次,我们要掌握全面揭示军工事物的系统存在、关系及其规律的一整套科学观点和方法。这里,绝不是把军工营销过程看作是个体和现象的简单堆积,而是不论大小事件,把它们都当做系统,深入、全面地把握其内外部因素的联系,以寻找到正确的解决办法。

综上,在军工营销中,我们必须始终坚持联系的普遍性、客观性、多样性和系统性,才能客观地而不是主观地、全面而不是片面地、深刻而不是浅显地揭示军工营销的内外在联系,从而真正把握军工营销的本质。

9.2 用发展的观点分析军工营销问题

事物的普遍联系、相互作用,必然导致事物的变化发展。发展指的是事物上升的运动,是事物从低级向高级形式的转变过程,其实质是新事物的产生和旧事物的灭亡。

在军工营销实践中,我们要始终坚持用发展的观点来分析和处理营销问题,要将其看做是一个不断发展前进的过程,这为我们正确理解和认识军工营销提供了科学的世界观和方法论的基础。

9.2.1 事物的质与量

事物不是处在量变之中,就是处在质变之中,整个世界就是质变和量变交织的活动过程。质是指一事物成为自身并区别于其他事物的内部固有的特性,事物之所以不同就是因为它们具有不同的质,只有了解其本质,我们才能在军工营销工作中区别不同的人和事,并找到有针对性的解决办法。

量是事物存在和发展的规模、程度等可以用数量表示的特性,以及事物构成因素在空间上的排列组合方式。军工营销活动中,营销人员及费用的多少、目标市场容量的大小、采购和生产周期等,都是量的表现。与质不同,量在一定范围内的增减并不会影响到某物之为某物,也就是不会影响到事物的根本属性。

举例来说,一个军工营销人员的世界观、价值观、社会观就是他的质,而他在营销过程中付出了多少努力、动用了多少资源等都是量,如果不懂军工文化,不讲使命责任,不论奉献拼搏,就算动用再多的资源,付出再多的努力,也改变不了其在"质"上存在缺陷的现实,其结果自然也不会太理想。

9.2.2 发展的渐进性和飞跃性

事物的发展具有渐进性与飞跃性,两者是相统一的,也是量变与质变辩证关系的直接体现。渐进性是指事物在量上发生的变化,是连续的量变,飞跃性是指事物在质上的变化,是从旧质到新质的飞跃,这个跃升的过程就表现为飞跃性。古人所说的"积土成山,积水成渊",这个"积"的过程就是渐进性,"成"的过程就是飞跃性。

军工世界里的任何事物,其完整的发展过程,必须有渐进性的量的积累,才会有飞跃性的质的变化。于事物发展而言,质变和量变缺一不可,量变是质变的必要条件,质变是量变的必然结果。对于军工营销人员来说,在不断提升思想认知的同时,需要全力以赴、尽可能多地参与各种营销实践活动,完成量的积累,这种渐进性的累计对于个人的成长具有非常意义。可能会有人疑问,为什么我很努力,却总是没有感觉到自己的成长。这个过程笔者也曾经历过,后来想想,那只是因为质变的条件还不成熟,静下心来,坚定地修炼,锻造自身,那一刻的顿悟和飞跃就在前方不远处。

军工营销活动的发展过程是质变和量变的统一,量变不是质变,但可以引起质变;质变不是量变,但又可以引起新的量变。量变是在某特定范围内连续进行,保持着事物稳定的状态,但这种变化一旦突破度的界限,就会引起质变。质变是量变的结果,又是新的量变的开始,量变—质变—量变,如此相互交替,也就形成了质量互变规律,并构成了事物的发展过程。军工营销实际工作中,在对待量变与质变的问题上,必须始终坚持具体情况具体分析,不能抽象地、脱离实际地谈论量变与质变孰优孰劣;其次,要把握适度原则,办事情,作决策,都要注意分寸、掌握火候,也就是要有节有度。

9.2.3 发展的前进性和曲折性

军工行业的发展不是一帆风顺的,而是前进性与曲折性相统一的过程。这里体现的是事物的否定之否定规律,总趋势是前进的,每一次的辩证否定不仅抛弃了过程中过时、消极的因素,还继承了其中有益、积极的成果,并且增加了新的内容;发展道路之所以是曲折的,是因为经过肯定、否定、否定之否定等多重阶段,事物的发展可能会很慢,甚至在某个历史阶段还出现了一定程度的倒退,但总体来看,是一直在前进的。

我国军事工业发展的总趋势是前进的、上升的,发展的道路则是迂回的、曲折的,这是必然的,因为新事物战胜旧事物的过程不可能一蹴而就,需要经过反复。深刻地认识和理解事物发展的前进性与曲折性的统一,可以帮助我们在面对军工营销问题时,不害怕,不茫然,不妥协。因为,不论过程多曲折,我们坚信路在脚下,光明在前方。此外,我们对于军工世界的认知程度,也是螺旋式上升、波浪式前进的,这里的认知提升与军工世界的发展变化始终保持一致。

在军工营销实践中,我们要善于"扬弃",既要勇于变革,又要有选择地继承,我们经常说的"弃其糟粕,取其精华"、"扬长避短"等都有这个意思在里面。一方面是新事物克服旧事物,是质变,是渐进过程的中断,这是事物发展过程中的非连续性;另一方面是新事物继承旧事物中的合理因素并加以改造,这是事物发展过程中的连续性。"扬弃"一词,深刻地揭示了新事物与旧事物之间的本质关系,体现了辩证否定的实质,对我们的军工生涯有着非常现实的指导价值。当我们在军工行业和市场中不断学习成长的时候,要注重吸收我们可以吸收到的有益的、积极的进步因素,不断完善自己,充实自己,提升自己;同时也要避免一些不良思想和现象对我们的诱导和侵蚀,如享乐主义、本本主义等。

我们所从事的军工事业代表着国家、人民的根本利益,前途必定是光明的。但同时,我们也要清醒地认识到,任何事物的发展变化,从来都不会是一帆风顺的,难免会走弯路,因此,我们在任何时候都要以正确的态度看待军工营销实践过程中的困难与曲折。对军工营销来说,没有现成的经验和模式可以照搬,需要我们大胆创新,开拓进取,要正确分析和看待前进中的曲折,不断总结经验,找到克服困难的办法,不断突破前行,在前进中有坚持,坚持中有放弃,放弃中有继承,继承中有成长。而在军工营销活动中,我们不可能不走弯路,但是通过主观的努力,尽量避免重大的挫折和错误,争取以较小的代价换取较大的发展,这个过程本身就是不断发现问题、解决问题的过程,只要不为问题所困,不为艰难所阻,就能实现事业的腾飞和人生的跃升。

9.3　用矛盾的观点解决军工营销问题

矛盾规律即对立统一规律是辩证法的核心,事物的普遍联系和永恒发展,其根源也在于事物自身的矛盾运动。这个观点,对于军工营销具有重要意义,我们所有的认识和实践活动,从根本上说,就是发现矛盾、分析矛盾、解决矛盾的过程。这里面需要关注到矛盾的同一性、斗争性、普遍性和特殊性,以及两点论与重点论的统一。我们学习辩证法,在军工营销实践中应用辩证法,最主要的就是要学会矛盾分析法,在分析和解决矛盾的过程中不断解决营销问题,推动事物发展。

9.3.1　矛盾是事物发展的根本动力

矛盾是对立面的统一,是事物发展的根本动力,矛盾的观念古已有之,如大家所熟知的老子"祸兮福之所倚,福兮祸之所伏",就是对立统一规律的经典体现。黑格尔认为,"从对立面的统一中去把握对立面"是辩证法的最重要的方面,并认为对立统一是一切概念的本性,矛盾构成了自然和精神世界中一切事物的本质、存在的根据和发展的动力。

马克思、恩格斯在批判改造黑格尔辩证法的基础上,创立了唯物辩证法,由此使"矛盾"成为一个科学的概念。所谓矛盾,就是事物内部或事物之间对立和统一的关系,一切矛盾都是由对立着的两个方面构成的,矛盾关系就是发生在对立面之间的关系,没有对立的两个方面便不能构成矛盾。

军工行业的发展历程也是在不断解决矛盾的过程中前行的,从军工实际来说,小至个体,大至行业,都是矛盾的集合体,不论何时、何地、何人、何事,我们都需要认识到矛盾的客观存在,梳理脉络,正视矛盾,解决问题。

9.3.2 矛盾的同一性与斗争性

矛盾的同一性是指对立面之间在一定条件下相互依存、相互转化的属性,每一方面、任一属性都不可能孤立地存在和发展,古人"有无相生,难易相成,长短相形,高下相倾,音声相和,前后相随",说的就是这个道理;另外,矛盾双方相互贯通与转化,存在着共同的基础和转换的桥梁,即依据一定的条件,各向其相反的方面转化,这种包含着向自己对立面转化的趋势,最明显、最深刻地表现了矛盾的同一性。矛盾的斗争性是指对立面之间相互限制、相互排斥、相互否定的属性,体现着矛盾双方相互分离的趋势。"合久必分,分久必合"就是矛盾的同一性和斗争性的精妙阐述,也符合整个军工行业的发展趋势。

辩证思维方法之所以不同于形而上学思维方法,从根本上说,就在于它在对立的世界中发现同一关系,在同一的世界里发现对立关系,善于从矛盾双方的对立中把握它们的同一,同时在它们的同一中把握对立。这里,大家可以结合军工市场"竞合战略"的灵活运用来理解。很长一段时间,在笔者的军工营销及管理生涯中,无时无刻不在代表单位与外部环境进行着利益交换,不仅有激烈的市场拼杀,也有默契的合作共赢,在利益的驱使之下,没有永远的同一,也没有永远的斗争,只有永远的价值、利益的争夺与平衡,这就是军工市场的秩序和规则。

我们在了解掌握矛盾同一性、斗争性区别与联系的同时,需要特别关注到,同一性是相对的,斗争性是绝对的。矛盾同一的相对性是指同一性受到特定条件的限制,是有条件的、相对的;矛盾斗争的绝对性是指矛盾的斗争性既受特定条件的限制,同时又有能力打破这种特定条件的限制,斗争性是无条件的、绝对的。有条件的相对的同一性和无条件的绝对的斗争性相结合,构成了一切事物的矛盾运动。对于军工市场来说,竞争是绝对的,合作则只有当某种特定条件具备时,例如优势互补,价值趋同,或者利益驱使等,竞争双方才能走到一起。

事物内部各要素之间的同一与斗争是内部矛盾,是事物发展的内因,事物之间的同一与斗争是外部矛盾,是事物发展的外因。在军工行业里,企业内部各种要素之间的同一与斗争是内部矛盾,包括企业层面的企业文化、战略规划、机制体制以及各部门之间的资源分配、地位平衡、协调机制等,这些内因决定了企业的基因和本质,是企业发展的运动源泉,决定着企业的发展方向;另一方面,企业与外部环境、个体之间的同一与斗争是外部矛盾,世界是开放的世界,中国是开放的中国,军工是开放的军工,要想在军工行业获得竞争优势,就必须吸收和借鉴市场中利益相关方的的优势和经验,包括先进的企业文化、战略设计、经营方式、管理办法等。当然,在吸收和借鉴的基础上,也要注重不断地总结提升,创造更先进的成果,实现企业的跨越式发展。因此,对于军工企业来说,既要坚持独立自主、自力更生,又要坚持对外开放,合作共赢。

9.3.3 矛盾的普遍性和特殊性

矛盾是普遍存在的,存在并贯穿于一切事物的发展过程中,处处有矛盾,时时有矛盾。对于军工营销人员来说,其实所有营销工作的本质都是在不断地认识和处理矛盾,尤其是对于各种营销矛盾的高效协调,是最为重要的工作内容之一,营销目标实现的过程,就是不断提高对于矛盾的认识并且化解内外部矛盾问题的过程。这里要格外注意的是,我们在军工营销实践中解决矛盾,并不是要消除矛盾,而是要通过哲学指导和思维训练,在承认矛盾的普遍性和特殊性的前提下,实现营销工作中矛盾关系的对立统一。我们经常所说的"和谐社会",并不是没有矛盾的社会才是和谐社会,和谐是矛盾运动中的和谐,其实质是"和而不同",是有差别的协调和统一;反之,是"同则不继",单一的、同质化的事物是难以延续和发展的。

矛盾也是特殊的,现实中的矛盾各不相同。首先,每一事物的矛盾都有其特殊性,建设有中国特色社会主义的军事工业,就是在应用马克思主义原理解决中国军工发展问题的实践过程中,必须考虑中国军事工业的实际情况及其特殊性;认识军工,最主要的是认识军工的特殊性;研究问题,最主要的是研究军工问题的特殊性;结合实际,最主要的结合军工营销实际的特殊性。其次,每一事物的发展过程及其不同阶段的矛盾都有其特殊性,大家从军工发展的历史可以发现,军工行业的发展相比其他行业,有着很大不同,而在不同阶段,行业发展的内外部矛盾也具有其特殊性。第三,每一事物中的矛盾及其不同方面的地位都有特殊性。事物往往不是由单一矛盾构成的,而是一个由多种矛盾构成的复杂系统,这里涉及关于主要矛盾和次要矛盾、矛盾的主要方面和次要方面的论述。最后,矛盾的表现形态也有特殊性,可以区分为对抗性矛盾与非对抗性矛盾。对于军工企业来说,与竞争对手的矛盾是对抗性矛盾。企业内部营销团队与项目管理团队之间的矛盾是内部矛盾,是非对抗性矛盾。但这里我们要辩证地来看,企业与企业之间的对抗性矛盾放到军工行业发展的角度来看,就不是对抗性矛盾,因为企业的根本利益和价值归宿是一致的,都必须要符合国家利益和战略实现的需要。

矛盾的普遍性和特殊性的关系,就是共性和个性的关系,共性是各种矛盾中共同的、本质的东西,个性是不同矛盾中独自具有的东西,两者是对立统一的。军工营销实践,就是其矛盾共性和个性相统一的过程,共性寓于个性之中,个性包含着共性。因此,我们在不断吸收其他行业营销知识和经验的同时,也要时刻关注军工营销中个性化的一些东西。

9.3.4 主要矛盾与次要矛盾

在事物系统中,各个矛盾的发展是不平衡的,往往有一种矛盾规定或影响着其他矛盾的存在和发展,这种处于支配地位、对事物的发展起决定作用的矛盾,就是主要矛盾;其他处于从属地位、对事物的发展不起决定作用的矛盾,就是次要矛盾。主要矛盾决定着次要矛盾的发展和解决,次要矛盾也会反过来影响主要矛盾的发展和解决,主要矛盾和次要矛盾在一定条件下可以相互转化。目前,中国军工行业的主要矛盾是什么,是国家日益强大后不断增长的政治、军事诉求和并不强大的军事工业生产能力、军事技术创新能力之间的矛盾;而次要矛盾,是军工市场化进程逐步深入的内在需求与机制上的外在约束之间的矛盾。每一个矛盾中,都有主要方面和次要方面,事物的性质是由主要矛盾的主要方面所规定的,矛盾的主要方面对次要方面起着支配作用,矛盾的次要方面又会影响和制约主要方面,主要原因和次要原因处于相互作用中。

要准确把握好主要矛盾和次要矛盾、矛盾的主要方面和次要方面的关系,就要坚持唯物辩证法的"两点论"和"重点论"的统一。辩证法的"两点论",就是在分析事物的具体矛盾时,不仅要看到矛盾双方的对立,而且要看到矛盾对立双方的统一,不仅要看到矛盾体系中存在着主要矛盾、矛盾的主要方面,而且要看到次要矛盾、矛盾的次要方面。对于辩证法的"重点论",

毛泽东同志指出:"研究任何过程,如果是存在着两个以上矛盾的复杂过程的话,就要全力找出它的主要矛盾。捉住了这个主要矛盾,一切问题就迎刃而解了。"

在军工营销实践中,我们一方面要着重把握营销过程中主要矛盾和矛盾的主要方面,并以此作为解决营销问题的出发点;另一方面,也要关注营销过程中的次要矛盾和矛盾的次要方面,两者内在相连,相互促进。对营销工作,我们既要全面推进,也要重点突出,善于抓主要矛盾,解决突出问题,"工作要做到点子上",体现的就是抓重点、抓关键、抓主要矛盾的道理;"两手都要抓、两手都要硬"就是在实际工作中追求"两点论"的体现;"统筹兼顾,重点突出",体现的则是"两点论"和"重点论"的结合。

9.3.5 具体问题具体分析

运用唯物辩证法的矛盾分析方法研究问题和解决问题,根本的是具体问题具体分析。列宁指出,"马克思主义的活的灵魂,就是对具体情况作具体分析";毛泽东同志在《矛盾论》中重申了列宁的这一思想:"马克思主义最本质的东西,马克思主义活的灵魂,就在于具体地分析具体的情况。"

具体问题具体分析,是一切从实际出发的世界观和思想路线的生动体现。结合军工市场来说,就是要从实际出发,研究军工市场的矛盾,把握其本质、内涵和趋势,在此基础上,具体分析军工市场的各个方面、各个因素,主要矛盾和次要矛盾,从而形成对市场具体问题全面的、深刻的认知,并直接作为指导军工营销活动开展的依据和参考。这里,我们需要注意到,工作中既要分析军工营销与其他传统行业营销共通性的一面,还要分析军工营销特殊性的一面,只分析共性,不分析个性,可能导致教条主义;反之,只分析个性,不分析共性,则容易滑向经验主义。

坚持具体问题具体分析,还必须明确,世界上不存在完全相同、绝对不变的事物,随着时空条件的变化,事物总会呈现出新的特点,因此,时间不同,地点不同,条件不同,我们解决问题的方法也不同。例如,对于军工企业来说,"专业化生产与多元化经营"的矛盾,总是不断地解决又不断地以新的具体的形式存在,这就必须不断地采取新的具体的办法来解决;在军工营销的实际工作中,我们想问题、办事情、做决策,也必须一切以具体情况为转移,坚持"入山问樵、入水问渔",如若脱离了特定的条件,离开了具体问题具体分析,既无法回答问题,也无法面对问题,更无法解决问题。

第四部分　军工营销的思维与法则

把这部分内容放在军工营销的理论框架之后，战略制定之前，除了突出其重要性，也是希望在理论指导之下，通过总结归纳出一些对于军工营销工作具有直接指导意义和应用价值的思维模式和成功法则，使大家更深刻地理解军工营销的内涵和实质，在进行后面的军工营销战略设计、策略制定和方法执行时，体系更丰满，理解更透彻，心里更有数。

第 10 章　军工营销思维模式

军工营销体系的核心问题所在，就是在强化忠诚国防的政治观、国家利益至上的价值观、开放联合的大局观、军民融合的发展观等价值导向的基础上，以思维模式引领军工营销实践。对于军工营销人员而言，思维模式是其战斗力标准提升的重要基础。本章笔者结合多年的军工营销经历，分别阐述工作中常用的几种重要思维模式，大家在了解过程中，请注重与具体工作实际的结合，以及与军工营销实践的统一。

10.1　概述

现代军工市场环境下，运用科学的思维方法显得尤为重要，在此基础上发展出的一系列方法论和衍生而出的效应与功能，对于军工营销而言，有着重要且地位独特的现实意义和参考价值。在军工营销实践中，正确的思维可以帮助我们找到最合乎于事物发展趋势的营销战略、战术及方法。作为军工营销人员，对营销规律本质的认识决不能没有思维方法的指引，要想掌握军工营销的本质和规律，仅靠感觉、表象或者数据是不行的，必须要在此基础上,借助于思维模式的帮助才能做好,否则,就无法找到解决军工营销问题的根本思路和关键方法,所谓目标,也就成了空中楼阁,遥不可及。

作为军工营销人员,要想提升思维能力,就必须从思想上认识到发展思维能力的重要性。恩格斯在《自然辩证法》的导言中,把思维着的心誉为"地球上最美的花朵",非常得形象且美妙。正确的思维模式及活动,使我们在继承前人的知识和成果的基础上,可以结合实践,提炼升华,用来解决军工营销活动中遇到的各种问题。离开了思维活动,我们的感性认识可能永远也无法上升到理性认识,已有的理性认识也将无法指导实践的开展。那么,在军工营销实践中,如何训练我们的思维能力:先要把自己置身于问题之中,然后把自己置身于问题之外,里应外合,坚持独立思考,提升思维能力。"入乎其内,故有生气,出乎其外,故有高致。"

最后,引用歌德的一段话:"所有真正睿智的思想都是经过无数次思考才得到的,要想使这些思想能变成我们自己的,我们还必须对它们进行反复思考,直到它们能深深扎根于我们自己的灵魂,我们才能将它们自然而然地表达出来。"

10.2 辩证思维

一、概念

辩证思维是指按照唯物辩证法的规律所进行的思维活动,唯物辩证法的范畴、观点、规律完全适用于辩证思维,而唯物辩证法是指导军工营销实践的最高理论思想和方法论本源,因此,可以说,辩证思维是军工营销人员最为重要的顶层思维模式,没有之一。

在唯物辩证法中,万物之间是互相联系、相互影响的,而辩证思维正是以这种客观联系为基础,进行的对世界的深入认识和感知,在思考的过程中感受人与自然、社会之间的关系,进而得到某种结论的一种思维。对立统一规律、质量互变规律和否定之否定规律是辩证思维的基本规律,即对立统一思维法、质量互变思维法和否定之否定思维法。

恩格斯曾指出:"一个民族想要站在科学的最高峰,就一刻也不能没有辩证思维。"辩证思维能开拓我们的眼界和思路,是建立军工营销思维体系框架,并完成融会贯通的重要工具,也是推动营销工作不断完善和深入推进的基础思维模式,用它可以打通军工营销人的"任督二脉"。

二、意义与作用

首先，辩证思维方法是现代科学思维方法的方法论前提，离开辩证思维方法，我们的军工营销工作会因为缺乏核心思维模式指导而变得举步维艰；其次，辩证思维方法是实现军工营销理论与实践之间相互转化与联系的工具，作为特种行业，军工营销还没有相对独立的理论体系来支撑其发展，需要不断地从传统行业营销领域汲取理论营养，再结合实际开展相关营销工作，如何创新性地融合继承，需要辩证思维的引领；第三，辩证思维方法为军工营销工作开展和理论研究提供了支撑和动力，推动营销人员以联系、发展和矛盾的眼光去分析解决军工营销活动中的新问题。

辩证思维有统帅全局，兼顾局部的作用，它根据唯物辩证法来认识客观事物，从哲学的高度为我们提供世界观和方法论，能够反映事物的本来面目，揭露事物内部的深层次矛盾。所以，它不仅能直接指导军工营销实践，还能在更高层次上对其它营销思维方式有指导和统帅作用。其次，辩证思维有突破作用，我们在军工营销中经常遇到困难，不是发现不了问题症结所在，就是因提供不出相适宜的解决方案而导致营销困局，辩证思维是我们打破僵局，实现自我突破的有力武器。第三，辩证思维有提升作用，我们对于军工营销发展规律的认识，总有一个由浅入深、由点及面的过程，需要辩证思维来帮助我们全面总结实践经验、思考成果并提升应用价值。

总之，坚持辩证思维方法对于建立军工营销理论体系，指导军工营销实践有着重要意义和非凡价值，大家要用心理解，深刻体会，在马克思主义哲学的指导下，把辩证思维与现实工作有机地统一起来，主动地、自觉地运用辩证思维方法指导军工营销实践。

三、方法应用

邓小平同志要求我们"照辩证法办事"，就是要求我们把辩证法转化为认识论和方法论，从具体营销实践角度来说，就是转化为辩证思维方法指导实际工作。辩证思维方法是一个整体，它主要是由一系列既相互区别又相互联系的方法所组成的：

（1）归纳与演绎。归纳和演绎是最初也是最基本的思维方法，归纳是从个别事实中概括出一般的原理，演绎是从一般原理推论出个别结论。归纳和演绎的基础是事物本身固有的个性和共性、特殊和普遍的关系，归纳和演绎方向相反，但又相互依赖、相互渗透和相互促进。

在实际的辩证思维过程中,笔者曾对军工市场中的竞争对手进行过分类,归纳了其企业文化、行为特征、市场态度和综合实力,总结其优点,分析其缺点。然后,在后面的市场竞争对抗中,通过演绎,得出其可能采取的方法和措施,并有针对性的制定营销方案。绝大部分时候,效果非常好,但由于归纳和演绎法本身具有局限性,所以还是有失误个例,我们在应用时也需要注意与其他方法的结合。

(2) 分析与综合。分析是在思维过程中把需要认识的对象分解为不同的组成部分,对它们分别加以研究,认识事物的各个方面,从中找出事物的本质;综合则是把分解出来的不同部分,按其客观的次序、结构组成一个整体,从而达到全面认识事物的目的。分析和综合的客观基础是事物整体与部分、系统与构成要素之间的关系,与归纳和演绎一样,两者方向相反,但相互联系、相互转化。

分析和综合的统一是矛盾分析法在思维领域中的具体运用,在军工营销实践中,用得非常普遍,是重要的方法。这里,工作分析是综合的基础,没有分析也就没有综合;综合是分析的完成,离开了综合,分析也就没有了价值和意义。

此外,在进行军工项目营销工作中,笔者通常会设定一个目标,通过正推与反演,对营销过程进行拆分,并进行 WBS 工作分解。分解完后,在执行过程中,又会重新把分开来进行的各项工作进行排列组合,从整体的角度来分析判断营销过程的执行情况,进行最终的营销效果评估。

(3) 抽象与具体。抽象和具体是辩证思维的高级形式,抽象是对客观事物某一方面本质的概括或规定;具体是在抽象的基础上形成的综合。

对辩证思维而言,如何从具体上升到抽象,又从抽象回归到具体,至关重要。例如,针对某些营销战略制定而言,我们需要首先具体地收集军工市场中最普通、最基础、最常见的环境和关系,并由此分析出企业在军工营销过程中存在的问题和矛盾本质,这是抽象过程,最终再通过梳理思路,找到症结所在,完成战略制定,解决营销问题,这就又回到了具体。

军工营销实践应用中,笔者常用的模式是,在搜集信息阶段,尽可能具体;在信息的整理分析研究阶段,将具体的情况进行抽象化,通过在脑海中不断地设计构图,将所有的信息点排列组合成抽象的系统,虽然抽象,但主要脉络清晰完整;在最终决策阶段,兼顾抽象与具体,抽象中有具体,具体中有抽象;在营销执行阶段,再回归到具体。

10.3 体系思维

军工营销是由无数相互联系、相互依赖、相互制约、相互作用的人、事和过程所形成的复杂统一体,我们要真正了解其运行规律,找寻问题解决的最佳方案,需要用到体系化思维,明晰其体系构成和内在关系,并据此制定相对应的策略和方法,这是科学、准确地认识和把握军工营销系统的重要前提。

一、概念

体系是指一定范围内或同类事物按照一定的秩序和内部联系组合而成的结构,自然界的体系遵循自然法则,相对简单;人类社会的体系要复杂得多,因为其中有着最不可琢磨的人性存在。从系统科学的角度来说,体系是若干系统构成的相互联系、作用的整体,是"系统的系统",体系是顶层的,各个组成部分有一定的独立性,成员之间有信息传递和交互,同时也是不断发展演变的。

大至整个宇宙,小至一粒微尘,都有自身的体系,大体系里有小体系,小体系里又有无穷尽的微小体系,总则为一,化则无穷。对于军工来说,有很多或大或小的体系,军工市场中有文化体系、需求体系、采购体系;军工企业中有管理体系、产品体系、资源体系、保密体系;军工项目方面有DODAF体系、CMM体系、CPCI技术体系等。

二、形式体现

体系思维是具体与抽象的统一,人的思维是抽象的,但体系的形式体现却是具体的。一般情况,体系可分为开放、封闭和孤立三种:开放体系,是指体系与环境之间既有能量转换,又有物质交换;封闭体系,体系与环境之间有能量转换,没有物质交换;孤立体系,体系与环境之间既无能量转换,又无物质交换。

我们既要从体系的角度进行思维,也要考虑到思维本身的体系结构,体系思维的极致状态,就是能够随时根据事物的具体实际,思维自身可以游走在开放、封闭和孤立之间,不论事物如何发展变化,始终自然应对,游刃有余,这种境界类似于佛家所谓的出世入世。笔者曾经一个人沿着海边很安静的走了一天,怡然自得,精神充沛,但回到都市,就觉得精神压抑,郁愤不满,后来自己总结了一下,海边散步的时候,在短暂的时间和空间内,个人是孤立的体系,不论外界环境如何,始终都能找到自己的独立格局,而一旦回到都市,没有能及时适应新的开放体系中来,就会有困扰。

三、方法应用

体系思维对于军工营销的直接价值就是指导企业营销体系的建设和体系化营销的推进执行。目前,军工企业的营销体系一般包括营销战略、营销组织、营销管理、营销流程、营销支撑五大组成部分。其中,营销战略包括战略目标、发展规划、品牌战略、新品开发、国际业务等;营销组织包括组织架构、营销队伍、岗位职责、营销网络等;营销管理包括团队管理、制度建设、产品推广、渠道维护等;营销流程包括产品定型、价格确定、促销策略、用户反馈等;营销支撑包括考核激励、财务核算、人力资源、企业文化等。在军工行业中,很多企业都拥有较为完整的营销体系构成,但总体来说,还存在诸如方向不清晰、关注点不聚焦,缺少站在体系高度的整体思考和解决方案,缺乏完善的制度保障和配套执行等问题,归根到底,还是体系思维的欠缺和短板所导致的。

在军工体系化营销的推进执行方面,随着行业发展,还在不断完善和深入研究。军工体系化营销,是指军工企业在体系思维的指引下,着眼于其长远发展战略,一切以用户为中心,把每个营销要素看成是整个体系中相互联系、作用的子体系,使所有要素进行有机的整合,系统地、全方位地开展军工市场营销活动。体系化营销打破了军工企业单点突破的营销模式,可以帮助企业大幅提升营销效果,实现企业的市场目标。

在传统营销概念里,企业有时候会将自认为的某项长处发挥到极致,以寻求竞争优势,中国古代战法中也经常出现集中优势兵力,突围而出的案例,这种情况导致了相当部分的企业其市场竞争力体现在某个或多个点上,始终无法由点及面,成体系、成系统的提升其综合竞争力,在攻城拔寨的过程中,总觉得有短板存在,背后凉飕飕的,不踏实。体系化营销可以帮助我们将体系的思维、观念和方法运用于军工营销活动,力图使企业营销各个方面、各个环节、各个阶段、各个层次加以统筹规划和整合,使之前后成线,纵横成面,上下左右自成世界,使营销合力产生最大的效力。但需要强调的是,虽然非常推崇体系化营销,但每一种营销思维、营销模式都自有其独特优势,包括所谓单点突破,笔者实际上经常使用,而且效果不错,关键问题在于具体情况要具体分析。

随着军工市场竞争的加剧,竞争在企业价值链上全面展开,竞争重点不断转移,竞争内容更加全面,竞争方式更加多元,这就要求企业必须从全局出发,转变营销模式,按方向、成体系的去积极思考,主动作为,通过培育体系思维,构建军工营销体系,加快体系化的推进执行,全面提升军工企业的核心竞争能力。

10.4 战略思维

一、概念

战略原本是一个军事学用语,指的是为实现一定的军事目标而对战争进行的全局性和长远性谋划,毛泽东同志说:战略问题是研究战争全局的规律的东西。

战略思维是一种综合能力,习近平主席曾指出:战略思维能力,就是高瞻远瞩、统揽全局,善于把握事物发展总体趋势和方向的能力。与其他思维模式一样,战略思维的核心内涵同样来源于唯物辩证法,来源于联系的、发展的和矛盾的观点,战略思维的主体和客体,既是联系的,又是不断变化发展的。

战略思维的根本特征是从全局而不是从某个局部来思考和处理实践活动中各方面、各阶段之间的关系,以把握规律,并取得最佳实践效果。因此,战略思维能力往往构成军工营销人员决策能力和驾驭全局能力的基础,也是评价军工营销人员综合素质高低的重要标准。军工营销人员在解决营销问题的过程中,必须要站在战略层面来制定解决方案。其实,我们每个人都或多或少拥有战略思维,但认识程度不同,与具体实践的结合程度有区别,使用的效果也是千差万别。

二、形式体现

在军工营销中运用战略思维,需要正确处理好全局与局部、长远与当前、重点与一般、机遇与挑战、目标与手段的关系,要用联系和发展的观点看问题,善于把握矛盾,处理矛盾,促进矛盾向有利方面的转化。

(1)运用战略思维,就必须处理好全局与局部的关系。邓小平同志说:"有些事从局部看可行,从大局看不可行;有些事从局部看不可行,从大局看可行。归根到底要顾全大局。"对于军工营销来说,最要紧的,是把自己的注意力和着力点摆在全局上面,着眼全局,必须对营销工作有全局谋划,不可陷入事务主义,必须以全局利益作为判断是非得失的根本标准,不可因小失大。

（2）运用战略思维,必须处理好当前与长远的关系。毛泽东同志说过:"没有预见就没有一切。"营销人员只有具备较高的战略思维的素质和能力,才能正确处理当前与长远的关系,在战略目标、战略布局、战略重点、战略步骤、战略保障、战略转变等一系列事关全局的问题上,才能正确制定战略规划,开展战略行动,驾驭全局。

（3）运用战略思维,必须处理好重点与一般的关系。军工营销人员在工作中要格外关注重点论与两点论的统一,一方面,要想统揽营销全局,工作上就不能平均使用力量,要区分并抓住主要矛盾和中心工作,不能不顾轻重缓急,也不能眉毛胡子一把抓;另一方面,营销实践中也不能只抓主要矛盾,次要矛盾和非中心工作也是全局中的重要组成部分,而且发展到一定阶段,次要矛盾可能会转变成主要矛盾,非中心工作可能会变成中心工作。

（4）运用战略思维,必须处理好挑战与机遇的关系。发展的总趋势是新事物战胜旧事物,这是机遇,但这种趋势并非总是直线式的,而要经历曲折、迂回甚至反复、逆转,这就是挑战。从军工市场的实际来说,挑战与机遇往往是共生共存的,化解了挑战,就可能迎来大的机遇;不能化解,或者被挑战压垮,企业已有的机遇也可能丧失。

（5）运用战略思维,必须处理好目标与手段的关系。战略目标的实现,必须有切实可行的手段。在实际工作中,处理好目标与手段的关系,用一句简单的话来概括,就是为了正确的目标,用正确的方法做正确的事。我们在军工营销工作中,要对目标与手段进行可靠的筹划和合理的协调,目标设定要实事求是,手段应用要具体情况具体分析,这是战略思维的重要体现。

三、方法应用

在军工营销实践中,我们要善于从战略高度观察和处理问题,善于透过纷繁复杂的表象抓住事物的本质和运动规律。军工行业里,从不缺少战略高手,决策者、管理者和专家群体,很多都具备战略思维,但说到懂战略的营销高手,屈指可数,主要原因:一是企业普遍缺乏培养营销人员战略思维的土壤;二是营销群体自身层次和格局上不去,不知道如何把战略思维与营销实践紧密结合。

在军工营销实际工作中,运用战略思维认识和解决问题,还需要坚持统筹兼顾的方法,立足整体,总揽全局,统筹规划,努力寻求最佳方案。例如,为了使整个营销过程呈现出最佳态势,需要从大局出发来调整或是改变营销工作各部分的状态与作用,在此过程中,可能为了企业的全局利益,需要放弃局部利益。但需要强调,这种操作的前提是国家利益和用户利益不受损失。

案例:在某次项目投标中,A研究所前期跟踪推进了很长时间,标书准备阶段也充分开展了用户层面和潜在评审专家层面的沟通,依据当时的整个项目信息分析,夺标概率非常高。但在投标前夕,一个长期的合作单位找了过来,希望A所退出这次投标,因为该项目对于他们企业的战略目标和专业发展有重要意义,对方代表同时许诺在另一个领域的型号工程中,放弃总体竞标诉求,并作为配套合作方积极参与,以增加A所的夺标可能。这种情况下,在综合分析了所有的优劣利弊后,A研究所最终放弃了该项目投标。事件发展也证明,虽然在本阶段暂时舍弃了局部利益,但在其他领域,A研究所取得了重要突破,企业的全局利益得到了保障。

10.5 系统思维

一、概念

系统是由两个或两个以上的元素相结合的有机整体,反映了人们对事物的一种认识论,系统的整体不等于其局部的简单相加,它揭示了客观世界的某种本质属性。系统思维是指在确认事物普遍联系的基础上,具体揭示对象的系统存在、系统关系及其规律的观点和方法,有无限丰富的内涵和外延。系统思维与体系思维,就概念范畴来说,既有共性,也有区别,但肯定是两种不同的思维模式,且存在一定的层次关系。

系统思维是在辩证唯物主义那里取得了哲学的表达形式,在运筹学和其他系统科学那里取得了定量的表述形式,在系统工程那里获得了丰富的实践内容。可以说,系统思维是建立在现代科学发展水平上的思维方法,也是人类所能掌握的高级思维模式之一。

整个军工市场、行业就是一个大系统,系统思维要求军工营销人员在着眼于系统整体的同时,通过正确认识和处理系统中各要素之间、系统内部不同层次之间、系统与外部环境之间的联系,运用系统性的原则,揭示系统的特性,实现系统的整体优化和发展。具体来说,就是对事情全面思考,不就事论事,而是把想要达到的结果、实现该结果的过程以及对未来的影响等一系列问题,作为一个系统来进行研究。这种思维模式能极大地简化认知过程,并提升营销人员对事物核心本质的认知能力,给我们带来军工营销所必须的眼界和思路。

二、形式体现

系统具有整体性、结构性、层次性、开放性等特点,相对应的,系统思维包含整体思维、结构思维、层次思维和开放思维几种思维形式。

(1)整体思维。系统是由若干相互联系、相互作用的要素按一定方式组成的整体,其整体性体现在系统与其组成要素之间的关系。在分析和处理军工营销问题的过程中,我们需要始终从事物系统的整体出发,如果总是让一些局部的东西影响到整个营销战略及其执行过程,那么无论在营销的战略宏观或是战术微观层面,都会偏离正确的方向并直接损害企业的目标及利益实现。

(2)结构思维。系统的结构性体现的是系统中诸要素之间的关系,军工世界里,梳理事物之间的联系脉络及其相互作用状态,是解开系统现象迷局的关键所在。我们每一次的营销策划、行动都由各种各样的要素构成,也受到各种各样的因素影响,如环境因素、人员因素、市场因素等。要使整个营销行动发挥最好的作用或处于最佳状态,必须对各要素以及要素之间的结构关系考察周全,充分发挥各要素的作用和潜力。此外,在军工营销中,还需要注意营销行动结构的合理性,如果把整个营销行动看做是一个系统工程,营销管理人员就是这个系统工程的总体负责人,整个工程由哪些部分组成,营销组合是否合理,是否是有机的具体的联系,对营销的最终效果有决定性的影响。

(3)层次思维。系统的层次性体现的是系统的不同层次之间的关系。军工营销中,战略设计很核心,就是从营销的最高层次来规划整个军工营销过程的系统结构和功能布局;策略制定很重要,营销策略是把战略转化为具体营销行动的枢纽;营销实践很关键,实践是军工营销的本质,是营销认识的基础,也是检验战略和策略的唯一标准,没有实践,所有的战略和策略都是无本之源,挂在墙上,落不了地。本书中,战略、策略和战术方法,就是军工营销体系的层次表现,通过对各个层次的差异性研究,揭示其不同层次上的特有属性和特殊规律。

(4)开放思维。系统的开放性体现的是系统与外界环境之间不断进行的物质、能量、信息的交换与传递关系。如果系统的开放度受到阻碍和破坏,不能正常地与外界环境之间产生关系交互,就会导致系统结构从高序走向低序,从有序走向无序,直至系统解体、消亡。在军工营销中,我们必须坚持开放性原则,必须重视营销活动与外部环境的相互联系,通过吸收外部环境的有利因素来促进营销活动的开展,通过最大程度地抵御或减少外部不利因素,降低营销活动的风险。

三、方法应用

在军工行业,我们要坚持以系统的思维统揽全局,顺势而为,以系统的方法谋划执行,统筹安排,把系统思维始终作为我们观察和处理营销问题的出发点和落脚点。

对于军工营销人员来说,只有在系统思维指导下,把企业营销看成是有机整体,是由相辅相成、相互关联的各个阶段、环节、内容、行动组成的系统工程,全面布局,整体优化,分步实施,才能最终实现目标。一些军工营销人员比较常见的错误,一是站在自身或者本部门的角度来看待营销问题;二是不懂得如何利用其他的内外部资源来配合自己开展营销活动;三是不懂得军工营销活动当中的连续性、动态性以及与外部联系的普遍性等,营销效率低且效果不理想,这种情况出现得多了,营销人员就会感觉到不知所措,迷茫失望,进而逐步丧失信心。

我们还需要通过运用系统思维,把军工企业的内外部环境也看成一个系统,并认识到这个系统总是在不断发展变化的,系统内部诸要素之间以及系统与外部环境之间的联系,与时间和空间密切相关,要始终以动态的思维来适应外部环境的不断变化,不断调整营销战略、策略和方法来适应环境、影响环境,最终改变环境。此外,我们还需要学会让自己跳出来,从顶层角度分析整个军工营销过程这个复杂系统,对它的成分、层次、结构、功能、内外联系方式等作全面的综合的立体的考察,力求从多侧面、多功能、多效益上把握营销全局。

10.6 创新思维

一、概念

发展的实质是新事物的产生和旧事物的灭亡,在人类社会,就是推陈出新、破旧立新的创新过程。创新，就是破除与客观世界发展进程不相符合的旧观念、旧理论、旧模式、旧做法，发现和运用事物的新联系、新属性、新规律，更有效地认识世界和改造世界。创新是社会发展的动力源泉，没有创新，就没有人类社会的进步，也就没有未来。

推进各种形式的创新，都离不开创新思维，创新思维是唯物辩证法批判性和革命性本质的体现，要求依据实践发展和科学进步转变思维方式，突破思维定势，在把握事物发展客观规律的基础上实现变革和创新。

科技创新、制度创新和理论创新是人类社会创新的基本形式，这三种创新形式在军工行业普遍存在，与军工发展有着密切联系。科技创新通过新发现、新发明、新创造，使生产力成为推动军事工业发展最活跃、最革命的力量，没有科技创新，就没有军工行业的进步和未来，军工营销活动也就丧失了存在的依据和意义；制度创新通过改变与军工行业生产力发展要求不相适应的生产关系和上层建筑，建立与生产力发展相适应的新的军工制度体系，如经济体制、政策支持等。我国军工行业的生产力要想获得解放和持续发展，需要不断进行制度优化和改革；理论创新通过破除与实际不相符合的旧观念、旧思想、旧理论，创立反映军事工业客观实际的新观念、新思想。军工营销工作要想做好，不断提高创新思维能力是基本要求，营销人员需要在不断地学习、总结、提升的基础上，结合营销实践，发现并破除一些不符合军工行业实际及内在需要的观念想法，积极实现思想解放，引导实践创新，为营销工作注入强大的，源源不断的活力。

二、形式体现

我们要提高创新能力，必须把握创新思维方法，有多种形式，包括联想思维、逆向思维、超前思维、发散思维等。

联想思维是把对一种事物特有的功能属性的认识，迁移到另一种类似的事物上，引出相关的想象，产生出创造性设想的思维方法，例如头脑风暴法；逆向思维是一种与正常思维方向相反的思维方法，不受常理常规的框框束缚，所以往往能打破已有的思维定势而获得新的认识和收获，例如诸葛亮的空城计；超前思维是一种通过对事物未来发展的预测和判断来指导当前行动的探索性思维方式，它通过分析事物的现实状态，依据客观规律和发展的多种可能性，结合以往经验，创造性地预测事物未来发展的态势，毛泽东同志就是超前思维的杰出代表，比如"星星之火，可以燎原""论持久战"等；发散思维，是指大脑在思维时呈现的一种扩散状态下的思维模式，它表现为思维视野广阔,思维呈现出多维发散状,在遇到军工营销问题时,我们要具有多方位、多角度、多方法面对并解决问题的能力,需要重点强调的是,在这里提发散思维,不是鼓励一直无节制地发散下去,而是始终围绕问题核心,发散是为了更好的聚焦。

综上,军工营销人员的创新思维,就是在科学的营销理论指导下,不依常规,寻求变化,对工作中的人、事以及联系,从不同角度,朝不同方向,用不同方法,进行分析研究,最终解决问题的一种思维方式。

在军工营销实践中,还有一些需要我们特别注意的问题,如创新是否有利于事物发展,需要辩证地看待,随着环境和条件的变化,创新本身的价值和定位也是发展变化的,以前是创新,过段时间,可能就不是创新了,如果还坚持认为是创新,就会犯所谓的经验主义错误,陷入惯性思维。

案例:某专家型领导,创造并推进实现了一种新的军民融合机制,取得了非常好的效果,为国防事业和军队建设做出了重要贡献。但随着外部环境的不断变化,原有的模式已经不完全适用于军工市场的发展现状和行业的发展要求,需要进行调整,但没有人意识到这个问题。后来,在一次影响力大、覆盖面广的国家专项项目的策划推进中,团队仍然固守原有的经验,把原有模式套用在新时期的项目营销上,不懂得以时间、地点、条件为转移的辩证法,最终,该项目没有通过国家和军队主管机关的认可,持续数年的资源投入也打了水漂。

三、方法应用

创新思维可以帮助我们打破思维定势,找到突破方向,在山重水复疑无路之时,柳暗花明又一村。军工市场中,针对特定目标或对象的创新思维方法很多,针对产品,以某个军工产品的材料、功能、结构、形态等为发散起点,设想它的新用途和改进方案,巩固现有用户群体,拓展新的市场空间;针对营销方案,开展联想思维,延伸并扩展营销内容,设想出各种营销组合;针对结果,以某个营销过程的结果预测为基准点,运用超前思维,推测出各种可能结果并分析其原因。

在军工营销实践中,创新思维的四种主要形式,往往是组合应用,先举一个发散思维和逆向思维结合应用的案例。

案例:某次项目营销策划过程中,整个营销团队对于用户及项目的情况都不是很清楚,信息收集很不顺利,多次开会进行发散性讨论,也没有得出个所以然,只是感觉形势不容乐观。最后,笔者打破常规思维定势,找到之前与用户有过合作基础,但与自己却有着直接竞争关系的对手,在准确研究分析其需求及短板的基础上,恳切地探讨联合开展营销策划的可能性。沟通之初,局面打开非常困难,但由于双方存在一定的优势互补,都对竞争结果心里没底,加上在经济利益方面,笔者做出了更多的让步,经过多轮艰苦的谈判,最后达成合作意见,在做好项目攻关的同时,又于无形中设立了较高的市场壁垒。最终,双方既节约了营销成本,完成了既定的营销目标,又改善了之前的紧张关系。

这里再举一个综合运用逆向思维和超前思维的案例。

案例:某一次军队装备项目投标中,共有五家单位参与投标,笔者所在研究所在该项目上,有技术优势,但成本控制很不理想,投标前夕,笔者通过渠道了解到主要竞争对手的大致价格,个别价格已经接近本方所核算出的成本价格,甚至有一家的报价还低于预算成本。很明显,这几家竞争对手希望针对短板,借助成本优势,打价格战,同时并不排除几家之间还有合作,通过设立价格市场壁垒来联手对付竞争对手。怎么办?经过组织营销团队与技术团队的反复研究讨论发现,我们的成本控制达不到竞争对手的报价,于是,在论证分析的基础上,笔者走了一步险棋,通过运用超前思维的方法,在以往经验的基础上,预估了用户的项目经费额度,以及价格分的评分原则及权重,运用逆向思维,不仅没有降价,笔者反而增加了报价,同时针对预测的评分标准,不断优化设计方案,包括提高性能指标,延长售后服务时间,缩短交货周期等,并且在投标过程中,重点突出企业文化和使命追求,强调过往的成功案例。最终,以高出主要竞争对手近20%的报价夺标。

10.7 逻辑思维

一、概念

爱因斯坦把逻辑体系及思维放到了非常重要的位置,认为:西方科学的发展的基础是希腊哲学家发明的形式逻辑体系。逻辑思维,是指符合某种人为制定的思维规则和思维形式的一种思维方式。作为人脑专属的一种高级思维形式,通过把感性认识阶段获得的对于事物认识的信息材料抽象成概念,运用概念进行判断,并按一定逻辑关系进行推理,从而产生新的认识。

对于军工行业营销来说,逻辑思维,是一种基础性思维,是营销人员以辩证唯物主义方法为指导,在对于营销事件感性认识的基础上,以概念为操作基本单元,以判断、推理为操作基本形式,间接地、概括地反映营销规律的理性思维过程。

二、形式体现

逻辑思维具有普遍性、严密性、稳定性和层次性,作为军工营销的基本思维模式之一,我们要把逻辑思维普遍运用到营销工作的方方面面,整个思维过程要严密,推理出来的结论要具备一定的稳定性。同时,在推理过程中,要注意层次感。此外,逻辑思维对军工营销营销目标的实现能起到直接引导作用,营销战略、策略及方法的正确与否需要通过逻辑思维来推理检验,营销过程执行需要逻辑思维的指导,营销成果的推广应用与营销利益的获取需要逻辑思维的保驾护航。

逻辑思维主要有形式逻辑、数理逻辑以及辩证逻辑几种形式。形式逻辑,是抛开具体的思维内容,仅从形式结构上研究概念、判断、推理及其联系的逻辑体系,我们平常说的逻辑,基本都指的是形式逻辑;数理逻辑是在形式逻辑的基础上发展起来,揭示了事物和事物之间的数量关系,对于数学语言和符号的使用,以及在深度和广度上的推进,使它更加的精确和严密;辩证逻辑就是按照辩证唯物主义哲学对客观世界的认识方法和思维方式。上述三种形式在笔者的军工营销工作中,使用的都还比较多,有时候还会进行组合应用。

案例:2010年,在一次系统项目投标中,根据行业发展状态及该技术领域的专家分布,结合用户在招标过程中选取评审专家的习惯思维,笔者使用形式逻辑准确的预测出了评审专家组的几位核心成员,并据此提前布局,虽然预测准确率没有达到百分百,但已足够在起跑时就已领先所有选手;随后,又结合数理逻辑,在投标前大致估算出了竞争对手的报价区间,最终中标。整个过程中,笔者还积极开展对于辩证逻辑思维原则的实践应用,始终保持对于市场信息的全面覆盖、研究分析、动态管理和实践验证。

三、方法应用

逻辑思维主要有演绎法、归纳法等。

1. 演绎法

演绎推理就是由一般性前提到个别性结论的推理。主要形式是三段论法,就是从两个判断中进而得出第三个判断的一种推理方法。只要作为前提的判断是正确的,中间的推理形式是合乎逻辑规则的,那么,必然能够推出隐藏在前提中的知识或者信息,且结论具有应用价值。对于军工营销来说,演绎推理的结论既具有新颖性,又具有实用性。

案例:只要是某局部区域的政治军事形势变严峻,国家就会加大对于该区域的国防系统建设投入,因为东海钓鱼岛问题及南海海洋权益维护的形势越来越严峻,那么国家一定会加强在海洋领域的建设投入,包括平台、机制、经费等,所以军工营销人员可以在形势转变的初级阶段就加强项目营销策划力度,这里,运用的就是演绎法。

2. 归纳法

分为完全归纳推理和不完全归纳推理。完全归纳推理是从较少的知识或信息推出较多的知识或信息的推理。

案例:索马里海域盗贼横行,我国派遣海军进行了亚丁湾护航行动,这可能只是一条新闻,军工营销人员却通过完全归纳可以推断出,一定会产生新的装备需求。而之前海军采购过本企业的产品,那么这一次,如果海军还需要类似产品,本企业的中标概率应该是最大的,因为有比较好的预期,且归纳推理过程找不出太多破绽,所以,企业可以提前启动在相关装备技术领域以及渠道公关方面的资源投入。

从笔者的军工营销实践经验来看,不完全归纳的结论一般缺乏严密性,会有漏洞存在,但往往能从另外的角度和方向给予我们新的有益的启发。

案例:某军工市场用户准备新采购一批装备,营销人员之前没有与该用户打过交道,那么,可以考虑把该用户与企业之前的用户进行直接分析比较,初步判断其采购模式及行为,并依此制定营销方案,这就是运用了不完全归纳法。从结论来看,有很大漏洞,因为虽然都是军工用户,但是用户之间是有区别的,需要有针对性的来分析用户并制定营销方案。

上面,我们已经针对逻辑思维的几种主要方法进行了案例阐述和应用分析。逻辑有其自身的规律,如果违反其规律,人们的思维就会出现错误,常见的有偷换概念、以偏概全、本末倒置等。这里主要针对军工营销人员在具体应用中可能出现的一些对于逻辑思维的错误应用进行举例。

在工作中,营销管理者有时候会向营销人员表达不满:别人能做到,你为什么做不到?两个不同的营销人员,学历、背景、履历、经验都不同,这种逻辑推理就毫无意义;如果没有保持概念自身的清晰,很容易犯偷换概念的逻辑错误,如:用户A一直都比较重视价格,此次用户A的项目招标,一定还是重视价格,所以我们要打价格战,结果评分标准中,价格分最低,主要考察方案的优劣；以用户接待为例，营销人员可能会简单地认为，应该安排在环境好、档次高的餐厅就餐，结果可能该用户恰好崇尚俭朴，这是犯了"以偏概全"的错误；再说说项目策划过程，我们知道，所有的项目都来源于军事需求，可有一些营销人员，受到传统的以产品为中心的4P理论影响，习惯于先看看自己有什么样的产品，然后围绕自身产品去开展营销策划，而把用户的真实需求放在了次要位置，这就是"本末倒置"。

第 11 章　军工营销适用法则

美国管理学大师史蒂芬·柯维曾说过：要完成渴望的目标，战胜艰难的挑战，你必须发掘并应用一些原则或者自然法则，因为它们恰好左右着你苦苦期待的成功。市场、用户、技术、产品和竞争等与营销息息相关的这一切要素，都在不断的发展变化中，给我们的军工营销工作带来很多的不确定性。如何在不确定中找到规律，建立稳定性，并把一些核心的流程和法则固化下来，这个非常重要。

在不断变化的军工世界里，在军工营销实践中，总有那么一些法则需要重视并遵循，笔者期望能通过寻找事物发展变化的本质以及规律，在可控范围内搭建一个相对稳定的体系和流程来面对，以不变应万变。本章我们主要针对军工市场中应用较为普遍的一些法则或定律展开阐述。

11.1　二八法则

一、概念

二八法则又叫帕累托定律，19世纪末由意大利经济学家帕累托发现，其核心内容是不要平均地分析、看待、处理问题及矛盾，其理论依据来源于矛盾运动观点的"重点论"。用二八法则的视角来看待军工营销：事物都有主次之分，20%的是主要的，80%的是次要的，20%的人占有80%的资源，20%的用户给军工企业带来80%的利润，20%的营销人员创造80%的企业收益等。这里，百分比只是一个估算的数据，绝对精确的20%、80%是不会出现的，它代表的是一种对军工世界普遍规律的解释方法。但另一方面，可能存在一个问题，二八法则的评价标准是什么，谁来界定，事物到底是二八法则中的二，还是八，不同的人，不同的认知，会有不同的答案。所以，我们在应用法则的过程中，需要始终坚持以客观存在为依据，具体情况具体分析。此外，从二八法则的角度，它就是一个法则，一种思辨模式，这个法则从概念的实际涵义上讲似乎不公平，但从规则的层面来看是符合社会发展规律的。

军工市场竞争中，军工营销人员首先需要弄清楚那20%的主要用户到底是哪些，在哪里，从而将自己的关注点集中到这部分用户群体上来，通过有针对性的资源倾斜，采取行之有效的营销措施，确保在重点方向取得重点突破，"有所为，有所不为"。笔者在军工营销实践中，一直非常注重二八法则的运用，对于行业影响比较大的，能带来持续业务增长的重点领域及市场，尽全力争取，而技术成熟，进入门槛低，没什么市场影响力，带不来后续业务持续增长的，不是不做，但是会放在比较次要的地位，随时可能给更重要的项目让位。

二、分析

二八法则对于军工营销人员来说，有着非常具体的指导价值，我们在工作实践中要学会抓关键环节、关键用户、关键节点，把主要精力优先投入到最值得投入的方面，主次分明，统筹安排，做细分市场、做渠道维护、做营销策划，这种思维很关键。此外，军工营销人员还需要用永恒发展的观点来分析问题，坚持具体情况具体分析，一切从实际出发，有时候现在看来是80%，是次要方面，过了一段时间，就是20%，变成了主要方面。

对于军工营销人员，需要想办法把自己的业务方向和资源投入集中到20%的产品及其对应市场中去，但如果是企业的营销管理层，也许会尽可能避免这样的情况，因为对于公司长远的一些发展战略来说，80%也同样不可或缺。这里又会牵引出著名的"长尾理论"，很多人把它放在二八法则的对立面，笔者不这么认为，矛盾是对立与统一的，主要矛盾和次要矛盾会在特定阶段发生转换，对于军工行业营销人员，80%的次要市场一样重要，是二八法则还是长尾理论更适合，需要我们解放思想，实事求是，在军工营销理论的指导下，结合实际情况来确定。

二八法则在军工营销应用中，其核心是在对用户价值进行全面分析的基础上对用户进行细分，根据其重要程度合理分配营销资源，从全局的角度设计持久稳健的用户关系营销管理体系，目前很多军工企业设立了大客户部，实际上就是二八法则在营销领域的具体应用；此外，运用二八法则，还可发现针对老用户营销的意义，长期以来，相当的企业营销人员把营销的重点集中在争夺新用户上，却忽略了老用户给企业所带来持续性利益体现，聪明的企业及营销人员应该在努力发现新用户的同时，想办法将老用户的满意度转化为稳定的忠诚度并长期保持；第三，运用二八法则还可以帮助企业挖掘出关键用户的价值，在营销过程中，有些关键用户，购买量并不太，却能直接为企业创造较大的经济利益、品牌效益和政治效益等。

三、应用

案例一：军事学的第一原则是"集中兵力"，在具体的军工营销过程中，也是如此。在一定的营销阶段，营销人员要善于集中所有的资源，冲击同一个中心问题，攻关同一个核心对象。某一次项目投标，通过分析研究，笔者在众多的相关利益人群体中，找出了核心决策人员，在问题群体中，不断挖掘问题的本源起因，最终将重要问题集中到几个核心点上，将近一个月的时间，围绕核心对象和中心问题，集中营销资源开展工作，最终顺利达成营销目标。

案例二：鱼与熊掌不能兼得。企业一个月计划做十个项目，八个小项目可以各赚10万，共80万，有两个项目盈利性比较好，预计每个可以赚100万，如果把主要精力放在8个小项目上，那么就会发现，累得筋疲力尽，但利润始终只有80万，另外的200万不见了；而如果把主要资源投入到那两个项目中，你会发现，在200万的利润稳入囊中的同时，还有部分精力和资源可以投入到其他的小项目中，继续获利；此外，如果把资源平均分配到十个项目中，全线出击，最终可能连80万的利润都保证不了。因此，凡事都有主要矛盾和次要矛盾，要一分为二，抓住主要矛盾，始终处理最重要的事。

案例三：抓住主要用户，深度挖掘。曾经在工作中，笔者不得不同时面向很多用户，而且由于业务拓展的需要，每年还要拓展好几个新领域和新用户，经过长时间的工作验证，如果平均分配资源，效果非常不好。后来，笔者针对自己负责的领域和用户方向进行了分析和剥离，将精力集中在几个有长期合作基础的大用户上，并在此基础上，每年拓展一到两个新用户，但会保持对于老用户价值的深入挖掘，经过时间检验和实践证明，效果比打乱仗、铺开来开展营销活动要好得多。

11.2 蝴蝶效应

一、概念

20世纪70年代，美国气象学家洛伦兹在解释空气系统理论时提出了"蝴蝶效应"的概念：亚马逊雨林一只蝴蝶偶尔振动翅膀，也许两周后就会引起千里之外美国德克萨斯的一场龙卷风。蝴蝶效应的核心本质是指在一系统中,初始条件下一个微小的变化都能带动整个系统的长期的、巨大的、持续的连锁反应,它体现了细微因素对于事件发展也可能会产生巨大的影响力。

之所以把蝴蝶效应列在营销人员需要掌握的重要法则里,不是因为其大胆的想象力和迷人的美学色彩,而在于其深刻的科学内涵、哲学魅力和普世价值。蝴蝶效应是唯物辩证法中"事物是普遍联系的"这一哲学观点的形象体现,它再次证明,任何事物并不是孤立不动的,而是和别的事物息息相关的,通过层层演变的气象变化这一中介,巴西的热带雨林和德克萨斯有了联系;小小的蝴蝶翅膀扇动和巨大的龙卷风也有了联系。

人类社会的历史进程中,有很多表达内容与蝴蝶效应相一致的论述,如中国的《易》书:"君子慎始,差若毫厘,缪以千里";西方民谣中的"丢失一个钉子,坏了一只蹄铁;坏了一只蹄铁,折了一匹战马;折了一匹战马,伤了一位骑士;伤了一位骑士,输了一场战斗;输了一场战斗,亡了一个帝国"。

二、分析

每一个人,每一件事物,都对其它的事物有着或多或少,或直接或间接的影响和联系。作为一种方法论指导,"蝴蝶效应"在军工行业应用非常广泛,开放式的竞争环境,共存共荣的发展体系,市场上的一点点风吹草动,可能都会影响一个企业的存亡,很多时候都是机遇与挑战并存,抓住了就是机遇,抓不住就是危机。在军工行业,我们需要重视每一次机会,不管这个机会能否带来令人足够满意的利益获取,当然,前提条件是,每一次的争取或退却都是建立在企业所能承受的范围的基础上,要实事求是,不要打肿脸充胖子。

在军工营销中,蝴蝶效应是非线性的,"1+1"不等于2,丢掉一个项目,可能意味着后面你会丢掉十个项目,但这个过程是无意识的,不可控的,很多时候你觉察不到,但它就是慢慢地量变,量变最后形成质变。对军工营销人员来说,不能光看眼前利益,眼前利益虽小,但可能在未来带来大利益,我们需要持续加强市场分析能力,提升对于机会的把握能力;此外,决不能忽视眼前的小风险,风险虽小,却可能在未来给企业带来灭顶之灾,因此,营销人员要有敏锐的风险防控意识,"千里之堤,溃于蚁穴"。

三、应用

案例一:要关注用户之间的联系和信息传播。军工行业的主要信息传播形式就是口碑相传,相比较企业的自我宣传而言,用户彼此之间的信任要远超过对企业宣传内容的接受程度。笔者曾经在一次项目推进中,无意得罪了一位核心用户,当时没有意识到问题,但进入项目招投标阶段,开始同用户进行沟通时,发现大部分的相关利益人保持疏远的态度,一了解,才知道核心用户不满意,并把这种不满意进行了散播。相反的案例,为某用户单位做了一套系统,单套1000万,由于整个过程中,始终站在用户角度考虑问题,而且项目团队在执行过程中保持非常良好的状态和积极的进取精神,最终的系统指标实现还超出了用户预期,用户自上而下非常满意,于是,在各个场合不断的为这款产品做推广,在没有开展任何市场营销行为的情况下,企业又获得了五个订单。

案例二:关注细节,防微杜渐。在军工市场里面,用户非常关注细节,一个小细节处理上的不妥当就有可能导致营销失败,而且,你永远找不到原因。某一次项目投标中,项目团队就建设思路、方案进行了一次效果非常不错的答辩,但临近结束,答辩人员的手机响了,他习惯性地接了电话,可能觉得这是小事,结果打分情况不理想,最终丢标。事后询问评标专家,回答是:答辩时接电话,不尊重会议专家,不关注细节,什么情况下该做什么事都搞不清楚,怎么放心把项目交给你们做。一次细节处理上的不恰当,直接导致整个投标失败。

11.3 吸引法则

一、概念

吸引力是运用广泛的一条法则:正面的频率吸引正面的,负面的频率吸引到负面的。很多相信并坚守吸引力法则的人认为:所有物体都是能量组成的,不管个体的感觉如何,吸引力法则一直都存在。如果我们的潜意识是水滴,那么宇宙就是汪洋,藉由吸引力,宇宙可以和谐地呼应我们潜意识的想法。

朗达·拜恩的《秘密》是阐述吸引力法则最著名的书籍,风靡全球,中间主要观点,笔者都赞同并通过认真体会而有所收获。但其中有部分内容虽然利于人们的精神安宁与愉悦,却有那么一些类似于"你是你所想,而非你想你所是"的唯心主义论调。所以,大家要辩证地学习掌握吸引力法则,结合军工营销实践,应用好吸引力法则。

二、分析

吸引力法则认为振动频率相同的东西,会相互吸引并引起共鸣,我们的意念和思想是有能量的,脑电波有频率,身体有磁场,同频共振、同质相吸,我们平时说的"物以类聚,人以群分"也是这个道理。军工行业里,我们要尽量选择自己喜欢或者值得向其学习,并且世界观、人生观、价值观相近的用户来开展营销活动,同时还要培养自己善于发现别人优点的习惯和特质,只有当你与所有美好的事物保持一种和谐关系,这些美好的事物才会伴随在你周围。对于军工营销人员来说,需要待人真诚,有比较好的政治素养和大局观,而且渴望不断自我提升和修行。三人行必有我师,用户既是朋友,某些方面又是导师,尤其是军工行业,代表国家科技发展的最高水平,集中了最聪明、最努力、最有责任的优秀个体,绝大部分人都有值得我们学习和仰望的地方,都能产生吸引。

吸引力法则认为:人们会成为其心里想的最多的那种人,也会拥有心里想到最多的东西。这需要时间,在军工营销实践过程中,感觉可以帮助我们判断是否正走在正确的轨道上,还是已经偏离,我们越是感觉好,就越是和理想、目标相一致,但需要更加关注风险控制;越是感觉不好,就越是与理想、目标相偏离,这时候也要注意不能丧失信心,及时调整。

我们还要认识到,不论用什么方式,吸引力法则不是控制别人的,一切都是从自己出发,你就是你,是独一无二的个体,在军工营销中,尽可能保持内心的愉悦心和满足感,如果不快乐,就算付出再多,你也不可能成功。

三、应用

案例一:我们在军工营销活动中,需要集中注意力,聚焦在想要的事物上。2010年,某次重要项目投标,由于是新市场、新渠道,非常重要的信息收集分析工作一直无法有效开展,笔者当时苦恼以致失眠,后来,感觉自己状态不对,赶快自我调整,并运用了吸引了法则,放松心情,集中意念,思想聚焦,结果很快就找到了信息渠道来源。这里,我们可以相信意志力和念力的有效性,但绝不是说可以守株待兔,幸运女神只会眷顾积极、努力、拼搏而且有准备的人。

案例二:在军工营销工作中,我们会遇见各种各样类型的人,有时候见到一个用户或者合作伙伴,你就是不喜欢,想逼着自己喜欢,可结果发现完全行不通,可能因为工作的原因你不得不和他打交道,但你心里还是不喜欢甚至讨厌他,因为你的内心想法,不用心和不开心会在行动上有所体现。这种情绪上的传递,用户可以感受到,并可能在情绪上予以还击,最终的结果很可能是事情变得一团糟。出现这种情况,只能有两种方案,一种调整自己内心,尽量挖掘对方的优点,同时也让自己的行为和思考模式得到对方的认可;另一种就是选择用户,如果你无法调整或者你调整了,但效果并不好,那么也可以考虑选择用户,把关注点放到你欣赏、尊敬或者重视的用户身上,而不喜欢的用户可以先冷处理一段时间或者换一个营销人员来试试。

11.4 木桶原理

一、概念

木桶原理,是由美国管理学家彼得提出的,其核心内容为:一只木桶盛水的多少,并不取决于桶壁上最高的那块木块,而恰恰取决于桶壁上最短的那块。

木桶理论对于军工企业的指导意义毋庸置疑,即构成组织的各个部分是优劣不齐的,而劣势部分往往决定整个企业的水平。它引导企业客观直接地分析优劣势,帮助企业明确自身定位,并据此制定有针对性的市场营销策略;此外,敢于真正剖析自身不足,认识到自身存在的问题,不断进行改进完善,也符合国家对于军工的行业要求,这对于企业的可持续发展,至关重要。

二、分析

木桶原理可以启发我们思考许多问题,比如军工企业营销团队如何建设,决定营销团队战斗力强弱的不是那个能力最强、表现最好的人,而恰恰是那个能力最差的,在起着限制和制约作用,影响了这个团队的综合竞争力。也就是说,要想方设法让短木板达到长木板的高度,才能充分发挥团队效能。当然,在现实工作中,我们不能把注意力全部放在短板上面,还要关注到其他木板的增长需要,这样,企业才能始终保持活力,持续提升,稳步前进。

可能有些军工营销管理者会认为,在面对木桶上的短板时,直接取下来,换一块长板子上去,不就解决问题了吗,事实上,也的确很多的企业管理者是这样做的,这类管理者在思维模式上存在瑕疵,自己就是短板,却不自知。这种简单的处理模式,会带来很多问题,例如,体现不了军工企业的人文精神和文化,尤其是面对企业的老员工时;反映了企业管理能力的欠缺,缺乏解决问题的思路和技巧,影响到管理者的威信;换上去的板子可能比原来更短,或者,虽然足够长,却与其他板子之间存在缝隙,没有办法紧密的结合,漏水问题更严重。事实上,组成木桶的每一块木板,也就是每一位军工营销人员,都是有生长能力的,企业可以通过刺激它们的潜在能量,促使他们成长,还可以通过改造、磨合,使他们紧密地结合在一起,发挥最大的协同效能。

三、应用

在营销工作中,我们要学会找出工作中的薄弱环节,寻找,改进,再寻找,再改进,如此循环往复,坚持下去,"念念不忘,必有回响"。

案例一:某军工营销团队中,有一位成员工作努力,为人真诚,日常工作中表现非常好,但由于缺乏大局观和战略思维能力,每次一到项目推进的关键时候,所收集的信息以及由此开展的分析研究总是偏离正常轨道,营销执行出现问题,直接影响到企业营销目标的达成。后来,营销管理者运用木桶原理,与其进行多次深入沟通,帮助其寻找到问题所在,并结合团队建设,专门为其设计了一整套培训课程,持续改进其短板不足,不断地扬长补短,学习提升,最终成长为优秀的军工营销人才。

案例二:某次项目投标,面对实力强劲的竞争对手,笔者运用木桶原理,在持续完善自身不足的同时,不断挖掘、发现主要竞争对手的短板和弊病所在,并有针对性地进行连续性的市场攻击,竞争对手疲于应付,原本势均力敌的竞争平衡状态也被打破。最终,笔者所在竞标团队以明显优势胜出。

11.5 马太效应

一、概念

在科学界可以观察到这样一种现象:已经有相当的声望和社会地位的科学家,很容易得到与他们的科学贡献不成正比的更大的荣誉和报偿;反过来,那些不出名的科学家,只能得到与他们的科学贡献不成比例的较小的荣誉和贡献。美国科学史研究者默顿将科学奖励制度中这种不公平的分配现象称为"马太效应":任何个体、群体或地区,一旦在某一个方面获得成功和进步,就会产生一种积累优势,就会有更多的机会取得更大的成功和进步。

"马太"一词源于《马太福音》中的词句:"因为凡有的,还要加给他,叫他有余,没有的,连他所有的,也要夺过来"。在目前的军工行业,大家会有感觉,奖项几乎总是授予最资深最有名的研究者,即使绝大部分工作都是普通的科研人员完成的。在工作中接触过不少的院士和各领域的杰出专家,很多人同样认为,个人在学术研究及科技创新方面的巅峰时期是获得巨大荣誉之前的那段默默无闻的岁月。

马太效应揭示了存在于科学奖励制度中的优势积累效应,但实际上,它是普遍存在的。例如,有些军工企业项目多到做不完,而实力差不多,在同一个细分市场空间开展业务的其他家军工企业却很难得到市场和用户认可;军工发达地区与不发达地区企业的创新、管理、市场能力差距会越来越大;人才越多的企业,对人才越有吸引力,会更多,反之则越来越差;科学研究中,研究成果越多的人越有名,越有名的人成果越多,最后就产生了学术权威;传统行业中,我们会发现,同一水平层次的餐馆,有些餐馆门前车水马龙,旁边的一家却门可罗雀。

二、分析

马太效应是一种连锁反应,军工行业,某个企业的品牌知名度越大,品牌价值越高,其用户就越多,市场份额就越大,反之亦然,强者恒强,弱者恒弱,赢家通吃,最后形成垄断或者半垄断局面。随着军工市场的市场化转型逐步深入,竞争会越来越激烈,尤其是对于目前军工行业里的中小企业,或者即将进入军工市场的民营资本来说,对马太效应的理解和具体应用,事关企业长远发展和生死存亡。企业需要通过不断整合市场资源,积聚品牌资本,创造持续价值,才能在日益激烈的军工市场竞争中站稳脚跟,提升影响力并寻求更大发展。

此外,企业要想用较小的投入进入强者林立的军工市场,关键是营销团队在战略、策略、方法设计与执行方面的能力,思路决定出路,在强大对手面前,需要另辟蹊径,用最短的时间,集中最多的力量,在目标细分市场进行持续的优势积累,最终形成优势积累效应,实现企业的市场目标。

三、应用

案例一:某总体研究所,在某军工细分市场中处于绝对领先地位,有很好的知名度,品牌价值也很高,随着不断的优势积累,其市场份额已达到惊人的70%左右。相对比而言,其他的科研院所实力并不弱,却很难进入该细分市场,甚至还有萎缩的趋势,这实际上就是一种优势积累的效应体现。

案例二:对于市场竞争中的弱势方面来说,初期是要考虑如何避免或绕开优势竞争对手的马太效应,后期积累到一定的优势后,则要考虑如何巩固自身的马太效应。在进入新市场时,需要不断查找对手的弱项和自己的优势,确定核心竞争力并将其不断放大;其次,只要不与企业的长远目标和现实利益相矛盾,项目不论大小都接;而在成功的进入市场后,通过开放联合,兼并收购,把一些现实或者潜在的市场竞争者转化为企业生态圈的一部分,增强市场控制力,在持续巩固自身优势积累的同时,将威胁尽可能缩减到可控范围内。

11.6 墨菲定律

一、概念

墨菲定律:只要有可能,事情往往会向你所想到的不好的方向发展。该定律是美国爱德华兹空军基地的工程师墨菲率先提出,他认为:如果做某项工作有多种方法,而其中有一种方法将导致事故,那么一定有人会按这种方法去做。

墨菲定律诞生于20世纪中叶,在科学技术领域普遍存在,它直接指明技术风险能够由可能性变为突发性的客观事实,其极端表述是:如果坏事有可能发生,不管这种可能性有多小,它总会发生,并造成最大可能的破坏。

对军工营销而言,墨菲定律告诉我们:营销风险无处不在,需要重点关注并认真对待。现实情况中,不少营销人员过于关注军工营销行为的主动性和攻击性,不注重风险分析和预防,不注重风险控制和防护,在思想上、行为上都没有做好随时应对风险的充分准备,这会给企业埋下巨大隐患。

二、分析

世界庞大且复杂,人类再聪明,也不能彻底了解世间的万事万物,而人类天生的弱点,就是容易犯错误,不断地犯错误,所以,世界上的事故、灾难才会一而再、再而三地发生。

墨菲定律对于军工营销的指导意义在于:我们在营销工作中必然会犯

错,既然承认这个事实,就要尽可能想得更周到、全面一些,采取多种预防和保护措施,防止偶然发生的人为失误导致的灾难和损失,这实际上有那么点营销风险管控的意思,大家有兴趣,可以参考关于营销风险管理方面的书籍。此外,错误是客观存在的,是社会规律的体现,如果犯了错,不要慌张,它是一种常态,我们要学会适应,并正确地面对,积极地处理,这可以帮助我们更好地解决问题。

根据墨菲定律,结合军工营销实际,有几点体会:① 事物没有表面看起来那么简单;② 事情可能会比我们所预计的更难;③ 会出错的人和事总会出错;④ 如果担心某种坏情况发生,那么它真的可能发生。这些体会,虽然听起来很令人沮丧,但不管我们如何选择,营销过程中的问题和困难就在那里,并不以个人意志为转移,所以需要我们充分准备,积极面对。军工营销实践中,我们必须学会如何发现错误、接受错误、改正错误、解决问题,并不断从中积累成功的经验。这样,问题就不再是问题,只是我们在走向成功的道路上,需要跨过的一个障碍点,问题存在的唯一价值,也只是为了证明我们能战胜它,仅此而已。

三、应用

案例一:绝不能忽视小概率危险事件。小概率事件在一次实验或活动中发生的可能性很小,因此,最容易麻痹人们的安全意识,反而加大了事故发生的可能性,其结果是事故可能频繁发生。例如,我国的卫星平台技术非常成熟,每个零件的可靠性都非常高,整体架构设计也很成熟,可是在"十一五"期间,连续发生数起故障问题,虽然原因是复杂的,但最终都证明是一些小概率事件引起的。

案例二:在军工营销活动中,我们要采取一定的措施、方法和手段进行营销风险控制,这可以帮助我们始终掌握主动。某次项目营销过程中,用户对某军工企业非常认可,合作时间已超过十年,而且又是该企业的传统优势领域。当时,在竞标团队中,蔓延着乐观情绪,认为项目已经十拿九稳,在这种情绪影响下,放松了对于工作的要求,在一次用户现场测试环节中,由于技术人员的疏忽,导致设备在测试环节出现了故障。另一方面,营销人员减少了信息收集和市场研究工作,减少了与用户的沟通频率、广度和深度,最终竞标失败。

11.7 破窗理论

一、概念

美国斯坦福大学一位心理学家曾做过这样一项试验：他找来两辆一模一样的汽车，一辆的车牌摘掉，顶棚打开，结果一天之内就被人偷走，另一辆过了一个星期也安然无恙，随后，实验人员用锤子把这辆车的玻璃敲了个大洞，结果，仅仅过了几个小时，它也不见了。后来，政治学家威尔逊和犯罪学家凯琳依托这项试验，提出了"破窗理论"，并经过实验得到确认。这一理论认为：如果有人打坏了一个建筑物的窗户玻璃，而这扇窗户又未得到及时维修，别人就可能受到暗示性的纵容去打烂更多的窗户玻璃，久而久之，这些破窗户就给人造成一种无序的感觉，破坏就会滋生、蔓延。

破窗理论给我们的重要启示是：必须及时修好第一个被打碎的窗户玻璃。中国有句成语叫"防微杜渐"，说的正是这个道理。结合军工营销工作来说，如果由于营销人员的失误，导致企业蒙受损失，却没有进行及时的警示、反思和惩戒，营销团队的失误就会越来越多；信息收集方面如果存在明显的漏洞，你会发现，依据市场信息收集和分析做出来的营销策划漏洞百出，这些都是破窗理论在军工行业的直接表现。

二、分析

在开展军工营销实践的过程中，需要注意多方面的问题，破窗理论对于企业及其营销个体如何开展好军工市场营销，规避风险有很好的警示作用。例如，如果营销人员有任何不好的污点，就很容易受此影响，污点会被继续放大，继而产生更大的危害和影响。对于雄心勃勃从事军工生产并希望取得良好业绩的企业而言，破窗理论的应用常常反映在企业的危机处理能力上，例如最常见的负面评价与投诉就像是企业破掉的窗户，如果一旦出现"破窗"，接下来就会发生污点被放大、企业形象受损的事件，这将对军工企业的形象、品牌和市场地位带来直接的负面效果。因此，企业需要严加防范并妥善处理类似的破窗事件，防止不利的负面影响出现并扩大。

从破窗理论中，我们还可以收获这样一个道理：军工营销中，任何一种不良现象的存在，都在传递着一种信息，这种信息会导致不良现象的不断扩展，同时必须高度关注那些看起来是偶然、个别、轻微的过错，及时矫正和补救,如果不闻不问或纠正无果,情况会变得很糟糕。另一方面,脱离营销工作实践来谈防微杜渐是没有意义的,为了应对营销中的破窗事件,可能需要付出更多的成本和资源,但却在很大程度上确保了企业的长远可持续发展,如何通过解决破窗事件所产生的问题,持续改进和优化,将不利转化为有利,才是最重要的。

三、应用

案例一:军工行业市场的圈子是比较小的,不用通过现在无所不能的互联网,只需要口碑相传,企业出现的问题或面临的困境,都极易被放大和快速传播。为了保证企业的形象与口碑,要严防可能出现的负面新闻事件,例如保密和质量。某研究所,长期把重心放在市场空间和企业规模的不断扩张上,笔者曾经连续几年关注过该企业的年报,其不断强化对于产值目标的追求,在"十一五"期间,取得了非常好的市场业绩,却忽视了人员保密意识和国家忠诚的强化,忽视了从根源上入手,对于保密安全体系中"破窗"的修补,结果,企业出现重大泄密事故,停业整改,该消息迅速在军工市场及行业发酵传播,企业好不容易建立起来的市场地位、品牌形象瞬间坍塌。

案例二:军工市场用户的需求是多种多样的,要求比较高,就算产品或者服务等方面都没问题,也不一定得到用户的认可,以某军工研究所为例,从市场上的横向对比而言,不论是产品、服务还是企业文化、管理体系都是不错的,可装备一到用户手中,就不断地被诟病,被投诉。如何处理,最理智务实的态度就是直面用户,与其保持良好沟通的基础上,不断地反思在装备研发设计生产过程中存在什么问题,并有针对性的进行改进,补上已经破了的窗户。2014年,由于产品在设计思路、可靠性和可扩展性等方面的一些问题,该研究所当时面临非常大的压力,营销部门策划并推进了一次用户回访活动,效果非常好,后面的产品设计生产中,吸收了很多用户的有益的意见,同时,通过切实的沟通和持续的整改,在用户心中的企业形象不降反升。

11.8 长尾理论

一、概念

长尾理论是美国人克里斯·安德森在21世纪初期提出来的,在二八法则中被忽视的80%就是长尾,某些时候,80%对于军工企业来说,同样重要,不仅仅因为它可能会转化成那更重要的20%,还因为,一个极小的数乘以一个极大的数,仍旧是一个极大的数,所以就算单位利润低,但体量大,利润总值仍然可观。长尾理论普遍被认为是对传统二八法则的颠覆,不过在笔者看来,两者是辩证统一的,都来源于辩证统一以及矛盾相互转化的理论观点,只是定位的时间和空间不一致,观察问题的角度不一样,最终会回归到同样的理论体系中,也就是一切从实际出发,解放思想,实事求是。

按照长尾理论,那些需求不高、销售量也不高的80%产品或者零碎小用户群体所贡献的利润,并不一定输给那20%的处在正态分布头部的主要产品和用户,作为成熟的军工企业和营销人员,不能忽视处于"长尾"中的市场空间。军工营销人员要坚持用辩证的思维来思考问题,解决问题。某种角度来说,我们可以把二八法则看做"重点论"的形式,把长尾理论当成"两点论"的体现,而关于"两点论"和"重点论"的统一,在前面理论章节有多处阐述,大家应注意结合理解,融会贯通。

本章最后提出长尾理论,就是要与二八法则相对照,以避免营销人员因为理解方面的原因,产生分歧并导致混淆,同时也是从规则层面再次突出辩证思维之于军工营销的重要价值。事实上,与思维模式一样,所有军工营销适用法则的理论本源都来自于唯物辩证法。

二、分析

长尾理论在军工市场无处不在,很多的营销人员过多的关注于二八法则,全力抢夺那带来80%利润的重点市场及用户资源,但可能这个区间早就变成了"红海",所以就算拼得天昏地暗,效果也并不理想;对于军工来说,主要市场与次要市场之间,并没有完全不可逾越的鸿沟,它们有时候是会相互转化的,是否转化,何时转化,很多时候取决于国家军事战略的需要,取决于市场的发展和环境的变化,并不以企业或个体的意志为转移。

在军工市场中,从实际情况来说,小用户、小市场是随时有可能变成大用户、大市场的。例如,无人机市场在十年前还是小市场,但到了"十二五",市场需求和容量都已经有了爆发性增长;北斗导航,在十年前的军工市场中,只占了很小一块份额,而如今,需求喷薄欲出,未来的市场规模可能突破万亿。因此,军工营销人员既要把注意力放在核心市场、核心用户身上,但也要时刻关注趋势和时空的变化发展,兼顾次要市场、非重点用户,至于营销资源如何分配,要把握好"度"。

三、应用

案例一：相互转化。我国的军事力量中，陆军一直都是主力，其军工市场容量也都是最大的。但随着军事战略的改变，国家将更多的重心放在了海军、空军、二炮等军兵种上面，尤其是海军，近些年的装备现代化进程开始加速，其细分市场空间必将大幅增加，成为军工企业可以寄予厚望的新的利润增长点。

案例二：要使长尾理论更有效，应该尽量增大尾巴，力争将众多的零散交易，积少成多，汇集成巨大的价值。某军工单位曾经推出一款产品，本来只是针对某个基层用户的特殊需求设计生产了一套，单价也只有50万，但由于应用效果比较好，营销团队开始尝试将产品功能与其他小众用户需求结合，经过努力，两年时间，实现了年销售50套，营业额2500万的目标。

本章主要是结合笔者多年的军工营销工作实践，选择了几个与军工市场营销有较多关联的原理、法则进行简要阐述，对于军工营销，同样具备一定参考价值的还有罗森塔尔效应、刺猬法则、羊群效应、彼得原理等，大家有兴趣可以通过网络或者其他书籍进行资料收集。需要强调的是，在把这些所谓的原理、法则应用到军工营销中的时候，不要把它当做自然界的规律，它们是人类社会的运行法则，离开了人类社会，很多所谓的原理根本不成立，也不要把他们看做指导军工营销工作的指导思想，我们做军工营销的指导思想只有马克思主义，只有唯物辩证法。一定程度上，这些所谓的原理、效应或者法则具备普适性，但更多的存在应用范围的局限和各自独特的属性特征，在运用的时候一定要注意具体情况具体分析，否则，应用时可能起到反作用。

第五部分　军工营销的素质要求

当今的中国军工市场是一个变化、开放的市场，在军工产业大发展、大变革、大调整，新事物、新情况、新问题层出不穷的背景下，如何把握军工脉搏，在瞬息万变的市场环境中寻找到事物发展的本质和根源，军工人的素质显得格外重要，尤其是承担着营销策划、客户管理、市场公关、渠道拓展等关键职能的营销人员，更是企业发展的核心力量，市场也对其综合素质提出了更高更全面的要求。

在2014年的古田会议上，习近平主席提出新一代"四有"革命军人的概念：有灵魂、有本事、有血性、有品德。短短十二个字，代表了党和国家领导集体对新时代革命军人的殷切希望。作为直接为国防和军队建设服务的特种行业，军工行业对于军工营销人员的自我培养和素质提升，也提出了具体要求。这里，我们把军工营销人员的素质要求分为核心素质和基本素质两大类。需要强调的是，本部分所阐述的素质要求，不仅适用于军工营销人员，也是对所有军工人素质要求的初步总结和提炼，同时，其中的一些具体要求还适用于参与政府采购等特殊组织市场的企业营销人员。

第 12 章　核心素质要求

素质，是指一个人在各方面达到的状态，包括品德、理念、心智、态度、修养、形象、性格、知识等等一系列的内容。军工营销的核心素质要求，是优秀军工人才的核心配套能力体系，是本书的重要内容之一，其阐述的脉络主线来自于笔者多年军工经历的总结和提升，来源于军工文化体系的熏陶和培养。

下面，笔者从品德、理念、格局、眼界、思路、胸怀、政治、定位和态度等九个方面阐述对于军工营销核心素质的理解,它们都来自实践,源于内心,折射军工精神,展现血性灵魂,能够最全面、最深层地反映一个军工营销人的内在本质和整体素养。

12.1 品德是根本

品德,是指社会个体依据一定的道德准则和规范行动时,对社会、他人以及周围事物所表现出来的心理特征或倾向。对于军工营销人员来说,品德是根本,是用来判定营销人员本质好坏的最重要标准,是调整营销人员与所有利益相关者之间关系的行为规范总和,也是客观经济规律及法制以外制约军工营销行为的另一要素。

随着军工经济的发展,以及与市场经济的不断融合,市场活动已经渗透到军工领域的各个方面,伴随而来的是其中大量的道德失范行为。这些行为,在破坏军工市场结构和竞争秩序的同时,直接损害了我党我军的现实和长远利益,而隐藏在这些行为背后的,就是军工群体中个别人的品德存在问题。作为一个国家、一个民族综合实力和科技创新能力的核心代表,军事工业对于军工企业及其工作人员的伦理道德和社会责任的要求会更高,要想在军工行业做好企业和个人品牌,高尚的品德以及由此所建立的内外在形象非常重要。

作为营销人员,要想在军工行业取得长远的成功,必须时刻关注自身的品行修养与道德建设。相比其他行业而言,军工行业的营销活动会更加注重个人的形象塑造和声誉建立,它要求从业人员必须具有优秀的道德品质和高尚的革命情操,诚实严谨的态度和公道正派的作风。在代表企业与国家和军队用户进行交往和协调关系中,不谋私利,处事公道;在本职工作中,尽心尽责,恪尽职守,能充分履行自己的社会义务、责任和品德要求。

一、问题分析

现实中,军工营销活动的很多环节都存在着由于从业人员品德不佳所带来的问题现象,例如:

(1)调研过程。由于参与军工行业的营销人员素质及能力参差不齐,加上流动性大,用户在沟通过程中,对于其业务秘密的保护会更加严密,由于没有渠道收集到有价值的核心市场信息,一些营销人员可能会在调研及信息整理中弄虚作假,反馈给企业管理层的是不可靠的资料或者主观臆断出来的数据和信息。这种变相的欺骗行为,会直接造成企业决策上的方向错误及潜在风险。

(2)产品宣传。有时候为了企业及个人的局部利益,营销人员会欺骗用户,将一些技术过时的产品推销给用户,或者在技战术指标方面耍小聪明,打擦边球,提出达不到或者不能稳定达到的指标来忽悠用户;此外,还存在为了刺激用户的购买欲望,对产品过度宣传,误导用户的行为。

(3)价格制定。部分企业及其营销人员在定价环节存在欺诈行为。如故意制定虚假成本,抬高定价,然后通过公关,使其既成事实;或者低价竞标,项目到手后又开始以各种各样的理由增加经费预算;还有些企业会打着战略合作、联盟的名义制定行业规则,以获取不当利益。

(4)市场竞争。随着军工市场竞争的加剧,个别企业及营销人员为了谋求竞争优势,采取一些不道德的竞争手段,如行贿、诽谤对手等,这些行为,最终的结果是虽然可能获取了短期利益,实现了既定目标,却破坏了正常的竞争秩序,损害了国家和社会利益,同时还降低了企业格局,影响了品牌提升。

上面所描述的军工市场中所存在的种种问题,其实归根到底体现的还是人的品德问题,于军工行业而言,品德不仅是企业的"本",更是营销人员的"道",没有品德做基础,营销越成功,对国家和社会造成的危害就越大,拥有了好的品德,就算不使用任何营销策略,事件也会朝着正能量的方向发展。品德,是军工营销人员最为重要的素质要求。

二、品德建设

加强军工企业及个人的营销品德建设,不仅能够从根本上确保国家的利益不受侵害,而且有利于更好地调整营销人员与市场中相关利益者的关系,增进企业核心竞争力,促进可持续发展。

在现实军工市场环境中,营销人员品德方面的问题和现象不可能完全杜绝,但通过强化组织及个人管理,可以使这一问题得到最大限度的控制。比如,不断完善内部营销管理制度,加大营销监管,建立合理的利益分配机制,充分保护和发扬营销人员的工作积极性;同时,要制定相关的营销行为准则,奖罚分明,把握尺度。在我国的军工行业,一个优秀的企业应该是品德高尚的楷模,具有良好的品德体系,并通过各种方式自然地向外界延伸和传递。

此外,军工营销的本质应是利人利己的,军工企业营销人员首先要懂得关注国家大义，树立胸怀天下、大局为重的思想，然后才是关注企业及个人利益的发展，在此基础上，树立信誉，提高声誉，实现美誉。

三、工作体会

不论如何努力，一旦军工营销人员的个人品德有缺陷，绝对无法在这个领域获得持续且长远的成功。只有具有美好的品德和正确的价值观、世界观、人生观，并将其运用到营销工作中去，才能赋予军工营销工作以生命及崇高意义。军工群体普遍具有高层面的世界认知能力，对于人性，他们会有自己的理解，当然，他们也有自身的一些个体需求，不能免俗，但物质激励对他们来说，往往不是最重要的。所以，在开展军工营销活动时，还要结合实际情况，选择从精神还是物质满足的角度来设计、谋划和开展营销行为。需要强调的是，在实际工作中，过于关注利益激励，如果不是基于长远，单就短期而言，你或许可以摸清军工用户群体的个体弱点并进行操控，你也可以凭借个人魅力去八面玲珑，赚取与用户或者合作者之间的友谊和好感。但在军工行业，倘若没有美好的品德和正确的价值观，各种各样的危机和挑战迟早会让你处于危急之中，只有品德和价值观才是军工行业交流用语之中的最为牢固的纽带和桥梁。

以上都是笔者自身的工作体会和理解，行业中也有例子，初期做得很成功，但由于企业快速发展的过程中，忽视了文化体系中的品德建设，日久见人心之后，陷于危机，并在低谷徘徊了很久。当然，也有品德美好，个人魅力足够的，就算不善于沟通和技巧，在短期内好像人际关系尤其是用户关系受到一定影响，但却在长远的时间里获得了成功，而且，这种成功是一种良性循环。归根到底，我们的品德本质要比言行更有说服力。

12.2 理念是核心

理念，是思维活动的成果，它决定了军工人的层次和高度，代表着军工人的核心内涵。对于军工营销人员来说就是，三流的营销产品，二流的营销关系，一流的营销理念。下面，结合军工营销，从信仰、使命和责任三个方面阐述对于理念的认识。

12.2.1 信仰

不同的人对于信仰有不同的理解和定义，邓肯说："我爱舞蹈，它是我的信仰",巴顿说:"我离不开战场,那里有我的信仰",卡耐基说:"热爱人类、拥抱人类是我的信仰"。对于笔者来说,热爱军工,热爱军工营销工作,军工事业就是我的信仰,那里有我的人生追求,也是最终的价值归宿。

我们每个人对信仰都有着不同的态度,为了利益和目标的达成,每天奔波在价格、产品、渠道、关系、传播等各种营销过程中,但信仰的本质到底是什么,怎样才能坚守信仰,却很少有人去认真地考虑过。要想成为优秀的军工营销人员,必须坚定信仰。对于笔者来说:这辈子只需要做好一件事,那就是把对于军工营销的理解和应用做到登峰造极,正是这种理想和信念不断督促着自己,在营销工作中用心思考,努力实践并不断总结提升。有了这一份信仰,军工营销就有了源源不断的动力。

让营销成为一种信仰,信任它,成就它,梦想它,我们的心灵就会充满欣然和欢悦,而不是急躁和焦虑;有了信仰,你就可以解开用户的灵魂密码,并以此为基点不断进入更高的营销境界。我党我军之所以取得革命成功,就是因为有信仰,这种信仰早就融入到军工行业的骨子里,成为军工文化的一部分。而中国社会目前所面临的一些迫切需要解决的问题,根源就在于信仰缺失。正是因为对于军工营销的那一份信仰,笔者在工作中充满力量和热情,有着无穷的创造力。一路走来,在无数挫折面前,始终都会坚定不移的告诉自己:军工,是我的事业,我热爱它,并愿意为之奋斗终身。

12.2.2 使命

你所在的企业的使命是什么,目标是什么,意义在哪里,必须要明确,全球排名第一的军工集团洛克希德·马丁公司的徽标上写着:"we never forget who we're working for";中电38所是我国军工行业的重点研究所,前所长吴曼青院士直接把为国家生产的第一部雷达摆在大门口,上书"使命"二字,震撼人心。

彼得·德鲁克曾指出:企业管理的核心就是界定并实现企业的使命。军工营销人员的目标必须要和企业的使命保持高度一致,企业才能在现在和未来之间保持平衡,获得发展。因此,每一位军工企业的员工都应该明确企业的使命,也明白自身的使命所在,并将其转化为目标层级管理体系,包括业务目标、营销目标、文化目标、战略目标等。事实上,一些军工企业将其发展目标设定为:通过开发更好的产品建立有价值的客户关系,并获取利润。这是舍本逐末,利润和关系很重要,但将其作为军工企业的目标,不合适,与军工文化并不是特别匹配,军工行业里不能这么干。对于军工企业来说,在制定营销战略、策略和计划时,首先要考虑的不是经济回报,而是企业使命和愿景,这样才可以基业长青;对于营销人员来说,首先要考虑的也不是收入和奖金,而是个人的使命和责任,这样才能如鱼得水。

马克思曾经说过:"作为确定的人,现实的人,你就有规定,就有使命,就有任务。"做军工企业,使命是企业文化的核心内涵,至关重要。做军工营销,我们也一定要有使命感,没有使命感,就没有激情和动力去支持我们在军工营销上倾注全部心血。对于军工营销人员来说,所谓的使命感,就是对人生使命的认识,就是对自己在军工营销领域的价值认知,就是国家所布置的任务,以及个人在社会中需要承担的责任。要想成为优秀的军工营销人员,必须要明白在军工行业,我们要承担怎样的使命?这些使命对于人生的意义是什么?应该通过怎样的努力,以怎样的实际行动去实现使命?如果有了这样的思考,就会形成一种高层次的认识。

使命感是人的内在的核心动力。一个人的使命感越是强烈,那么他的人生希望也就越强烈,他的工作激情与生活热情也就越强烈。有强烈使命感的人,是自觉的、奋斗的、百折不饶的,军工营销,就应该在这种使命感的指导下,实现价值。

12.2.3 责任

责任,是指一个人对自己、对家人、对组织、对社会乃至对国家应尽的责任和义务的认知态度,是对事情敢于负责、主动负责的态度,是对自己所负使命所具备的忠诚和信念。关于责任,最为经典的表述,就是周恩来同志的"为中华之崛起而读书"。

责任,是我们军工人应该具备的核心理念素养,是做好军工事业的重要前提。中国有句古话:"天下兴亡,匹夫有责",这句话讲的就是每个人都应该对国家和社会有一种责任感。作为军工人,所有的行为都要对国家和社会负责,这是基本准则。做任何决定前,首先要考虑的就是责任,坚持强军报国,以国家利益的实现为企业根本,一切从国家需要出发,坚持把服务军队、服务国家作为企业发展的出发点和归宿,也意味着"苟利国家生死以,岂以福祸趋避之"的坚定认知。

每个岗位所规定的工作任务就是一份责任,对于我们所从事的军工事业,责任就是出色的完成自己的本职工作,是个人的坚守,是人生的升华。

当我们对工作充满责任感时，就能从中学到更多的知识，积累更多的经验，就能从全身心投入工作的过程中找到快乐，就具有了战胜营销工作中诸多困难的强大精神动力，而一旦失去责任心，在军工行业将一事无成。在日常的军工营销工作中，我们要充分发挥自己的主观能动性，接到任务后，不能只是被动地服从，抱着完成任务、搪塞的态度去做，要把它看做是一种责任，一种担当；此外，还需要结合营销工作过程中的实际情况，切实负起责任，在不违背工作原则的情况下，不断进取、开拓创新，创造性的完成营销任务，而不是拘泥于一定的形式；第三，不管在工作中遇到什么样的困难，都要有一种坚忍不拔的奋斗精神，因为，这是我们的"责任"。

责任心是做好军工工作的前提，是工作无差错的重要保证，如果责任心差，那么很小的问题也可能酿成大祸。尤其是在军工行业，稳定无差错是我们工作的重中之重，"零缺陷、零故障"是常态化要求，这些都必须要有强烈的责任心来做支撑。笔者曾经参与过众多系统工程的论证、建设相关工作，对工程的庞大和复杂程度有着深刻的体会和认识，无法想象，如果在这些巨型工程中，任何一个环节、任何一个岗位的军工人如果没有责任心，结果将会怎样。需要强调的是，一旦出现问题，损失的经济利益并不重要，影响到国家的政治地位和大国形象，影响到国家的战略布局和远景目标，影响到我军的现代化建设和战斗力提升，影响到作为中国人的自信心和自豪感等，这些损失才是巨大的、无法估算和无可挽回的。所以说，我们每一个军工人，包括营销人，必须要清楚地知道自己所肩负的重大责任，事关国家兴衰、民族强盛，责任重于泰山，这就是军工营销理念的本源形式体现。

12.3 格局是关键

格局，是一个人的眼光、胸襟和胆识等心理要素的内在布局，以及对局势、态势的现状和未来发展趋势的深刻理解和全面把握。曾国藩有这样一句名言："谋大事者首重格局"。可以说，格局既是人生的精神力量，也是人内心的万千气象，格局的大小会限制生命的生长状态，要想实现生命的跨越，就必须要打开格局，只会盯着树皮里的虫子不放的鸟儿是不可能飞到白云之上的，只有眼里和心中装满了山河天地的雄鹰才能自由自在地翱翔于天地之间。格局越高，人的视野也就越开阔，处理事情就不容易被表面现象所迷惑，越能靠近事物的真相和本质，也就越能触摸到那原本不可企及的未来。

作为在现实社会环境下成长起来的个体,每一个人都不可避免地有着这样或那样的固执、低级的思维体现,将自身限制在狭窄的格局框架里。在从事军工营销工作数年以后,笔者开始被各种各样的繁琐困扰,迷惘而没有方向,不知如何去选择、去突破,去前进。后来,因缘际会,逐步静下心来,开始学着去领会、思考并提升格局,才发现不论是自己的平庸无为、苦闷愤懑,还是有了挫折就怨天尤人、为小事而斤斤计较,都是因为自己的格局太小,如果不做改变,永远都不能实现人生的跨越,也永远无法走出自己的微观世界,迈向未来。伴随着生命体验的加深,笔者在逐步走向成熟的同时,也有了更理性的思考,开始懂得"万事发生必有其意义,必有利于我",于是重新审视自己,通过学习和思考来建立并不断提升自己的人生领悟和格局,开始重新寻找最本真的内心,人生于我来说,不是利益,而是实现,是升华,是跨越。

在中国经济高速增长的时期里,涌现出一大批取得了财富爆发性增长的民营企业家,但成功后,个别人除了不断地宣传其奋斗过程中的坚韧与执着,重复强调其坎坷的往事和成功的现在外,很难再有更深入的主题升华,他们陶醉在自己的成功中不能自拔。笔者并不认同这种行为,但会尊重,这是别人的状态,与我等并无太大关系,但在内心,更倾向于认同像柳传志、任正非等低调而内涵的掌门人,这些人的特质更符合军工文化和传统企业家精神。稻盛和夫曾说过:"成功和失败都是一种磨难。有人成功了,觉得自己了不得,态度变得令人讨厌,表示其人格堕落了;有人成功了,领悟到只凭自己无法有此成就,因而更加努力,也就进一步提升了自己的人性。而真正的胜利者,无论是成功或者失败,都会利用机会,磨炼出纯净美丽的心灵"。这就是格局,就是俯瞰人生的宽广视野。

我们在与军工用户的沟通过程中,如果遇到问题,应该凡事从大局出发,愿意舍弃个人的小利益来成全大局,既讲了政治,又升华了自己,最终必将收获到超出原有目标的利益成果。对于年轻的军工营销人员来说,做事最忌走一步算一步,目光超不过脚步,难有所成,只有站得更高,看得更远,才能做得更好;对于已经有丰富的军工营销经历的同志来说,要"坐拥云起处,心容大江流",要时刻注意对格局的把握和提升,不能一旦有成绩就沾沾自喜,自我膨胀,但也不能只强调格局,整天活在精神世界里面,而忽视了脚踏实地的开展具体工作。总之,要想在英才辈出的军工行业,取得成功,必须从自己还是小人物的时候就开始构筑人生层面的大格局,拥有开放的心胸,树立远大的理想,设立长远的目标,以发展的、战略的、全局的眼光看待问题,以高瞻远瞩的视野和宽广包容的胸怀来成就事业。

12.4 有眼界

眼界,是指人们认识客观世界的宽度和广度,眼界广者其成就必大,眼界狭者其作为必小。人的眼界,基于其对客观事物的见识、理解与认知,表达的是其精神追求和人生价值取向的视角与层次,并蕴含在其为人处世、工作生活和待人接物的各项活动之中。一个人能走多远,很大程度上取决于他的眼界有多远。军工行业中,我们常常用"井底之蛙"比喻眼界狭窄,用追求"蝇头小利"比喻境界低微。事实上,在军工营销群体中,这两种人并不少见。

眼界与境界有着密不可分的关系,没有开阔的眼界,就很难拥有崇高的境界,眼界决定境界。动物的眼界,视野所极,心之所止,人却不然,视野所及,心之所思,行之所至,体现出的是眼界与境界的统一。可能会有年轻的同志们说,我们现在工作很忙,压力也很大,没有时间出去开阔眼界,提高境界,怎么办?这里需要强调的是,眼界的开阔与身体和行动的自由并没有绝对的必然关系,眼界,不仅是上下眼皮之之间的目力所见,更是"思接千载,视通万里"的心神所至。莎士比亚的代表作《哈姆雷特》中有一句话:"我可以关在核桃壳里,而还把自己当作无限空间之王",而当代最伟大的广义相对论和宇宙论专家霍金教授,长年轮椅为伴,却能把眼界遨游到广袤的宇宙世界,其出版的《果壳里的宇宙》书名正是来源于这句经典。

对于军工营销人员来说,有意义的人生,就是不断追求眼界和境界的人生。当然,眼界与境界的形成需要一个过程,万丈高楼平地起,我们必须学会脚踏实地,从基础做起,在营销实践中反复锤炼,在修炼中不断升华。这种宽阔的眼界可以帮助我们树立明确的目标,并为实现目标而提供强大的力量支撑。一些刚从事军工营销工作的年轻同志,不满足于每天花费很多时间来从事传递文件、电话沟通等,认为没有技术含量,没有挑战,希望直接从事项目策划、营销设计或者招投标操作工作。有想法,有眼界是好事,但必须从基础做起。文件传递对于年轻的军工营销人来说,不仅仅是邮递员或者传声筒,还是一次沟通和学习的机会,把它当做一次开阔眼界的旅程,可以帮助我们在很短的时间内熟悉用户、渠道全面情况,收集第一手的项目信息,建立自己的渠道和信息网络,并且也是树立个人形象和品牌的好机会。

眼界的培养,主要有两种方式:

一个是向外望,接触并拓展。笔者来自于湖南中部的一个小城市,经济不发达,交通也不便捷,幸运的是由于父母工作的原因,小的时候,经常跟随父母到外地出差,北京、上海、广州、沈阳等,几乎跑遍了半个中国。回想起来,这种阅历对于一个少不经事的小孩,具有无可言喻的重要意义,如同巴金所说:"每一个变化都在他的心上刻划了一条不可磨灭的痕迹,给他打开了一个新的眼界。"也正因为这些经历,在无形中培养了笔者良好的大局观和眼界,在后来的军工岁月中,能够非常快地适应、领悟以至于建立自己的营销思维体系。

另一个是向内观,无限深刻地去发现内心。在从事军工营销工作的前几年,笔者凭着热情和向往,充满动力的组织并参与各种各样的新业务拓展、项目策划、渠道维护、资源积累,取得了一些小成绩。但由于缺乏理论指导和牵引,而且所处的环境由于体制机制先天不足等原因,导致在军工营销工作中找不到存在感和价值认同,于是开始有所懈怠、迷茫。这时候,笔者选择了去北京为单位筹建分支机构,两年时间里,在不断开拓眼界的同时,有时间去好好地反思自己,沉淀下来,也有时间去学习、去体验、去感悟,尤其是内心的修炼,帮助自己看清楚了方向,知道了自己想要什么,也明白了自己的价值所在。通过不断地内观自省,修炼提升,最终收获的是一个全新的自己。

一个顶尖的军工营销人才,只有眼界够宽,才能了解形势、认清趋势,才能解放思想、更新观念,并作出正确的判断和决策。这其中,我们要注意多方面、多层次、多角度地观察分析军工营销的现象和问题,从全局、宏观上认识和把握事物本质。军工营销人,不仅要有军工眼界,还要有军队眼界、中国眼界以至于世界眼界,营销,绝不限于军工行业本身。

12.5 有思路

思路,就是思考的条理脉络。军工营销,就是发现事物矛盾,解决营销问题的过程,而现实中矛盾和问题的形态有多种多样,解决的办法也是多种多样,这就要求我们思路要清晰且宽广,思路清,营销的效率就高,思路宽,办法就多,就能在最短的时间解决问题。思路,对军工企业的长远发展具有重大影响,特别是在我国军工行业改革和发展的重要阶段,利益关系复杂,矛盾问题增多,工作难度加大,迫切要求军工人开阔和创新思路,化解困难、解决问题。要想开阔思路,关键还是在于遵循正确的思想路线,坚持解放思想、实事求是、与时俱进,不固步自封,不僵化停滞,遵循唯物辩证法,运用辩证思维、系统思维等多种思维方式,举一反三,融合应用。

塞缪尔·麦克格罗什说:"我们的思想是打开世界的钥匙"。在我们的军工生涯中,有许多机会,是否成功,关键在于头脑中是否形成了清晰的、正确的思路,并持之以恒的为之付出努力。军工行业中,营销人员之间的差别,很重要的一点就是思路上的差距。我们会看到,那些思路灵活、善于思考的人,总是比别人更游刃有余的面对挑战,他们的人生有无限可能;而那些缺乏思考、缺少思路的营销人员,虽然整天忙忙碌碌,却总是穷于应对,工作和生活都很难令人满意。前者开拓创新、锐意进取,后者墨守成规、停滞不前,思路决定出路,两者的区别导致了迥然相异的军工生涯。

军工营销工作需要善于开拓新思路的人,需要善于发现机会、把握机会的人。因此,我们必须把锻炼思维能力,作为提升自身素质的重中之重,如何去做:一是注意提高哲学素养,把握工作的规律性,要多学习辩证唯物主义,学习马克思主义,学习中国特色社会主义理论,学会自觉运用科学发展观来看待和分析营销问题;二是注重倾听意见建议,保持思维的灵活性和开放性,要实行开门研究、闭关思考,集思广益、博采众长,只有这样,才能不断变换思维角度,突破思维定式,推进军工营销问题的深入研究并最终解决;三要注重汲取实践经验,确保思路成果的有效性,军工企业营销部门的思路创新,必须善于从实践中汲取智慧、在实践中检验成果,有经验、有收集、有整理、有分析还要有反馈、有对比,保证军工营销工作创新有源,推进有力,实施有效。

每一个军工人几乎随时都在面对各种各样的问题,如何选择正确的思路去解决问题。这里,结合军工营销实际、经验和体会,提供两种思路优化的方法供大家参考:

一是把复杂的问题简单化。把错综复杂的问题分解成简单的问题,前提是要熟悉情况,找准问题的关键和隐藏在问题背后的本质;还有一种复杂的情况是思路过多,反而不知如何取舍,这时候,我们可以考虑采取淘汰法,把不好的逐一去掉，使思路变得更简单清晰。

二是站在巨人的肩膀上。科学家皮耶·艾维迪说过："比起史坦因、莱兹等科学界的巨人，我们只能算是小人物，但站在巨人肩上的小人物，却可能比巨人看得更远。"我们在面对新问题时，要学会站在巨人的肩膀上，可以把与解决问题有关的信息收集到手，利用先进的既有经验来完善自己的构思，看看别人是怎么做的，然后再结合实际情况进行分析研判，并从中找到解决问题的灵感。

思路的开拓和优化是永无止境的，我们一直都在寻找好的思路，但却并非易事，需要不断开动脑筋，要想把人生掌握在自己手里，就要善于思考，获得思路。很多时候，我们并不是没有好的机会，而往往是没有好的思路。在相同的客观条件下，由于人的思路不同，主观能动性的发挥就不同，产生的行为也就不同，最终的结果则失之毫厘，谬以千里。

12.6 有胸怀

胸怀，就是以用天下之材、尽天下之利的气度，去包容，去接受，是一种从广大处觅人生，从细微处见真章的的生命体现，如雨果所言：世界上最宽阔的是海洋，比海洋更宽阔的是天空，比天空更宽广的是人的胸怀。于军工人而言，胸怀，是人生的志向和抱负，是人格的品位和质量，是对待军工世界万物，气量和风度的具体体现，"夫英雄者，胸怀大志，腹有良谋，有包藏宇宙之机，吞吐天地之志者也"。

有多大的胸怀，就有多大的成就，在军工行业，那种斤斤计较、蝇营狗苟和鼠目寸光的人是绝对无法立足的，不需要几个来回，你就会被这个行业的文化、环境和规则自然淘汰；而博大宽广的胸怀，能帮助我们在军工行业如鱼得水，基业长青，其具体体现是磊落坦荡、无私无畏和志存高远的品格，是不为私利争高下，不为利益论短长的态度，是采菊东篱下，悠然见南山的心境。胸怀，不是先天生就的，也不是随便看几本书，经历点事就能够得来的，它是知识、智慧、人格、品德、情操相结合的产物，它需要陶冶、磨砺、滋润和追求，是一种生活给予和回报生活的良性循环。

胸怀宽广的最基本的标志就是能容得下不顺眼的人、听得进不顺耳的话、装得下不顺心的事。在军工营销过程中，不可避免地会遇到各种各样的委屈、挫折和逆境，这些，都是我们磨砺胸怀的机会，是我们的财富。人生不如意事十有八九，当烦恼、苦闷、悲伤和迷茫像潮水般袭来的时候，是否能宠辱不惊，笑看庭前花开花落，是否能做到卒然临之而不惊，无故加之而不怒，都取决于我们胸怀的宽广度，这种智慧力和淡定力决定了我们的现状，也决定了我们的未来；此外，对于军工市场环境中的现实或者潜在竞争对手的包容度也非常重要，那些始终把竞争对手当做敌人，欲除之而后快的想法是非常愚蠢的，作为军工行业的营销人员，我们必须时刻牢记，在军工行业内，没有敌人，甚至没有绝对意义上的竞争对手，不论是谁，不论他的市场目标是什么，对于国家利益实现而言，都是一个战壕里面的战友，所谓的军工竞争，实际上可以看做是在规则之下，大家都在争取为国效力机会，同时获取价值收益的一个过程而已。在互联网行业竞争那么惨烈的情况下，阿里巴巴董事局主席马云却讲到："心中无敌，必将无敌于天下"。这里再衍生一下，胸怀的最高境界，就是如何把对手都改变为朋友，而且，不光是你这么认为，你还能影响到其他人。

胸怀不够宽广，最大的原因就是过度以自我为中心，每一个人在潜意识里都把自己看做是主体，是中心，有时候是不由自主地就都围绕着自身的利益去思考，去行动，这个很难控制和避免，我们能做的就是通过不断地学习、修炼，控制自我意识，培养宽广胸怀。在2014年热播的电视剧"卫子夫"中，有一句台词给笔者留下很深刻印象，"不争、不露、不显"，就是胸怀的具体体现。大家可以留意一下那些杰出的人，那些让我们敬重的人，那些取得了很大成绩的人，无一不是具有宽广的胸怀，最为经典的就是孙中山先生的"天下为公"。在军工行业，如果我们凡事从大局出发，胸怀宽广，就能得到其他人的认同和共鸣，博众之长，群策群力，则能成事；反之，则难成大器。开阔胸怀的过程，实际上就是我们加强锻炼和自我修养的过程，是改造主观世界、培育高尚人格的过程，我们要始终牢记："一切为了国家和人民利益"，这是军工人开阔胸怀的根本所在和动力源泉。

那么，如何才能使我们的胸怀更宽广，可以从以下七个方面着手：

一是要提高认识水平。要提高自己对事物的认知能力，就要学好唯物辩证法，帮助我们在关键时候能辨别是非，分清主次，抓住要点，提高自己对事物的归纳、分析和推理能力。

二是要不同角度出发。每一个人都有自己的标准，如果我们每一次思考都从自己的角度出发，那么永远都会觉得用户、领导或者合作伙伴的观点、思想不合理，但如果能够站在别人的角度，视野会变得更宽广，也许就不会太过执著于自己的理解以至于形成偏见了。

三是要为人谦虚低调。在军工行业,千万不能过于强调自己而傲气凌人,这个行业是高知群体,都受过良好教育,每一个人都认为自己是聪明的,是正确的,是骄傲的,没有人喜欢被别人征服,所以,在有不同的见解时,我们要放低姿态,通过加强沟通解决问题。

四是要懂得尊重对手。世间万物,互为因缘,很多时候,我们的竞争对手就是我们最有价值的老师,要学会尊重他们,如果不是他们,我们不会去反省,不会受考验,也不会有进步。

五是要内心平静祥和。每个人心里都有一个魔鬼,稍不控制它就会跳出来,使我们充满了愤怒,怨恨,自私,所以要时时刻刻保持清醒,不以物喜,不以己悲,从容大度,虚怀若谷。

六是要志向高远。志向高远,自然注重大是大非,劲往高处使,根本无暇顾及枝小末节,所谓做大事者不拘泥于小节,就是这个道理。

七是要懂得包容。"泰山不让土壤,故能成其大,河海不择细流,故能就其深"。军工营销人员要想成就一番事业,就要胸襟宽阔,懂得包容,才能凝聚各方力量,形成良好局面。

12.7 讲政治

在军工行业,要想做成大事业,营销人员必须要培养政治素质。政治素质,是指对主体的政治心理和政治行为,发生长期稳定内在作用的基本品质,军工营销人员的政治素质高低是体现个体综合业务能力和思维高度的重要标志,也是其核心素质要求之一。

对于军工营销人员来说,政治素质不仅仅是要有较高的政策理解水平,对党和国家的路线、方针、政策能够正确领会、准确把握并灵活应用,以帮助自己实现营销目标,还包含着对个人的政治方向、政治立场、政治观念、政治态度、政治信仰、政治技能等具体内容的全面要求,以及具备很高的政治敏锐性和政治鉴别力。

目前,军工行业的参与者普遍来说受教育程度较高,认同我国现行的政治制度,能够接纳主流政治价值观,能够正确认识国家、集体和个人的关系,对大局观有较为深入的认识,具备了一定的政治能力,但也存在一些个别现象:如理论认知水平比较低,受市场经济的影响,主观上比较现实,追求物质;有部分同志虽然肯定马克思主义理论的价值,但认为这种价值不是急需的,也不知道如何用来指导工作,其政治认同是低层次的,并没有内化为信念;此外,对一些政治上的深层次问题,还存在模糊认识,政治信仰出现多元化、功利化倾向。

在军工行业,不论是体制内还是体制外,现实中的讲政治有时候会被个别人歪曲和庸俗化,这些人把政治上的成熟程度看成是对组织体系或者官场中,对于潜规则掌握和运用的熟练程度,并将此作为经验传递给年轻的军工人,具体表现就是对上司意志以及权力的盲目服从和崇拜,他们认为,政治方向就是个人前途,政治立场就是永远站在领导这边,政治原则就是领导永远是对的,政治纪律就是一切按领导指示办,政治敏感性和政治鉴别力就是政治谋略、政治权术和政治手腕。客观来讲,这是中国长久以来"官本位主义"的糟粕继承,任由这种思想的蔓延,将会是国家和民族的灾难,中国军队最大的问题不在于战斗力形成本身,而在于缺乏血性,不敢主动作为的"奴性"引导;除此之外,还有一个需要注意的问题存在,就是军工行业体系结构中所谓的讲政治,往往都是约束别人的,希望基层讲政治,希望上级部门讲政治,希望竞争对手讲政治,希望合作伙伴讲政治,但一遇到利益冲突,自己首先就不讲政治,这是把"讲政治"彻底庸俗化的具体体现,其原因本质是对于利益价值观的认识出现了偏差。

讲政治的核心是大局观,对于军工行业来说,就是服从大局、服务大局。在新的发展阶段,政策制度还不够完善,军工经济的市场化也必然引起利益格局发生新的变化,这些新情况、新问题,对军工人提出了更高的要求,如何树立局部服从全局、个人利益服从党和人民利益的大局意识,提升政治素养,是我们面临的一个重要问题,必要且紧迫。作为一名军工人,一是要自觉落实讲政治的要求,想问题、办事情、干工作都要自觉服从大局的需要,善于从政治上观察和处理问题;二是必须学会讲原则、听招呼、守纪律,这里要辩证地理解,讲的是民族的原则,听的是国家的招呼,守的是市场的纪律,从实际出发,有创造,有取舍,讲的才是真正的政治。总之,在军工行业,只有把个人的追求和企业的利益与国家的需要结合在一起,才能实现个人、集体和国家利益的统一,才能达到甚至超过你所希望企及的人生高度。

那么,如何提高军工营销人员的政治素养:

一是要懂理论。理论上的成熟,是政治上成熟的基础,进行理论学习,提高理论素养的关键,是掌握马克思主义的立场、观点和方法,通过学习、思考、感悟,使之内化为一种自身的素养和习惯,变成自觉而不是强加的、自然而不是勉强的思维方式和思想方法,从而正确地看待军工事物,分析营销问题,做好工作决策。

二是要守纪律。要有高度的组织纪律性,保持高度的法律意识,懂得应该做什么和不该做什么,自觉做到依法办事。军工营销是一个广泛涉及国家和军队政策法律问题的过程,因此,营销人员在其工作中必须严格执行国家和军队的政策法规,以及法规指导下的市场原则和规律。

三是要辩是非。是否具有正确的是非观,具有政治鉴别力和政治敏锐性,是军工人政治上是否成熟的重要标志,这就要求我们每一个军工人头脑中必须时刻绷紧政治这根弦,在大是大非面前,能迅速判明方向,做到旗帜鲜明、立场坚定。

12.8 讲定位

定位,就是确定某人或事物在一定环境中的位置,如企业在市场中的定位,产品在市场中定位,人物在组织中的定位等,这里是阐述军工人的素质要求,所以主要指人物定位。在军工行业,定位决定地位,定位的主要体现形式就是个人品牌,如同企业一样,如果你能成为军工领域的代表品牌,那么你在用户的心智阶梯中就占据最有利位置。由于军工用户的选择面比较广,决策权也大,各军工企业的营销人员之间也面临着非常激烈的竞争,所以必须要非常关注个人品牌的定位和维护,当用户产生相关需求时,总是第一时间想到你,就能在竞争中居于主动地位,获得长远的竞争优势。从军工营销人员的角度来说,我们需要先通过营销活动,在市场竞争中确立其个人价值定位,再围绕这个定位进行个人竞争力体系的搭建,形成独具个人风格特色的营销活动系统,这是判断是否是顶尖军工营销人才的关键指标。

做军工营销,如果缺乏定位或者定位不准确,做的越多,可能就错得越多,就越缺乏信心,最终不论是在市场、行业还是企业内部,都无法获得所渴望的地位和认可。在定位过程中,首先要定位的是我们为谁工作,有什么样的信念,想成为一个怎样的人,把这些确定了,我们再谈做事;其次,定位最主要的目的是为了我们更好的营销自己,营销企业,然后才是营销产品,军工营销过程就是宣传并建立企业、个体、产品品牌的媒介和手段。在笔者对自身进行定位的过程中,先后问过自己三个问题。第一,我是谁?是中国人,是一名"天下兴亡,匹夫有责"的新时代青年,也是一名有着远大理想与抱负的军工人;第二,我的位置在哪里?雷锋同志说:"一个人的作用,对于革命事业来说,就如一架机器上的一颗螺丝钉……我愿永远做一个螺丝钉。"站在整个行业层面,我愿意去做一个螺丝钉,但希望是整个系统中很耀眼的那一颗;第三,我要成为什么样的人?我的角色和目标定位很清晰,想要成为数一数二的军工营销专家,成为军工营销领域的行业标杆,这个目标定位也将直接决定我人生发展的方向,从把军工营销作为我的信仰那一刻开始,就一直在努力。

从定位阶段来划分,笔者的自我定位主要包括了定心、定性和定型三个阶段,定心就是内心想法的确定,立志要为国家的军事工业奉献力量,做一名优秀的军工人;定性就是思想成熟,忠于国家,热爱军工事业,是坚定的唯物主义者,能一切从国家利益出发;定型就是用辩证唯物主义的观点来思考问题,坚持解放思想,实事求是的原则,结合具体实际开展营销工作,这意味着价值观的稳定。

下面,再结合军工市场实际,分析一下军工营销人员个人品牌的定位方法:

一是抢先定位,营销人员在进行个人品牌定位时,力争使自己的品牌第一个进入用户的心里,抢占第一的位置,目前军工行业竞争越来越白热化,决策管理层的用户代表越来越难以记住并接受全部营销人员,如果先一步、快一筹,抢先定位成功,你已经在成功的道路上迈出了坚实的一步;二是关联定位,这其实是一种借力打力的方法,借力于某人的品牌去与用户沟通,例如,在军工营销过程中,尤其是在新市场拓展过程中,面对新用户,笔者一般会采取找到其所认可的关联人来推荐,再启动相关营销工作,效果很好,这实际上也是口碑传播在军工行业的另一种应用;三是参考定位,也就是参考竞争对手来进行定位,掌握了解竞争对手的优点和缺点,在其弱点方面,要体现优势,在其优势方面,要做的更好,这样,就算竞争方的营销人员抢占了先机,也可以逐步通过自己的努力去完成在用户心中的定位替代。

12.9 讲态度

态度,是个人内心的一种潜在意志,是个人的能力、意愿、想法、价值观等在工作中所体现出来的具体表现形式,是区别于其他人,使自己变得更重要的一种能力。无论做什么事情，态度都非常重要，爱默生曾经说过："一个朝着自己目标永远前进的人，整个世界都给他让路"。态度如何，在一定程度上直接决定你是失败还是成功，要改变现状、克服困难，首先要做的就是要端正态度，没有正确的态度，这一切就无从谈起。也许有人会说：某人态度很好，也没有成功啊。我们要辩证地来看，一是这个好的态度是否适合于现实状况；二是是否还需要继续等待成功前的最后一次蜕变；三是对于成功的评价标准问题，用你的标准，某人并不成功，但换个人来看，也许他是成功的。相对应的，如果在工作中得过且过，敷衍了事，每天都是负能量，那可以肯定，绝对无法取得成功。

《改变态度，改变人生》书中有一句话：态度比你的过去、教育、金钱、环境……都要来得重要。在军工营销工作中，敬业、勤奋、忠诚、进取是我们应有的工作态度。敬业就是尊敬并重视自己的职业，专注于国家利益实现，千方百计将本职工作做好，既包含了做事的执着，又有着对事业的忠诚，即使付出再多也心甘情愿，并能坦然地面对各种困难；勤奋是成功的重要基础，作为军工人，必须要不怕苦、不怕累、不畏艰难、不计个人得失；忠诚是军工人最重要的美德，忠诚是做好军工营销工作的前提，忠诚不仅体现在工作主动、责任心强，而且体现在不以工作作为寻求利益回报的筹码，能正确看待工作的意义，珍惜工作的机会，体会工作的乐趣；进取就是超越昨日的自我，永不满足、永不言败，不断向更高目标前进，进取是一个不断前进的过程，是一个征服困难的过程，也是不断创造新业绩、实现新目标的过程。

对于军工营销来说，重要的是用心去做，用心去体会营销工作的每一个细节，为用户着想，为国家奉献，以自信乐观的精神对待崇高的军工事业，就能走好每一步，并体现出自己的人生价值，进而达到体验人生的意义；此外，态度也是军工营销工作的内在驱动力，军工营销需要自动、自发、自行的工作态度，正确的、积极的态度是一种竞争力，决定营销能力和潜力的发挥，也决定着最终结果。叔本华有句名言：事物的本身并不影响人，人们只受对事物看法的影响。

对某一客观事物，你有什么样的看法，就得到什么样的结果。某次项目投标，对于参与竞标的某军工企业的未来战略实现有重要价值，营销部门虽然坚持全力争取，但技术团队认为人力紧张，且存在一定研发风险，无法承担项目研发工作，正是由于技术团队有了先入为主的想法，决定了其在投标准备过程中不能倾尽全力，方案设计很不合理，最终失标。

第五部分　军工营销的素质要求

在军工营销工作中,我们要重点培养自己的一些态度和习惯。

(1) 不为自己找借口。"没有任何借口"是美国西点军校二百年来奉行的最重要的行为准则,是西点军校传输给新生的第一个理念。曾经有从事军工营销管理的朋友对笔者抱怨,军工营销工作过程艰难,相比其他行业的营销部门来说,军工营销人员在国企发展受限且待遇一般,优秀的留不住,不优秀的也会寻找借口,倦怠、泄气以至于放弃。这就是在找理由,管理者已经先入为主的认为都是下属和环境的问题,可是,管理者本身真的没有问题吗?下属的工作态度直接取决于管理者的态度,而如果只是因为待遇和发展就会放弃,更加说明在管理方面出现了问题,每个军工人在内心中都有担负重任的决心和勇气,关键是管理者能否把它激发出来。

(2) 养成积极主动的习惯。在军工行业中,仅仅完成工作是远远不够的,还应该积极主动地多做一些,超出用户和上级的期待,会使你赢得良好声誉的同时,增加了他人对你的"需要度",并给自己创造出更多的机会。因果法则告诉我们:付出多少就会得到多少,如果没有,只是时机未到而已。

(3) 不要只为利益工作。以薪水为例,薪水是从事军工营销的一种重要报酬和补偿形式,但如果我们从事军工仅仅是为了生存,为了利益,那就缺乏远见,层次也上不去。在目前的军工营销领域,或多或少存在一些不好的现象,如对工作敷衍了事,频繁跳槽,谋取私利等等。如何纠正,关键还是提升认识,物质的确很重要,但军工事业中,取得的最大报酬是荣誉感、使命感,是珍贵的人生经历和高尚品格的建立过程,这些远比金钱、地位要珍贵。

(4) 注重良好沟通。这里的沟通是多维度的,企业内部包括上级、同事等,外部包括用户、合作者、竞争对手、供应商等。一些同志刚刚开始从事军工营销工作的时候,会觉得,上司很固执,用户好骄傲,难以沟通。但我们要切记,没有人会因为你做的很好而为难你,也许只是个人看问题的角度不一样而已。此外,越不沟通,就越不了解,最终容易陷入人际关系处理的恶性循环。

在军工营销领域,除了主动沟通之外,尤其要注意沟通时的态度和方法:一是尽量简洁,简洁是"智慧的灵魂",军工用户对于简洁明了的沟通具有天然的好感;二是不卑不亢,这个分寸很难把握,但在军工行业,千万不能过于逢迎,但也不能过于冷淡,不管是在上级还是用户面前,都要不卑不亢,从容应对;三是善于倾听,任何人,都喜欢能够倾听自己发表言论的人,一定不能过多的发表个人意见,以倾听为主;四是尊重对手,不要在用户面前贬低竞争对手,也不要在上级面前贬低与你有竞争关系的同事,这是不理智、不道德的行为,不利于个人品牌建立。

　　本章所阐述分析的所有这些核心素质,不管是品德的培养、理念的成熟,还是眼界的开阔、格局的提升等等,对于笔者而言,都是"修行",人生,是一个不断自我放弃、重构自我而获取不断进步的过程,也是一个自我修炼,自我提升,自我实现的过程。修行无处不在,做市场调研的时候,是修行;思考策划的时候,是修行;闭目养神,思想空灵的时候,是修行;做错了事,被用户批评的时候,也是修行,诸如这些,都是在耕耘我们自己的心灵,并塑造深沉厚重的军工人格,拥有了这样的理解,就算不做任何营销技巧,我们仍然可以在军工行业中建立自己的核心特征和竞争优势。

第 13 章　基本素养与能力要求

核心素质更多的是关于意识形态、精神认知和价值核心层面的高层次要求。本章主要针对军工营销人员所需要具有的基础性要求和条件展开阐述。事实上，军工营销所必需的基本素养和能力，是营销核心素质的具体体现和延续，两者的内涵与本质是统一的，大家在学习体会的过程中，要注意区分其层次，辩证地看待两者之间的联系与区别。

13.1　良好的心态

军工营销中，心态非常重要，决定了军工营销人是否可以在这条路上一直稳步前行。实际营销工作中，不少人习惯性的把自己放低，放低姿态本身没有问题，但过低就有问题了，以至于完全成为了一个被动的利益诉求者，腰杆子硬不起来，站在那里就矮人一等，这是非常不好的营销心态体现。此外，我们必须要认识到，依据利益输送或者逢迎拍马所建立起来的用户联系、纽带和渠道资源是不牢靠的，也存在风险。

军工营销中，良好心态的主要表现形式：

（1）开放的心态。面对日新月异的军工市场和军事科技发展，军工营销人员必须具有开放的心态，去积极的了解新事物，接纳新事物，吐故纳新，与时俱进，及时跟上外界的变化，不断实现认识和意识上的自我突破和发展。持消极观念的人总是从不可能、办不到的角度看问题，而持开放心态的营销人才则能够从不可能中看到可能的种子，从失败中看到成功的希望，在困境中看到光明的前途。

（2）合作的心态。军工行业中，不论是企业还是个人，成功的关键在于深入挖掘自身资源的基础上，持续扩大外部有效合作资源的价值实现。我们在军工营销实践中，需要持续关注并坚持合作互补的心态，通过交换各自的优势资源，让资源发挥最大作用，以此达到共同发展，共同提升的目的。合作的操作步骤主要包括确认、分析和实施：确认企业自身及合作目标的资源优势、劣势、需求；分析双方的利益契合点，互补和共赢是前提；实施接触，形成合作意向后,通过协商谈判,建立合作模式。

(3)共赢的心态。这里指的是与市场中的利益相关群体实现共赢,包括用户、合作伙伴以及竞争对手等。营销过程中,最重要的是实现用户价值,很多时候,你不能把企业盈利作为首要目标;对于竞争者,世间万物,矛盾都是运动发展,并在特定环境下相互转化的,在有着激烈市场竞争的时候我们要看远一点,看到与竞争者未来合作的契机。在该竞争的时候全力以赴,在该合作的时候惺惺相惜,在这个领域竞争,在另一个领域可能就是合作,在这个阶段竞争,在下一个阶段可能就是合作,在这个项目上竞争,在另一个项目上可能就是合作。

(4)空杯的心态。不久前,与一位朋友聊天,聊到一句话"与时消息,与时偕行,与时俱进",十二个字,把事物无常,顺应潮流,变通趋势的人生大道理概括的精美绝伦,入木三分。做军工营销,很多人在面对困难时,经常出现迷茫、彷徨、困惑、无助、烦躁等等情绪,说到底还是得失心太重。

(5)利他的心态。作为一个复杂而又具有某些特殊规律的市场,在军工行业中,成全别人也就是成就自己,这里的他不仅代表国家利益、军队利益,也代表着合作伙伴的利益,甚至是竞争对手的利益。基于利他的理念去思考问题,我们会更容易发现市场的蓝海所在,看问题的角度变了,看到的世界自然不一样。军工企业存在的根本价值就是为了国家安全及利益实现,这个行业是基于利他的理念而存在的。因此,做军工营销,利他的心态很重要。

13.2 正确的认知

这里的认知是指军工营销人员的自我认知和状态定位,是其世界观的一部分,主要包括意志和意识两方面的内容。军工行业的激烈竞争,不仅是市场行为的对抗,更是精神意志的较量,坚定的意志,是军工人必须具备的一个重要的心理品质,它使我们的实践活动更具目的性和方向性,能自觉地克服认识及落实过程中的困难,充分地发挥人的智力才能,达成目标。作为军工营销人员,每天都要与各种各样的人和事打交道,经常会碰到意想不到的困难,承受多次的失败和挫折,这些都要求营销人员具有坚忍不拔的意志品质。意志的坚定,决不是盲目的乐观与自信可以真正支撑住的,需要我们对事物及其运动变化规律的深刻理解,需要我们对于军工行业发展环境、文化和规则的深度把握,只要我们勇于坚持,敢于面对,成功往往就在于最后一刻的那份坚定。

此外,营销人员是军工企业对外沟通的桥梁和纽带,同时也面临很多的诱惑。应该说,军工行业整体的市场环境是比较干净单纯的,但在市场经济浪潮的洗礼之下,一些不正常、不正当甚至是违反道德、违反法律的营销行为还是有市场、有空间的,军工营销人在面对诱惑时一定要正确理解、对待,有良好的自控能力。

除了坚毅、自控等军工行业所必须的意志品质之外,从军工营销的工作需要来说,我们还应建立以下几种意识:① 用户意识。要有尊重用户、服务用户、以用户为本的意识;② 自律意识。军工行业是为国家和军队的利益实现服务的,要有严以律己、按规范工作的意识;③ 绩效意识。营销人员要建立通过渠道积累、项目跟踪、客户管理和市场开拓达成绩效的主动意识,没有绩效意识,会大大降低工作效率,影响价值实现;④ 团队意识。单打独斗的时代早已过去,没有团队意识的营销人员不可能取得成功;⑤ 学习意识。主动学习,提升业务技能和专业知识的意识;⑥ 创新意识。要有敢于打破常规,寻求新的营销解决方案的意识;⑦ 品牌意识。认识到个人的行为与企业、个人以及产品品牌建设的关系,并借此规范、指导军工营销行为。

13.3 绽放的魅力

对于军工营销来说,所面对的都是国家和军队的决策群体和最终用户,是社会精英,他们有着对于魅力不断追求的潜在需要,因此,营销人员要注重个人魅力的展现。被誉为"人类潜能导师"的史蒂芬·柯维博士在对成功因素进行了深入研究后认为:人们对于成功的基本观念已经从其他方面转而强调"个人魅力",即认为成功与否更多取决于性格、社会形象、行为态度、人际关系以及长袖善舞的沟通技巧。在多年的军工营销学习和具体实践中,随着对于军工市场及用户群体特征认识过程的研究深入,笔者越来越能够深刻的理解个人魅力对于军工营销的重要性。这个过程中,多年军旅生涯所给予的美好品德,优秀军工文化的熏陶,以及国家利益至上的核心价值观,加上独立思考并形成见解的能力,最终体现出来的就是魅力。

魅力主要体现在外在形象和内在性格。军工营销过程中的任何阶段,营销人员的形象都十分重要。在营销中,第一印象无论是对或错,都会对用户产生非常深远的影响,在相当长的一段时间内会停留在用户的脑海中,如果第一印象不好,那么营销人员需要花费非常多的时间、精力还有资源来扭转用户的先入为主的认知;此外,在与用户的交往过程中,仪表产生着重要的作用,良好的仪表使人感到亲切,并形成一种心理倾向,留下好的印象。营销人员的业务活动是一个与人打交道的过程,文雅的仪表风度将有助于在军工用户心中建立良好的个人印象并取得信赖感。一个优秀的军工营销人员应保持体型并根据自身长相、身材、肤色、性别、年龄挑选合适的服饰,同时要特别加强个人修养,保持意气风发的精神面貌,优雅的行为举止和文明的交往谈吐;而关于气质方面,作为社会个体的行为和活动表现,军工营销人员有着独特的气质追求和行动准则,如自重而不自傲,刚强而不执拗,崇尚荣誉却又甘于奉献等等。

除了形象以外,军工营销人员的内在性格会直接影响到命运及前程,有一些性格,对于军工营销人员来说,非常重要,可以称为职业性格:① 独立。要有独立的精神和人格,依靠自己的努力去奋斗,去获取,去成功,而不是其他什么捷径,独立是一种可以裂变并产生巨大驱动力的精神力量;② 热情。营销人员要富于热情,真诚的热情会使人感到亲切、自然,但热情要把握好度,过分的热情会起到反效果,也不符合军工人含蓄内敛的群体特征;③ 开朗。开朗的性格主要表现为坦率、爽直,会比较容易交到朋友,但坦率和爽直还是要注意方式方法,否则,得罪的人也会比较多;④ 温和。性格温和的营销人员能接受不同意见,使别人感到亲切,容易建立亲近的关系。但温和不能过分,过分则会显得无趣且懦弱;⑤ 坚持。营销实践活动会面临各种各样的困难,在具备坚毅果敢性格的同时,关键是要能坚持下去;⑥ 耐性。营销工作是连结企业与用户之间的桥梁,用户可能会因为各种各样的原因表达对企业、产品及相关人员的不满,作为直接受众的营销人员,需要耐心和耐力去倾听并予以改变;⑦ 宽容。对于营销人员来说,如果在营销中缺乏宽容,可能会寸步难行,这里的宽容,对象面既包含人、也包含事;⑧ 谦恭。军工行业是高知群体集中的行业,不论我们多么的自信乐观,人外有人,务必始终保持谦虚谨慎的处世态度;⑨ 幽默。幽默感是指营销人员应具备的有趣、可笑又意味深长的素养,言谈风趣的营销人员会让用户在沟通过程中轻松而愉快,更快拉近距离,产生亲近感。

13.4 渊博的知识

知识是军工营销实践的基础和保证,无法想象,没有丰富的书本和实践知识,没有科学的理论知识作指导,我们会怎样去开展军工营销。日本著名营销专家原一平在谈到学习与营销的关系时说:"就我而言,学习的时间比营销的时间还要长,结果却是效率不但不减反而上升。"我们中国人也有句俗语:"磨刀不误砍柴工。"营销人员置身于复杂多变的市场环境中,面临纷繁复杂的人际关系,激烈的竞争,要求营销人员学习掌握多方面的知识,持续培养和提高自身的综合业务能力。下面,我们从基础、技术、管理等方面阐述一下知识之于营销的意义。

一、基础知识

基础知识是指对社会、对世界的基本认识方面的知识,主要包括自然科学知识如地理、生物、天文等方面,人文社科知识如哲学、政治、历史、军事等方面的内容。尤其是人文科学,对于军工营销工作至关重要,它与营销的核心素质的培养和提升息息相关。

二、技术知识

要想在军工营销领域取得成功,营销人员应该储备部分专业技术领域的知识。技术知识是优秀军工营销人员知识结构中不可缺少的组成部分,只有懂技术的营销人,才能在营销过程中有的放矢,灵活机动,引导并深度挖掘用户需求,最终给用户提供满意的解决方案。很多次的营销实践和经验证明,单纯依靠技术人员或者市场人员来完成用户需求的收集整理和挖掘引导,效果都不理想,效果最好的就是既懂技术又懂营销的人员去开展这项工作,我们可以称之为"技术商人"。营销人员懂技术,并不是要对本企业生产经营所涉及的各种技术全部精通,不现实,也没必要,但至少要做到:一是应该了解和掌握本单位的技术情况,要知道本单位的技术水平、技术装备和技术力量,以及与国内外同行业相比,本单位技术力量处在何种地位,有什么核心竞争优势;二是应该掌握个人所负责专业领域的核心产品和技术的关键内容,越熟练越精通越好,不仅有利于提高企业营销人员在企业内部的地位、威信和资源调配能力,还有助于在市场和行业中个人品牌的建立。

三、管理知识

营销本身就是一门综合性的管理科学,营销人员必须在管理知识方面具有扎实的基础,并结合实践,不断钻研和掌握管理知识,以便于更好地开展军工营销实践活动。从工作实际需要的角度看,重点包括:① 企业管理。营销涉及企业内部各个方面的管理内容,包括从营销策划到采购、研发、服务、生产、质量、财务、人力资源、信息化建设等一系列的流程,营销人员必须对各环节、各流程的运行规律、特点和规范等方面,有重点有选择的进行认真研究和掌握,才能为营销活动提供最有利的保障和支撑;② 项目管理。军工营销人员还要学习项目管理知识,营销工作涉及的工作面很广,相关利益人众多,流程和环节也比较复杂,如果不懂得项目管理如计划、组织、控制、激励、协调等方面的知识,会在具体营销活动中顾此失彼,管理混乱,用项目管理的思维模式来开展营销活动,会有很好的收获。

13.5 成功的习惯

成功的习惯有很多,结合军工营销工作实际的基础上,选几个方面开展阐述。

一、善于总结

军工营销人员除了要勤于学习,还要有善于总结的好习惯。用知识促进实践,用实践验证知识,再通过总结实现自我提升,不断的良性循环,使营销工作进入到由入门-专业-卓越的发展轨道上来。把工作中的一些经验和精华总结出来,无论是成功的经验、失败的教训还是点滴的积累都应该成为一种实践上升和提炼后的作业指导书,以指导今后的军工营销工作。在军工行业营销工作中,不断的反省和总结,相比辛苦的营销工作本身更重要,经过调整分配后,尽量把时间用在最能实现价值的阶段中去。

二、独立思考

军工营销,还是要多学习掌握辩证唯物主义方面的理论,通过独立思考,学会如何通过抓住事物的核心本质,找到解决问题的通用方法平台,并结合实际,熟练运用。工作原因,笔者出差比较多,每次候机,机场书店里经常会播放一些所谓成功学导师或者营销专家们口若悬河的影像资料,售价不菲,内容主要是围绕技巧谈技巧,围绕模式谈模式。不是说这些都没用,而是它没有涉及解决营销问题的核心本质,不是一个终极解决方案,尤其是针对军工市场这种特种行业而言,很多所谓的技巧或者模式是不管用的,不切合实际,看这样的书,听这样的课,会让一些渴望在军工营销领域取得成功的同志迷惘而无所适从,并逐步丧失独立思考的能力,离成功也越来越远。

三、思维转换

我们每个人都有自己的思维定式,它是我们看世界的角度和方法,是我们对于生活、工作以及相关环境的感知、理解和诠释,它不一定正确,但肯定真实,是由每个人的成长背景、经验以及不断地选择组合而成。作为军工营销人员,在与用户或者行业内的其他群体打交道的过程中,要学会把自己置于对象所适用的思维定式当中去,那么,这中间就涉及个人的思维模式转换问题,举例来说,不管是用户、合作伙伴、竞争对手还是其他,面对什么人,就把自己想象成什么人,从他们的角度来看问题,会有意想不到的收获,尤其是在面对复杂棘手问题时。

四、恰到好处

《菜根谭》:文章做到好处,无有他奇,只是恰好。我们在军工营销工作中,要恰到好处,并把这种适度的原则作为习惯固化下来,办事情,作决策,都要注意分寸、掌握火候。任何事物都是质与量的统一体,统一就体现在"度"这个范畴中,度是指一定事物保持自己本质的量的限度,是临界点范围内的量变幅度,在这个范围内,事物的质保持不变,超出这个范围,事物的质就发生变化,而且往往是不好的变化,这就是我们常说的"过犹不及"的道理。例如,有些军工营销人员喜欢频繁的给用户打电话,发短信,但军工用户可能会觉得这是一种骚扰,并直接产生反感。

五、守好底线

习近平主席曾突出强调"底线思维",我们在军工营销实践中,凡事不能超越底线,如法律底线、政策底线、利益底线、道德底线等等。一旦突破这些底线,我们的整个工作和生活都存在发生质变的风险,不仅可能会因触犯党纪国法受到惩处,严重的甚至会给军工事业带来难以挽回的巨大损失。例如,近年来出现了不少为了利益而出卖军工秘密的案例,都是惨痛的教训,务必引以为戒。

13.6 全面的能力

军工营销工作需要多种能力,对于军工营销人员来说,能力的独特性往往很难体现,那不如从全面性上做文章,这里,我们从六个方面针对全面能力的要求进行阐述分析。

一、顶层设计能力

顶层设计,就是系统的规划和思考,是站在顶层的角度,为了企业的长远发展,寻找一套可操作的系统性解决方案的过程。军工营销人员要学会按照"以终为始"的原则,基于对用户人性的假设,对目标市场的理解,对原始需求的把握,对竞争格局的认知,通过系统的分析,把营销理念、目标设定好,把关键要素和主要矛盾罗列出来,把潜在的问题和风险预见到,从而根据实际情况的需要去配置资源。顶层设计能力作为一种非常关键的核心战略设计能力和手段,其逻辑的严密和明确的可操作性对于军工营销都具有重要意义。营销顶层设计必须从实际出发,再回到实际中来,所有的设计方案及措施,都要能归结到可执行的要素上,以此确保执行者能够充分把握战略落地的要领,保证执行不出偏差。

二、营销创新能力

竞争已成为军工行业的基本特点,创新是军工企业取得竞争优势的核心要素,是企业发展的永恒主题,也是营销人员获得成功的基础素质要求。如何在竞争中脱颖而出,营销人员需要拥有良好的创新意识和创新能力,在经验积累和总结的基础上,不断进行观念创新、思路创新、模式创新和管理创新活动。

三、掌控全局能力

在军工行业,能提供最完备的系统来满足用户需要和解决其问题的企业才能赢得胜利,对于军工营销人员来说,拥有掌控全局的能力,意味着一种地位,一种资质,一种认可,一种能力,还有潜在的价值等。

四、敏锐洞察能力

营销人员活跃在军工市场的第一线,对行业信息、竞争对手状态、市场容量、发展趋势等重要信息往往先知先觉,如果营销人员不具备敏锐的市场洞察能力,企业就无法有针对性的进行应对和布局,更加无法做出正确的市场决策,对于市场风险也将缺乏抵抗能力,后果不堪设想。

五、公关沟通能力

公关能力,是一种综合性的职业能力,包括形象塑造、服务公众、真诚沟通,以及观察、记忆、思维、交往、劝说、演示、应变和反馈能力等,其核心内容是具有较强的与人相处能力。军工营销人员的沟通能力十分重要,良好的沟通是营销人员开拓市场,过关斩将的主要利器和基本要求,在对内对外的接触和交流中,军工营销人员应当努力培养并具备较强的公关能力,增强形象塑造,加深沟通交往,促进效益提高。

六、学习实践能力

这里包含了学习能力和实践能力,军工市场的竞争环境非常激烈,从某种意义上讲,营销人员应该是"杂家",既懂自然科学,又通人文地理,既善于理论研究,又重视实践配合,等等这些,离不开学习能力,而在具备了较强的学习能力后,如何将学习的成果用来指导工作实践同样重要,实践反过来可以帮助营销人员验证学习到的知识,并影响学习活动的开展。

第六部分　军工营销的战略设计

营销大师菲利普·科特勒曾说过:"企业的胜利源自于战略";未来学家阿尔温·托夫勒也说过:"对于没有战略的企业来说,就像在恶劣的气候条件下远航的飞机,始终在高空气流中颠簸,在暴风雨中穿行,最后可能迷失方向,即使飞机不坠毁,也要耗尽燃料";著名的企业战略专家亨德森认为:"战略能够创造持续的,真实的价值。真实价值需要具备长久的竞争力,如果缺乏战略,即使企业遇到机会,也无法把握好它以获得成功。"三位在各自领域获得巨大成功的专家分别从目标实现、风险控制和机会把握等不同角度阐述了战略对于企业的重要性。

要想企业充满生命力,营销战略、策略及方法都非常关键,战略牵引是"本",策略指导是"纲",方法执行是"目",笔者把这三个层次的结合称为军工营销的"本草纲目",它们与理论体系一起构成了本书的主线、框架和脉络。三者中,战略不常变,策略会时常调整,执行更是千变万化,没有战略,策略和执行就会迷失方向。战略是关于全局、高度和长远的重大问题的方针和策略,军工企业的营销战略制定得当,将会在市场中长久的掌握和保持战略主动权,这也是夺取胜利的关键,引用习近平主席的话:"要努力从战略上把握发展走向,从战略上破解发展难题"。

本章,我们要进入到军工营销体系的核心内容模块,暨营销战略研究,主要从目标市场战略、市场竞争战略、新产品开发战略、国际营销战略以及品牌营销战略五个方面来展开。

第14章 军工目标市场战略

为了更好地贴近和满足军工用户的真实需求,首先必须要清楚地知道企业的目标市场在哪里,在目标市场战略指导下,通过市场细分、战略选择和企业定位,能够制定出更符合军工企业长远利益且行之有效的营销策略。

14.1 军工市场细分

进行市场细分的目的是为了帮助军工企业选择并确定目标市场,在此基础上,军工企业运用各种可控资源,实现最优化组合,达到市场目标。市场细分不仅是企业目标市场营销的起点,也是军工市场营销战略的基础战略,不论采用哪种营销战略,都必须进行市场细分,确定目标市场,不然企业无法在市场竞争中找到正确的定位和方向。

14.1.1 概念、内涵与作用

一、概念

20世纪中期后,随着市场供求关系由卖方市场转变为买方市场,营销观念也开始由生产导向转向用户导向,美国营销学家温德尔·史密斯提出了市场细分的概念,并逐步成为营销理论体系的重要组成部分。

所谓市场细分,就是以市场中用户需求的某些特征或变量为依据,区分具有不同需求的用户群的过程。对于军工营销人员来说,应该明确有多少细分市场,并掌握各细分市场的主要特征。但在这里需要提请大家注意的是,市场细分并不是分得越细越好,这里还是有一个度的问题,市场细分过度,会导致军工企业的营销成本不可控,而且会导致营销人员对于目标市场的不聚焦,认识上也不容易达成统一。

二、内涵

由于军工市场内外部环境一直处于不断的发展变化中,同时各用户群体阶层在人生观、价值观、世界观以及经济基础、学历水平等具体方面的不同,其综合需求表现具有一定差异性。因此,军工市场细分的实质是通过发现不同用户需求间的差异性,把需求基本相同的用户群体及其所代表的市场空间归为一类,并由此将整体军工市场划分为若干个细分市场。

需要强调的是,军工市场细分是一个聚集的过程,而不是分解的过程。在求大同存小异的前提下,把对某种产品、装备或者技术服务的特色作出反应的用户,根据多种变量连续进行集合,直到形成军工企业的某一细分市场。

三、作用

市场细分在军工营销中起着关键的作用:

1. 有利于企业发现市场机会

军工市场营销决策的起点在于发现市场机会,当机会与企业的目标、定位、战略、产品特性等在趋势上保持一致,就迎来了发展机遇,而发现机会的前提就是市场细分。通过市场细分,一方面可以帮助营销人员了解到不同用户的需求状况,挖掘尚未满足或没有完全满足的用户需求;另一方面可以帮助军工营销人员从用户的立场分析竞争对手,更好地掌握竞争对手的能力、优势和劣势,并针对竞争对手的弱点,有效地利用本组织的资源,推出能够更好地满足用户需求的产品,从而在市场竞争中处于有利的地位。

2. 有利于企业获得市场机会

市场细分对于军工市场的跟随者、挑战者以及新进入者企业尤为重要。这些企业一般存在资源有限,技术水平相对较低,渠道不完善或者其他的明显短板。如果不进行市场细分,它们在同一些实力雄厚的大集团、大企业以及重点院所进行竞争时往往会处于十分不利的地位,甚至在很短的时间就被淘汰出局。通过市场细分,选择一些实力雄厚的竞争者不重视的或无暇顾及的细分市场,集中力量满足该特定市场的需求,在经营中发挥相对优势,站稳脚跟后,再寻求市场延伸和突破,往往能取得很好的效果。此外,市场细分还可以帮助军工企业更好地掌握市场的特点,在贴近并满足需求的基础上,制定最实用的营销方案,更准确地对准潜在及现实用户。

14.1.2 市场细分依据

军工企业在细分市场时有一些共同的标准供参考。下面我们主要从军工市场的用户群体层面来阐述市场细分依据,包括地理、人文、心理和行为细分等。

第六部分 军工营销的战略设计

一、地理细分

指企业按照用户所在地理位置、自然环境来细分市场。如对于军工行业来说,北京作为我国的首都,也是政治、经济和文化中心,生产者、中间商和最终消费三种市场并存,而且,军工市场的决策层以及十一大军工集团的总部基本集中在北京,所以是军工行业最为重要的区域市场;其他诸如西安、成都等二线城市,由于"三线建设"的原因,军工企业非常多,生产者市场为主,中间商及最终消费市场为辅。因此,如果北京以外地区的军工企业是以最终消费市场为主要营销对象,那么,为了更好地为用户提供服务,实现较高收益,军工企业最好是在北京设立办事机构、常驻营销团队或者技术研发中心。

除此以外,处在不同地理位置的用户,对于同一种产品会有不同的需求和偏好,面对价格、促销等策略的反应也有所差异。例如,对于沿海的用户,在进行营销推广时,其产品的"三防三抗"(防盐雾、防湿热、防霉菌,抗强风、抗雷击、抗强电磁)性能是必须要重点阐述的;开展客户关系管理时,北京的总部用户,层次相对较高,营销过程中就要非常注重用户的精神需求及其差异化特征,对症下药。总之,归根结底,还是要解放思想,实事求是,根据实际情况来制定相应的军工市场营销方案。

依据地理环境变量细分市场,有利于军工营销人员研究不同地区用户需求的特征、需求总量及其发展变化趋势,也有利于开拓区域市场,使军工企业将有限的资源投放到最能发挥自身优势的区域市场中去;但另一方面,地理环境变量是一种静态因素,它对于动态环境变量的重视不够。因此,军工营销人员在进行市场细分时,不能单纯使用地理环境变量,还需要综合考虑其他因素。

二、人文细分

人文因素是反映用户个体基本特点的变量,也是区分军工用户群体比较常用的,重要的市场细分变量之一,它包括性别、年龄、家庭、收入、学历、信仰、民族等多种要素。

于军工市场而言,用户的需求和购买行为是随性别和年龄的不同而变化的,用户中男性占主导地位,收入普遍较高,保障很好,平均学历层次很高,在进行购买时会更理性,他们懂得用多种方法,从多个角度来进行分析比较;另一方面,用户群体中的决策层普遍都是20世纪60及70年代生人,受传统教育影响很深,这些都是军工企业及营销人员在进行市场细分时需要重点考虑的。针对这个群体特征,军工营销人员在工作过程中要非常注意个人素质的表现以及正确的世界观和价值观的表达传递,物资刺激不能不做,但前提是要得到用户对于营销人员的人品、能力及形象的认可。

此外,在与军工用户沟通中,可能会聊到对社会、政治、经济、产品、文化教育、环境保护等热点问题的意见,对于军工营销人员来说,需要多看时事新闻和评论杂志,但不能照搬,见解中要融合自身的理解,并展现出积极的心态、独特的视角和蓬勃的活力。

三、心理细分

就是按照用户的生活理念、价值观、个性等心理变量来细分,对于军工市场中的用户群体来说,他们所处的社会阶层、生活方式、性格特点、价值观念等多种心理变量,既有共通性,又有差异性。例如,这个群体基本都是有国家或者军队正式编制的人员,工作稳定而忙碌,保障有力但仍有一定物质需求,阅历丰富但业余生活相对比较单一,注重身体状态,很多喜欢锻炼,如游泳、登山、羽毛球等;由于手中掌握权利,因此,社交邀请非常多,所以,部分人到了一定阶段后,可能会比较反感社交活动,尤其是纯利益往来的社交应酬,他们希望有更多的时间陪伴家人或者独处。

在军工营销实践中,需要注重对于用户决策群体的信息收集和心理分析,并依据共同点和差异化,具体情况具体分析的开展营销策划。

案例:在某型号项目的推进过程中,笔者希望拜访某装备采购机关的一位关键决策人,约了三次,都被有礼貌的回绝,后来通过其他渠道了解到这位领导谦逊低调,不喜欢社交应酬,一般的营销人员根本见不到他。后来,通过其他渠道,笔者了解到每天的午休时间,该领导都会在单位旁边的公园散步,于是,采用了路上偶遇的方式,之前已经有了三次的约见经历,该决策人给了笔者10分钟来阐述所在单位的优势和产品的核心竞争力。因为做了充分的准备,沟通效果很好,顺利达成了阶段营销目标。

四、行为细分

即按照用户不同的购买决策行为来细分市场,这里的行为变量主要包括:购买时机、用户利益等。

购买时机,例如我国的南海形势日趋复杂,权益维护的需求迫切,那么国家必然会加强海军及国家海洋局海监总队的装备平台及信息手段建设,这就是市场机会,军工营销人员一定要保持高度的敏锐性。还有,对于一些以项目营销为主的系统工程总体研究院所,要非常注意前一个五年规划的末期和新五年计划的中期,前一个五年规划的末期,需要启动下一个五年计划的项目规划研究论证工作,如果装备或者系统不能在末期列入新的五年装备建设规划,局面就会被动,这时候,一定要关注中期计划调整,如果再错过这次机会,项目可能只能等待下一个五年了。

用户利益,这是在军工营销中需要高度关注的行为变量,军工营销人员在开展用户利益诉求分析的时候,要关注用户的多重利益诉求,有经济利益,也有政治利益等。例如,某军工企业的营销团队在跟踪推进完成的一个项目中,由于工程完成非常好,发挥了非常重要的作用,不光是项目获得了科技进步一等奖,还顺利的帮助用户申请到了一个百余人的正式编制,所以,在后续的一连串的项目中,用户基于利益满足及高度信任,连续给予项目支持。

五、其他变量

由于军工市场的特点,在进行组织市场细分时,营销人员还需要使用一些包括用户个性需求、规模大小等在内的新变量。

(1) 个性需求。军工市场最终用户追求的利益实现存在差异,客观上决定了军工企业必须使用不同的营销方案满足其需要,也就是要根据最终用户对产品的不同要求进行市场细分。例如,军工用户在采购计算机时,价格不是要考虑的最重要的因素,如果计算机是用在海上,那么最重要的是防潮热、防盐雾等一些特殊需求的满足;如果是星载计算机,最重要的是可靠性和体积、重量的要求;如果是装在坦克上的,那么最重要的就是抗震、使用寿命等。最终用户的使用需求不同,军工营销人员在营销过程中要注意对症下药。

(2) 用户规模。在军工市场中,越来越多的军工企业开始设立专门的大客户部,通过建立相适应的制度来分别进行大客户和小客户的渠道管理。大客户可以获得更多的价格优惠和服务,企业会投入更多的资源来满足大客户的需求,小客户则一般由比较低端的销售人员来负责联系,营销实践中,我们还是要结合实际,有选择有依据的根据用户规模大小进行市场细分。

最后,需要强调的是,在目前的军工市场状态下,营销人员想要一直使用同一种依据来进行市场细分是不够的,绝大多数的企业会采用综合的方法，将多种特征评价联合在一起，制定特征权重等综合方法来区分用户群体，并开展市场细分。

14.1.3　市场细分条件及关注问题

一个有效的军工市场细分，需要具备以下条件：① 可测量性。细分后的市场大小以及购买能力，应该是能够加以测量和推算的；② 可盈利性。细分市场应拥有足够数量的现实或潜在用户，需求量在一定阶段内保持稳定；③ 可进入性。军工企业有能力进入所选定的细分市场，并能为之提供有效的服务；④ 可区分性。细分市场能够被区别开来，并且对企业不同的市场营销组合和方案具有不同反应。如果不具备这些特征和标志，军工市场的细分就不能成立或者不具备参考价值，企业也就没有必要针对各个细分市场制定不同的营销组合方案。

此外，企业还应该认识到市场细分的时效性和可变性，过去有效的市场细分现在不一定有效，现在有效的市场细分将来不一定有效；可变性方面，如前面说到的地理、人文等因素，随着社会经济的发展而不断变更，用户群体的年龄结构、家庭规模、教育程度、收入水平等也会随着时光荏苒而不断变化，其生活方式、脾气性格、利益诉求等方面也存在发生变化的可能。总之，要使细分切实有效，军工企业必须树立动态发展的观念，适时对市场细分要素的发展变化进行研究分析，以便更好地针对目标市场，采用适当的营销战略、策略和方法，保证军工营销的成功执行和效益最大化。

在掌握市场细分依据的基础上，结合营销理论和军工实际，我们在开展市场细分时，还需要重点关注以下方面的问题：应该把营销方向集中在哪些领域、哪些产品？如何界定市场空间和用户规模？应把营销重点放在哪些地区？应重点关注哪些技术发展？如何处理与新老用户的关系？把重点放在大宗订货，还是少量订单？如何提高自身的抗风险能力等。

此外，关于军工市场细分的方法问题，还可以关注新技术、新方法、新工具在市场细分过程中的作用发挥，例如大数据，通过对海量市场的数据采集、处理，帮助军工企业进行市场细分并得出结论，但另一方面，我们也需要避免陷入纯粹数据世界而不能自拔，数据之外，人的感性和直觉仍然很重要。

14.2 军工目标市场战略选择

军工目标市场就是军工企业决定为之提供产品或者服务的具有相似需求的用户群体,这里,有三种不同的目标市场战略供军工企业参考选择:无差异、差异性和集中型营销战略。

14.2.1 无差异战略

一、概念

无差异营销战略,是指军工企业不考虑细分市场内部的差异性,而主要是注重共性特征,把整个细分市场作为目标市场,只推出一种产品,运用单一的市场营销组合,为整个市场提供服务的营销战略。这种策略的基本特点是:企业把整个市场视作一个大的、同质的目标市场,营销活动只注意市场需求共性,而忽略其差异性。一般来说,这种战略基于两种不同的指导思想,一种是市场上的最终用户认为某些产品是同质的产品,另一种是从产品观念出发,忽视需求的差异,强调需求的共性,前者强调用户认同,后者注重企业认知,隐藏在这种营销战略背后的是企业对于市场状态及自身定位的准确把握,否则,容易走偏。

二、特点

无差异营销战略的主要优点表现为成本的经济性。无差异的促销活动可以减少营销费用;不进行各子市场的细分也会相应地减少市场调研、产品开发、制定多种市场营销组合方案等方面的支出;而且产品的品种、规格、款式简单统一,有利于标准化及大规模生产,有利于生产、储运和销售的成本控制。对于军工行业而言,何种情况下采用无差异化战略,需要我们结合企业及其所处环境的实际来客观分析,灵活应用。

无差异营销战略的缺点主要是单一产品用同样的方式广泛销售并取得用户的高度满意,在军工市场中几乎是不可能的。对于军工市场而言,用户需求是千差万别并不断变化的,个性化需求和定制化服务是常态,尤其是在装备单机的研发生产、系统总体集成、关键技术预研领域;另一方面,许多过去的同质市场已经转变为异质市场或正在向异质市场转化,尤其是当同行业中有好几家企业都实行的是无差异市场营销时,市场竞争会逐步变得越来越激烈,增加企业营销成本的同时,还会降低企业的利润空间,最重要的是,企业容易受到采用差异性营销战略的竞争对手的攻击,竞争对手会想方设法为不同需求的用户提供更适合他们的产品或服务,并获得极高的用户满意度,这使得采用无差异营销战略的企业会非常被动。

三、需注意的问题

在军工市场目前的环境和状态下,以十一大军工集团和科研院所作为主体的军工市场里,实行无差异性营销战略的军工企业相对比较少,主要集中在军需物资供应、元器件供应商等特定领域方向以及业务比较单一的企业,绝大部分从事技术研发和装备生产的军工企业主要是采用差异化或者集中型营销战略。

案例:某研究所专业从事系统前端采集接收设备的生产,采用的就是无差异战略。长期以来,企业的合同产值和盈利率比较稳定。但产品线过于单一,从长远发展来看,存在隐患。2013年,该研究所被另外一所综合性研究所整合。

其次,军工市场中没有绝对意义上的无差异化,生产前端设备的这家军工研究所,在实行无差异化战略的同时,实际操作中也必须要注意到上面分析中所涉及到的有限条件,例如,该研究所的用户虽然都来自于政府和军队部委,但产品的应用领域、地点等都存在差别,有些用户把设备用在极寒地区,有些用在潮热地带,有些是舰载,有些是机载,对于产品的性能指标也会有不同的要求;此外,用户需求满足的重点也不一样,例如有些更看重指标的满足,有些更侧重于售后服务等等,这些都需要企业进行差异化的区别对待,以提升用户满意。

14.2.2 差异性战略

一、概念

差异性市场营销战略,是军工企业在市场细分的基础上,选择多个子市场作为目标市场,设计不同的产品,并分别为之设计不同的市场营销方案,同时在渠道、促销、定价方面加以改变,以满足各个细分市场的需要。这一策略认为军工用户需求是有差异的,不可能使用完全相同的、无差别的产品和服务去满足各类用户的需要,受到企业资源和条件的限制,采用差异性营销战略的企业一般需要有较为雄厚的财力、较强的技术力量和素质较高的管理及营销人员。基于事实来说,差异化战略是目前军工企业在市场竞争中的主流战略模式,未来如何变化,一是要与时俱进的对差异化战略进行不断地适应性调整,二是要解放思想,将差异化与其他战略模式进行融合统筹。

二、特点

目前越来越多的军工企业采用了差异性市场营销战略。差异性战略的优点是可以提高军工企业产品的竞争力,减少经营风险,同时提高用户对于企业的信任度,树立企业良好的市场形象,提高市场占有率;另一方面,差异性营销战略的缺点在于,由于运用这种策略的企业进入的细分市场较多,而且针对各个细分市场的需要实行了产品和市场营销组合的多样化策略,随着产品品种增加、渠道多样以及市场调研和各种营销活动的扩大化,整个企业的营销体系及其内部运作会愈加复杂,而这种复杂度会呈几何级数增长,企业营销成本会大幅度增加。这里,我们仍然要用到辩证的思维,就是在差异化之下,力争寻找到产品、市场、用户之间的无差异,以降低营销结构复杂度,节约成本,并通过保持这种最有效的营销操作模式,寻求企业的核心市场竞争力。

三、需注意的问题

目前军工市场中,有一些企业贪大求全,面向多个细分市场,实行差异性营销战略,但战线拉得太长,资源又有限,精力上也顾不过来,结果在导致效益下降的同时,还影响了企业形象,损害了用户对于企业的信任度,降低了企业的市场品牌影响力。

案例:某军工企业,"十一五"期间,业务扩张非常迅猛,多点开花,多元化经营,全面扩张,企业的年产值却没有大幅提升,由于资源投入比较大,导致纯利润反而降低,员工激励停滞不前,开始出现不满情绪,并直接影响到用户满意度,企业内外部环境都出现了问题;其次,在很多专业领域,由于进入的比较匆忙,好几个项目在技术储备、渠道基础等方面并没有达到理想状态,离完全满足用户的需求还有相当差距,直接引起用户不满;第三,扩张的太快,无形中对扩张对象市场中的军工企业造成了冲击,得罪了这部分企业的同时减少了很多潜在合作机会,最终,该企业在市场中腹背受敌,情况变得复杂且艰难。

总之,军工企业在实行差异性营销战略的时候,必须要一切从实际出发,具体情况具体分析,实事求是,有的放矢,稳步前进。

14.2.3 集中型战略

一、概念

集中型市场营销战略,是指企业在将整体市场分割为若干细分市场后,集中力量,选择其中某一或少数几个细分市场作为目标市场,其指导思想是把企业的人、财、物集中用于某一个或几个小型市场,期望在少数的市场空间里得到较大的市场占有率,这种战略适合资源少,技术力量薄弱的中小型军工企业或者是军工市场的新进入者。

二、特点

由于目标集中,集中型战略可以节省军工企业的各种成本开支,又由于生产、渠道和促销的专业化,也能够更好地满足这部分特定军工用户的需求;同时,企业对市场有比较深刻的了解,集中优势兵力,易于取得优越的市场地位,产生较高的利润率。这一市场战略的不足是企业的市场对象和范围太窄,目标市场及用户的需求情况一旦发生变化,或是市场上出现了更强有力的竞争对手,企业就可能陷入困境,一蹶不振。因此,对于军工企业来说,不建议长时间采用集中化市场战略,还是要根据企业的内外部环境变化进行有针对性的调整应对。

三、需注意的问题

对于在军工市场逐步开放以后,准备进入军工市场的民营企业或者小企业来说,集中型市场营销战略是比较适合其所面临生存环境的,如果与老牌大型军工企业进行硬对抗,是下下策,最好的方法就是找到一个市场领导者忽视了或者不够重视,竞争不那么激烈,而企业自己却拥有一定特色化竞争优势的细分市场,集中力量开展市场营销,相对来说会更容易成功一些。

此外,一般来说,集中型战略的应用是有周期限制的,不论哪个细分市场,竞争只会越来越激烈,企业如果没有办法在一定的周期内,站稳脚跟,并快速发展,随时有可能被后来者淘汰;而如果企业成功的生存下来并发展壮大了,从企业长远战略的角度,也不可能一直使用集中型战略,可能会转为差异性战略,也可能是多种战略并存的局面。

14.2.4 战略选择依据

三种目标市场战略各有利弊,具体在什么阶段,什么地点,采用什么战略，要一切从实际出发，解放思想、综合统筹、扬长避短，在这个思想原则的指导下，军工企业要重点考虑四方面的因素：企业资源、产品特性、生命周期以及竞争对手的战略选择。

一、企业资源

对于军工企业而言，所拥有的资源决定了它的营销战略，如果企业在某单个资源领域具备核心优势，所面向的市场用户又存在同质性，那么可以考虑实行无差异市场营销；如果在资金、技术、人才、渠道各方面实力都很雄厚，可以应对各种挑战，可以采用差异性营销战略，多点出击；而如果实力偏弱，最好是实行集中型营销战略，这种战略更贴近实战，在某种程度上可以帮助拥有远大理想的新、小企业在惨烈的市场竞争中，以并不占优的实力获得局部胜利，并在相对宽松的环境下成长壮大。不管选择什么目标战略，都要求军工营销人员要保持对于环境、市场信息以及自身定位变化发展的高度敏锐。

二、产品特性

军工企业的产品在性能、包装、定价等方面存在差异，其战略选择也会不同。如果市场中的用户在同一时期需求相近，偏好相似，对于营销刺激的反应也大致差不多，则可视为同质市场，适合实行无差异市场营销，如常规武器弹药生产商、专业化服务提供商或者电子元器件供应商等；反之，如果市场需求的差异较大，就是异质市场，适宜采用差异市场营销或者集中化营销。市场的同质化和产品特性是紧密联系在一起的，但绝大部分企业来说，会根据市场同质化的状态，结合企业的资源和能力来决定企业的产品特性，企业的产品特性反过来又决定企业采用什么样的战略，进入什么样的市场。

三、生命周期

如果是军工企业的新产品，处于市场导入期或者成长期，企业的市场营销重点是引导、启发和培育用户的需求，最好是实行针对某一特定子市场的集中市场营销；当产品进入成熟期，竞争开始加剧，所面对的用户需求越来越多样化，市场环境也越来越复杂，可改用差异市场营销战略以拓展并巩固市场。对于军工企业来说，最理想的状态是，在不断完善产品性能，分析市场环境，拓展市场渠道的基础上，通过目标市场战略的设定和调整，可以大幅延长某个产品的生命周期，在市场竞争中获得持续而长远的成功。

四、竞争对手

一般来说,军工企业在选择自己的目标市场战略时,必须要充分考虑竞争对手所采用的战略,要有所区别,又或者反其道而行之,如果对手比你强大,实行的是无差异化市场战略,那么结合其他相关资源状态,企业可以考虑采用集中市场战略或者差异市场营销;如果企业面对的是较弱的竞争对手,那么在开展充分的分析后,选择相适应相类似的市场战略,必要时也可以采取与之相同的市场战略,凭借实力和所拥有的优势把竞争对手拖入对抗状态,然后击败对手。

14.3 军工企业的市场定位

定位的概念首先是由里斯和特劳特在20世纪60年代末提出来的,逐步发展成为完整的体系,特劳特把定位看成一种传播策略,认为定位就是"如何在顾客的脑中独树一帜"。科特勒给定位的定义是"定位是指公司设计出自己的产品和形象,从而在目标顾客心中确立与众不同的价值。"

随着军工经济的不断发展,市场竞争的不断加剧,市场上出现了许多同质化的状态和现象,产品同质化,用户同质化,渠道同质化,战略战术同质化,营销方法同质化等等。如何从同质化的竞争中脱颖而出,使企业获得稳定的市场空间,关键是军工企业的市场定位要准确,要鲜明。

14.3.1 定位依据

对于军工企业来说,市场定位是指企业针对用户的需求进行营销设计,通过营销行为建立产品、品牌或者企业在目标用户心目中的某种固化形象或特征,并加以运用以取得市场竞争优势。市场定位的实质是取得目标市场的竞争优势,它是军工营销目标市场战略体系中的关键组成部分,对于提高军工企业的市场竞争力具有重要意义。

在军工营销中,企业可以依据产品的属性、价格、质量、用途、使用者、竞争者等多种因素或其组合进行市场定位,具体来说,市场定位的依据主要包括如下方面:

(1)产品属性定位。即根据产品的某项特色来定位,例如某军工企业推出单兵便携式的通信装备,主要针对信息化战争状态下的单兵作战需要,根据产品的属性,企业可以直接进行市场定位。

（2）用户利益定位。即根据产品带给用户的某项特殊利益定位，如针对重视售后服务的军工用户需求，某研究所提出了终身免费升级维修的服务保证。

（3）群体特征定位。针对不同的产品使用者进行定位，把特定产品引导给某特定用户群体，如企业生产防化装备，提供给防化部队使用；生产机动陆装平台，给集团军使用；生产舰载装备，给海军使用。

（4）使用场合定位。一些产品可以用多种不同的使用场合来进行定位。如敌我识别产品，应用在多种不同的环境和平台上，船上、车上、飞机上等，企业可以根据其所应用的场合来对产品进行不同定位。

（5）竞争对手定位。以竞争者为参考来进行定位，如某研究所在遥感接收领域，针对其竞争对手的短板，围绕其系统中所有的单机装备全部拥有自主知识产权来做文章。

（6）质量服务定位。对于军工市场来说，对于产品质量和后续服务的追求是永无止境的，这就直接涉及到产品的质量如何，后续技术服务水平等。

14.3.2 定位流程

对于军工企业来说，市场定位的全过程可以考虑通过确认－选择－展示三个步骤来完成：确认本企业的优势所在，准确的选择相对竞争优势，明确展示独特的竞争优势。

一、确认企业竞争优势

军工营销人员在这一阶段的中心任务是要认识到几个问题：一是竞争对手的产品定位是什么，我们的产品有什么优势；二是目标市场上用户的需求满足度水平以及还需要什么；三是针对竞争者的市场定位和潜在用户的真正利益，企业需要做到什么，能够做到什么。要搞清楚这几个问题，需要系统的搜索、分析并研究相关市场信息，确定企业的竞争优势所在。

以产品优势为例，主要包括价格优势和特色优势：一是价格优势，在产品的指标、性能、体积、可靠性、外观设计等方面都差不多的情况下，企业制定比竞争者更低的价格，这要求企业具有成本控制的强大能力或者具备比竞争对手更雄厚的抗亏损实力，但由于军工行业尤其是军用科技装备领域，相当部分的产品无法做到批量化生产，成本控制不下来，加上军工行业用户对于价格来说相对不是特别敏感，因此，并不建议完全依靠价格优势来进行企业市场定位；二是特色优势，即能提供确定的产品特色来满足用户的需求,例如有些用户喜欢技术指标越高越好,有些用户喜欢可靠性越高越好,有些用户喜欢"三防三化"设计的越趋于完美越好等,这就要求企业努力在产品的特色上下功夫,这里的产品特色必须要与目标用户的实际需要结合起来。

二、准确选择相对竞争优势

相对竞争优势代表企业能够胜过竞争对手的现实和潜在能力,选择相对竞争优势是一个军工企业能够找准市场定位,实现营销战略目标的关键。这一环节是军工企业市场定位的核心,主要是通过分析比较企业与竞争者在企业文化、经营管理等八个方面的优劣势对比来选择相对竞争优势。

1. 企业文化

主要是考察企业的文化和价值体系,它们是军工企业的"灵魂",文化和价值体系建设对于企业在军工市场中的站位、眼界和高度具有决定性的影响,这些也是军工用户非常看重的企业特质,不具备社会责任感,不讲政治,不注重大局,文化有明显缺陷,目标过于功利的企业必然会被市场淘汰。文化,是企业确立相对竞争优势的最佳选择。

2. 经营管理

主要是考察企业管理层的领导决策、计划管理、组织协调和应变能力等指标。经营管理一直以来都是军工企业尤其是传统老牌军工企业的短板所在,近几年,随着军工市场经济的不断发展,军工企业的决策层越来越年轻化,思维方式越来越开放,学习能力越来越强,其经营管理能力得到的很大程度的提高,但企业仍然可以通过经营和管理能力的持续提升和加强来建立相对竞争优势。

3. 技术开发

主要是分析企业的技术研发及资源保障,包括技术专利、团队水平和创新能力等指标,以创新能力为例,强大的技术创新能力是军工企业高速可持续发展的基本要求,目前,军工企业普遍存在创新能力方面的短板,如研究所过于重视工程技术研究,院校过于注重基础理论方面的研究,军工厂过于注重生产能力提升等。市场经济所带来的急功近利思想对于军工行业产生着巨大的影响,事实上,目前中国的军工仍然缺乏良好的创新土壤,不少的军工企业及其产品,包括我国号称拥有核心技术研发能力的部分领域,仍然有模仿的痕迹,如果能在这方面有所突破,企业在市场中将始终领先一步。

4. 采购体系

主要分析企业的采购管理模式、运输存储系统、供应商合作以及采购人员能力等指标。对于军工企业来说,由于用户对于产品质量、生产周期等方面要求都很高,因此,企业的采购管理能力十分重要,尤其是对于一些特种领域,这些领域的用户采购量比较小,很多都是应急需求,时间要求非常严格,如果采购管理能力低下,物流系统不规范,没有建立顺畅的、充分的供应渠道,会对军工企业的市场竞争力和品牌建设造成负面影响。

5. 生产能力

主要分析生产能力、生产过程控制以及生产人员素质。对于大批量生产的军工企业,生产能力强弱是其市场占有率的重要因素之一,如工控机、通信电台等,但生产能力并不是越高越好,还要考虑企业所面向市场的容量和需求状态,产能过剩所造成的资源浪费对于军工企业来说同样不可接受。

6. 营销团队

主要分析营销能力、市场渠道、战略研究等指标。由于军工市场的蓬勃发展主要是最近的十多年时间,军工行业的改制和军工企业的转型仍然处于在摸索中前进的阶段,因此,军工企业的营销能力普遍不高,销售渠道很难拓展,市场研究不充分,营销团队协同作战能力相对较弱,所采用的方式方法也比较单一。因此,结合行业特点的营销团队能力培养和提升,是军工企业非常紧迫的任务,对于企业的市场战略的制定和执行、市场地位的提高都有最为直接的意义。

7. 财务方面

主要考察企业的资金来源、资金成本、支付能力、现金流量以及财务制度等。目前,对于绝大部分军工企业来说,资金来源相对单一,但由于国家保障的优势,支付能力和现金流量都还不错。财务制度方面,军工企业每年都要经过多重审计。因此,对于财务的管理比较严格,这也是军工企业能够在纷乱的市场经济浪潮中独善其身的重要原因,很少看到军工企业因为财务问题而导致严重的经营危机。

8. 产品优势

主要考察产品的特点、价格、质量、包装、服务等指标,这几个方面的因素决定了军工企业产品的市场竞争力,特点突出、价格合理、质量过硬、包装美观、服务完善的产品会具有不错的相对竞争优势。

三、明确展示竞争优势

在确认竞争优势并进行优势选择后,军工企业还需要通过一系列的营销活动,将企业所特有的竞争优势准确的传达给用户,并给用户留下深刻印象。为此,企业首先应该使目标用户了解、熟悉、认同并赞同本企业的市场定位,并在用户那里建立与该定位相一致的形象;其次,企业通过一切措施努力宣传其企业形象、定位以及文化,保持与目标用户的良好沟通,加深其感情以巩固企业的市场地位;最后,企业应该注意目标用户对其市场定位的理解是否存在偏差,及时纠正企业在市场营销和定位宣传的过程中,由于失误而造成目标用户的概念模糊。

14.3.3 定位方法选择

定位方法上,主要有四种可供军工企业选择,包括初次定位、重新定位、对峙定位和避强定位。

一、初次定位

初次定位是指企业进入新市场,企业的新产品投入原有的市场或者原有产品进入新的市场,也可能是新产品进入新市场,对于军工企业来说,这种情况,要从零开始。随着军工市场竞争越来越激烈,很多军工企业不得不投入比较多的资源来开展新的领域拓展或者进行新的产品研发,甚至成立新的公司进入新的细分市场。这时候,初次定位非常重要,企业需要运用尽可能多的有效营销组合,使产品特色符合所选择的目标市场需要;同时,还要认真研究分析所面对的竞争者的市场地位,以便制定出最符合企业现状的市场定位,确保企业一开始就在市场竞争中占据先天有利位置。

二、重新定位

在军工市场中,重新定位是指企业改变产品特征、目标市场等,使目标用户对其产品有一个重新的认知过程,重新定位对于军工企业适应市场并调整战略必不可少。在面对竞争者的产品市场定位同质化,侵占本企业部分市场,或者用户的要求和喜好发生变化等情况时,企业产品的市场定位必须要进行重新定位,定位时,重点考虑两个因素,一是重新定位的成本几何,二是重新定位的收益预期有多少。

三、对峙定位

对峙定位是指军工企业选择与现有竞争者接近或者重合的市场位置。

这种情况在军工市场中还比较常见,军工市场用户一直秉行可控范围内的有效有序竞争,因此,会有意识地培养数家在产品、价格、服务等多个方面相差不大的企业。当然,类似于传统消费品市场那样多方对峙混战的红海状态,并不太多见,那种残酷竞争状态对于军工行业的健康有序发展并不全是好处,也不符合目前我国军工市场的现实需要。

四、避强定位

避强定位是指军工企业回避与目标市场中比自己强大的竞争对手的直接对抗,选择缝隙市场或者市场空白点,避实就虚,这种定位比较适合军工市场的中小企业、民营企业或者市场的新进入者。相比对峙定位而言,避强定位更柔性化。

第 15 章 军工市场竞争战略

竞争,是市场经济的基本特征之一,如果想在激烈的军工市场竞争中生存并发展,军工企业需要树立正确的竞争观念,并结合企业实际制定相适应的竞争战略、策略和方法,以争取市场竞争的优势和主动权,这里面,竞争战略的制定与选择是企业成功实现其市场目标的关键,包括竞争者分析、竞争基本战略、竞争战略模式选择等内容,本章节是军工营销战略框架的核心章节和内容,需要重点学习掌握。

15.1 概述

毋庸置疑,竞争是目前军工市场运行的主要规律之一,军工企业从各自的利益出发,为取得较好的生存环境、获得更多的市场资源而竞争,通过竞争,实现企业的优胜劣汰,进而实现生产要素及资源的优化配置。

15.1.1 军工市场的竞争特性

在军工市场经济条件下,企业不可能完全垄断整个目标市场,企业之间存在市场竞争关系,是军工市场经济的一个基本特征。任何军工企业在目标市场进行营销活动时,不可避免地都会遇到竞争对手的挑战,只要市场上存在着需求向替代产品转移的可能性,现实或者潜在的竞争对手就会存在,因此,军工企业必须高度重视员工竞争观念的培养,加强对市场竞争环境的了解,研究分析竞争对手的营销变化及其战略调整,作出及时的反应,并制定相应的竞争战略。

对于军工企业来说,竞争者是那些与本企业的产品、服务特征或目标用户存在一定相似度或者交集的共性组织,目前军工市场的开放化进程正在加速,从目前的市场环境来说,军工企业不仅要面对同行业竞争者,还需要关注非同行业竞争者及其他潜在竞争者。

军工市场竞争者的分类有很多种,结合传统行业划分标准,从竞争状态来说,我们可以将军工市场的竞争者划分为现实竞争者和潜在竞争者;从竞争层次来说,我们可以将其分为品牌竞争者和产品竞争者;从竞争内容来说,可以分为产品竞争者和服务竞争者。不同的竞争者与企业构成了不同的竞争关系,知己知彼,方能百战不殆,军工营销人员在制定营销战略前必须先弄清竞争对手的全面状况,以便有效指导军工营销活动的开展。

15.1.2 竞争主要形式

对于军工市场来说,价格仍是竞争中一个重要的存在形式,但军工企业之间的竞争形式很多时候又融合了一些非价格竞争的因素。

一、价格竞争

价格竞争是军工市场竞争的主要形式,是指生产经营同种产品的军工企业为达到其利润目标而进行的一种竞争形态。从经济学原理来说,用户购买行为服从"合理性原则",价格需求弹性表现为负弹性,即价格越高,需求越小,价格越低,需求越大,这种原则,在有限定条件的情况下,合理性原则适用于军工企业,在产品质量、指标、服务等用户关注点都非常接近的前提下,军工企业通过价格竞争来扩大市场份额,达到营销目标是重要竞争形式之一。这里,军工企业要想在价格竞争中居于有利的地位,关键是成本控制,企业必须努力降低生产、经营以及营销等各类成本,实际上,目前很多老牌军工企业就是因为成本控制做的不好,在价格竞争中始终处于劣势,导致其市场空间不断的被竞争对手蚕食。

另一方面,对于军工企业来说,要努力避免陷入恶性的价格竞争,轮番降价的结果,只会带来利润率的普遍下降和两败俱伤。

案例: 2008年,笔者曾跟踪过一个项目,就陷入了价格的恶性竞争中,最终竞争对手以低于成本的价格中标。从产品交付用户以后的使用情况来看,中标单位为了保证利润,千方百计降低成本,甚至少做了好几项环境试验,软件系统也省略了第三方测评环节,以至于在装备交付用户后,软硬件系统都很不稳定,用户利益受到损伤。好几年,该中标单位都没能再进入这个用户的采购名录,这是两败俱伤的典型案例。

对于军工企业来说,价格竞争应该是有序的、可控的,为了避免恶性竞争的价格战带来的副作用,近几年,军工市场管理层及用户决策层开始越来越重视对于这一块的操控,期望通过良性的价格竞争,帮助军工企业提高劳动生产率,不断改进产品性能,提高生产管理效率,最终使用户及企业都从中受益。

二、非价格竞争

在这里,非价格竞争主要是指通过产品、服务的差异化所进行的竞争,一般是在不改变产品价格的情况下,通过改变产品或者服务的某些属性,形成企业与竞争对手之间的差异化竞争优势。

在军工市场中,由于对非价格因素的高度关注,非价格竞争被认为是军工企业竞争的另一种重要形式,尽管非价格竞争一般会增加企业的成本,但在市场竞争越来越白热化的今天,非价格竞争在军工市场中得到了常态化应用,以至于许多军工企业甚至将非价格竞争作为其最主要的竞争手段。

相比价格竞争,军工行业的非价格竞争主要具备多样性和间接性特征:① 多样性。非价格竞争的具体形式很多,只要是不属于价格竞争的竞争手段,都可以纳入非价格竞争的范畴,如产品质量的可靠、指标的提升、设计的优化、服务的改进等,都是有效的非价格竞争手段。② 间接性。相比直接的价格竞争,非价格竞争较为隐晦、间接,出其不意,不容易引起市场的恶性竞争以及对手的激烈反应,一般能收到较好的市场竞争效果。

15.2 军工市场竞争者分析

军工营销人员在开展市场营销活动的过程中,仅仅了解用户是远远不够的,必须要了解所有相关利益方的有用信息,包括竞争者、合作伙伴、供应商等等,这其中,掌握竞争对手的全面情况又是重中之重,要想在市场中取得竞争优势,占据重要地位,对于竞争对手的判别、信息的收集分析是军工企业管理层及其营销人员的核心工作内容,包括:了解竞争对手的市场目标和竞争策略、特点,了解竞争对手在市场竞争中的优势和劣势,了解竞争对手可能采取的营销行为,了解竞争对手可能作出的市场反应等等。

本节中的竞争者分析是指军工企业通过某种分析方法识别出竞争对手,并对它们的战略、目标、资源、市场和文化等要素进行综合评价,其目的是为了准确判断竞争对手的战略定位和发展方向,并在此基础上预测竞争对手在未来短兵相接时的营销战略、策略和方法,评价竞争者对企业的战略及策略行为的反应,以及在可持续保持竞争优势方面的能力。

15.2.1 竞争者识别

对于军工企业来说,市场竞争者的识别和分析工作具有特别重要的意义。识别竞争者看起来似乎不难,但由于军工市场信息的不透明,加上需求的复杂性、层次性、易变性,以及军事科技的快速发展,国家政策形势的调整变化等多种外部制约因素,使得军工企业往往面临非常复杂的市场竞争形势,这时候,我们主要考虑可以从行业、需求和定位角度来识别竞争对手。

一、行业角度识别

军工企业的竞争者主要存在于军工行业之中,因此,企业先要学会从行业角度来发现竞争者,在全面了解军工行业的因素变化和竞争状况的基础上,据此制定针对行业竞争者的战略、策略和方法。在行业内部,如果一种产品的价格或者非价格因素发生变化,就会引起相关产品需求的变化。例如,如果某单机设备的国产电子元器件的性能满足不了用户需求,虽然有国产化要求,但用户还是会转向购买进口电子元器件,这样,进口元器件的需求量增加,国外元器件产商从潜在竞争者变成现实竞争者。反之,如果国产电子元器件的性能指标得到提升,用户又会转向购买国产的电子元器件,使得进口产品的需求减少,国外产商又会退居二线,变成潜在竞争者,这时,企业的市场竞争战略就需要进行调整。

二、需求角度识别

军工企业还可以从市场需求的角度出发来识别竞争者。某种意义上来说,凡是满足相同的市场需要,或者服务于同一目标用户、市场的企业,无论是否属于同一行业,都可能是企业的竞争者。例如,行业来看,航天和航空是不同的两个行业,属于军工市场中的两个细分市场,但现在航空行业的一些企业和院所也在从事部分涉及航天的工作,反过来也一样,未来,这种交融会越来越多,越来越深,面越来越广,因为从需求的角度来看,用户感兴趣的是满足其需要,只要企业资质齐全,实力雄厚,用户并不关注这种需要的满足是来源于哪里,更何况有序的竞争有利于用户利益的最大化满足。从满足需求出发发现竞争者,可以从更广泛的角度认识现实竞争者和潜在竞争者,有助于军工企业在更宽广的领域空间内制定相适应的市场竞争战略。

三、定位角度识别

在日益激烈的军工市场竞争中,企业越来越多地以自身市场定位的逻辑推理为基础来识别市场竞争者,制定竞争战略。通过对自身市场地位的分析判断,企业可以确定自己在同行业竞争中所处的位置,结合企业的战略目标、资源和环境,筛选出对企业的现实状态及长远发展具有巨大威胁的竞争对手,通过提前布局以降低风险。需要我们重点关注的是,军工企业的竞争定位要求企业对于内外部信息的全面掌握。因此,企业需要建立比较完整的市场信息管理系统,并在广泛收集信息的基础上,拥有一套客观、高效的判证分析流程,对竞争者准确定位。

此外,在军工市场中,我们还可以结合产品和市场细分进行识别,例如某军工企业打算进入其他细分市场,营销人员需要收集并分析各个细分市场的容量、现有竞争者的市场占有率,以及各个竞争者当前的实力及其在各个细分市场的营销目标与战略等相关信息。这些信息能帮助我们更好地识别市场竞争者,同时更具体、更准确地制定相应的市场竞争战略。

15.2.2 竞争者战略设计

在确定了谁是企业的市场竞争者之后,军工营销人员还需要进一步研究明确每个竞争对手的市场目标、竞争战略以及营销特点。

一、竞争者市场目标分析

了解竞争对手的市场目标非常重要,可以反演出竞争者目前的市场地位、经营状况和财务状况,从而掌握该企业的战略方向,以及对外部环境变化的反应。

(1) 每个竞争者都有侧重点不同的市场目标组合,如生产经营能力、盈利能力、市场占有率、渠道掌控度等,军工企业必须了解主要竞争者的市场目标,才能对其竞争行为作出适当的反应。例如,一个以"技术不断创新,保持市场领先地位"为主要目标的军工企业,将对其他竞争者在设计创新与新产品开发方面的新进展作出强烈的反应,而对竞争对手生产经营能力方面的变化相对不那么敏感。

(2) 通过密切观察和分析竞争者目标及其行为变化,可以为企业的竞争战略决策提供方向。例如,当发现竞争者开辟了一个新的细分市场时,那么,这可能意味着是一个新的市场机会,或者当发现竞争者试图打入企业自身所在的主营业务市场时,这意味着发生了新的市场威胁,要加以重视。

(3) 竞争对手的市场目标可能存在着差异,从而影响到企业的营销战略及模式。例如竞争者是寻求长期业绩还是寻求短期业绩?是寻求经济利润的最大化,还是寻求政治效益的最大化?所有的军工企业作为一个相对独立个体,它的市场目标是存在差异的,这种同质特征之上的差异化,对军工企业制定相对应的营销战略有重要价值。

二、竞争者战略分析

竞争者之间可能采取各不相同的营销战略,也可能采取类似的战略。一般来说,市场上同行业的竞争企业越多,竞争战略越是相似,竞争越是激烈,例如军工市场中的电子对抗、通信、信息处理等;市场越是由少数企业所控制,进入门槛越高,竞争企业之间就越是有可能达成某种程度的默契与妥协,或者说是一种平衡,以形成竞争的均势,保持利益的稳定,举例来说,目前在卫星平台设计生产领域,航天科技集团的五院、八院处于市场统治地位,中科院上海小卫星所近两年发展不错,但仍然处于跟随或挑战角色;绝大部分的国产军用舰船都是由中国船舶工作集团和中国船舶重工集团公司设计生产;几乎所有的航空飞行器都产之于中航工业集团的下属企业等等。

根据竞争企业所处的市场空间,及其所采取的竞争战略特点,可以将竞争者划分为同一战略群体和不同战略群体两类,凡采取类似竞争战略的军工企业,可以划为同一战略群体;凡采取不同竞争战略的企业,可以划为不同策略群体。除在同一战略群体内存在的激烈竞争外,在不同的战略群体之间也存在着不同程度的竞争。例如不同战略群体的军工企业具有相同的目标市场和用户;用户很难分清不同战略群体企业之间产品的差异,存在混淆;某一战略群体中的企业可能改变或扩展自己的战略,加入另一战略群体的行列等等。

军工企业要想进入某一战略群体,需要注意以下两点:一是进入各种战略群体的难易程度不同,实力比较弱小的企业更适于进入门槛较低、竞争力偏弱的群体,或者依附在竞争力强的群体那里做配套;实力雄厚的企业可以考虑进入门槛很高,竞争不那么激烈的群体,通过高新技术创新和优质服务获取超额利润。二是当军工企业决定进入某一战略群体时,必须要先明确该战略群体中谁是主要的竞争对手,谁是主要的合作伙伴,然后再来设计其市场竞争战略。

15.2.3 竞争者的优劣势分析

在军工市场竞争中,军工企业一方面需要分析竞争者的优势,收集了解过去几年里竞争者的相关资料信息,如市场占有率、营销模式、发展战略等方面的竞争优势,并在信息分析处理的基础上,有针对性地制定正确的市场竞争战略,以"避其锋芒";在避开竞争者战略优势的同时,军工企业还需要分析掌握竞争者的劣势,例如竞争者对于市场和自身定位的判断失准、营销模式的执行上出现问题,或者在资金、人才、技术、文化和管理体系方面存在现实短板等等,企业可以针对竞争者的劣势所在有针对性的制定营销战略、计划,以"攻其无备"。

一般来说,针对军工市场竞争者优劣势信息的收集方向、对比分析主要体现在以下八个方面:① 产品。竞争者产品的市场地位、占有率、生命周期以及产品型谱的完善程度;② 渠道。竞争者的用户、合作方、供应商等渠道体系建设的广度与深度;③ 营销。竞争企业市场营销团队的水平,包括信息收集、调研分析、战略制定、策略设计与执行能力等多个方面的综合实力;④ 生产。竞争者在成本控制、生产经营等方面的能力;⑤ 研发。竞争企业在系统总体、设备产品、技术预研等方面的研发、创新能力等;⑥ 资金。竞争者的资金结构、筹资能力、现金流量、财务管理能力等;⑦ 组织。竞争企业组织架构的合理、体系的完善、成员价值观的一致性以及企业对环境因素变化的适应性能力等;⑧ 管理。竞争企业管理者的综合素质与管理能力,决策的灵活性、适应性、前瞻性等。

15.2.4 竞争者的市场反应预测

军工市场中,在不同的经营哲学和营销思维之下,结合竞争者在战略、目标、文化、管理等方面的优劣势对比,其对于市场竞争行为可能作出完全不同的反应,对这种反应提前预估并有所准备,将直接决定竞争双方在市场竞争中的走势及最终结局。因此,预估竞争者的市场反应和可能采取的行为,将为军工企业的竞争战略选择提供决策依据和参考,一般来说,竞争者的市场反应可以分为以下几种类型:

一、迟缓型

在军工行业中,一些竞争者对于市场的反应不强烈,行动迟缓,无法作出及时应对,主要有三种情况:一是市场敏锐度不够,未能及时捕捉到市场竞争变化的信息,这是目前军工企业普遍存在的短板;二是受到自身在资金、规模、技术等方面能力的限制,没有多余能力作出反应,这种情况经常出现在市场新进入者、挑战者身上;三是对自己的竞争力过于自信,根本不屑于采取反应行为,这种在目前具备市场相对统治地位的老牌军工集团身上可能出现。

二、激烈型

竞争企业对市场竞争因素的变化十分敏感,一旦受到挑战就会迅速地作出强烈的市场反应,进行反击。以往,军工市场中这种强烈反应型的竞争者并不多,因为,军工行业不推崇追求利润最大化的赤裸裸的市场搏杀行为,这违背了中国军工市场的现有文化、规则和秩序,也不符合其职能定位和使命要求;但随着军工经济与市场经济的不断融合发展,民营资本进入军工市场的门槛在降低,未来,军工行业构成的多元化,决定了激烈型的市场竞争将会越来越多,大家要提前认识到这种变化的存在。

三、选择型

竞争企业对不同的市场竞争措施的反应是有区别的,说到底,还是军工企业的营销意识形态方面的问题。例如,有一部分军工企业对降价这样的价格竞争措施总是反应敏锐,而对改善服务、增加宣传、改进产品、强化沟通等非价格竞争措施则不大在意,认为不构成对自己的直接威胁,殊不知,其实往往是那些非价格因素最后成为决定市场成败的主要因素;还有一些军工企业对于市场中的新进入者高度关注,而对一些潜在竞争对手却并不重视。

四、随意型

这类竞争企业对市场竞争的反应模式难以捉摸,有时候不按规则出牌。对市场竞争的变化可能会作出反应,也可能不作出反应;可能会迅速反应,也可能会反应迟缓;反应可能是剧烈的,也可能是柔和的。这种随意型的竞争者企业,一般来说,要么是还不够成熟,根本不知道如何应对,要么是处于军工市场生态链的顶层,可以随意处置,具体是哪一种,取决于企业在随意应对过程中对于"节奏"的把握。

从发展的角度来看,这几种市场反应都存在明显不足,比较好的应对方法应该是,在面对任何竞争对手的市场行为时,具体情况具体分析,然后采取有针对性的特定市场反应,水无常形,兵无常态,不论是迟缓、激烈还是选择、随意,都可以,也都不可以,唯一的标准在于是否"解放思想,实事求是",是否"具体情况具体分析"。

15.2.5 军工企业的竞争对策选择

军工企业在对市场竞争状况作出正确分析评价,明确谁是市场的主要竞争者并分析了竞争者的优势、劣势和反应模式后,就可以制定自己的市场竞争应对选择:进攻、防御或者回避。如何选择,需要分析以下主要因素:

一、实力对比

对于军工企业来说,以进攻策略来引发市场竞争的激化是一个需要慎重对待的重大问题,要做到不战则已,战则必胜,必须先要确认竞争对手的强弱。在军工行业,每一个细分市场都有比较强大的对手存在,军工行业的圈子就这么大,出来一个市场机会,大家就都会闻风而动,因此,军工企业在市场竞争的大部分时间里,都会以较强的竞争者为进攻目标。当然,许多情况下,再强大的竞争者也会有自己的弱点和劣势,只要抓准了,一样能获得胜利,通过战胜强有力的竞争对手,军工企业可以获得更大的市场份额和利润,也有利于企业的品牌推广和能力提高,从这个角度来说,强大的竞争对手反而可能成为军工企业最有价值的进攻目标,但有一条,别去碰那些实力过于悬殊的对手,如,企业原来做电子通信的,现在却要和市场领导者去竞争机载雷达市场,这就是非常不明智的选择。

二、相似程度

军工企业有时候会以与本企业相似的竞争者为进攻或者防御的目标,这样有利于击败对手后快速实现资源转化,扩大自己的盈利能力与市场份额,尤其是军工市场中,多获得一个项目,给企业所带来的绝不仅仅是这一个项目,而是一系列的利益获取,但这需要把握好"度",有时候,彻底击败竞争对手,对企业不见得是好事,尤其是竞争对手比较弱小,企业完全可以掌控竞争节奏的情况下,维持竞争现状似乎更合理。而且,军工市场的决策及用户群体,有自己的认知观,讲究平衡,做任何事,都需要有节有度,一旦他们认为这个军工企业违背了他们的价值观和准则,他们可以在很短的时间培养出来另外一个强大的竞争者,并逐步远离你。因此,成熟的优质军工企业会努力去建立并维持一个好的竞争平衡,使本行业竞争者的市场营销活动局限于协调发展、合理可控的范围之内。

三、市场需要

竞争者的存在对军工企业的长远发展是必要和有益的,这不仅表现为竞争者的存在为企业的创新与提高效率带来了动力,还可能有助于增加军工市场的总需求,分担市场开发成本和产品开发成本,并有助于市场接受新产品和新技术,有助于增加军工产品的差异性特质,有助于提高军工企业的市场谈判能力,所以说,竞争者的存在符合军工市场、行业和企业的多方利益。在明了这一点的基础上,企业在选择竞争对策时,要回归到市场需要上来,企业把所有的一切都做到了极致,但是市场并不需要你,一切都白搭,因此,军工企业在选择竞争对策时,要注重通过需求分析,把企业的目标和利益统一到市场需要上来。

当然,任何事情,我们都要辩证地来看,竞争者的竞争行为可分为良性竞争与恶性竞争。良性竞争行为符合行业的商业习惯与行业规则,可以刺激同行业企业降低成本,提高效率,增加产品和服务的差异性,形成正常合理的市场占有率和利润水平,有利于整个军工行业和市场的稳定与发展,也符合军工企业和用户的根本利益;而恶性竞争行为则不遵守行业规则,具有冒险性和破坏性,有时候采用不正当的、甚至不合法的竞争手段,如贿赂用户、虚假宣传、诽谤攻击等,扰乱了行业的秩序和均衡,这种恶性的竞争行为前些年比较少见,但近年来,随着军工市场的不断开放和市场行为的增多,恶意竞争有增长趋势。

15.3 军工市场竞争基本战略类型

市场竞争基本战略的概念是迈克尔·波特在波特五力模型的基础上提出来的,包括成本领先战略、差异化战略和目标集聚战略,这三种基本战略的选取都必须基于行业特点、企业自身能力、外部限制条件及市场竞争状态,都是抗衡竞争作用力的可行方案,选择适合企业的基本竞争战略可以帮助军工企业成为行业中的佼佼者并保持领先地位。

15.3.1 成本领先战略

成本领先战略主要依靠规模经济、管理优化等因素,以低于竞争对手或者行业平均水平的成本来提供产品和服务,并获得较高的经济利润。军工企业如果要采用成本领先战略,必须建立有一定规模的生产设施及规范的管理体系,全力控制成本,降低管理费用,尽量减少不必要的开支。这里,贯穿成本领先战略的核心思想是企业的成本低于竞争者,并以此获得竞争优势,但要辩证的看,绝不是纯粹的追求成本最低化,而是通过综合统筹,有所取舍,砍掉于企业无利的冗余环节,将省出来的资源集中投放到企业最需要的地方去,例如,持续投入资源开展技术创新、质量控制和服务提升是军工行业永恒的主题,这些不仅不能省,还要增加资源投入。

一、优势和风险

1. 优势

对于某些军工企业来说,如果能实现低成本,就将获得高于行业平均水平的收益,成本领先地位有利于军工企业在市场压力面前保护自己,有利于企业在面对供应商产品涨价的时候具有更高的灵活性,有利于设立市场进入壁垒,削弱新进入者的市场竞争力,保持企业的市场地位。总之,在目前军工市场竞争越来越激烈的现状下,成本领先战略可以使军工企业在面临来自各方面的竞争威胁时处于相对主动的市场地位,在一定程度上降低市场竞争势力对于企业的冲击和伤害。

案例:某雷达系统,A 研究所跟踪推进了 3 年,但由于企业的成本控制做得不好,软、硬件预算成本都很高,导致该研究所坚持的原有系统设计理念受到质疑,最终被一直尾随其后、密切关注项目进展并积极开展新技术体制研究的 B 研究所取代。但仅就该项目而言,用户对于技术体制的质疑只是表面,同等战技指标的情况下,B 研究所的成本控制体系非常成熟,直接导致系统报价比 A 所低了近 20%,低成本控制背后体现的是 B 研究所在管理和创新方面相比竞争对手的巨大优势。

2. 风险

实施成本领先战略,可能会导致军工企业在初期产生一定亏损,包括流程改进,信息化建设等,都需要比较高的资源投入,而一旦出现变革技术并在生产中得以应用,或者竞争对手采用效果更好的成本控制手段,很容易导致军工企业所期望的成本优势不复存在。还有,一些军工企业在执行成本领先战略的时候,没有把握好度,也缺乏正确的理念和认识,把注意力过多的集中于成本控制,反而可能会忽视市场及用户需求的变化,并降低对于产品创新、技术研发的重视程度,以致影响企业的长远发展。

此外,对于军工行业来说,成本领先战略也有一定的适用范围,因为军工市场的需求并不具备很高的价格弹性,价格在很多时候是市场竞争的主要因素,但可能并不是决定性因素,因此,军工企业在选择成本领先战略时,需要注意企业面临的整个内外环境的特殊性,有针对性地制定适宜军工现状、项目实际的市场竞争战略。

二、战略实现途径

成本领先战略的制定和实施,军工企业可以通过以下几种方式实现:

(1) 管理优化。企业通过管理优化不断提升在采购、研发、生产、财务、人力和营销等方面成本的控制能力。

(2) 规模生产。根据经济学原理,在超过一定规模之前,产量越大,单位平均成本越低。因此,在军工行业中,那些同质化程度高,技术成熟,标准化的产品比较适合成本领先战略,如枪支弹药、武器平台等。

(3) 渠道管理。军工企业要与供应商、合作伙伴等相关利益渠道建立密切的关系,以便获得优质资源,通过对渠道影响力的不断加强,获取成本优势,对竞争者建立起市场壁垒。

(4) 企业文化。军工企业要想实施成本领先战略,需要着力塑造一种注重细节、精打细算、讲究节俭的企业文化,全员关注内外部成本变化,同时兼顾企业短期成本控制与长期发展目标的统一。

(5) 技术创新。降低成本最有效的方式就是技术创新,以技术创新来降低成本,提高企业的市场竞争力,这里要注意的是,技术创新需要注重现实和未来,面向未来的创新可能无法给企业带来现实发展急需的现金流,但从大局上看,至关重要,面向现实需求的创新,能给企业带来短期内的快速发展,但又可能无法持续,这两者如何兼顾,是关键所在。

15.3.2 差异竞争战略

差异化战略,是指军工企业就用户重视的某一方面持续努力,在品牌、产品、服务、定价、创新或者形象方面独树一帜,以一种独特的差异化优势满足用户需求。在军工市场,如果拥有差异化优势,如产品的独特性,军工企业将可以获得超额利润或者其他丰厚利益,实现产品差异化有很多方式,如产品特色、性能质量、设计风格、可靠性、可扩展性等,当然,最理想的情况是军工企业在产品、服务、人员、渠道、形象等全方位实现差异化;另一方面,差异化战略并不意味着企业可以忽略成本,两者相辅相成,只是不同的企业在面对不同的领域空间和市场环境时,战略重点有所不同而已。

一、优势和风险

1. 优势

差异化战略可以提高市场及用户对于军工企业的信任感、偏爱性和忠诚度,降低其对于价格的敏感,使企业在某些细分市场获得持续竞争优势;第二,企业通过差异化构筑了较高的市场壁垒,竞争对手要战胜这种差异性,需要付出更大的代价;第三,差异化给企业带来较高的边际收益,可以提高企业应对市场威胁的能力;第四,差异化缓解了用户的压力,便于用户作决策,采取差异化而赢得用户忠诚的企业,在面对直接对手竞争时,会占据更有利的位置。

2. 风险

差异化战略具有一定的排他性,有时会与企业的其他战略产生一定冲突,如成本领先战略。例如,军工企业在市场竞争过程中,可以选择通过广泛的市场调研、全寿命周期的质量服务承诺以及专业细致的技术服务等多种方式来实行差异化战略,但这些策略和方法,会导致成本提高。

案例: 某军工企业,地处西南,主要用户都在北京,虽然技术上很强,但为了巩固竞争优势,更好地满足用户需求,作出了产品出现问题,24小时之内到达现场维修的承诺,这种差异化措施实施后,用户的满意度的确有所提高,但是,每年该企业仅在售后维修工作的差旅费用这一项成本上就要开支1000余万元,这些开支最终还是会揉进成本,需要用户来买单。由于该军工企业主要是以做大型系统工程为主,在经费预算时,差旅费用预算高一点也许不会受到来自于用户的强烈反对,但随着军工市场的竞争越来越白热化,军工用户的价格敏感性以及对于地域供应商的选择要求正在逐步提升;此外,很多企业所认为的差异化优势仍然具备可复制性,西南军工企业能承诺的,华北区域的军工企业也能承诺,而且甚至可以提出更高的标准,此外,差异化也是双刃剑,一旦企业出现不能兑现之前的承诺,及时到现场维修,或者其他企业提出更高的标准并严格执行,就会给企业带来更大的困扰。

二、战略实现途径

竞争性差异化是指企业发扬自身差别优势之长,创造出特点突出,符合用户需要的产品或服务,以使本企业与竞争者相区别的行为,一般包括产品、服务、人员、渠道和形象差异化。

(1) 产品差异化。从产品的形式、特色、性能、质量、耐用性、可靠性、可扩展性、包装设计等方面进行差异化定位。目前军工行业中,企业针对产品的差异化竞争用的比较多,这是军工市场及用户需求的的特殊性所决定的。

(2) 服务差异化。如果产品差异化不是很明显,军工企业可以通过服务的差异化来增加产品价值,例如,按时保质保量把产品送到用户手中;对用户的全方位培训;无偿提供全部资料信息;产品的持续改进升级等,都是服务差异化的具体行为,可以帮助企业形成一定程度上的竞争优势。

(3) 人员差异化。选用优秀的员工可以使企业获得明显的竞争优势,例如,自我管理能力、工作效率、沟通能力、团队意识等,都是优秀员工的特质,也是体现企业差异化竞争优势的一个重要方面,企业的发展永远离不开优秀的团队和员工。

(4)渠道差异化。军工企业可以通过营销渠道的差异化来提高企业竞争力,主要指渠道的深度和广度,对于军工营销人员来说,就是认识多少用户,和这些用户的关系有多深,这两者缺一不可,如果能同时达到一个比较理想的状态,实现军工营销目标的概率会非常高。

(5)形象差异化。用户有时候会因为企业、品牌、产品和个人形象的不同做出不同的购买决策,企业文化、使命责任、品牌宣传、公关活动都是实现企业形象差异化的比较好的途径;此外,对于军工营销人员来说,传递给用户一种谦逊有礼、诚实可靠、善于沟通、反应迅速的个人形象非常重要。

15.3.3 目标集聚战略

对于军工企业来说,目标集聚战略是指企业在详细分析内外部环境的基础上,针对特定的细分用户群或者市场空间开展生产经营活动并赢得竞争优势。与前两种基本战略不同,成本领先与差异化战略是要在行业范围内实现企业目标,而目标集聚战略是围绕为军工行业中某一特定目标进行服务的战略行为。

一、优势和风险

1. 优势

实施目标集聚战略,企业能够在一定的范围内保持比较稳定的市场占有率,通过对目标细分市场的战略优化和有针对性的生产经营活动,企业可以更全面地适应不断变化的市场需求,能比竞争对手提供更为吸引用户关注的产品和服务,创造更高的用户满意度,实现更高的用户价值,从而获得更大的竞争优势。

从整个市场角度来看,企业的目标集聚战略不一定能使其取得低成本或者差异化优势,但仅就企业所确定的某细分市场而言,这种战略可以使企业保持局部优势地位,对于军工行业中比较弱小的参与者来说,可以采用这种战略来谋求较好的生存环境和发展空间。

2. 风险

军工企业实施目标集聚战略,会使得企业常常需要放弃规模较大的目标市场,企业面向的市场范围太窄,也会束缚企业在军工市场中的可持续发展;另一方面,实施目标集聚战略,由于目标过于集中,企业很容易受到攻击;第三,对于军工市场中的用户来说,在各级别市场中一家独大的局面是不利于行业和市场有效有序发展的。因此,企业将所有资源全部投入到一个小的细分市场中,对用户和企业自身都存在一些风险。

二、战略实现途径

对于目标集聚战略来说,主要有两种战略实现途径:一种是成本集聚,就是军工企业去主动寻找目标市场上的成本领先优势;第二种是差异化集聚,就是企业去主动采取行动以寻求目标市场上的差异化竞争优势。大家可以结合前面成本领先战略和差异竞争战略的实现途径的相关方法来开展目标集聚战略中的成本集聚和差异化集聚,只是把其适用范围限定在企业的目标市场而已。

目标集聚战略的实质是专业化经营,小而精、小而专的道路,其关键是企业在充分挖掘特定目标市场需求后,有能力占领极大市场占有率,成为小行业中的市场领导者。以某军工企业为例,多年来一直专注于某细分市场,市场占有率达到近70%,成为当之无愧的领导者品牌,虽然市场空间有限,却始终能保持非常高的行业地位和利润率,品牌价值也在不断提升。

15.4 军工市场竞争战略模式选择

在针对竞争基本战略的分析基础上,我们还可以根据军工企业的市场地位,来进行具体的竞争战略模式选择,主要有领导者战略、挑战者战略、跟随者战略、补缺者战略。

15.4.1 领导者战略

市场领导者是指其产品在行业里市场占有率最高的企业。一般而言,军工市场的绝大多数细分市场中都有一个市场领导者,如卫星方面的航天科技集团,电子及通信领域的中电集团等,在这些军工细分市场的子市场中,个别集团下属企业、科研院所通过一段时间的竞争,形成了它们各自的领先者地位。市场领导者企业通常显示的优势有:拥有众多的品牌忠诚者;拥有广泛高效的营销渠道;反应敏锐且善于引导用户需求;标准的制定者和质量的代名词等,它们是行业中的"标杆",当领导者的地位确定后,可以更清楚地辨识军工行业市场中的挑战者、跟随者和补缺者的不同竞争地位。

对于军工行业来说,市场领导者的行为在行业中具有举足轻重的作用,价格变动、新产品的开发、营销渠道的覆盖以及其他方面,都处于主导地位,引领市场走向,其市场竞争地位具有相对的稳定性,但并非固定不变。此外,大部分军工市场领导者的地位是在竞争中自然形成的,但相比传统市场而言,过程中政策支持、管理层主动作为等因素占有更多比重。军工市场领导者通常选择的具体竞争战略执行有三种:扩大市场需求总量、保持市场占有率和提高市场占有率。

一、扩大市场需求量

寻找扩大市场需求总量的途径对市场领导者是至关重要的,当一种军工产品的市场需求总量扩大时,受益最大的必然是处于市场领导地位的军工企业,一般来说,企业可以通过发现新用户和开辟产品新用途两条途径来扩大市场需求总量。

1. 发现新用户

对于军工营销人员而言,通过发现新用户来扩大市场需求量,增加购买潜力和市场容量,是很重要的工作内容,例如,西北某研究所,在航空平台电子装备搭载领域拥有非常好的技术和产品,但不善于宣传,还有很多市场空间有待开发,那么,对于该所的营销人员来说,可以考虑运用以下策略:① 市场渗透策略,引导原来不用产品的用户开始使用产品,如民航;② 市场开发策略,说服新的航空平台生产商接受并信任其产品;③ 地理扩展策略,把装备销售到其他区域市场去,例如国外。

2. 开辟新用途

为产品开辟新的用途也可以扩大市场需求量,领导企业根据市场需求动态,为自己的产品寻找和开辟新的用途,继续以西北某研究所为例,不断地开发电子装备产品的新用途,如将航空平台的装备进行改良做成船载或者车载装备等,形成众多具有竞争力的产品型谱,对于企业市场领导者地位的巩固十分重要,在这个过程中,军工营销团队的营销和推广能力,是企业能否顺利实现目标的关键。

二、保持市场占有率

军工市场领导企业在扩张的同时,必须首先要懂得防备竞争对手的挑战,保护企业现有的市场阵地,尤其当挑战者企业具有较强实力的情况下。任何时候,企业都绝不能满足现状,应当在新产品开发、销售渠道的高效通畅以及降低产品成本等方面,始终在一个比较高的水准上,才能保持企业的市场占有率;另一方面,进攻是最有效的防御,领导者企业在增强自己营销能力的基础上,还应抓住竞争对手的弱点主动出击,开展积极的进攻,前伸后延,开拓进取,不断满足用户的个性化需求、始终提供高水平的专业服务,来打败竞争对手。

在市场竞争中,企业要做到严守阵地,就不能过多暴露弱点和短板,要不断的修正和完善自身,任何麻痹和疏忽都会使挑战者有机可乘,使企业遭受严重的打击。为此,领导者企业必须审慎地考虑并判断哪些是必须不惜代价去固守的"防御阵地",防御战略的目标是使市场领导者在某些事关企业市场领导地位的重大机会或威胁中采取最佳的战略应对决策,使市场挑战者的攻击转移到对企业威胁较小的方面,或者直接削弱其攻势。

处于市场领导地位的军工企业,目前主要存在以下几种保持现有市场占有率的防御模式:

(1)被动防御。这是一种静态的、消极的防御,是最基本的防御形式。对于军工企业而言,纯粹的简单固守是不科学的,是一种"营销近视症"的表现。

(2)先发制人。先发制人是一种以攻为守的积极防御策略,即在竞争对手尚未动作之前,先主动攻击,并挫败竞争对手,在竞争中掌握主动地位。

(3)反击防御。当军工市场领导者面对竞争对手发动的攻势时,直接作出反击,而且,攻势越猛,反击越大,使用这种策略的企业,实力一般来说都非常雄厚,可以非常淡定地在市场竞争中"以不变应万变"。

(4)运动防御。运动防御策略是军工市场领导者在防御目前市场的阵地基础上,把自己的势力范围扩展到新的领域中去,而这些新扩展的领域可能成为未来防御和进攻的中心。

(5)收缩防御。收缩防御是指军工企业根据环境的变化,逐步放弃某些市场,把力量集中用于主要的、能获取较高收益的市场方向,这是一种"集中优势兵力"、"丢卒保车"的营销策略。例如某研究所,在人员编制受限的情况下,先后撤销原有的天线事业部、器部件部,人员分流,将骨干力量集中到信号采集及处理专业领域。

三、提高市场占有率

提高市场占有率是军工领导者企业增加市场效益的另一个重要途径,市场占有率越高,投资收益率也越大,这中间存在一种线性关系。一些军工企业受所谓的营销专家或者书籍的影响,动辄把拥有市场份额第一或第二位作为其战略目标,认为只有这样,才能保持高收益率和高增长,达不到就准备撤出此市场,但事实上,这种非此即彼的思维模式缺乏逻辑,也不辩证,是一种误读,很多时候并不符合中国军工市场实际。在军工行业里,军工企业追求市场效益的前提是政治使命,是满足国家需要的责任,加上目前军工市场中还不是完全竞争态势,大部分的军工企业、科研院所都是体制内,生存问题并不严重,突出的是长远发展问题,因此,军工从业者不会也不能由于在某个领域做不到数一数二,就直接放弃了事,必须坚持,必须发展,如何去做?用体系思维,理论指导,用战略设计,策略组合,总之,结合企业和市场的实际情况设计制定营销战略、策略和方法,应对市场挑战。另一方面,从军工市场现实情况来看,除了市场领先者以外,有些市场占有率低的军工企业,依靠成本控制、优质服务和专业化经营,也能获得较高的收益和可持续发展。

另一方面,甚至有部分军工企业会在某阶段放弃对于市场占有率的关注,如某军队研究所,"十二五"期间系统工程研制任务繁重,这时候,只能不断地放弃原有的部分市场,资源有限,市场占有率越高,经济收益上去了,但政治收益可能就下来了,这是不能接受的。因此,对军工企业来说,市场占有率的提高一概评价为有利于企业的成长是片面的,军工行业有很多特殊性,我们必须要时刻保持辩证的、唯物的思维来看待并解决市场问题。

总之,处于军工市场领导地位的企业必须全面掌握各项战略的设定前提及相关要素,在企业发展的不同阶段,有针对性的选择最符合发展需要的战略。善于从扩大市场需求总量入手,提升价值和收益,又善于保持自己的市场占有率,防御挑战者的进攻,还要善于在保证综合效益增加的前提下,通过提高市场占有率使企业长期处于市场领先地位,保持竞争优势。

15.4.2 挑战者战略

市场挑战者和追随者是指那些在市场中处于第二、三位或者更靠后,但具备相当实力的企业。这种企业一般采取两种策略:一是争取市场领先地位,向领导者挑战,即市场挑战者;二是暂时安于次要地位,力争在共处的状态下求得尽可能多的收益,在合适的时机进行挑战,即市场跟随者。各个处于市场次要地位的军工企业,要根据自身实力和外部环境,分析机会与风险,决定自己的竞争策略是"挑战"还是"跟随"。

如果选择挑战者战略,向市场领先者或者其他竞争者挑战,首先必须确定自己的战略目标和挑战对象,然后选择适当的进攻策略。

一、战略目标和挑战对象

在军工行业,大多数市场挑战者的战略目标是提高市场占有率,提升品牌美誉度,争取更多的政治和经济利益,那么,在明确市场战略目标时,首先必须确定谁是被挑战者,是企业最主要的竞争对手,一般说来,挑战者企业可以选择市场领导者或者实力相当者开展挑战行为。

1. 攻击市场领导者

这是一种既有风险又具有巨大潜在价值的战略行为,一旦成功,挑战者企业的市场地位很可能将发生根本性的改变和提升,颇具吸引力。军工企业采用这一战略行为时,应十分谨慎,周密策划,细致调查以提高成功的可能性,过程中,切忌急功近利,注意保持心态平和,就算是挑战成功了,也一定要注意区分出这种成功是阶段性的,还是根本性的;是个别市场范围内的,还是全面超越;是战役上的胜利,还是整个战争取得了胜利,结论不同,军工营销工作会有很大区别,并最终决定挑战结果。

2. 攻击实力相当者

市场挑战者可以抓住有利时机,向那些势均力敌的企业发动进攻,把竞争对手的用户吸引过来,夺取它们的市场份额。例如,山东某研究所与江苏某军工企业在海洋装备领域实力相当,但研究所在某型号工程建设阶段出现了重大管理失误,导致短时间内用户忠诚度大幅降低,江苏企业抓住这一绝佳机会,全面出击,迅速占领了几个重要的区域市场。

企业的战略目标对其进攻对象的选择有决定性作用,如果以市场领导者为进攻对象,其目标可能是替代其市场地位,更多的是战略利益和品牌利益,当然伴随着的还有经济利益;如果以实力相当企业为对象,其目标可能是将夺取它们的市场份额,主要还是经济利益。最后,在选择进攻对手和目标的决策中,企业应在充分掌握竞争对手信息的基础上,对其战略、优劣势、销售额、市场占有率和财务状况等方面开展全面、系统并有深度的挖掘分析,然后才是具体推进。

二、选择进攻策略

明确了策略目标和进攻对象之后,挑战者还需要考虑采取什么进攻策略,目前,主要有三种进攻模式可供军工企业选择:

(1) 正面进攻。集中优势兵力向竞争对手的主要市场阵地发动正面进攻,进攻竞争对手的强项而不是弱点。正面进攻的胜负最终取决于双方实力的较量,采用此战略需要进攻者必须做好足够的充分的准备,并在品牌、产品、价格、营销、服务等综合实力方面至少与竞争对手持平,才可能成功,否则失败的概率极大。

(2) 侧面进攻。集中优势力量攻击竞争对手的弱点。此战略的思路在于再强大的竞争对手总有相对薄弱的防线,例如针对竞争对手力量配置薄弱的区域市场发动进攻。侧面进攻符合现代市场营销竞争战略的基本原理,是一种有效、经济的战略形式,与正面进攻战略相比,投入小,收效大,关键是要准确地判定分析出竞争对手的短板所在,就会具有更多的成功机会。

(3) 游击进攻。这是一种间接的进攻战略,主要适用于规模较小、力量较弱的企业实施挑战者战略。企业在通过产品和市场多元化、新技术新产品创新来提升实力的同时,以小型的、间断性的进攻干扰对方,不断削弱其力量。游击进攻战略的特点是不能依仗某一个别战役的结果决出战局的最终胜负,如果要想彻底击败对手,还需要发动更强大的攻势。

上述市场挑战者的进攻战略是多样的,军工营销人员要结合在市场领导者战略中,对于防御战略的分析和阐述,有针对性的设计一套进攻策略组合来开展市场挑战,提升企业的市场地位。

15.4.3 跟随者战略

在很多时候,位居次要地位的企业可能并不热衷于挑战者战略,而更愿意采用市场跟随者战略,这种情况在军工行业比较普遍,其主要体现形式就是模仿并创新。从军工企业的投入产出比角度来说,一种全新产品的开发要投入巨大的人、财、物资源和持续较长的培育时间才能取得成功,而处于市场跟随者地位的企业仿造或改良这种产品,虽然不能取代市场领先者,但因为不需要大量的资源投入,其相对收益非常可观。

一、跟随者企业的特点

军工行业中,有相当部分的企业选择了市场跟随者战略,与挑战者不同,它并不急于向市场领导者发动进攻去取而代之,而是在一定时期内紧紧跟随,安心居于次要地位,和平共处,积蓄力量,站在军工市场及用户代表角度,出于平衡和扶持有序竞争的考虑,也会给予跟随者一定的市场空间和收益。

军工市场具备适合跟随者企业生存发展的一些特点：① 大部分企业都遵守行业规则，讲规矩、有默契；② 服务质量和服务标准的趋同；③ 用户对价格的敏感程度较低；④ 企业都是着眼于长远，准备在此行业中长期经营下去。在跟随者战略这种模式下，企业之间保持相对平衡的状态，不采用过于激烈的做法，大多数企业跟随市场领先者走，领先者也默许这种状态的真实存在，互不干扰，自觉地维持共处局面。

二、跟随者战略选择

对于军工企业来说，跟随战略决不是盲目、被动地单纯追随领先者，它是在保证企业利益的情况下，发现并确定一个不致引起市场恶性竞争的跟随战略，以下是三种可供选择的跟随战略：

（1）紧密跟随。这种战略的突出特点是"仿效"和"低调"。跟随企业在各个细分市场空间，尽可能低调地学习并模仿领先者，从不激进地冒犯市场领导者的领地，避免发生直接冲突，这种紧密跟随，对于军工企业控制成本和管理决策，有很好的效果，但如何保持住这种紧密状态，而不擦枪走火，需要战略智慧。

（2）距离跟随。这种战略的突出特点是合适地保持距离。军工企业在目标市场、产品创新与开发、价格水平和分销渠道等方面都追随市场领导者，但仍有若干差距，以保持距离。对于实力稍弱的军工企业来说，这种距离很重要，类似主动设立的安全和缓冲地带，可以有效降低领导者企业对于自身的关注和敌意，伺机而动。

（3）选择跟随。这种战略的突出特点是选择跟随和创新并举，是择优跟随，在跟随的同时还不断地发挥自己的创造性，采取这类战略的跟随者之中有些可能转变成为挑战者。这类企业成功的关键在于是否能较好地运用市场细分工具，确定恰当的目标市场策略，在市场研究和产品开发上舍得投入，并处理好企业利益与市场占有率提高之间的关系。

15.4.4 补缺者战略

在竞争日益激烈的军工行业中，很多规模较小、实力偏弱的企业出于现实考虑，都力图避开大型军工企业的市场区域，它们专注于市场上被大企业忽略的某些细微市场，拾遗补缺，在市场上通过专业化经营来获取最大限度的收益，在强大对手之间的夹缝中求得生存和发展，这种战略同时也同样适合于军工行业的新进入者。

一、市场补缺者的含义

所谓市场补缺者,就是指精心服务于军工市场中的某些细分市场,避开与占主导地位或者次主导地位的优势企业竞争,只是通过发展独有的专业化经营来寻找生存与发展空间的企业。市场补缺不仅是小企业常常选择的战略,而且对某些大型军工企业的营销部门也有意义,在现实的营销实践中,大企业也常常在努力寻找对自身来说既安全又有利的市场补缺点。

一个理想的细分市场空白应具备以下条件:① 有不错的市场容量和购买力;② 有利润增长的空间;③ 对主要竞争者不具有太大的吸引力;④ 补缺者企业具有占据该市场所必需的资源和能力;⑤ 企业已有的信誉足以对抗其他竞争者。

二、补缺者企业的专业化选择

市场补缺者的主要战略是实施专业化市场营销,其活动范围和利润空间在有些大企业看来似乎是微不足道的,但事实上,许多盈利较好的企业一开始就是在稳定的、竞争不那么激烈的、低速成长的微小市场上发展起来的。

军工市场补缺者成功的关键在于是否实施专业化市场营销,具体来说,主要有以下几种方法:

① 根据用户的分类如规模、性质、行业、地域等,进行专业化营销,例如,把企业的资源重点投放到军工用户集中的北京区域,并选择其中市场空间相对较小的防化领域;② 根据产品的分类如型号、质量、价位及特色等,进行专业化营销,例如,某企业在防潮热、防盐雾的特种装备领域具有一定的市场基础和技术优势,于是专注于海战场的装备研发;③ 根据服务的分类进行专业化营销,例如,某企业在质量管理和售后服务体系建设方面,有自己的一些独特优势,于是,在市场中寻找那些特别注重产品质量和售后服务的用户群体,开展专业化营销。

三、市场补缺者的任务

实施市场补缺者战略,军工企业的任务首先是要善于发现和尽快占领自己的补缺市场,并以此为基础,不断扩大和保护自己的市场空间。

(1) 发现市场。在一定的意义上,补缺市场就是客观存在的、没有被完全满足的用户需求,发现补缺市场就是发现潜在的需求,并使之成为现实需求,从而为自己开创出一个新的市场。企业的创新思维能力越强,就能够发现越多的潜在需求,发现更多的补缺市场。

（2）扩大市场。军工行业中的市场补缺者在开发出特定的专业化产品，取得一定的竞争优势后，还要进一步提高产品及营销组合的深度和广度，努力增加新的产品项目，争取更多的用户偏好，提高用户忠诚度和满意度。

（3）保护市场。市场补缺者还要注意竞争者的动向，一旦补缺市场的潜力得到发展，就会有新的竞争者也进入细分市场，企业必须及时采取相应的对策，未雨绸缪，保住在补缺市场的已有地位，这个时候，企业就从补缺者变成了细微市场空间的市场领导者，采取的应对思维、策略和方法就不能还是原有的那种了。

市场补缺者战略强调在小型细分市场的专业化营销，而不是与大企业在市场上进行激烈对抗，需要承担的风险是该市场用户需求的转移或新的竞争者进入，避免这一状况的主要做法是，确定多个补缺市场开展营销，同时不断的提升实力，部分市场中实现补缺者向跟随者或者挑战者的转变，从而增加企业的抗风险能力和生存机会。

第 16 章　军工新产品开发战略

进入 21 世纪,我国的军事科技发展日新月异,技术不断进步,新产品层出不穷,军工企业若想在激烈的市场竞争中立于不败之地,获取长期可持续的竞争优势,就必须不断推陈出新,生产出更有生命力、更符合军工市场要求的产品。对军工企业而言,新产品开发战略具有重要的战略意义和经济价值,是应对挑战与变局,维护企业生存与科学发展的重要保证,也是军工营销人员应该重点关注的战略模式。

16.1　军工新产品开发战略概述

军工新产品开发战略,是指军工企业在市场上通过改良现有产品或开发新产品、研发新技术来扩大市场占有率或者增加销售量的战略模式,新产品开发战略的核心内容是迎合用户需求,激发用户欲望,最终引导用户使用。军工企业有时候会自己筹资来进行新技术研发和新产品开发工作,有时候是通过技术预研、演示验证、样机研制等多种方式由用户对开发费用给予支持。

新产品开发战略是建立在军工企业对市场中新的机遇与挑战、竞争优劣对比的全面思考和认识基础上的,具有前瞻性,战略执行过程中,企业需要注意避免临时、随意、盲目地开发一些没有市场价值或者不具备可持续发展价值的产品,而忽视了那些真正能够提升市场竞争力和品牌价值的产品机会;此外,新产品开发战略是路线图,它指引着军工企业的新产品开发和创新的方向,代表着企业的未来。

16.1.1　新产品的概念及特征

军事应用的新技术、新产品,指的是处于当代科学技术前沿的,对武器装备发展与作战能力提高起推动作用的新技术、新产品群,它是紧密结合国家的战略需要,综合利用各学科的最新科研成果,依托军事工业综合实力,不断变革与创新的过程及结果。

一、概念

对于军工行业来说，所谓新产品，是指采用新技术原理、新构思、新设计、新材料、有新的功能和结构，或者能在某些方面满足军工用户新需求，并给军工企业带来直接效益的产品，主要分为全新产品、换代产品和改进产品。

1. 全新产品

是指应用新原理、新技术、新材料和新结构所研制成功的市场上从未出现过的新产品，如激光武器、无人机刚出现的时候，就属于军工新产品，这类产品的问世往往源于科学技术在某个方面的重大突破，而它们的普及和推广极大地满足了国防安全需要，改变了军工产品的发展方向，甚至彻底改变军队作战模式。全新产品的推出非常困难，概念新，投入大，风险高，周期长，一般来说，只有军工行业中资源充足、技术实力雄厚的大集团、大企业或重点科研院所联合起来才能做到。

2. 换代产品

是指在原有产品的基础上，全部采用或者部分采用新技术、新材料、新结构制造出来的产品，换代产品往往在产品的外观、性能或功能方面有较大改进，从而给用户带来新的体验和利益。例如数字化单兵作战装备每隔几年就会推出新的换代产品；空军用第三代战机来替代二代机等。换代产品出现后，绝大部分情况是逐步取代老产品，由于用户需求的不同，往往是几代产品在市场上并存，如战斗机。

3. 改进产品

是指在原有产品基础上适当的加以改进，使得产品在质量、性能、结构和造型方面有所改善。这类新产品与原有产品外形、指标等差别并不大，改进的难度不高，很多产品，用户甚至可以不用进行新的培训就可以使用，但这种改进产品在军工行业中有时候是作为售后服务协议的一部分存在，例如军用软件系统的升级，某类型装备的改造升级等等，利润比较低，产生的影响力也有限。

二、特征

军工新产品具有新颖性、适应性、时效性和可生产性等诸多特点。新颖性是显而易见的；适应性包括满足并适应用户对产品功能、用途、质量、可靠性、使用、包装、价格等方面的需求；时效性是指新产品的生命周期有限，它必须在适当的时机投放到军工市场中,如果时机不当,新产品就不能发挥最大的作用;可生产性是指新产品能以市场可接受的价格进行研制生产。

16.1.2 新产品开发的必要性

在国家需求层面,在军事新技术、新产品开发创新能力方面处于领先地位,对于军队高素质人才的培养、高性能武器装备的配套、新国防战略战术的研究应用都会有直接的促进作用,同时,在国际政治博弈、外交斡旋、军事及非军事对抗中,可以掌握更多的主动权。

从军工企业角度,在新技术、新产品开发能力上落后,就意味着在市场竞争中被动挨打,一直在追赶,却很难去超越。新产品开发对于军工企业意义非凡,主要体现在:

(1)新产品开发不仅可以成为企业竞争优势的源泉,而且可以持续巩固其战略优势。新产品开发战略的有效推进,可以帮助军工企业在市场上确立领先地位,继续巩固和扩大现有市场份额,增强核心竞争力和抗风险能力。此外,新产品开发还可以提高军工企业的品牌形象,能够不断向市场推出强有力的新产品,这本身即是军工企业管理、研发、设计、生产、营销等能力的一种综合体现,可以显著增强军工用户对企业的信心。

(2)新产品开发往往具有比老产品更好的效益。新产品对于提升战技指标,降低制造成本,节约维护费用,提高劳动生产率等各个方面,都会产生有益的影响和价值,在一定程度上能帮助军工企业提高包括政治、经济等多个层面在内的综合效益。

(3)新产品开发是降低市场风险的重要途径。如果军工企业不开发新产品,那么当原有产品已不能满足军工需求,或者市场上出现新的替代产品时,企业会面临非常大的困局。因此,军工企业在投放一种产品到市场之前,就要开始新产品的设计和研发工作,这样可以使军工企业在任何时候都有不同的产品系列处在生命周期的各个阶段,更好地保障企业营销战略目标的实现。

(4)新产品开发是适应用户需求变化的客观需要。随着我国科学技术水平和能力的持续提高,国家战略目标在调整,军工市场的需求也在变化,军工企业必须坚持锐意进取,不断推陈出新,才能与市场保持同步。例如,在近海防卫战略阶段,常规潜艇和轻型驱护舰即可满足海军需求,但随着国家实力的稳步增长和国家战略利益实现的需要,中国海军必然进行战略转型,那么,新型核潜艇及现代级新型驱护舰必将逐步取代原有的旧式装备平台,这对于军工企业来说,一方面逼着企业不得不淘汰老产品,另一方面也给企业提供了很多新的市场机会。

(5)军事科技的发展推动企业的新产品开发。新产品开发在增强国家军事实力的同时,反过来会加速军事科技的进一步发展。科学技术的发展导致许多高科技新型军用产品的出现,大大加快了军事装备的更新换代速度。例如,光导纤维的出现对于军用通信的影响以及相关设备更新换代的巨大推动作用,军用通信设备的换代反过来对于光导纤维的技术发展又提出了新的需求;反导技术的迅猛发展直接推动了导弹产品的更新速度,导弹在提升了突防能力的同时,反过来会逼迫反导技术研究领域不断创新,增进导弹防御体系能力建设和技术突破。

(6)市场竞争的加剧迫使军工企业不断开发新产品。在军工市场竞争日益激烈的今天,军工企业如果要想在市场上始终保持相对竞争优势,就必须要先对手一筹,快对手一步,不断创新,开发新产品,这是企业生存和发展的原始需要。

16.1.3 新产品战略应用

在新产品开发战略的执行过程中,军工企业及其营销、研发部门人员要注意以下措施的灵活运用:

(1)不断推出超过用户预期的新产品,这是军工企业建立市场核心竞争优势的主要方式之一;

(2)注意时效性,一旦看准了市场潜在需求并决定在该领域开展新产品研发,就必须重点保障,全力前行,万不可瞻前顾后,否则会使新产品开发的效果大打折扣;

(3)保持对于用户需求的高度关注和实时跟进,这里面有一个关键问题,就是信息传递的实时性和不失真,营销团队在分析并确定了新产品研发方向后,绝不能当甩手掌柜,还需要与研发部门保持紧密联系,把收集到的市场信息,尤其是需求变化信息尽可能地实时传递给新产品研发部门;

(4)在保证产品质量和性能的前提下,尽可能地降低成本,保持价格优势,目前,不少军工企业成本控制的职能在财务部门,而财务人员由于不懂技术和市场,成本控制工作有时候进展得并不理想,这就导致很多企业找准了方向,产品推出也很及时,但成本下不去,市场接受度有限;

（5）高度重视管理效率，快速、机动地作出决策，绝大部分军工企业管理流程复杂，不仅需要多头请示，还需要横向多部门的协调，市场反应慢，领导做完决策了，新产品推出的最佳时机已经丧失了。

16.2　军工新产品开发战略选择

根据军工企业的资源配属及市场竞争地位，其新产品开发战略可以有领先型、追随型等模式选择。

16.2.1　领先型开发战略

领先型开发战略是指企业首先研制和开发某种新产品，并率先将产品投放市场，从而在行业中确立并保持技术上的持续优势和市场竞争中的领先地位，采取这种战略，要求军工企业有很强的研发能力和雄厚的资源配套。领先型新产品开发战略主要具有以下优点：

（1）领先型的新产品开发，可以使军工企业能够较早地建立市场壁垒和技术门槛，在市场竞争中处于主动地位。由于在这个阶段中，军工企业不存在竞争者威胁或者说威胁比较小，企业拥有足够的时间和空间，通过技术产品领先优势树立并不断巩固其市场地位，尽可能地占据市场份额，并采用企业利益最大化的定价策略。

（2）通过领先型新产品开发战略，军工企业在新产品设计生产、管理和营销等方面会逐步积累丰富的经验和资源，有利于企业完善产品型谱，扩大生产规模；提高产品质量，培养用户忠诚度；降低成本，巩固市场地位；设立门槛，取得对于后来者的市场竞争优势等。同时，企业还可以根据市场环境的变化，选择自主渠道、营销联盟或者技术转让等多种方式，掌握市场竞争主动权。

当然，在优点以外，领先性新产品开发战略也存在一定的风险，主要是投入大、成本高、开发周期比较长，由于军工市场的瞬息万变，很多新产品还没有研发出来，市场上已经出现了更先进的产品，还有的新产品研发出来的时候，用户的需求已经转移了，又或者由于营销策略失误，导致市场开发失败，等等。这些情况都现实存在，会给军工企业造成重大损失。

16.2.2 追随型开发战略

追随型新产品开发战略是指军工企业密切关注市场动态,尤其是新产品动态,一旦发现某款新产品在市场上获得成功或者即将获得成功,立刻组织力量生产出类似的产品进入市场。采取这种战略,企业并不抢先研究新产品,而是当市场上出现较好的新产品时,进行仿制并加以改进,后来居上,迅速占领市场。这种战略要求军工企业具有较强的市场敏锐度,能紧密跟踪竞争对手的情况与动态变化,具有很强的消化、整理与创新能力,同时还要具有比较强的市场营销能力。

追随型新产品开发战略主要有以下优点:

(1) 风险相对较小。由于采用领先型战略的企业已经解决了产品创新过程当中的一系列技术难题,尤其是市场对于新产品的需求得到验证,追随型企业可以大大降低技术研发和市场开发中的风险。

(2) 成本相对较低。追随型军工企业在跟进新产品时,对于新产品的概念宣传和市场推广的成本绝大部分已经由领先型企业承担了,同时,追随型企业可以通过学习和模仿,大大降低技术研发成本和营销成本,因此,追随型企业的新产品开发投资会比较小,生产成本相对会比较低。

(3) 产品竞争力更强。领先企业所开发的新产品,通过用户的试用和市场调研反馈,会体现出需要改进之处。追随型企业可以在充分了解掌握用户和市场需求的基础上,对领先型企业的新产品进行改进复制,从而生产出更具竞争力的市场产品。

优点以外,追随型新产品战略的主要缺点是由于起步晚,面临的市场竞争会比较激烈,如果不能做到产品性能和品质更高一筹,或者营销能力更强,渠道更广,企业赚取的利益会比较有限;此外,容易遇到知识产权方面的法律纠纷。

16.2.3 其他开发战略

除以上两种主要的新产品开发战略以外,还有诸如替代型开发战略、混合型开发战略等。替代型新产品开发战略是指军工企业由于技术研究开发能力有限,各方面资源也有限的现实原因,直接有偿运用其他单位的研究与开发成果,代替自己来研究与开发新产品。这种情况目前主要是存在于一些技术实力不强但营销渠道比较畅通的军工厂当中,主要体现形式是技术转让或者装备转产。

混合型开发战略是以提高产品市场占有率和企业经济效益为准则,依据企业实际情况,混合使用多种新产品开发战略。由于现在有相当部分的军工单位采用产品多元化经营,根据各个领域的实际情况,企业会选择不同的开发战略。例如,某重点研究所,结合自身的技术优势和短板,在遥感卫星接收系统专业领域,采用的是领先型新产品开发战略,在电子对抗专业领域,则采用的是追随型新产品开发战略。

16.3 军工新产品的开发过程

理清新产品开发战略的层次,掌握其形式特点,可以帮助我们更好地推进战略执行。

16.3.1 新产品开发的层次

结合目前军工行业的发展现状和军工企业的战略执行能力,其新产品开发战略可以分为战略愿景、开发平台、具体产品三个层次。

(1) 战略愿景。是指企业关于其新产品市场定位和营销目标的理念和愿景,是可实现的,它对企业新产品开发平台的建立提供直接指导,战略愿景是"树苗",它从本质上决定了长什么样的树干,开什么样的花,结什么样的果。

(2) 开发平台。是企业技术创新的平台,在军工企业中的存在形式比较多样,例如技术研发中心、国防重点实验室,也可能分散在企业的各个事业部或者子公司。产品开发平台开发包括新产品概念、评估、设计、开发。开发平台是"树的主干",它为支干和果实提供支撑和养分。

(3) 具体产品。是基于新产品开发平台的新产品和新技术的集合。是基于市场环境、竞争态势和企业资源状况的新产品开发生产流程的产物,它决定了企业具体产品和技术的开发路标和策略,具体产品就是树上所结的果实。

16.3.2 新产品开发的形式

由于军工行业的高标准和特殊性,军工企业的新产品开发是一项非常复杂的系统工程,它涉及到市场预测、环境分析、方向确定、项目选择、科学研究、设计生产、质量控制、配套投资、成本核算等各个方面的工作。为了保证开发质量,取得良好的技术经济效果,军工企业必须了解新产品开发的实际内涵和具体形式,以便掌握合乎客观规律的方法和步骤,做出正确的决策,保证新产品开发的成功。

军工企业一定要切实根据自身的科研实力、资源条件、技术发展、市场状况、社会环境等情况来选择具体的新产品开发方式,主要有自行研制设计、技术引进、设计与引进相结合、合作开发四种形式。

(1) 自行研制设计。是军工企业在积累的研发、生产经验的基础上,通过掌握国内外先进科学技术,自行设计的全新产品或结构有重大变化的新产品,要求军工企业有比较雄厚的研发实力。

(2) 技术引进。是利用国内外已有的成熟技术从事新产品开发的一种形式,它对于研究开发能力较弱但制造能力较强的军工企业更为适用,可以节省产品的研制费用,迅速提高企业的竞争力。

(3) 设计与引进相结合。是在充分消化引进技术的基础上进行创新,或在充分利用本企业技术的基础上引进新技术。这种形式较适合于企业已具有一定的科研技术基础,风格比较成熟,但又具备外部视野和拓展野心的企业。

(4) 合作开发。企业自愿结成技术研发战略联盟,整合技术力量和研发资源,合作进行新产品开发,这种在目前的军工行业,应用极其广泛,很多系统工程项目都依托于技术开发联盟的作用发挥。

16.3.3 新产品开发的主要阶段

一般来说,军工企业的新产品开发是一个由收集信息、分析处理、选择方向、概念设计、营销策划、产品开发、市场推广等若干阶段构成的完整过程,这个过程,军工营销人员需要全程参与并尽可能主导。

(1) 收集信息。新产品开发过程是从收集各种信息开始的。军工企业在参与市场竞争过程中,营销人员一定要善于调查研究,尽可能全面地了解市场上出现的各种情况和信息。信息收集主要包括四个方面的内容:需求信息、环境信息、竞争者信息和企业内部信息,这其中最重要的是市场需求信息的收集和分析,它是军工新产品开发战略的出发点和归宿点。

(2) 分析处理。在综合信息收集的基础上,用一系列标准和方法对各种信息进行筛选和分析,并对选出的信息进行评估。在信息处理过程中,要特别注意三点:市场需求是否与企业自身的战略目标和愿景相匹配;满足这种需求是否有利于企业的利益获取和长远发展；企业是否有能力去满足这种市场需求。

（3）选择方向。对市场信息进行分析处理后，军工企业要选择新产品开发方向，尤其是在新的市场需求覆盖如此之多的领域和方向的时候，企业要结合内外部环境和能力，选择新产品开发的领域方向，这个过程，企业的战略部门和技术研发团队的参与也非常重要。

（4）概念设计。确定了新产品开发的方向和领域后，军工企业的技术团队和营销团队要共同商议新产品构想，然后站在用户角度分析判断其对于新产品的接受度和关注重点，最后形成比较成熟的新产品概念体系，很多军工企业称这个过程为概念设计阶段。

（5）营销策划。完成新产品的概念设计后，企业需要开始制定营销计划，军工营销人员务必注意，是在开发前就要完成营销计划的制定，而不是在新产品开发完成后才开始制定营销计划。这个阶段，军工营销人员需要为企业拟定一个新产品投放市场的营销计划报告，报告内容主要包括：描述新产品的目标市场规模、产业结构，新产品的市场定位、目标等；分析并确定军工新产品的价格估算、营销策略以及费用预算；阐述产值和利润目标，以及不同时间节点的营销组合策略，等。

（6）产品开发。在分析、确认并制定营销计划后，研发团队、工程技术部门及生产部门就可以着手将新产品概念转化为新产品，进入试制阶段，也就是军工行业中常说的试验样机，这个阶段的结果体现为实体产品，理论上，这个实体产品还不能销售给用户使用，但是，在目前的军工行业中，有时候，用户会选择采购样机，为了应急任务，甚至会承担试验样机的整个研发费用。

（7）市场推广。相比日化、食品等大批量规模销售的常规行业，军工市场比较窄，企业面对的用户数量和类型往往比较单一，因此，新产品开发完以后，军工营销人员可以直接进入市场推广环节。在市场推广前，营销人员需要关注并确定新产品投放市场的时间、地点和用户对象，并结合实际情况制定新产品投放的营销策略。

16.4　军工新产品的采用与推广

军工新产品采用与推广的区别，在于采用过程是从微观角度上考察用户由接受到信任到重复购买的心理变化历程,军工新产品的采用过程有时候还会对企业的品牌推广和其他产品营销产生积极地影响;推广过程是分析新产品如何在军工市场上传播并被用户所采用的更为宏观的营销操作层面的问题。

16.4.1 新产品采用

一、采用过程

对于军工市场来说,所谓新产品采用过程,是指各类型用户由接受创新产品到成为重复购买者的整个阶段。我们可以把军工新产品的采用过程看作是一种复杂决策和认识过程,包括认识、说服、决策、实施和评估阶段。

1. 认识阶段

在认识阶段,军工用户会逐步认识到新产品的优缺点,但主要还是停留在感性认识上面。这个阶段的跨度长短和认识深度主要还是取决于用户的社会地位、创新意识、文化水平等个人因素,以及营销人员的市场推广能力。

2. 说服阶段

在用户认同了新产品的优点并知道如何使用后,军工营销人员需要采取一系列措施去使其对于新产品或者新技术产生喜爱并渴望拥有,决策行为进入了说服阶段,这个阶段中的说服其实是两个方面,一个是用户自己说服自己的过程,一个是军工营销人员去说服用户接受新产品的过程。在说服阶段,用户的心理活动主要还是在分析比较,处于感性向理性转变的过程阶段,用户常常要亲自考察验证甚至直接操作新产品,以尽可能避免风险,但即使如此,如果军工企业的营销部门和营销人员不能让其充分认可新产品的优点特性,就无法促使用户启动并完成购买流程。总之,在说服阶段,用户对新产品将有确定性的认识,而军工企业的宣传推广和人员营销将帮助其提高对新产品的认知程度,缩短认知及决策时间。

3. 决策阶段

通过对新产品特性的较为全面的分析和认识,用户开始决策,即决定采用还是拒绝采用该种新产品,可能决定采用,也可能会选择拒绝。绝大部分是一个单向选择的过程,但有时候这又是一个双向选择的过程,在这个过程中,选择或者拒绝是可以相互转化的,原来拒绝了,后来又认可并采用了,原来采用了,用了觉得不好,不再继续采用了等等,这些情况在军工行业中都经常出现。因此,不管用户在决策阶段采取了什么样的态度和决定,军工营销人员都必须要持续进行跟踪推进,要更加努力的去开展营销活动并巩固原有营销成果。

4. 实施阶段

当用户开始使用新产品,就进入了实施阶段。在决策阶段,新产品的潜在用户只是确认是使用新产品还是仅仅试用,到了实施阶段,用户就需要考虑如何使用、是否提出改进意见等一系列问题了,这个阶段,军工市场营销人员需要积极主动地向用户进行介绍和示范,技术服务和培训工作要做好,提高用户使用满意度。

5. 评估阶段

用户对于新产品使用的决策过程中必然会存在一种心理的不和谐,在针对新产品作出某项重要决策之后,会需要寻找额外的信息,来证明自己决策的正确性。由于面临的每一种选择都有其优点和缺点,只要选择了,这种心理上的不和谐就会发生,因此,在决策后的最初时间,用户会比以前更多的发现新产品所存在的缺陷。事实上,如果再给一次机会,用户也许不会选择新产品,这个阶段,营销人员务必要密切关注用户的心理变化,并予以正向引导,帮助用户进行自我调节,逐步认识到新产品的优点并说服自己接受它。

二、采用新产品的用户类型

在新产品的军工市场推广过程中,由于用户代表的个人性格、文化背景、受教育程度和社会地位等因素的影响,他们对于新产品的接受快慢程度和深度都不同,美国学者罗杰斯根据这种接受力的差异把采用用户划分成五种类型,包括:创新采用者、早期采用者、早期大众、晚期大众和落后采用者。应用于军工市场,不用这么细,可以把它分为创新型用户、引领性用户、跟随型用户。

1. 创新型用户

该类用户属于第一个吃螃蟹的人,这种类型的用户占比例最小,一般是军工市场决策群体中的中青年骨干层。他们主要具备如下特征:具有冒险精神;受教育程度较高;思维灵活、交际广泛且信息灵通。军工企业的市场营销人员在向市场推出新产品的初期阶段,应把营销对象的重点集中于创新型用户身上,有点类似于试点工程,主要是发挥示范效应,如果创新型用户的使用效果较好,就可以通过全方位的宣传推广及口碑传播,影响其他的潜在用户接受新产品。不过,军工营销人员要注意一点,就是创新型用户不是在任何时候对任何对象都会保持一致的态度,比如,某军队部委机关的采购主管参谋,在他所主管的领域,例如在支持新技术研究方面,预研或者863项目,始终持支持态度,但后来开始负责某型号装备采购方面,他可能就会非常保守,一定要很多用户都用过了,才会考虑接受新装备产品。

2. 引领型用户

军工市场中,在创新型用户之后采用新产品新技术的是引领型用户,引领型用户大多是军工用户群体中具有较高威信和地位的人,他们综合能力很强,会常常去搜集有关新产品新技术的各种信息资料,并在谨慎态度和行为方式的基础上进行试用,以保持自己的行业领袖地位。这类用户多在新产品的介绍期和成长初期采用新产品,对后面的跟随采用者影响很大,他们对新产品市场推广效果有着决定性影响。他们虽然也希望在一般人之前接受新产品,但却是在经过创新型用户认可后才购买,更沉稳,更务实,这类型用户对于军工营销人员来说非常重要,他们是军工口碑营销的主要传播载体,是军工新产品市场扩大化的主要催化剂,对于加速新产品的市场推广有着至关重要的意义。

3. 跟随型用户

这类用户对于新产品的适应性比较差,采用时间较平均采用时间晚,其基本特征是谨慎,保守,一般不主动采用或接受新产品,直到创新型用户和引领型用户都采用且反映良好时才行动。对于军工行业而言,这种用户的心理特征符合军工行业特点,普遍存在,是占比例额最大的群体,他们在产品进入成熟期后甚至即将进入衰退期时才会采用,军工营销人员需要通过对于创新型用户以及引领型用户的重点价值挖掘,来争取跟随型用户群体,相比传统营销传播手段而言,跟随型用户更容易相信其他用户代表的介绍和宣传。

三、用户认知过程

结合军工产品、用户及其市场特点,军工营销人员在整个新产品采用过程中需要不断地重复开展解释、说服、促销及演示工作,为了加快用户的认知过程,营销人员可以采用以下几种方式:

(1) 优越性。通过比较,类似于我们经常用的排比,突出新产品在创新性、功能性、可靠性、可操作性等方面比原有产品的优势所在,这种优势是一种相对优越性。需要注意的是,相对优越性是指用户对新产品的认识程度,而不是新产品的实际状况,若新产品不能被用户认可,便失去其相对优

越性;

(2) 复杂性。即用户认识新产品的困难程度,新产品越是难以理解和使用,其采用率就越低。这就要求企业在新产品设计、整体结构和使用维修等方面与目标市场的需要和认知程度相接近,尽可能设计出简单、美观、实用的产品;

(3) 可试性。即新产品最好是可以试用或验证,这样可以降低用户心中对于新产品的不确定感,很多军工型号项目,用户需要开展演示验证,就是因为在不能直接使用的情况下,用户需要有一个帮助其下决心购买的试用过程;

(4) 明确性。指新产品在推广时,是否容易被观察和描述,是否容易被说明和示范,新产品越容易被用户感知,明确性越强,尤其是内在属性与军工用户的真实需求、价值观和使用经验相适应或相接近时,采用率就越高。

16.4.2 新产品推广

新产品推广过程是指新产品进入市场后,随着时间的推移,通过营销人员的努力,被更多的军工用户所采用的过程,某种角度上也可以说是通过挖掘潜在及现实用户的各种需求,使其接受新产品,实现新产品市场扩张的过程。

新产品市场推广过程管理是指军工企业通过采取措施,使军工新产品的市场推广过程符合既定市场营销目标的一系列活动。军工企业之所以能对新产品的市场推广过程进行管理,是因为推广过程除了受到竞争者、用户、环境等不可控因素的影响外,还要受到企业新产品的质量、营销水平、价格策略等可控市场活动因素的制约。军工企业在新产品市场推广过程管理的目标主要有:在市场导入期迅速得到市场认可;成长期市场份额的稳步增长;成熟期实现产品市场渗透的最大化。

根据军工市场实际,结合产品生命周期曲线,典型的军工新产品推广过程,通常是导入期销售额增长缓慢,成长期增长率也较低,而且产品进入成熟期不久,销售额就可能开始下降。为了使产品推广过程达到目标,军工营销团队需要采取一些措施和策略:

(1) 要想在导入期迅速得到军工市场认可,需要主动加强新产品的营销力量配置,通过推广宣传,使目标市场及用户很快熟悉新产品,结合促销活动,鼓励用户试用。

（2）实现成长期市场份额稳步增长，需要保证军工产品质量，通过口碑营销等多种营销策略，持续加强市场推广，最大限度挖掘潜在用户，创造性地运用多种营销手段和方法，使之重复购买。

（3）成熟期实现产品的市场渗透最大化，需要继续采用能帮助军工企业快速增长的各种策略，并不断调整、更新产品设计和营销策略，以适应各类型军工用户的需要。

（4）要想尽可能维持稳定的收益，需要通过不断改造升级，使处于成熟期后期或即将进入衰退期的军工产品能继续满足市场需要，同时扩大渠道面，深入挖掘现有用户的未实现价值。

16.4.3 影响因素

影响新产品成功进入市场的因素很多，其中最重要的两个：行业类型和创新程度。就行业而言，军工市场的目标用户对象及需求都相对比较明确，有利于军工企业新产品的开发和创新取得成效，因此，新产品的市场推广成功率相对高一些；此外，创新程度也影响着新产品上市效果，根据创新对军工市场采购模式的影响程度，它可被分为：

一是连续创新。指创新产品同原有产品只存在细微差异，或者就是同一产品系列中的升级换代产品，例如，某企业在信号解调领域，经过近20年的连续创新和积累，形成了从低速、中速到高速的全系列产品型谱；二是非连续创新。指引用和使用新技术的创新，要求用户必须重新学习和认识新产品。例如一种新的数据通信装备，或者一种新的加密解扰设备，用户必须要舍弃掉原来的使用习惯和认识，重新适应。

前面提到，新产品的市场采用和推广过程就是新产品不断地被更多用户所接受的过程，缩短用户群体由不熟悉新产品到采用新产品所花费的时间就成为军工企业新产品市场营销战略最重要的工作目标之一，这里，我们从军工市场决策受人为因素影响的角度，简要阐述如何缩短这个过程：

1. 信息流通过程

在军工新产品采用和推广过程中，根据具体情况的不同，信息可能是由军工营销人员直接传递到目标用户那里的；有时候，中间又需要经过好几级，例如一些前沿技术研究课题，研究单位很多时候并不清楚原始需求来自于哪里，如果职能机关如预研管理中心、预研局不注重将新产品、新技术向最终使用用户推广，整个信息流通就是不畅通的；再比如，军工营销人员通过宣传推广,将信息传递到创新型、引领型用户,然后再流向追随型用户,在军工行业,追随者受创新型、引领型用户或者行业领袖的影响要远远超过军工营销人员的直接沟通效果或者营销行为的影响;此外,在军工新产品采用和推广过程中,新闻媒介、互联网和大型展览会议等,都是重要的信息传播平台这里,军工营销人员是主要的信息源,信息流通过程则丰富多彩,目标用户类型多样。

2. 专家示范作用

在军工行业,领域专家对用户等信息受众有着重要影响,包括技术专家和管理专家,他们依靠自身的威信和地位,可以直接加速或延缓新产品的采用及市场推广进程。推广过程中,专家主要具有以下作用:告知他人有关新产品的信息;提供建议,减轻购买者的风险;向购买者提供积极的反馈或证实其决策,在这些过程中,专家是一个告知者、说服者和证实者。

案例:某军工企业属于军工电子对抗领域的新军,为了推广其在该领域的一项新的装备,企业的军工营销人员重点针对行业领袖开展了一系列的营销活动,他们先后拜访了该领域最为著名的几位专家,同时邀请了决策层领导到企业调研,由于获得了他们的认可和支持,企业的新产品在投入市场之初就取得了非常不错的市场预期。不过,需要营销人员注意的是,所谓专家的影响力还是要受专业领域、市场空间、主观意愿方面的限制,越是行业顶尖专家,其专业面可能越窄,其关注点可能会集中在技术方面,其示范主动性可能更低。

3. 营销策划执行

任何新产品的推广,都离不开企业营销团队的策划和执行,这是新产品推广能否成功的最重要因素之一。但在军工行业,营销团队对于企业的重要性目前还没有得到管理层的充分认识,军工市场总体容量有限,企业往往凭借着专业领域方向的技术和渠道优势,在各自的细分市场中有着相对稳固的市场地位,加上军工企业并不存在太大的生存压力,对于市场经济利益的追求也就不像传统行业那么迫切,因此,对于营销团队的重视程度是有限的,这也直接导致军工营销人员的培养现状很不理想,目前,我国军工行业普遍缺乏优秀的营销人才。随着军工市场的逐步开放,从军工营销的现实与未来需求的角度来看,军工营销都需要得到更多的关注。

第 17 章　军工品牌营销战略

经过十余年的高速发展,我国军工市场逐步进入从蓝海向红海的转变过渡阶段,随着竞争日益加剧,市场化进程在不断加速,相比过去,品牌营销战略指导下的品牌竞争力已经成为我国军工企业的核心竞争力之一。作为军工企业最有价值的无形资产之一,品牌至关重要,攸关存亡,部分企业甚至把全部营销活动都围绕着为品牌资产增值来进行,品牌定位、品牌设计、品牌推广、品牌管理以及品牌维护等,某种程度上来说,未来的营销战争就是品牌战争。

17.1　军工品牌概述

本节,我们围绕品牌的概念、含义、类型和作用几个方面进行概要阐述。

17.1.1　品牌的概念

品牌的定义有很多种,营销学专家费尔德维克的解释是:"品牌是由一种保证性徽章创造的无形资产。"概括的比较精炼,但局限了品牌的内涵衍生;美国市场营销学会对于品牌的定义是:品牌是一种名称、术语、符号、标记或设计,或是它们的组合,其目的是辨认某个销售者,或某群销售者的产品及服务,并使之与竞争对手的产品和服务区别开来。这个定义很专业,也比较全面,但不够聚焦,过于强调品牌的外在特征元素,且与中国军工行业的品牌理解和价值文化存在一些差异,相比其他定义,笔者更倾向于凯勒教授对于品牌的定义:品牌是扎根于顾客脑海中对某些东西的感知实体,根源于现实,却反映某种感知,甚至是独特性。

在军工市场里,我们要站在用户的立场和角度来定义品牌,品牌具有人性化的特点,它不是企业自有的,而是企业与用户共有的,品牌的区分伴随着用户群体的区分。对于军工企业来说,从外在表现来看,品牌表现为一种名称、术语、符号、标记或是它们的组合;从内涵来看,品牌是传递给用户的一种形态、一种意识,它是企业最为有效的核心竞争力之一,是军工企业通过产品、服务与关系利益人建立的一种特定的相互信任和理解的关系。在目前的军工行业,品牌已经成为一个强有力的武器,它决定发展,影响未来,军工企业所普遍推崇的"使命、责任"等品牌特征属性已经成为了军工文化甚至于民族文化的重要组成部分。

军工企业品牌的整体含义,可以分为六个层次:属性、利益、价值、文化、个性、用户,这是品牌的核心内涵,也是军工用户最为重视的几个方面。

品牌战略的关键在于品牌内涵是否完整,以某国有军工研究所为例,其品牌内涵体现为"姓党、为军、讲政、重质、求新、务实"。这里,"姓党"代表了研究所属性;"为军"代表了研究所服务的用户类型;"讲政"体现了研究所对于政治利益和市场利润的理解;"重质"体现了研究所质量高于一切的价值观;"求新"代表着研究所不断追求卓越、开创进取的精神;"务实"反映了研究所的文化与个性特征。

17.1.2 品牌的类型

对于我国的军工行业来说,品牌含义的外延在不断的扩大,主要有产品品牌、服务品牌、组织品牌、个人品牌、地理品牌等。

1. 产品品牌

指有形产品的品牌,近年来,军工企业对于品牌建设的重视已不亚于传统市场企业,例如,长征系列运载火箭、东风系列导弹、神舟飞船、北斗导航卫星、枭龙战机、战略核潜艇,等等。一个个如雷贯耳的名字背后,体现的是中国军工科技的飞跃发展,代表着中国已逐步走向世界舞台的中央。这些有形军工产品的品牌,已经远远超过了生产它的企业的组织品牌,很多人可能知道产品品牌,却并不知道生产企业是谁。

2. 服务品牌

指以无形的服务为载体,建立服务品牌,例如专业快捷的技术支持,长期优质的售后服务,温暖人心的情感关怀等等。在军工行业,所谓的用户,不论是采购层面还是使用层面,都不是为了满足个人需求,因此,军工用户对于服务的理解比较粗放,需求也大致相同,这也是军工行业内有影响力的服务品牌并不多见的原因,相对而言,军工行业服务品牌的建立可能会更依靠一些其他的因素,例如用户关系的管理维护,有了情感纽带,可以帮助用户更快地区分出企业的服务品牌属性。

3. 组织品牌

指以组织为载体的品牌,对于军工企业而言,产品品牌和组织品牌的塑造是两种概念,有些军工企业是以企业名称作为产品品牌的,如长虹,但由于军工行业的特殊性,组织品牌与产品品牌一般是不同的,如枭龙战机的平台、发动机、航电系统的研制生产企业各不相同,很多时候,组织品牌是作为军工企业的产品或服务品牌的基础和平台的形式存在的。

4. 个人品牌

指以个人为载体的品牌,任正非、马云都是个人品牌的典型代表,成功的个人品牌甚至可以直接提升企业品牌形象。对于军工行业来说,以前总是强调无私奉献,无名英雄,但随着军工经济与市场经济融合的加速,越来越多的军工企业开始注重领军人物个人品牌的建立,以帮助企业树立市场竞争优势,例如中国电科的吴曼青、海格通信的杨海洲等。

对于军工营销人员来说,想要在军工领域成就事业,就要不遗余力的去努力塑造个人品牌形象,维护企业品牌形象,宣传产品形象,让尽可能多的市场和行业中的重要关系人知道你是谁,产品是什么;你的优势在哪里,产品有什么竞争优势;为什么可以信任你,为什么要购买你们企业的产品。

5. 地理品牌

指以地方或地点为载体,军工行业里,例如,成都、西安都是原来国家"三线"建设的重点区域,这几年来已经成为西南、西北区域军工行业的领军城市,主要是电子信息产业;东北地区,以沈飞集团、沈阳自动化所、长春光机所等为代表的军工企业在航天、航空等领域市场都取得了很好的成绩,建立了品牌优势;再如环渤海、长三角、珠三角地区的船舶建造产业,也是军工行业中地理品牌做的非常好的地区。

17.1.3 品牌的作用

作为一种着眼于未来的,兼顾长远和短期利益的,有效率的核心竞争元素,品牌有着强大的生命力和影响力。关于品牌的作用,可口可乐的伍德拉夫有非常精彩的描述:即使我的工厂在一夜之间全部烧光,只要我的品牌还在,我们就能起死回生。

对于军工市场的用户来说,品牌有助于满足其精神需求;有助于其迅速识别产品,更有效地选择购买产品和服务;有助于其得到持续的售后保障;有助于用户利益的保护;有助于降低购买成本;还有助于风险控制。

而对于军工企业来说,品牌是军工产品、服务市场价值的评估系数,是军工企业参与市场竞争的无形资本,是军工营销的重要内容,是一种超过商品或服务本身利益以外的价值体现。品牌有助于企业建立用户忠诚度;有助于产品推广、占领市场;有助于获得高额利益,降低经营风险;有助于市场细分和定位;有助于新产品开发;有助于构筑市场壁垒,保持竞争优势。

17.2 军工品牌资产

某种角度来说,军工品牌营销战略的内涵和实质就是军工企业通过顶层设计、战略执行来提升品牌资产,实现其战略目标的过程。品牌资产是与某特定品牌紧密联系的,能够为用户提供超越产品或服务本身利益之外的价值的一种资产形态,品牌的文字、图标等如果发生改变,其品牌资产将会部分或全部丧失,例如,中国电子科技集团如果不再使用集团命名或者CECT的LOGO标识,其品牌资产必然受到损失。

17.2.1 品牌资产含义及特点

品牌资产是20世纪80年代后在营销研究和实践领域出现的一个重要概念,是与品牌名称、标志及其内涵相联系,能够增加或减少企业产品或服务价值的一系列资产与利益形态。对于军工企业来说,品牌资产给企业所带来的附加利益,归根结底来源于企业品牌对于用户的吸引力和感召力,它反映的是企业与用户之间千丝万缕的联系,这种联系不是短期的,而是一种长期的、动态的联系。那些有助于增加用户购买信心和意愿的认识、体验、印象,以及在此基础上所形成的看法和偏好,都是构成军工企业品牌资产的重要组成部分。

通俗一点来说,军工企业的品牌资产就是军工用户关于品牌的全部认知,它是与品牌相关的营销活动给用户所造成的心理事实。品牌资产以企业名字为核心,因市场而变化;品牌有正资产,也有负资产;品牌资产会影响军工用户的市场行为及营销反应,也会因为用户的品牌经验而变化;品牌资产依附于用户,而非依附于企业及其产品;最后,品牌资产的维持或提升,需要品牌营销行为的支撑。

概括来说,军工企业的品牌资产主要有以下特点:

(1) 无形性和附加性:品牌资产是军工企业的无形资产,它客观存在,但同时又必须依附于特定的实体；

（2）增值性和波动性：通过经营，品牌资产可以增值，但同时受军工企业内外部因素影响，会有波动。

（3）长期性和脆弱性：品牌资产需要经历从无到有，从少到多的累积过程，培养一个品牌需要长期的努力，但摧毁一个品牌可能只需要很短的时间。

（4）特殊性与复杂性：军工企业的品牌资产，不论在资产构成还是估价，与传统企业既有相似之处，如盈利能力；也有其特殊性和复杂性，例如更强调企业与用户之间的互动和联系。

17.2.2 品牌资产的构成

军工企业名称和标识是其品牌资产的重要物质载体，提供附加价值是品牌资产的实质内容，品牌知名度、联想度、忠诚度和美誉度则是品牌资产的主要构成形式。

17.2.2.1 品牌知名度

品牌知名度是指某军工品牌被市场知晓、了解的程度，是评价品牌在市场中影响力大小的一个主要指标，它反映的是军工企业与用户之间关系维护的广度。

一、品牌知名度的层级

军工企业的品牌知名度一般可分为四个层次：无知名度、提示知名度、未提示知名度和顶端知名度，它们呈金字塔形，越往上越难实现。

1. 无知名度

指用户对品牌没有任何印象。例如西南某军工研究所，很少进行品牌宣传和推广等品牌营销活动，对于其主营业务之外的军工市场用户来说，对这个研究所一无所知，这也直接导致其错失了很多的发展机会。

2. 提示知名度

指用户在经过提示或某种暗示后，可想起某一品牌。例如，华东某军工企业，主要做电子对抗设备的，但相比市场领导者西南某企业而言，其市场占有率比较低，需要提示，用户可能才能想起来。

3. 未提示知名度

指用户在不需要任何提示的情况下能够想起某种品牌，但有可能对于该品牌与其他品牌的区别并不是很清楚。例如,广州某军工企业和成都某军工研究所都是主要做通信设备的,一说到军用通信设备,用户就能想起这两个单位,但是,用户不一定知道他们各自的优劣势对比。

4. 顶端知名度

指用户在没有任何提示的情况下,首先想到并产生购买意向的品牌。例如,军工用户在采购卫星平台的时候,很长时间内,首先想到的一般都是航天科技集团。

二、品牌知名度的价值

品牌知名度的资产价值主要体现在:有助于用户产生品牌联想;因为用户熟悉而引发好感;给用户暗示某种承诺;成为被选购的对象;弱化竞争品牌的影响力。

在军工行业,考量企业品牌知名度如何主要从行业知名度来看,也就是军工企业品牌在市场和行业中的影响力,目前,关于军工行业中品牌知名度的测量主要还是结合军工营销人员在工作当中的直接感受和具体分析来定性判断。

17.2.2.2 品牌联想度

一、品牌联想度的层次。

品牌联想是军工用户在看到品牌时所勾起的所有印象、联想和意义的总和,大致可以分为三个层次。

(1)属性联想。属性联想是指用户对于产品或者服务特色的联想,在军工行业,让用户产生属性联想非常重要,它在某种程度上代表着用户对于军工企业的熟悉程度,并直接影响购买选择过程,但它仍然属于比较低端的联想层级。

(2)利益联想。利益联想是指用户感觉某一品牌的产品或者服务属性能够给他带来的价值和意义。从军工用户的角度上来说,有些会比较容易联想到产品的功能利益,有什么功能,什么样的战技指标;另一些用户则可能会关注使用产品或者享受了服务后的价值体验。

(3)品牌态度。品牌态度是高端的品牌联想,是用户对于军工企业的整体评价,帮助用户进行购买决策。品牌态度有一定的范围和幅度,厌恶、喜欢、热爱等,军工企业如果认识不到位,考虑不全面,或者执行出了问题,都会直接影响到用户对于企业的品牌态度,而且很难改变。

二、品牌联想度的价值

美好的、积极有益的品牌联想意味着军工品牌更容易被用户接受、认可、喜爱,进而形成品牌偏好和品牌忠诚。军工企业品牌联想度的价值主要有以下方面:

(1) 帮助军工用户处理品牌信息,有助于品牌认知并扩大品牌传播;

(2) 品牌联想可以为军工产品的差异化提供重要的基础,可能会成为核心竞争优势;

(3) 品牌联想可以为军工用户提供购买理由,它涉及到的产品和服务特征,各种层级的联想都会促使用户坚定地完成购买行为;

(4) 品牌联想可以成为品牌延伸的基础,品牌联想帮助军工企业进行品牌延伸,品牌延伸又会反过来促使军工用户开展更深入的品牌联想。

17.2.2.3 品牌忠诚度

品牌忠诚度是指军工用户在购买决策中,表现出来对某个品牌有偏向性的反应,它是一种行为方式,也是一种心理决策和评估过程。对于军工用户来说,品牌忠诚度是品牌资产的核心内容,其形成不完全是依赖于产品的品质、知名度、品牌联想及传播,它还与用户本身的个性特点、价值观和认知观等密切相关。

军工用户的品牌忠诚度主要是通过以下标准进行测量:用户重复采购次数;用户购买决策的周期长短;用户对价格的敏感程度;用户对竞争对手的态度等。

一、品牌忠诚度的层级

品牌忠诚度由五级构成:

(1) 无品牌忠诚者。这一类用户会不断更换品牌,对品牌没有认同,对价格非常敏感。

(2) 习惯购买者。这一类用户对于某一品牌或某几种品牌,有固定的使用习惯和偏好,购买时目标明确,但忠诚度不高,存在市场突破口。

(3) 满意购买者。这一类的军工用户对曾经有过体验的品牌比较满意,认为品牌转换会有风险。

(4) 情感购买者。这一类的用户对品牌非常满意,已经有一种情感在里面,品牌地位巩固。

(5)忠诚购买者。这一层是品牌忠诚的最高境界,用户不仅对品牌产生情感,甚至引以为傲,是品牌的忠实追随者。

总的来说,在我国目前的军工行业中,绝大部分用户属于习惯、满意和情感购买者,基本上,如果能在某个领域做到情感购买这一阶段,已经意味着这个军工企业在某个领域市场或者细分市场中必定是名列前茅的,具备核心竞争力和相对稳固的市场地位。

二、品牌忠诚度的价值

品牌忠诚度是一项战略性资产,对于军工企业来说,从品牌忠诚者那里所获得不仅仅是高额的利润,还有一种情感的传递和价值的认同,品牌忠诚度的价值主要体现在以下几方面:

(1)控制营销成本。国内很多军工企业对于提高现有用户的满意度与忠诚度漠不关心,却把大部分的精力放在寻找新用户上,营销成本很高,效果也并不理想;

(2)企业价值的体现。对于我国的军工企业来说,存在的目的是创造、实现并提升用户价值,这是根本,而这个过程需要品牌忠诚度的保证;

(3)吸引新用户。品牌忠诚度高代表着每一个使用者都可以成为一个活的广告,尤其是在军工行业这种重视口碑营销,品牌忠诚度非常重要;

(4)增加利润获取。拥有高忠诚度的品牌军工企业在与供应商、合作伙伴、用户等开展合同谈判时处于相对主动的地位,更容易获得高额的利润;

(5)减少竞争威胁。品牌如果有固定的忠诚度较高的用户群体,可以相对比较容易的设立市场进入壁垒,降低市场竞争威胁,同时,品牌忠诚度高的品牌,因为用户有情感依赖,很难发生品牌转换,军工企业有更多的时间应对市场变化,抵抗竞争者的进攻;

(6)帮助企业定位。军工企业通过分析市场内用户对自己品牌的忠诚度可以搜集到大量的信息,从而准确地在目标市场上选择定位,例如确认本企业的最大竞争者,并采用行之有效的应对战略和策略;发现自己的营销弱点,使企业少走弯路等。

17.2.2.4 品牌美誉度

品牌美誉度是军工市场中用户对某一品牌的好感和信任程度,它是现代军工企业形象塑造的重要组成部分,如果说知名度是偏重于量,美誉度则更偏重于质,它反映的是品牌在行业中影响力的好坏。如果军工用户在品牌体验中产生强烈的身份感和归属感,十分愿意与品牌之间建立特殊的情感联系,对品牌体验的参与度非常高,那么,这个企业就是军工行业中品牌美誉度比较高的。

美誉度是以知名度为前提的,它反映了品牌在用户内心的价值水平,知名度可以通过一些模式和方法快速提升,但美誉度需要长期的坚持,需要用心去维护。作为军工企业来说,在修炼内功,夯实基础的条件下,要善于利用多种手段与策略建立品牌美誉度:① 专注打造精品,坚持品质服务;② 企业要重视品牌战略设计和实施;③ 要善于处理公共关系等。

品牌美誉度的资产价值主要体现在口碑传播效应上,尤其是对于军工这种把口碑营销作为重要品牌传播手段的特殊市场,在意见领袖的引领下,将营销内容赋予一定的使命、责任或政治意义,更利于军工品牌的美誉度建立和巩固发展。

17.3 军工品牌营销

军工企业的品牌营销战略是企业为了提高自身市场竞争力,在分析研究自身条件和外部环境的基础上,围绕产品的品牌建立、使用、维护和发展所制定的一系列长期性的、带有根本性的营销规划和行动方案,具有全局性、长期性、导向性、系统性、创新性等特征。

品牌战略是军工营销人员非常重要的工作内容,有利于企业长远战略目标的实现;有利于企业市场占有率的提高;有利于企业品牌的快速传播;有利于企业形象的树立、丰富和提升;有利于用户权益的保护和价值实现;有利于把用户满意度、美誉度和忠诚度保持在高水准。本节我们主要从品牌定位、品牌设计、品牌形象、品牌传播和危机管理等方面来阐述军工企业品牌营销的具体流程。

17.3.1 品牌定位

军工企业的品牌定位是帮助其避开市场激烈竞争的有效手段,它经常和市场竞争基本战略中的差异化战略结合起来,通过有效的品牌定位使用户感受到企业的特有优势并占据市场竞争的有利地位。

一、品牌定位概述

品牌营销的首要前提就是品牌定位,定位能够使军工用户记住企业所传达的信息,有利于军工企业整合营销资源,树立品牌个性和形象,并打造优质品牌。为品牌定位是一个科学的分析需求、市场状态和企业资源的过程,重要的节点如下:用户需求分析;确定市场竞争者并明确其品牌定位;分析用户偏好;结合优势提炼品牌核心价值;确定品牌定位并传播;定位的效果评估等。

军工企业品牌的独特定位为其产品和服务提升了竞争力,可以帮助军工企业在越来越同质化的市场竞争中脱颖而出。在这个过程中,品牌定位指导军工企业的营销活动,营销活动反过来又会加强品牌的定位精准度,两者是相辅相成的。需要强调的是,军工品牌定位的目标就是军工用户,其本质是"心理占位",在向军工用户传播品牌特征的同时,帮助其形成品牌的独特形象和观念。

二、品牌定位原则

在进入品牌定位的策略选择之前,我们先来了解一下军工企业品牌定位所需要遵循的一些适当的原则。

(1)军工企业要全面充分地了解目标用户。对于目标用户,如何掌握他们的需求,与其产生良好的有益的互动,获得他们的价值认同,是军工营销人员要解决的首要问题,在此基础上所制定的品牌定位才是用户所希望看到的。

(2)要充分考虑军工企业的资源条件。在品牌定位过程中,企业不能妄自菲薄,也不能妄自称大,优势是渠道和成本,就不要把品牌定位在技术先进上,优势是系统工程总体,就要确保有体系和架构设计能力很强的总体团队,需要注意的是,军工企业要有持续的稳定的资源投入和配置来保证对于品牌定位的一致性。

(3)定位要与军工产品特点相结合。品牌是军工产品的形象化身,产品是品牌的载体,清楚这一点,军工企业就会主动的结合其军工产品的特点和企业核心价值来进行定位,如某军工研究所一直以来致力于其军品装备的小型化研究,其品牌定位为"精益求精"。

(4)定位要考虑竞争者的因素。定位本身就要求企业与竞争者区分开来,为军工用户提供独特的利益或价值,在竞争日益激烈的军工市场,同质化的定位会被毫不留情的淹没。某军工厂就针对市场竞争者开展品牌定位,"在单兵通信装备领域,其他企业不能做到的,请交给我们。"

(5)定位的核心内容要尽量保持一致。品牌定位一旦确定,就不要轻易地改变,这不仅会导致军工企业的资源浪费,还会直接损害品牌资产的价值本身;但保持一致并不代表不能改变,环境在变,资源在变,产品在变,定位也需要根据实际情况进行适应性调整。

三、品牌定位策略

军工行业中,用得较多的品牌定位策略主要包括属性、质量和服务定位:

(1)属性定位。将产品的某些功能特点和用户的关注点结合起来,突出产品的功能效用。军工用户群体中普遍非常注重装备的战技指标,如海军用户会非常关注舰载雷达的扫描距离和范围,那么企业可以在定位的时候强调产品的这一特性,军工市场中,属性定位不准确,战技指标不达标,其他方面做得再好,企业的品牌定位也会非常困难。

(2)质量定位。军工行业中价格虽然很重要,但不是决定因素,相对而言,军工用户更注重系统或者装备产品的质量,例如可靠性、可扩展性、使用寿命等。对于军工企业来说,质量就是生命,是所有军工企业品牌内涵和文化体系中不可或缺的重要组成部分,品牌的生存发展与企业产品的质量息息相关,荣辱与共。

(3)服务定位。军工行业的存在根本是服务于国家及军队战略利益的实现,而军工用户对于服务需求的满足,在深度和广度上始终都是高标准、高要求,从需求整理时的配合,项目策划时的参与,论证过程中的推进,立项批复后的落实,执行过程中的管理,交付验收环节的细致,一直到售后技术支持的随时响应等,服务贯穿于军工营销过程的所有环节,是军工企业核心竞争力的重要考核指标。

上面只是列举了几种军工行业中较为常见的定位策略,还有很多具体的定位策略可供选择,诸如竞争定位、情感定位、文化定位等,在此不一一阐述。

17.3.2 品牌设计

一、名称设计

品牌名称是品牌识别中用文字表述并传播的部分,好的品牌名称非常重要,它可以激发用户的品牌联想,诠释品牌的核心价值。传统行业中品牌名称的设计有地域命名、人物命名、目标用户命名、形象命名、利益价值命名和数字命名等多种类型。

在军工行业,数字命名是用得比较多的,军工企业本身是有企业名称的,但由于保密要求以及历史遗留问题,很多军工企业仍然选择了用数字名称来代替进行品牌名称设计,反而没有人去过多关注企业本来的名称,如中电29所、中船715所等,也有部分军工企业在保留数字名称的同时,开始注重其品牌的内涵体现和市场价值推广,如国营750厂,也就是现在的海格通信,意为海纳百川,格高五岳;航科503所,开始更多的使用航天恒星的品牌名称,包含了其主营业务和价值内涵。

数字命名在品牌建设和市场价值推广方面会存在不足,由于十一大军工集团各成体系,并且很多军工企业都在开展多元化业务,在专业领域和市场空间存在交叉,用数字来进行名称设计会使人产生混淆和困扰,甚至还存在命名重叠的状况,这也体现了我国军工行业发展离市场经济和管理规范化要求还有一定差距;另一方面,用数字来代替企业名称,虽然方便记忆,简洁明了,但无法全面客观地反映企业的品牌定位和形象,不能使用户产生积极的正向的联想,这也是目前军工企业的品牌名称设计的最大弊端,如何兼顾军工企业未来发展的需要开展品牌名称设计,做到反映全面、突出特色、启发联想、准确定位,还需要军工企业重视并持续改进。

二、品牌标志设计

品牌标志是品牌中运用特定的图案、造型、文字、色彩等视觉语言来表达或象征某品牌的形象,它同品牌名称一起构成了完整品牌概念的基本要素。

1. 标志作用

品牌标志最重要的作用是帮助企业品牌传播,使用户或消费者容易识别,引发用户的联想,提高品牌附加值,有利于企业进行品牌定位并开展宣传推广。

2. 设计原则

对于军工企业来说,品牌标志设计有几个制约原则:要适应军工企业文化,满足战略发展需要;要有创意,细致微妙;要遵循美学原理,具有美感;要简单大方,便于记忆;要富有价值内涵。

3. 设计要素

目前军工企业的标志设计的基本要素主要包括标志物、标志色、标志字,各军工企业在进行标志设计时,有一定的共性,例如标志物一般与其职能定位和主营业务直接相关,色彩以蓝色居多,标志字比较多的采用企业的数字名称或者企业价值体系中的核心文字表述等。以某军工研究所为例,其主营业务为雷达的设计生产,其标志物是一幅雷达,色彩选用深蓝色,标志字用的是其数字代号,数字图案与雷达融为一体。

17.3.3　品牌形象

品牌形象是品牌营销战略体系里的一个重要概念,它是市场对军工品牌的整体感知;是产品所体现的象征和意义所在;是军工用户对于品牌的观点、情感和态度的总和。

一、品牌形象的特征

某种意义上来说,品牌形象并不存在于企业本身,而是存在于用户的认知体系当中,它是意识形态的一部分,但却客观存在。军工企业的品牌形象主要特征包括多维组合性、相对稳定性、独一无二性。

(1)多维组合性。品牌形象是内涵与外在的综合,体现形式是多维度的,除了能直接感受到的品牌名称、标志、包装等外在表现,还有企业的形象、文化、个性等内涵体现;

(2)相对稳定性。品牌形象在较长的时间里面会保持一定的稳定性,但即使是处于市场领导地位的品牌,其品牌形象也需要不断地丰富和发展,因此,这种稳定是相对的;

(3)独一无二性。虽然军工企业在文化、价值体系等方面存在一些共通性,但是,所有的品牌形象都是独一无二的,每一个品牌形象都具有可识别和差异化特征。

二、品牌形象的构成

品牌形象是一个内涵丰富的概念,其构成主要包括三个层面:核心层面的品牌形象内涵,包括企业的品牌文化、品牌个性等要素;中间层面的是品牌形象的载体,包括产品、服务、使用者等;外在层面的是品牌形象符号,包括品牌名称、品牌标志等。

品牌形象的构成模型有多种形式,这里主要介绍贝尔模型和凯勒模型。贝尔模型认为品牌形象由企业形象、产品形象、使用者形象三者构成;凯勒模型是从以顾客为基础的品牌资产模型转化而来的,将品牌形象定义为顾客对于品牌的感知,通过其记忆中的品牌联想反映出来,联想类型包括属性、利益和态度。贝尔模型和凯勒模型是从不同角度和层面来阐述品牌形象的构成,综合起来,可以帮助我们加深对于军工企业品牌形象构成的理解。

三、品牌形象的塑造

军工企业的品牌形象塑造有一定的规律可循。一是要围绕企业的核心价值来塑造形象,企业的品牌精髓是什么,这一点非常重要,"产业报国"、"甘于奉献,无名英雄"、"使命重于一切",等等,这些都是军工企业品牌核心价值的体现;二是塑造独特形象,独特的品牌形象可以帮助用户更好的进行品牌联想,在国内军工行业目前状态下,需要企业在独特性方面下工夫才能脱离同质化竞争的"红海";三是保持一致性,军工企业的品牌形象要与时俱进,但核心要素要保持一致性,这样,品牌形象才会鲜明。

军工企业的品牌形象塑造过程主要包括需求研究、价值内化、载体选择、符号设计和整合传播五个方面:

(1) 需求研究。对于军工市场用户的需求研究是品牌塑造的出发点,从需求出发,研究用户对于品牌所涵盖的理解、想法和期望,并进行提炼,有利于品牌形象的确立和长远发展;

(2) 价值提炼。一个品牌最持久的动力来源于它的文化内涵,如何准确把握定位,提炼价值,诠释内涵是品牌形象塑造的关键步骤;

(3) 载体选择。品牌形象的载体主要包括产品本身、产品提供方以及使用者,这三种载体在品牌形象塑造的过程中同等重要,需要通过这些载体来传递品牌的文化、价值、特点、个性;

(4) 符号设计。符号设计方面,在体现使命、责任等核心内涵的基础上,要注意不能过于复杂,简洁大方,特点突出就可以了;

(5) 整合传播。传播是品牌形象塑造过程中的至关重要的一环,军工企业需要通过多种渠道、运用多种手段和方法来进行品牌形象的宣传。

17.3.4 品牌传播

品牌传播就是企业品牌系统的运行及信息传递过程,目的是为了提高品牌的知名度、美誉度。

一、品牌传播特点

(1) 信息的多样性。军工企业品牌所体现和传递的信息元素是多种多样的,表层的信息是有限的、简单的、静态的,但品牌深层次的产品特点、服务承诺、品牌认知、品牌联想、企业文化等因素,更为重要,是多维的、复杂的、动态的。

(2) 目标的特殊性。品牌传播的目标用户主要是军工市场中的决策群体、采购人员、技术专家以及他们所代表的最终使用者,他们不是普通大众,而是政府和军队政策的制定者和执行者,有着极为相近的核心价值理念,代表着国家利益、社会利益和人民利益。

(3) 媒介的单一性。相比其他行业种类繁多的传播媒介,由于保密要求,军工行业品牌传播的媒介相对比较单一,目前使用效果较好的还是行业口碑传播为主,小范围使用电视、网络、报刊等,基本不使用手机等移动终端作为传播媒介。

二、品牌传播过程

传播学的奠基者拉斯韦尔在1948年首先提出了传播过程的五种要素,分别是发送者、信息、媒介、接收者和效果,这五种要素也是构成军工品牌传播过程的基本要素。

品牌信息发送者是传播的主体,是企业代表,怎样将用户的需求信息与产品的信息进行结合,并将产品的属性、特征等内容清晰、具体地揉到品牌信息中传递出去,是信息发送者需要做的事情;品牌信息是指发送者向接收者传递的品牌内容,可能是情感性的,也可能是功能性的,亦或是其他类型;品牌传播媒介是指品牌信息的载体和传播的方式,目前军工行业主要采用的就是人员媒介方面的口碑传播以及个别大众传播媒介;品牌信息接收者就是品牌信息的目标受众,也就是军工用户;效果主要是指对于传播效果的评估和反馈信息,军工营销人员需要关注品牌传播过程的执行效果,收集用户的信息反馈,并据此进行传播效果评估。

在五种要素的基础上,经过专家学者的不断完善,又增加了诸如品牌信息编码、信息解码、噪声等要素,这里,信息编码、解码有点类似于信息传输系统装备中的调制解调器,噪声有点类似于通信传输过程中的外来干扰,这对于经常从事军工营销和项目管理的同志们很好理解。

此外,关于品牌传播过程,科特勒也提出了自己的理解,认为有效的品牌传播过程包括七个步骤:确认目标受众、确定品牌传播目标、设计品牌传播信息、选择品牌传播渠道、编制品牌传播预算、确定品牌传播组合、测定品牌传播效果。这里,笔者非常赞同将目标确定、预算编制纳入传播过程中,这两者直接关系到品牌传播的最终效果体现、评估以及传播成本的控制,更符合现代企业的管理要求,对于军工企业的品牌传播过程具有指导意义和参考价值。

17.3.5 品牌危机

史蒂文·芬克在《危机管理》中写道:"危机就像死亡和纳税一样,是管理工作中不可避免的,所以必须随时为危机做好准备。"军工行业是关系到国家安全和稳定的至关重要的特种行业领域,出不得半点马虎和差错,用户代表的是国家、军队和民族利益,对于保密、指标、可靠性、稳定性、三化三防、计划管理、交货周期、售后服务等方方面面都有着非常高的要求,而要求越高,企业犯错的可能就越大。

许多知名的军工企业都经历过严重的品牌危机,而且,越是市场占有率高、任务饱满、行业知名度大的企业越容易遭遇品牌危机,因此,正如科特勒所说:"细致的准备和一个管理良好的品牌危机处理机制是十分必要的。"目前的现实情况是,绝大部分的军工企业对于危机管理、危机公关并不擅长,控制风险的意识有,但是应对风险和危机的能力弱。

一、品牌危机的产生

品牌危机分为突发性和渐进性两种,一种就好像火山爆发,持续时间短,但冲击力很大,破坏性也很大;一种就像温水煮青蛙,短时间里感觉不到有问题,时间长了积重难返,这种危机所带来的后果往往更为严重。

引发品牌危机的因素很多,主要还是组织内外部因素的影响。组织内因素主要有品牌欺骗、品牌老化、价格战和品牌文化冲突。在军工行业里面,品牌欺骗事件如节约成本,以次充好;品牌老化如循规蹈矩,没有创新;价格战如为了进入一些新的市场,不惜以低于成本价获得标的,扰乱市场秩序,最后为了控制收支平衡,导致产品质量下降;品牌文化冲突,如军工企业如果完全以追逐利润为目的,就会与军工行业和市场对于品牌的文化要求产生矛盾,进而出现品牌危机。组织外因素主要有来自竞争对手、用户、供应商和合作伙伴的因素,竞争对手的恶性竞争、用户需求的错误引导、供应商的产品质量不过关、合作伙伴选择不当等等,都有可能造成品牌危机。

此外,一些不可抗力因素,包括社会不可抗力和自然不可抗力,如政治、法律、经济等社会力量发生改变等,也可能导致军工企业发生品牌危机。

二、品牌危机特点

品牌危机是指由于军工企业内外部一些突发原因造成的对品牌形象的损伤,并导致品牌价值的降低,使企业陷入困难的状态。

(1)事发突然。这是品牌危机的最为鲜明的特征,很多情况下,正是因为事发突然,才会导致企业措手不及,面临品牌危机。2009年,某军工企业生产的装备平台在运行过程中出现非人为故障,造成数千万元的直接经济损失,被勒令整改,就是突发事件。

(2)破坏巨大。品牌危机一旦爆发,威力是惊人的,而且往往伴随着多米诺效应,造成多方面损失,品牌形象受影响,品牌资产贬值,市场占有率下降,严重的会直接使企业陷入停顿。

(3)快速扩散。军工行业覆盖面很广,专业门类多,但用户群体圈子就那么大,一旦出现品牌危机,会在很短的时间内扩散开来,企业往往只能被动的采取一些应对措施,但效果都不是特别理想,这时候,企业是否建立危机预防和处理系统就很关键。

三、品牌危机管理

品牌危机管理是指军工企业在品牌塑造、运营、维护中针对品牌可能遇到的危机,而建立起来的预防和处理系统。

1. 危机预防

危机预防主要是针对组织内部因素,从自身做起。对于军工企业来说,预防工作涉及面很宽,需要企业内部各部门之间的通力合作,主要是通过以下方面进行危机预防:

(1)树立危机意识。不光是领导要有危机意识,所有的工作人员都要有,在这里,我们提出建立全员危机意识的概念,这种危机感不是由于企业生存出现问题,也不是来源于企业对于卓越的不断追求,它就是一种常态化的机制和态度。

(2)抓牢流程监控。这里的流程包括管理流程、质量控制流程、生产研发流程等军工企业内部所有的与产品直接相关的工作流程,在军工行业,任一个环节出现错误,都有可能引发品牌危机。

(3)建立危机预警。军工企业对于危险信息的收集和把握要尽可能充分,信息内容全面,传递要畅通,同时,要有具备专业技能和丰富经验的危机公关人员,保证企业在遭遇品牌危机时能够第一时间做出反应,制定最为恰当的应对策略。

2. 危机处理

危机一旦出现,必须立即反应,它不仅体现出企业的管理水平,也体现出军工企业的价值和文化体系的成熟。结合军工企业的实际情况,一般来说,进行危机处理时应该遵循以下原则:快速反应、真诚沟通、积极主动、口径统一等。

对军工行业而言,越是品牌知名度高、忠诚度高的企业越不怕品牌危机,而实力较弱、品牌知名度低、忠诚度也低的军工企业往往会在品牌危机中遭受重大损失。但不论如何,处理危机时如果能采取一些有效措施,或多或少都会产生积极而有益的影响,例如尽快成立专门的危机处理团队;以最快速度,有效处理危机;做好危机相关利益人的沟通协调工作等。

第18章 军工国际业务战略

在全球经济一体化的大潮中,军工企业的业务国际化已经成为我国军事工业发展的必然趋势,随着国家经济、科技等综合能力的全面提升,我国的军工企业在立足自身优势的基础上,通过积极参与军事工业的国际合作和竞争,在国际军贸市场发挥着越来越重要的作用。

18.1 国际军贸概述

进入21世纪以来,国际军品贸易一直是调整国际政治关系、推动国家战略、提升军队实力、促进经济发展的有力杠杆,它在国家政治与经济领域享有特殊的地位。

我国的国际军品贸易主要由进口和出口构成,存在形式主要是有形产品和无形服务,这里,主要从有形产品军贸出口的角度,来开展军工国际业务营销战略的阐述分析。

18.1.1 国际军贸的作用、特点与趋势分析

一、定义

军品贸易是指把军事装备和产品、服务作为商品进行买卖和流通,它是一种特殊的贸易形式,不通过一般的贸易市场而是由特殊渠道进行。国际军品贸易是指的某个国家在军事领域通过某种介质、渠道向其他国家提供或从其他国家获得军用产品、服务的过程,它是国家之间国防与经济联系的高级形式之一。

军品国际贸易是军用产品在国际间的买卖和交换,买卖双方都代表着各国政府的利益诉求,而不仅仅是企业的单方面行为,它是国内军工市场贸易的延伸和补充,军品国际贸易是我国对外贸易的重要组成部分,具有重要的政治、经济和军事意义。

国际军品贸易通过国家间军事用品的有偿转让,在调整多边关系、平衡力量对比、改善战略格局等方面发挥着越来越重要的作用。过去我们把军

品贸易与军火交易等同,看作是发达国家向外输出战争、制造民族矛盾,其根本原因就在于对军品贸易的性质存在片面认识。目前,世界主要国家的军工企业都把全球化看作提高军用装备生产效益的主要途径,同时也是扩大市场容量、增加企业影响力的重要策略;对于政府来说,除了希望在军贸过程中降低采购费用并获得技术红利之外,还希望通过技术的国际合作与渗透巧妙伸展其政治影响和控制的触角,因此,企业微观的经济利益和政府宏观的政治、战略需要不谋而合,在双重力量的推动下,军工市场全球化的深度与广度与日俱增,而这种特殊领域的全球化合作对国际政治、经济、军事等都将产生积极的、深远的影响。

二、重要作用

国际军贸的重要作用主要体现在以下五个方面:

一是战略作用。军品贸易在调整国家关系,改善战略态势等方面发挥着独特作用,它能造成一个地区或是一个国际局部体系内战略力量发生变化,失去原有平衡,并迫使一些国家调整战略,采取各种措施,以应对局势变化,最终达成新的平衡。

二是政治作用。国家政治决定着军品贸易的动机,军品贸易是国家政治的直接反映,并且反作用于国家政治。通过军品贸易,一国能够对它国的的政治保持一定程度的影响力,有时甚至可以对它国政治进行干预和控制,如美国之于日本、菲律宾等。美国国际问题专家安德鲁内森教授曾指出:和平时期,军品销售是维持对武器进口国施加影响的重要工具。

三是军事作用。在战争中,交战国通过向其他国家购买先进武器,能够迅速提高战斗力,以此改变战场态势,有时甚至直接决定一场战争的胜负。如斯里兰卡政府军战胜反政府武装,重要原因之一就是政府通过军品贸易,获得大量先进武器装备,最终取得战争胜利。

四是外交作用。美国主管国防工业的一位官员曾经说过:武器销售是一种外交货币。这句话充分体现了军品贸易能对交易双方甚至与此相关方面的外交关系与政策产生影响,例如美国对台军售对我国来说历来是一个十分敏感的话题,每次向台军售,中美关系都要受到冲击,出现波折。

五是经济作用。军品贸易利润十分惊人,它是军事大国获取经济利益,夯实国防工业基础,塑造大国形象和威信的重要途径,它不仅能刺激军工产业,还能带动其他相关民品产业的发展,从而促进经济发展。如俄罗斯将处于半报废状态的"戈尔什科夫"号航空母舰几乎是免费赠给印度,却通过航母改装及舰载机配备项目,获取了数十亿美元的军贸合同。

三、特点分析

相比较其他领域的国家贸易活动,国际军品贸易的性质更复杂、目标性更强、解决贸易纠纷的难度更大。进入新世纪以来,国际军贸市场呈现出一些新的特点:

一是贸易原则。每个国家都会对本国的军品国际贸易活动制定原则,进行约束。以我国为例,军工企业必须取得由国家军品出口主管部门审查批准的军品出口经营权,军品出口须遵循三项原则:有助于武器接受国的正当自卫能力;不损害有关地区和世界的和平、安全和稳定;不干涉武器接受国的内政。

二是种类繁多。国际军贸的内容,从小型火器到重型武器,从陆地、海上武器到空中、航天武器,从有形的武器装备到无形的网络空间攻防,从普通兵器到高技术兵器系统,从硬杀伤装备到软杀伤装备等,应有尽有。近几年,十一大军工集团下属的企业纷纷成立国际业务部门。

三是性能先进。过去,主要武器输出国在国际军贸市场往往只卖本国过时和淘汰的武器装备,现在则不同,发达国家军队列装的主战兵器,包括最先进的战机、战船、坦克、防空导弹等,很多都可以在公开的国际军品交易中买到。有的武器输出国出于战略利益考虑,也为了赚取更多的经济利润,甚至销售本国军队都尚未正式装备的主战武器,高技术武器装备已成为目前国际军贸交易的主体。

四是竞争激烈。随着全球政治格局的风云变幻,科学技术的飞速发展,武器输出国在持续增加,加上武器研制、生产周期在不断缩短,世界军品交易的竞争愈发激烈,其交易形式也日趋灵活多样,常用的有:易货贸易,联合生产,改进旧装备,转让武器生产技术,补偿贸易,提供政府信贷担保等等。竞争激烈的最主要体现就是价格战,例如为了抢占国际军贸市场份额,俄罗斯某型号主战坦克,售价仅是美国同类产品的一半。

五是买家主体。由于地区环境、政治经济实力等多方面原因,分布在亚洲、非洲和拉丁美洲的发展中国家成为国际军品贸易的主要买方,目前,最大的军品购入市场在亚洲,对象主要是美国、俄罗斯和欧洲的先进武器装备。而随着军事工业的不断发展,中国、以色列等国家在国际军品贸易市场也开始占据越来越重要的地位,前景看好。

四、发展趋势

通过梳理并展望未来，大致可以看出国际军品贸易的发展趋势：

一是高技术武器需求进一步加大。海湾战争、科索沃战争和伊拉克战争等局部战争对世界军品贸易的影响十分巨大，武器进口国对高技术武器的追逐与日俱增。

二是市场竞争更趋激烈。军品贸易是一个国家国防科技实力的直接体现，为了体现国家实力，更好地提升国际影响力，为战略及政治利益服务，发达国家与新兴工业化国家纷纷进军国际军贸市场，竞争日趋白热化。

三是武器扩散将进一步加剧。由于在中东、非洲、东亚及南亚建立地区安全互信机制的艰难，加上有民族、宗教矛盾的国家或地区间的潜在对抗和表性冲突，将进一步扩张国际军品市场的需求。

四是军品贸易内容更加丰富。随着国防经济全球化、一体化的浪潮席卷全球，使得国际军贸市场逐渐丧失原来的界限分明，国际军贸的合作方式更加多样化，内容将会更加丰富。

五是非军事作战和反恐的需要。当前国际恐怖主义势力的抬头和国际反恐浪潮的兴起，大大拓展了军事工业的边界；而与我国家利益相关的东海钓鱼岛争端、台海局势，以及南海权益维护等非军事作战行动的需要，也在某种程度上增加了新的区域性军贸需求。

18.1.2 我国军贸出口的概念及方式

一、军贸出口的分类

军工企业的国际竞争力如何，重要的参考标准就是企业在满足本国军事需求的前提下，是否能积极适应经济全球化和一体化进程的需要，是否能结合具体国情，有步骤有重点地进行军品出口，参与国际军贸竞争，是否能加快国际军贸市场的资本积累和品牌建立，进一步提升企业在国际军贸市场的核心竞争力。

根据国务院和中央军委联合颁布的《中华人民共和国军品出口管理条例》的定义，军品出口是指我国用于军事目的的装备、专用生产设备及其他物资、技术和有关服务的贸易性出口，军品出口需纳入由国家军品出口主管部门制定、调整并公布的军品管理清单。

为加强军品出口管理，规范军品出口秩序，我国制定了《军品出口管理清单》。清单按照武器装备的常规分类方法，分为轻武器，火炮及其他发射装置、弹药、地雷、水雷、炸弹、反坦克导弹及其他爆炸装置,军事工程装备与设备,军用舰船及其专用装备与设备,军用航空飞行器及其专用装备与设备等共十四大类,每一大类又划分为若干小类,构成了以武器种类、武器主要系统或部件、技术和服务为主体的军品出口框架体系。

二、军贸出口的方式

我国国际军品贸易的内容主要分为武器平台、常规武器、技术服务、信息系统等,贸易的方式主要有产品出口、国外生产和政治附属。

产品出口有间接出口和直接出口两种形式,间接出口是指军工企业利用独立中间商进行军品出口,直接出口是指军工企业通过直接在贸易对象国建立分支机构,或者在军品出口主管机关的指导下,直接与国外用户开展贸易谈判。具体采用哪一种模式,主要还是受军贸对象国的军工市场现状及我国军工行业发展水平的限制。

国外生产主要有国外装配、签订许可协议和合资经营等几种模式,目前国内军工企业主要采用的是国外装配,部分采用许可协议,国外装配一般是系统工程项目,也就是国内项目承包方采购好零部件、元器件和装配用工具、设备,运输到军品贸易对象国再进行装配,我国的一些军品贸易伙伴比较愿意采用这种,利于过程监督和人员培训;而许可协议这种模式有点类似于技术授权,主要是适用于武器平台的贸易,如我国和某国合作开发的某款武器平台,在签订完许可协议后,贸易对象国可以自主仿制生产该类军品;合资经营方面,由于机制体制的限制,目前应用模式还不是特别成熟,需要试验和摸索。

政治附属是指军工企业在服从国家政治需要的情况下,按照国家要求开展的军品国际贸易活动。在非完全市场经济的军工管理体制下,加上我国在崛起过程中,国际政治关系和战略目标实现的现实需求,这种方式并不少见。

18.1.3 我国军工企业走向国际化的动因

在国际利益纷争中,军品贸易一直是一种相对无规则的游戏,"没有永恒的朋友,只有永恒的利益"仍然是西方大国的信条。作为一个不断振兴的发展中大国,中国正在逐步建立并完善自己的军贸战略和体系,学会承担更多的国际责任和道义,也更多地体现出理性和自信。

站在我国军工企业的角度来看,驱使其走向国际化的根本动力,主要归纳为提升国家地位、拓展外部市场、获得规模效应、降低运营风险和形成全球视野几个方面。

（1）提升国家地位。军工企业的国际化战略可以有助于我国国家战略的实现,通过国际军品贸易,可以帮助国家结交更多的盟友,实现国际地位的提升,还可以通过国际军贸体现国家和军队实力,帮助国家在复杂的国际环境和政治形势中保持潜在的威慑力;

（2）拓展外部市场。我国的军工企业目前在某些领域方向,一定程度上拥有了技术、专利、管理和信誉方面的领先优势,如何充分的利用这些优势,开拓好国外军工市场,是每一个军工企业非常关注的核心利益所在;

（3）获得规模效益。军工行业的国内市场规模是有限的,要想通过生产批量化和规模化来获得超额利益,走出一条有特色的业务国际化道路是必须的选择;

（4）降低运营风险。军工企业在全球范围内建立起一体化营销网络和渠道,可以帮助企业在降低交易成本、维持市场占有率、保证资源供应等方面更灵活,分散企业运营风险;

（5）形成全球视野。在现代的信息化社会里,军工企业需要时刻保持与国际的接轨,通过紧密跟踪国际军事科技发展的最新动态,不断开拓创新,形成全球视野,这对于军工企业长远战略目标的实现至关重要。

18.1.4 我国国际军贸的发展历程

20世纪50年代,在我国开始建设国防科技工业之初,毛泽东同志就明确提出:我们不当军火商。在这种思想指导下,加上国家成立初期,工业基础本身比较弱,不具备强大的生产和技术创新能力,同时又迫切需要得到国际社会在政治上的认可和支持。1978年以前,我国没有所谓的国际军贸,只有对外军事援助,几乎都是无偿的,援外项目由国家下达任务,经费由国家负担,各有关单位负责执行,期间,曾向朝鲜、越南、阿尔巴尼亚、罗马尼亚、巴基斯坦、坦桑尼亚等国家提供了各类型军用装备。需要注意的是,我国的对外援助与其他许多国家不同,真正体现了国际主义精神:一是不带任何附加条件;二是提供自己最好的产品、设备和器材;三是保证受援国人员充分掌握使用和维护技能;四是援助建设的工程项目投资省,见效快。

1978年后,随着国际形势的变化,单一的军事援助模式已经不符合国家战略利益实现的需要,加上我国的军工行业在引进国外先进技术时缺少外汇,邓小平同志在多次听取国防工业部门的汇报后,决定开展军贸业务。随后,中央批准对外军事援助由原来的全部无偿援助改为收费、以货易货和无偿援助三种方式,如何找准突破口,以航空工业为例,当时正逢第三次中东战争结束不久,埃及军队收复了西奈半岛,取得了重大胜利,其空军急需补充新的装备,同时,埃及同我国一直保持友好关系,并曾接受过我国的无偿援助。1979年,埃及政府提出希望我国提供几种飞机、发动机和航空备件,经过多轮艰苦的谈判,5月,我国和埃及在开罗签订了两个军贸合同,包括战斗机、教练机等,总成交额超过一亿美元。这是中国航空工业第一次向国外卖飞机,也是我国国际军品贸易发展史上的里程碑和重要转折点。

曾经,59式坦克、歼7战斗机等出口到了大量的第三世界国家,是中国军工产品出口的主力,但相对落后的技术使得这些产品缺乏高的科技附加值,不具有国际竞争力。随着我国军事技术的不断积累和创新突破,近年来,我国出口的军工产品已经逐步接近甚至达到西方发达国家的军工产品水平,加上价格优势,军工产品在国际市场上开始具有竞争力,并不断提升在世界军品贸易中的份额比重,例如出口的"枭龙"战机采用了国际领先的技术,性能达到了三代战机的国际标准,但售价却只有西方同类战机的三分之一左右。目前,我国军品出口有相对稳定的客户群,对象主要集中在亚洲、南美洲、非洲以及部分东欧国家,以发展中国家和第三世界国家为主,军品种类以飞机、火炮、舰艇、导弹、雷达、坦克等覆盖海陆空传统战场空间的军事装备为主,近年来,国家大力发展的天基、电磁、网络空间、信息融合等新的装备和技术,出口相对较少。

18.2 国际军贸营销

国际军贸市场是跨国军工企业的产品和服务,在本国之外的用户所组成的市场。国外用户代表着不同国家机器的政治和军事诉求,其所处的社会形态和政治制度都有很大区别,因此,市场内部关系要更加复杂,对营销的要求也更高。

18.2.1 主要概念区分

有几个相关概念,需要注意区分。

一、国际军贸营销

国际军贸营销是超越国界的军工市场营销活动,是把军工产品和服务交付给一个以上的国家用户手中,并在此过程中进行计划、定价、促销和引导,以便获取利润的营销活动。

对国际军贸市场营销这一概念内涵的理解应把握好以下三个要点：一是国际军贸营销是跨国营销活动，只有通过营销活动，将军工产品和服务销往国外或境外市场才是国际军贸营销；二是国际军贸营销是我国军工企业跨国开展营销活动的管理过程，军工企业是国际军贸营销的主体；三是国际军贸营销活动是为了满足国外用户的需求，企业的利益要服从于国外用户的民族文化、政治形态、战略意图和国家利益实现。

二、国际军品贸易和军贸营销

国际军品贸易和军贸营销都是以获取国家利益为目的而进行的超越国界的活动，所有的国际军品贸易和军贸营销活动都是和世界政治环境、国家政治诉求相联系在一起的，每一项国际军贸的背后都有着明确的国家政治意图和现实利益的体现。下面，我们从几个方面对两者进行区分，方便大家加深理解：① 国际军品贸易更宏观，国际军贸营销更微观；② 两者的行为主体不一样，国际军品贸易的行为主体和最终决策者是国家，体现国家意志，国际军贸营销的行为主体是企业，体现企业决策；③ 国际军品贸易涉及购进和售出，而国际军贸营销主要是关注售出；④ 国际军品贸易代表着参加交换的军工产品真正从一个国家转移到另一个国家，而国际军贸营销主要是指的超越国界的一种营销活动；⑤ 国际军品贸易可能会涉及到更多的国家政治层面的因素，而国际军贸营销更多的体现的市场经济层面的内容。

三、国际军贸营销与国内军工营销

所有军工市场营销行为的目的都是找到未被满足的需求，并去满足他，国际军贸和国内军工市场营销，一个是对外，一个是对内，处于两个完全不同的市场营销环境，很多的市场营销原则与策略方法并不能通用，但其本质是存在共通性的，两者既有联系，又有区别。

共通性体现在两者的基本理论、营销观念、过程和原则等方面具有一定相似性，两者的目的都是为了利益，不论是经济利益、政治利益还是战略利益，两者都要分析市场环境、选择目标市场、制定营销战略策略等，市场营销过程也大概相同。但是，国际军贸营销由于超越了国界，尤其是特殊行业的政治背景和国家意志因素，决定了国际军贸营销活动更复杂，决策的风险系数更高，手段更多样，而且会有更多的贸易障碍，周期也会更长。两者的主要区别如下：

（1）国际军贸营销的障碍更多，如政治、语言、法律、文化的不同，加上各个国家对于军工行业的保护，企业在开展国际军贸营销的过程中会受到更多的外部因素制约；

（2）国际军贸营销的环境更复杂，企业很多时候缺乏详实的第一手的市场信息和咨询服务，在开展营销活动时会存在信息盲区，并可能直接导致营销决策失误；

（3）国际军贸营销的风险比较大，不可控因素较多，比较突出的有政治风险、信用风险、汇兑风险、交付风险等；

（4）国际军贸营销的相关利益方更多，除了常规参与者，政府代理人、立法人员、政党、团体以及一般的公众都可能会作为相关利益人参与到营销过程中来。

（5）国际军贸市场容量更大，竞争更激烈。在营销中，军工企业需要面对更多的国外用户和来自全球的竞争者，由于各国的地理距离和文化差异等因素，军工企业又难以及时了解和掌握竞争对手的情况，因此面对的市场竞争会更为激烈。

18.2.2　国际军贸营销的环境分析

这里重点介绍经济和政治法律环境对于国际军贸营销的影响。

一、经济环境

研究国际军贸市场，开展军工营销，首先必须对国际形势和经济发展有所了解，一个国家经济实力的强弱，会直接决定该国军工市场容量的大小，因此，军工营销人员需要认真地整理分析对象国家的社会制度、经济水平、国防预算、资源配置、货币汇率等，以指导国际军贸营销活动的开展。

1. 社会制度

判断目标市场所在的国家经济制度是资本主义经济还是社会主义经济，是市场经济还是计划经济，目前看来，国内军工企业似乎更适应与发展阶段、社会经济、政治制度相接近的国家开展业务，比较多的集中于亚非拉的发展中和第三世界国家，而在面对欧美发达国家的军工市场时，会遇到更多的困难，例如政治博弈、市场壁垒、知识产权等。

2. 经济发展

目前世界上各国家的经济发展水平大致可以分为农业型、原料输出型、工业发展型和工业发达型四大类。对于我国来说，需要面向发达国家开展高新技术和产品方面的引进,如精密仪器、发动机、新材料等,以弥补短板,这些采购活动同样需要军工营销;而在面向农业型或者原料输出型国家的军工市场时,着重于向其输出相对技术领先并处于可控范围的产品、技术和服务,如枪械、武器装备平台、网络信息技术等。

3. 资源配套

了解目标市场所在国家的能源供应、交通运输、通信设施等与军工装备和技术的应用密切相关的基础设施建设状态,有利于制定更符合国外军工用户需求的营销设计方案。此外,还需要了解对象国家的自然资源状态,例如大部分国土是沙漠地带无人区,那么适用于复杂电磁环境下的装备销量可能就有限。

4. 货币汇率

军工企业必须要掌握国际汇率这一经济因素的波动特点,全面衡量在对外军工贸易中货币汇率变化的影响,并使之有利于自身,由于国际军贸的额度都较大,如果不注意对于货币汇率风险的控制,可能给军工企业造成不小的损失。

二、政治法律环境

政治环境方面,我们重点从体制、政党、政局等六个方面进行分析阐述:

(1) 政治体制。资本主义还是社会主义政治体制,这一点经常是作为国际军贸营销的首要决定因素,对营销实践也会造成直接影响。

(2) 政府类型。军工营销人员需要重点了解目标市场政府在军贸经济中所起的作用,是参与者、规范者还是主宰者,以及评估政府的廉洁与行政效率;同时,还需要了解该国的政党制度,要分析其政党体制以及党派政纲,特别是执政党的意识形态和政治主张。

(3) 政局稳定。目标市场所在国家的政局稳定性对于军工企业在从事国际军品贸易及营销活动时非常重要,主要可以从政权更迭率、暴力事件出现率、是否有宗教或者民族冲突等多个方面开展分析。

(4) 政治干预。目标市场所在国家对于国际军贸的态度很重要,是否存在税收政策、进出口管制、技术封锁、价格控制等干预措施或者贸易壁垒。

(5) 民族主义。民族主义的宗旨是保护民族经济,强烈的民族主义对国际军工营销的影响非常大。因此,从事国际军贸营销的人员必须尊重各国的民族利益和民族感情。

(6) 国家关系。与军贸市场目标国家之间关系的好坏,往往直接影响到国际军贸营销的成败。

除了政治环境以外,从事国际军贸活动的市场营销人员还必须了解相关国家的法律环境。各国都制定有与军工贸易相关的法律,如标准法、商标法、包装法、反不正当竞争法、反垄断法、知识产权保护法等,同时,营销人员还需要了解并掌握贸易所涉及国家缔结或参加的有关国际经济贸易方面的条约,以及军品贸易方面的相关规定或者协议,如此才能尽可能地避免产生国际军贸纠纷。

18.3 国际军贸市场分析

国际军贸市场是一个非常庞大而且多变的市场,对于国际军品贸易来说,如果不能结合实际情况来进行市场细分与选择,根据不同国家的环境、需求采取不一样的营销模式和方法,很难在国际军贸领域取得成功。

18.3.1 国际军贸市场选择

全球军品市场细分主要是有选择地依据国家经济实力、国防费用支出、社会形态、政治体制、发展阶段、是否存在局部冲突等方面因素进行细分,举例来说,从国防费用支出的角度来细分市场,我们需要掌握当年度以及近几年目标市场所在国家的国防费用支出状况,总额是多少,增长率多少,费用支出的构成是什么等等方面的信息,并据此细分市场。

军工企业在对全球的军品市场进行了细分之后,需要进行目标市场选择工作,主要是结合目标市场的市场规模、增长速度、竞争优势、风险程度等方面来考虑:

(1)市场规模。主要取决于国际军贸对象国家的社会现状和国家经济发展水平,这里的市场规模并不一定受到国家地域和人口规模大小的影响,比如与加拿大和利比亚开展军品贸易,利比亚的主体市场规模可能会高于加拿大。

(2)增长速度。这里主要是指目标市场军费开支的增长速度,其国家战略诉求以及所面临的环境和格局发生改变,军费支出的增长速度也会随即发生变化。例如印度出于其大国战略的长远目标,军费一直保持持续的高速增长,而一些南美洲国家的军费增长速度则有限。

(3)竞争优势。要想开展国际军品贸易,军工企业必须要有一定的竞争优势,随着近年来我国军工行业的高速发展,庞大的产能结合与西方接轨的高精尖研发体系,辅以较低的销售价格都是我国在国际军贸市场上保持重要存在的竞争优势。

(4) 风险程度。在目标市场选择的过程中,军工企业要非常注意风险控制,这是一个很现实而且突出的问题。灾害频发、战争隐患、政局不稳、两国关系不正常的目标对象,一般不要去选择,很容易造成合同作废、付款不及时等多种不利状况。

根据过去的国际军品贸易的数据,结合以上因素分析,我国的军品贸易主要目标市场是亚非拉以及欧洲的一些国家,政局稳定,经济规模有限,社会发展水平和经济体制相近,与我国长期保持良好国际关系的国家,如亚洲的巴基斯坦、孟加拉国、泰国、柬埔寨、斯里兰卡等;非洲的埃及、摩洛哥等;拉美的玻利维亚、秘鲁等;欧洲的罗马尼亚、阿尔巴尼亚等。

18.3.2　国际军贸市场现状

选定了国际军品贸易对象后,在开展军工营销工作前,还需要开展国际军贸市场的分析评估,直接指导营销行为,以降低风险。军工营销人员要针对各个候选市场的特征资料开展研究,估计其目前的市场容量、未来的市场潜力,预测可能的市场占有率,评估军品成本及利润,分析并控制风险等。从目前全球军工行业的产业布局来看,美国、俄罗斯和欧洲仍是主要的武器产品输出地区,亚洲地区军工产业近年来发展较快,主要集中在中国、日本、印度和以色列等几个国家,而从非洲、南美洲等世界其他地区来看,仍主要以武器产品输入为主。

由于各国环境不同,需求不同,我国生产的武器已经成为一些关系良好的亚非拉发展中及第三世界国家军队的重要装备来源;近年来,在我国的出口武器中,不乏一些高新技术武器装备,如某中亚国家采购我国的某型号弹道导弹系统,就是一种科技含量很高的现代化远程武器系统,某东南亚国家海军采购了我国最新的导弹护卫舰,也显示出我国军工生产和科研新水平;另一方面,由于一些国家的发展水平比较低,国防预算非常有限,一些较落后的武器也仍在我国的国际军品贸易之列。

随着经济全球化的加速,在国际军品贸易市场里,存在着很多的一流跨国军工企业集团,他们普遍具有以下特点:有政府背景甚至由政府直接控股,资本雄厚,有庞大的营销体系和渠道资源,由于相对垄断而利润丰厚,多元化经营等等。目前,国际军贸的的主体仍然被欧美的跨国军工寡头垄断,技术不断突破,体量持续增长,业务领域不断扩张,在未来很长一段时间内,这种局面都会存在,而相比这些寡头而言,我国目前的各军工集团在综合实力方面,差距还非常明显,如何增强我国军工企业的国际竞争力,需要我们在夯实基础,开拓创新的同时,通过政策与市场手段地持续调整,集中整合优质资源,形成合力,迎接挑战。

  结合我国目前所面临的周边复杂环境以及军工行业的发展现状,军工企业需要制定切合我国实际,符合我国军事工业发展目标的国际军工市场营销战略、策略及方法;深化对国际军贸营销体系的研究,加强对营销理念的再认识;要更加积极、更加灵活,在稳固亚非拉市场的基础上,全方位拓宽军品出口渠道;积极开展对外军事技术合作,结成战略战术联盟,提高本国军事工业科技水平;采用更加优惠和灵活的贸易方式,拓展市场空间;加大宣传力度,树立符合我国战略利益的国家形象和企业品牌等。

第七部分 军工营销的策略制定

战略牵引,策略指导与方法执行是我们每一个军工营销人员都必须关注的核心工作所在,战略是有策略的战略,执行是策略指导下的执行。在战略部分,我们从目标集聚、市场竞争、新产品研发、品牌营销、国际业务等方面内容围绕营销战略进行了初步分析,为更加全面的从体系角度理解军工营销的内涵,并与营销实践具体结合,本章节,重点阐述军工营销策略制定的相关内容。

第 19 章 基本型营销策略组合

对于军工营销策略而言,主要包括两个方面内容,传统的基本营销策略组合以及来源于此的应用型营销策略,这里,我们先从基本营销策略组合层面来展开。

19.1 营销战略与策略

策略,即策划、谋略。在军工行业,不论组织或个人,当面临市场选择时,开展营销行动前,营销策略都至关重要,它对营销战略的成功实施,并反过来验证战略方向的正确与否,起着关键性的作用,营销策略一旦制定错了,或实施时机不当,或选择顺序有误,均会导致企业营销战略无法落到实处。在营销实践中,有时候,我们需要经常把战略和策略进行相互印证,研究、分析并检讨,以避免战略下的盲动,也避免错误的策略去指导执行。

要更好地理解并运用营销策略,首先需要对战略和策略的关系进行分析整理。从市场营销角度看,战略的本质是企业为实现某一目标所设计并采用的顶层指导,而策略则是实施战略所必须研究的课题和采取的行动;战略应该是方向性的把握,而策略更侧重于具体的营销实践指导;策略是从属于战略的,没有战略指导的策略不会有太大的价值,而战略也是需要各种策略和方法支持的,没有策略的具体实施,战略永远只是空想,无法落地。

此外,战略要看方向,策略要看执行;战略需要做减法,而策略需要做加法。营销战略的目的是要在"乱花渐欲迷人眼"的众多方向中选对一条,不论道路宽窄,一旦确定方向,必须坚定不移,而营销策略则是面对一个具体的市场目标,应该从哪些方向进攻,将问题考虑周全,才能赢得胜利;多数情况下,战略是长远而简单的,面向长远,精炼概括,策略是短促而复杂的,不短促不足以把握时机,不复杂不足以取得完胜;战略不常变,策略会时常调整,执行更是千变万化。

对于军工营销来说,营销战略明确之前,战略最为重要,而一旦确定,企业和营销人员的关注点就要转移到策略指导和方法执行上面来。在一些特定阶段,策略比战略和执行都要重要,它是战略与具体执行之间必不可少的环节,是纽带,承上启下。没有策略,战略就挂在墙上,遥不可及,没有策略,执行就只知干活,没有方向,也上不了层面,甚至,有些时候即便战略不清晰甚至不成熟,良好的策略也会使战略升级,并使之执行到位。

19.2 军工营销策略组合概述

军工营销策略组合,指的是军工企业在选定的目标市场上,考虑环境、能力、竞争状况等综合因素,把握住一些基本的营销策略,合理组合,灵活运用,充分发挥整体优势和效果,以完成企业目标的过程。

19.2.1 营销策略组合的发展演变

营销策略组合先后经历了从4P、4C、4R、4V等一系列的发展演变,后来,又有了4S、4I等新的概念组合。20世纪60年代,麦卡锡提出的4P,是最为基本的营销策略组合,包括产品(Product)、价格(Price)、促销(Promotion)和渠道(Place),是产品导向而非消费者导向;90年代,罗伯特·劳特伯恩提出了4C:顾客(Consumer)、成本(Cost)、沟通(Communication)和便利(Convenience),以顾客为导向的策略思维开始为世人所接收并逐步推广开来;2001年,营销领域又出现了4R的组合概念:关联(Relancy)、反应(Response)、关系(Relationship)和回报(Reward),4R是站在用户的角度看营销,同时又注重与竞争对手的市场争夺,内涵丰富,更加全面且完整;近年来,结合营销理论的新发展,又有专家提出 4V:差异化(Variation)、功能化(Versatility)、附加价值(Value)和共鸣(Vibration),相对更适用于目前的军工市场实际及用户需要;此外,还有 4S、4I 组合等新的理论延伸,对于军工营销有或多或少的启迪作用。随着科学的发展和社会的进步,各个营销组合也在不断的演化完善,内涵更丰满,更贴合应用实际,大家有兴趣可以结合我国军工市场的特点和新时代军工经济发展模式的现状,进行学习掌握。

19.2.2 营销策略组合的特点

营销策略组合对于军工企业来说,是非常重要的策略形式和指导工具,主要有以下特点:

(1) 变量组合。构成营销组合的各个自变量,是最终影响和决定市场营销效益的决定性要素,而营销组合的最终结果就是这些变量的函数,即因变量,从这个关系看,营销组合是一个动态组合,只要改变其中的一个要素,就会出现一个新的组合,产生不同的军工营销效果。

(2) 多维层次。营销组合由许多层次组成,就整体而言,4P、4C、4R 和 4V 都是一个组合,组合中每一个要素又包括若干层次,这样,营销人员在确定营销组合时,相当灵活,可以纵向选择,也可以横向选择,可以单维度,也可以多维度。

(3) 整体协同。军工企业必须在准确地分析、判断特定的市场营销环境、企业资源及目标市场需求特点的基础上,才能制定出最佳的营销组合,这里,决不是几个营销要素的简单数字相加,而是要产生整体协同效果,讲究营销艺术和技巧。

(4) 随机应变。营销组合作为军工企业营销管理的可控要素,一般来说,企业具有充分的决策权,但企业制定的市场营销组合无时无刻不在受着宏观、微观环境的影响,如果市场需求及内外部环境发生了变化,就必须对营销组合随时进行适应性的调整,才能保持强大的生命力和持久竞争力。

19.2.3 营销策略组合对军工企业的重要意义

军工市场营销策略组合的确定,是军工企业市场营销部门根据其营销战略规划,在综合考虑外部市场机会及内部资源状况等因素的基础上,确定目标市场,选择相应的策略组合,并予以有效实施和控制的过程。从另外的角度来理解,它也是军工企业以军事需求为出发点,根据经验和信息收集分析获得用户需求量购买力和期望值,有计划地组织各项营销活动,通过相互协调一致的策略实施,为用户提供满意的产品和服务而实现企业目标的全过程。

在具体军工营销实践中,营销策略组合的意义主要体现在:

(1) 是制定营销战略的基础和参考依据。营销战略是军工企业经营管理的核心战略之一,它与营销策略不是纯粹的先后或者上下关系,而是在制定战略的时候,对于采用哪些营销策略,如何排列组合就要做到心中有数,在实际军工营销过程中,战略与策略是相互融合,相互促进,相互印证的唇齿相依的关系;

(2) 是应对激烈市场竞争的有力手段。军工企业在运用营销策略组合时,要善于运用 SWOT 分析等成熟的营销模型和工具开展相关环境及现状分析,以便制定出符合客观实际需要的策略组合并取得市场竞争优势;

(3) 为企业提供系统层面营销管理思路。军工营销实践中,在顶层战略的设计指导下,围绕营销策略组合开展军工企业的营销策划和工作执行,可以帮助我们从体系角度,系统层面理清思路,形成从点到面,多维度的全方位营销管理能力。

19.2.4 营销策略组合在军工市场的运用原则

为更好地发挥营销策略组合的意义和作用,军工企业在具体选择并运用策略组合时要注意下列原则:

(1) 目标性。营销策略首先要有目标性,要有明确的目标市场、用户,并围绕目标进行最优组合设计,目标聚焦是其中关键;

(2) 协调性。军工营销人员要善于协调营销策略组合中的各个要素,使其有机地联系并组合,以最佳的匹配状态,为实现营销目标服务;

(3) 经济性。主要考虑策略组合要针对军工营销的实际需要,这是优化组合的特点,不要求大求全,而是经济实用。

(4) 反馈性。营销策略组合的变化,要依靠及时的市场信息反馈,结合军工企业实际,对营销策略组合进行验证、评估、调整,最终实现与时俱进,结构优化。

19.2.5 营销策略组合军工应用的制约条件

军工企业在制定营销策略组合的过程中,主要受以下几个条件的制约和影响:

(1)营销战略。在制定营销策略组合之前,军工企业的营销战略必须明确,且在企业内部达成共识,同时,在设计市场营销策略时,应首先通过分析研究,判断策略组合是否与企业的营销战略和长远愿景相匹配、相统一。

(2)环境变化。随着军工市场与社会经济体系的不断融合和接轨,企业在市场活动中所处的环境,以及面临的机遇和挑战时刻都在变化中,对军工营销活动也起到了直接的制约作用,此外,营销人员尤其要注意到军工市场中人为干预因素所导致的环境变化。

(3)市场特点。军工企业要依据军工市场特点,来规划设计合理的营销策略组合,在分析军工市场各个方面的条件、特点,包括目标市场容量、用户主观意愿、市场竞争现状等方面情况的基础上,还需要高度关注军工目标用户的需求变化。

(4)资源现状。军工企业的资源状况包括品牌、团队、管理、技术、专利、渠道、财务等,选择合适的市场营销策略组合必须与企业实际所拥有的资源相符合,否则,超出了能力范围反而会对企业的长远发展造成负面影响。

19.3 营销策略组合的军工应用

下面,我们来分别了解一下 4P、4C、4R、4V 等基本营销策略组合的内容、特点及具体军工应用。

19.3.1 4P 组合

一、4P 的应用

20 世纪 60 年代,是市场营销学的重要发展时期,企业经营观念也实现了由传统经营观念向新型经营观念的转变,营销手段开始多样化,1960 年,美国市场营销专家麦卡锡在营销实践的基础上,提出了著名的 4P 营销策略组合理论,即产品(Product)、价格(Price)、促销(Promotion)和渠道(Place),4P 理论奠定了营销策略组合在市场营销理论中的重要地位,它的伟大之处在于符合市场实际的同时,把营销策略理论简化,并便于记忆和传播。

对于军工市场来说,产品可以是有形的实体,也可以是无形的服务、技术、知识等;价格的制定手段很多,竞争比较法、成本加成法、目标利润法等,这些方法的目标是使产品成为可交换的商品,但军工企业在定价时,要注意打价格战是一种定价和竞争策略,但价格低并非总是凑效;促销是人员推广、公关活动和销售促进,在军工市场中,促销的最高境界是"润物细无声";渠道是产品从生产方到用户终端所经历的路径,军工行业一般都是直销模式,不仅仅是因为这种模式能控制成本,也因为军工市场特点并不允许有太多的中间环节。

二、6P 的应用

20 世纪 80 年代后,随着市场竞争日益激烈,政治和社会因素对市场营销的影响和制约越来越大,也就是说,营销策略组合不仅要受到企业本身资源及目标的影响,而且更受企业外部不可控因素的影响和制约,在克服一般营销观念局限的基础上,1986 年,菲利浦·科特勒提出了大市场营销策略的概念,在原 4P 组合的基础上增加权利(Power)和公共关系(Public Relations),简称 6P。科特勒给大市场营销下的定义为:为了成功地进入特定市场,在策略上必须协调地施用经济心理、政治和公共关系等手段,以取得外国或地方有关方面的合作和支持。

我们可以把概念中所指的特定市场,理解为壁垒森严的封闭型或保护型的市场,军工市场就属于此种市场类型,要打入这样的特定市场,运用大市场营销策略会更有效果,其要点在于当代军工营销者需要借助政治力量和公共关系技巧去排除产品通往目标市场的各种障碍,取得有关方面的支持与合作,实现企业营销目标。大市场营销理论在军工市场的实际应用中,军工营销人员要注重调合军工企业与外部各方面的关系,以排除人为障碍,打通产品的市场通道;同时重新认识军工市场营销环境及其作用,某些环境因素可以通过军工企业开展各种营销活动施加影响,或运用权力疏通关系来加以改变。

三、11P 的应用

随后,科特勒又提出了"11P"的营销组合理念,将产品、定价、渠道、促销称为"战术 4P",将研究(Probe)、市场细分(Partition)、优先(Priorition)和定位(Position),称为"战略 4P",该理论认为,企业在战术 4P 和战略 4P 的支撑下,通过人员(People)运用"权力"和"公共关系",可以排除通往目标市场的各种障碍。

对于军工行业来说,11P分别意味着:(1)产品:包括各种军工产品的质量、功能、指标、型号、包装等,产品和服务是开展军工营销活动的前提和基础;(2)价格:合适的定价,在产品不同的生命周期内制订相适宜的价格,军工市场中,我们要重视价格因素,但不能依赖价格竞争;(3)促销:有很多传统行业的促销模式在军工行业内不适用,需要结合军工市场特点开展有针对性的促销活动;(4)渠道:对于渠道的控制力非常重要,要建立尽可能广且深的渠道,但不要陷在渠道的世界里面无法自拔;(5)权力:军工行业与权力联系极为密切,在中国,军工的最终用户是政府和军队,是权力的代表;(6)公共关系:利用各种宣传和体验,树立对军工企业最为有利的形象,尤其是在出现危机时,应对与公关能力在一定程度上可以决定企业的存亡;(7)研究:调查研究是一切战略设计、策略制定和方法执行的依据和前提,没有调研就没有发言权;(8)细分:即市场细分的过程,市场细分可以帮助我们更好地聚焦目标市场,将有限的资源进行集中应用;(9)优先:即择优选择目标市场;(10)定位:为军工企业及其产品赋予特色,找准定位,确立市场竞争优势;(11)人员:军工企业的营销战略设计和策略组合的选择制定,都需要优秀的军工营销人才。

19.3.2 4C组合

一、概述

科特勒认为:"我们处在一个更为复杂的以消费者为中心的营销时代"。20世纪90年代初,世界进入了一个全新的信息时代,消费个性化和感性化更加突出,企业为了解消费者的需求和欲望,迫切需要与消费者进行双向信息沟通。1990年,美国市场学家罗伯特·劳特伯恩教授提出了4C理论,即顾客(Consumer)、成本(Cost)、沟通(Communication)和便利(Convenience)。4C策略组合的思想基础是以用户为中心,强调企业的营销活动应始终围绕用户的所求、所欲和所能来进行,这与以企业自身为中心的4P理论有着实质上的不同,其本质内涵与军工市场的要求也更加契合。

该理论针对产品导向,提出应该更关注用户的需求与欲望,不是军工企业有什么,销售什么,而是用户需要什么,才销售什么;针对价格策略,提出应重点考虑军工用户为得到某项产品或服务所愿意付出的代价,而不是企业站在自身角度,核算成本并加上利润进行定价;强调促销过程应该是一个与用户保持双向沟通的过程;这一点在军工行业显得尤为重要。

1. 顾客

不论是现实情况,还是市场需要,军工企业必须坚持把用户放在第一位,始终强调创造用户价值比开发产品,实现盈利更重要,满足用户的合理需求和真实欲望比产品功能的实现更重要,不能仅仅卖企业自己想生产并销售的产品,而应该是提供用户迫切需要,甚至不用营销就产生购买意愿的产品。

2. 成本

指用户需求满足的成本,或是用户满足自己的需要和欲望,所愿意付出的成本价格,这里的用户购买成本,不仅指货币支出,还有用户体力和精力的耗费以及风险承担;此外,军工企业要想在用户接受的价格范围内增加利润,就必须在保证产品质量的前提下,不断地降低成本。

3. 便利

指购买的方便性,在军工营销过程中,要高度重视为军工用户提供便利,让用户既购买到产品,也享受到便利的服务。军工企业要深入了解不同的用户群体有哪些不同的购买方式和偏好,把便利原则贯穿于营销活动的全过程,售前做好服务,及时向用户提供关于企业、产品、文化和人员的准确信息,售后重视信息反馈、追踪调查和升级维护,始终保持用户的较高满意度。

4. 沟通

指与用户密切沟通。军工企业可以尝试多种营销策略与组合,如果还是未能收到理想效果,说明企业与产品尚未完全被市场及用户接受,或者市场需求还不成熟。这时,不能依靠强行劝导用户购买,而是要着眼于加强双向沟通,增进相互了解,持续引导需求,实现真正的因人施教,才能适销对路,培养用户忠诚。

二、应用分析

从本质上讲,4P思考的出发点是军工企业以自我为中心,这其中忽略了用户作为购买者的利益特征和真实需求。在军工行业发展历程中,有很长一段时间,军工企业只关注要自己生产什么产品,期望获得怎样的利润,如何将产品有效地传播和促销,等等。随着军工用户个性化需求的日益突出,以用户为中心导向的4C理论在军工营销策略应用中,越来越重要,4C组合的核心是用户中心战略,而这也是许多军工企业的基本战略原则,比如,某军工企业提出的"始于用户需求,终于用户满意",还有"一切以用户为中心"的基本价值观等等,都是用户中心战略的具体体现。

对于军工企业来说,市场营销行为将更多地从站在卖方角度的4P向站在买方角度的4C转化,4C理论应用的基本原则是以军工市场用户为中心进行营销活动的规划设计,培养军工企业的核心竞争能力。从产品出发,到如何实现用户需求的满足;从价格出发,到综合权衡用户购买所愿意支付的成本;从促销的单向信息传递到实现与用户的双向交流与沟通;从产品的自由流动到实现军工用户购买的便利性。这种理念的变化与发展背后,隐藏着这样一个事实:未来,军工市场上的赢家将是那些能够站在用户的角度,控制好成本,为用户提供更多便利性服务,超越用户需求并与用户建立良好沟通渠道的军工企业,这也是市场营销4C组合理论所要努力证明的真实所在。

在军工市场,营销人员要保证对于需求的实时掌握,并始终围绕需求来生产产品,提供服务。军工营销人员的首要工作就是要研究并发现目标用户的真实需求,再来制定相应的营销策略,生产相应的产品,提供满意的服务;同时,要放弃主观的定价策略,军工企业应了解用户为满足其需求所需要且愿意付出的成本,在军工行业,主观的定价策略是行不通的,军品定价受到国家政策、经济环境、定价模式和用户意志的干预,对于这些定价影响因素的综合考虑,更有利于依据目标客户群的特征进行相关的产品设计和报价;军工企业还应放弃已成定式的地点策略,而应优先考虑如何在用户购买过程中提供最大的便利,所以为什么对于军工企业来说,不论本部在哪里,北京必须要有支撑点,不仅是出于战略布局考虑,还因为,全国的军事采购主管机关和重要渠道资源都集中在北京;最后,用沟通来代替促销,这是营销策略的新发展,在军工行业,与用户的沟通非常重要,营销人员要始终关注用户在整个过程中的参与感,并在双向互动沟通的过程中,实现信息的传递以及情感的联络,纯粹的促销效果一般,甚至会起到反作用。

19.3.3 4R组合

随着信息科学技术的高速发展,用户获得产品信息和来源变得更为简单,企业面临的竞争更加激烈,传统营销策略的实用性进一步下降,新经济时代的市场特征促进了营销策略理论的不断发展。以用户为核心的4C策略,也逐步显现了其局限性。

20世纪90年代,美国"整合营销"之父唐·舒尔茨在4C营销组合理论的基础上提出了4R营销组合理论的设想,希望用更有效的方式在企业和客户之间建立起有别于传统的新型价值关系;2001年,美国学者艾略特·艾登伯格在其《4R营销》一书中详细分析并拓展了4R营销理论:关联(Relancy)、反应(Response)、关系(Relationship)和回报(Reward)。结合军工市场来理解,关联策略指军工企业要与用户结成利益价值共同体,从而提高用户的产品满意度和品牌忠诚度;反应策略指军工企业在市场营销中注重对用户需求与渴望满足的反应速度,尽可能让用户对企业产生一种依赖感;关系策略指军工企业和用户之间建立起深厚的感情关系,从而与用户保持长期稳定的合作关系;回报策略指军工企业注重价值的回报,这种回报要兼顾企业利润实现和用户价值提升的统一。

4R营销组合策略理论的最大特点是以用户为中心,以竞争为导向,以关系营销为核心,站在用户的角度看企业营销,注重与用户的互动并建立用户忠诚度,是处于全新的哲学理论层次上的营销策略组合框架。根据前面章节对于军工市场诸多方面特征的研究以及存在的问题分析,灵活运用4R营销策略,可以帮助军工企业有效的应对并解决营销问题。下面,我们结合军工营销的特点,阐述如何将4R营销理论应用到军工市场中。

一、加强与用户的关联

在军工市场中,用户的选择面和决定权较大,具有一定程度上买方垄断的特点,因此,企业在军工市场中要赢得长期而稳定的市场空间,需要通过某些行之有效的营销方式,在业务、产品、需求等方面和用户群体及其个体代表间建立长期的、稳定的、密切的关联性,这种关联主要包括用户关联性和产品关联性:

1. 用户关联性

军工市场的用户关联性,指的是军工企业不是向用户简单的提供军工产品,而是其需求满足的完整解决方案,这里的解决方案是指企业整合所有资源能够提供给军工用户的具有价值的产品、服务以及相关信息的组合体。在问题解决过程中,企业提供的方案既包含了产品信息,还包含了需求信息,体现了用户思想,同时在方案实现过程中,军工企业和用户双方都可平等互动的表达各自意愿,共同对方案进行改造、优化和升级,从而不断提高和丰富用户价值,这种模式,会提升军品用户对企业产生解决需求的依赖性,提高用户的采购转移成本,并进而建立起长期的、较为牢固的关联纽带。

2. 产品关联性

传统市场营销中,企业在提供产品时是以大众群体的需求作为回应的,产品缺乏个性需求满足的能力,而军工市场则完全不一样,重视对不同用户的个性化需求的满足,通过建立需求层次以及相配套的对接机制,加强产品的关联性,这种关联性一旦形成,用户已得到满足的个性化需求可能会在未来成为一种格式化的需求,多次重复的、规模化的向企业提出,军工企业因此获得长期固定的用户和市场资源。

二、加快市场反应速度

企业加快在市场中的反应速度,是指军工企业必须具备针对军工用户不同阶段的各种需求做出迅速有效的响应,在用户满意度较高的时间范围内,及时的提供出相应的服务及产品。加快市场反应速度,可以帮助军工企业紧跟市场情况变化,抢占先机,迅速占领市场,并最大限度的减少用户不满,降低用户向竞争对手转移的风险,增强企业自身的核心竞争力。军工企业应用4R中的反应理论设计营销策略时,可以考虑从以下三个方面建立市场快速反应机制。

1. 倾听市场的声音

军工市场中,要想提高企业的市场反应速度,首先在要从营销理念上实现彻底转变,少说多做,注重倾听,听市场的风云变换,听用户的需求表达,善于倾听的企业,会始终站在市场的第一线,自然随机应变,反应神速。

2. 沟通渠道的通畅

军工营销工作的基本职能与传统行业中的营销职能有区别,最重要的不是创造和利用一切可能,向用户推销产品和服务,而是获取需求、培育市场和建立联系。其实质就是和用户进行双向沟通的过程,沟通越好,就越能在各个阶段快速获取市场信息,并进行快速分析、处理和反馈。

3. 快速反应的机制

军工企业要想提高市场反应速度,还需要建立与之相适应的机制保障。在军工市场营销的全过程中,企业的设计、生产、服务以及其他保障性部门会在同一个军品项目中直接面对不同阶段的用户群体,如何建立一种高效的信息采集、融合、分析和处理机制,是提高军工企业快速反应能力的关键。

三、重视内外部关系管理

军工市场中,企业内外部的关系管理,非常重要,这其中,用户关系和企业内部关系的维护和整理是主要内容。军工企业需要高度重视与内外部的相关利益体之间,构建牢固的、和谐的、互动的建设性关系,这是军工营销成功的基础。

1. 用户关系

军工营销人员与用户关系的深浅,对市场营销工作的成效影响是决定性的,对军工企业而言,投入大量的时间和各层级用户进行沟通,一方面可以清晰地了解各个用户代表的个性需求,另一方面可以顺畅地向用户展示企业的全面能力。除了可以帮助用户建立信心,从而在竞争中取得情感上的偏重之外,与用户间通过工作平台建立起来的优良的人际关系,会在营销过程中更多的取得相互谅解,实现利益共赢。

2. 内部关系

在军工产品的售前、售中及售后的全过程中,企业的相关职能部门都会参与其中,这些部门在和用户方发生业务上的往来时,他们工作的有效性以及对人际关系的状况会影响用户对企业的评价,进而影响用户的选择,因此,军工营销的顺利开展,还需要计划执行、财务管理、售后服务等各部门的通力协作,营销部门不仅仅面向用户营销,内部关系的整理也同样重要,营销部门与其他职能部门的良好关系,有助于军工营销的整体成效。

四、强调市场回报双赢

企业从事军工业务的最终体现是效益,这种效益的价值体现是通过营销活动给企业带来当前及未来的政治或经济收入,以及持续的盈利能力。追求营销回报既是军工企业的营销动力源泉,又是维持军工市场关系的必备条件,军工企业要兼顾为用户创造价值和为企业创造价值两个方面,在充分实现用户满意、员工满意、社会满意的基础上,实现多方利益的共赢局面。

在上面分析的基础上,可以总结如下:4R营销着眼于军工企业与用户建立互动与双赢的关系,不仅积极地满足用户的需求,而且主动地挖掘需求,通过多种形式建立良好的内外部关系,把企业与市场、用户等内外部环境联系在一起,形成独特的竞争优势;此外,4R营销在军工行业的应用,真正体现并落实了关系营销的思想,提出了如何建立关系、长期拥有用户并保证长期利益的具体操作方式;第三,4R营销是实现互动与双赢的保证,不管怎样,它为军工营销人员提供了很好的思路,还能具体指导营销实践,因此,了解和掌握该营销组合对于军工营销的有效开展很有价值。

20.3.4 4V组合

21世纪以来,互联网、移动通信和先进的信息技术使整个世界面貌焕然一新,原来那种企业和顾客之间信息不对称状态得到改善。随着沟通的渠道多元化,市场经济理论的不断完善和体系的深化发展,培育、保持和提高核心竞争能力逐渐成为企业经营管理活动的中心,也成为企业市场营销活动的着眼点和立足点。在这种背景下,4V营销理论应运而生,它包括了差异化(Variation)、功能化(Versatility)、附加价值(Value)和共鸣(Vibration)。

对于军工行业而言,4V理论在实际应用中主要为军工企业进行方向指导。差异化营销所追求的差异是在产品功能、技术创新、质量控制、售后服务和营销策略等多方面的不可替代性或不可复制性,通过差异化建立并巩固军工企业的核心竞争力;功能化指以产品的核心功能为基础,提供不同功能组合的系列化产品,以满足不同用户的个性需要,通过功能组合的独特性来博取细分市场用户群体的青睐;附加价值是指除去产品本身,包括军工企业品牌、文化、技术和服务等因素所形成的价值总和;共鸣指企业为用户持续的提供具有最大价值创新的产品和服务,强调的是企业的创新能力与用户所重视的核心价值联系起来,产生共鸣。

一、差异化

所谓差异化营销就是军工企业凭借自身的技术优势和管理能力,生产出性能上、质量上优于市场上现有水平的产品,或是在营销方面,通过有特色的宣传推广、灵活的促销手段、周到的售后服务,在用户心目中树立起不一般的良好形象。如今的军工市场,有差异才有优势,才能在强手如林的行业竞争中取得主动。

二、功能化

一般来说,军工产品在用户心目中的定位有三个层次:一是核心功能,它是产品之所以存在的理由,主要由产品的基本功能和指标构成,如舰艇的吨位、雷达探测距离等,卫星可以用来开展通信、导航、遥感监测、中继传输等业务,不同类型的卫星平台和载荷的指标要求存在差异;二是延伸功能,即功能向纵深方向发展,如舰艇的反潜能力、最大航速,遥感卫星的分辨率等;三是附加功能,如舰艇上是否装备有无人机探测设备,卫星的通信传输链路是否有防入侵功能等。这里需要强调的是,并不是产品的功能越多,就越受用户欢迎,应该是技术最先进,效能最强,最符合用户需求的功能越多,用户越满意。

三、附加价值

军工产品的价值构成一般包括基本价值与附加价值两个组成部分,前者是由生产和销售某产品所付出的人力劳动和资源消耗所决定,后者则由高技术附加、营销或服务附加、以及企业文化与品牌附加等部分所构成。从军工产业发展趋势来分析,基本价值在价值构成中的比重将逐步下降,而附加价值在价值构成中的比重将逐步上升。

四、共鸣

共鸣强调的是把军工企业的创新能力与用户所重视的价值联系起来,通过为用户提供价值创新使其获得最大程度的满足。毫无疑问,用户一定是追求效用最大化,这就要求军工企业必须从价值层次的角度为用户提供具有最大价值创新的产品和服务,通过使用户更多地体验其价值效用,在稳定地获得自身价值最大化的满足之后,成为企业的终身用户,并与企业之间产生价值共鸣。

第 20 章　应用型军工营销策略

随着军工市场竞争的升级,市场需求的差异化和变化的快速化,使市场需求越来越难以把握和预测,如果仅仅停留在通过 4P、4C 等基础策略组合来解决军工营销问题,是不现实也是不科学的。只有在继承的基础上突破,突破传统思维定式,认识军工竞争实质,确立基于实事求是的营销策略理念,军工企业才能赢得竞争的主动,获得可持续的竞争优势。本章重点结合军工市场、行业的实际以及特点,简要介绍文化营销、观念营销、口碑营销等具体应用性营销策略。

20.1　文化营销

随着我国军工行业与市场经济的逐步融合,军工企业都在试图建立长期稳定、且难以替代的核心竞争优势,以实现科学可持续发展,而优秀的企业文化正是构建军工企业核心竞争力的重要组成部分,因此,开展文化营销是军工企业保持活力,构筑核心竞争优势的重要手段。引用管理大师彼得·德鲁克的话:明天的商业竞争与其说是技术上的挑战,还不如说是文化上的挑战。

20.1.1　概念与内涵

一、概念

企业文化的奠基人劳伦斯·米勒说过:未来将是全球竞争的时代,能成功的公司,将是采用新企业文化和新文化营销策略的公司。文化营销,就是企业以分析、培育、满足和引领用户的文化需求为出发点,以发掘和传播其核心文化价值观念为手段,在营销全过程进行文化渗透,运用文化内涵来提高产品附加值,实现用户价值,提升其满意度。在军工行业,文化营销已经成为提高军工企业核心竞争力,树立差异化优势,赢得用户信任和忠诚的最重要途径和模式之一,体现了企业、产品与用户各个方面在文化、价值和利益上的和谐统一。

二、内涵

文化是社会历史范畴的内容,是一种意识形态。于军工企业而言,文化营销根植于企业品牌和文化,是传递和提升品牌内涵与价值的一种重要手段,其本质是指在军工营销中既要适应目标用户的行为习惯、价值体系,更要善于发现并利用文化的力量影响和激发深埋于用户内心深处的隐性需求。军工文化营销的核心就是要发现并建立一种企业与用户在某一意识形态范畴能和谐共鸣的契合点,这是一个缓慢融合的过程,需要军工企业有清晰的发展思路,长远的规划设计以及漫长的坚守,着急不得。

三、文化与核心竞争力

正如美国经济学家莱斯特所说:世纪的企业竞争将在一定程度上取决于文化力的较量,没有强有力的企业文化支撑的企业将会失去发展所必需的营养,企业也会面临困境。

寻求差别优势,建立核心竞争能力是军工企业在市场竞争中最基本的策略选择,但随着军工市场竞争的加剧,行业管理规范性越来越高,用户在市场选择过程中不断成熟,企业竞争行为愈加理性,军工企业以前所注重的所谓优势,如战略、资源、技术、规模生产等,由于竞争与相互追赶,企业之间的差异越来越小,同质化却越来越严重,已不再是核心优势所在;而企业在产品、价格、渠道及促销等营销层面上的竞争,也由于信息的畅通和市场机制的完善,而迅速的被模仿和借鉴;综合来看,唯有根植于品牌的独特文化及其所代表的核心竞争力却难以复制,因此,不论是对于目前已经进入军工市场或者下阶段准备进入军工市场的企业而言,必须重点关注文化营销,就算无法在企业文化体系上取得对于其他企业的竞争优势,也要防止文化差距太大而造成对手形成竞争优势。

20.1.2 军工文化与文化营销

一、军工文化

军工文化是军工企业及其品牌所特有的,其他企业所无法轻易仿效的特质,是相对于竞争对手的核心优势体现,它既是支持军工行业科学发展的根本要求,也是军工企业竞争力的根本和源泉,在企业的核心竞争力要素中,文化具有独占性、差异性和不易模仿性。对于军工营销人员来说,必须要深刻理解军工文化的精神内涵,必须要把营销工作实践与传承军工文化紧密结合,不懂这个道理,光是看营销书籍,听营销课程,只能略其皮毛,无法获其根本。

军工文化是爱国主义、集体主义、追求卓越和团结奋进精神的生动体现,蕴藏着巨大的文化力量,要想引起军工用户内心最深处的文化与价值共鸣,军工企业必须建立与军工文化内涵和核心价值观相匹配的企业文化体系,要体现以国为重,服务社会的企业理念,以及"事业高于一切、责任重于一切"的使命感和责任感。

此外,作为军工营销人员,如果不能清醒认识到军工文化的本质和根本内涵,不能准确分辨军工文化与其他行业文化的差别,不能充分理解军工文化营销的最终使命,可能会比较容易因为小的成就而冲昏头脑,因为暂时的名利而迷失方向,因为偶尔的挫折而丧失信心,只有深入理解军工文化,树立远大的理想,高目标,高追求,才能成长为优秀的军工营销人才。

二、军工文化营销

军工文化营销,是通过把文化移植到军工营销之中,让文化产生新的价值,转化成战略资源,使军工企业的核心竞争力在市场中产生持久的力量。

在军工市场进行文化营销,必须要宣传和弘扬军工精神,尤其要突出军工人"国家利益至上、军工报国、自力更生、为国争光和科技创新"的核心价值观,这是我国军事工业的内在灵魂,也是军工文化的特色和根本,这个根本在企业军工文化建设以及进行文化营销活动的任何时候都不能动摇。军工营销不是传统的行业市场营销,很多时候并不以利益追逐为最终目标,每一位军工营销人员都应在文化营销工作中践行并弘扬军工精神,创立戎星科技公司之初,笔者首先做的就是文化理念设计,提出"四为文化"——国家为上,使命为先,责任为重,创新为本,作为戎星科技的文化内涵和本源。

最后,我们必须清醒且明确地认识到,随着科学发展观和人本主义观念愈益深入,军工企业靠文化制胜的时代已然来临,在做好军工文化营销工作的同时,要有意识地去继承军工优良传统,做军工文化之魂的传薪者和践行者,与时俱进,开拓创新。

20.1.3 文化营销的策略实施

由于文化营销发展时间较短,含义宽泛且依托于意识形态,各人对于文化营销的内涵、本质都有不同认识,仁者见仁,在实施过程中很容易出现缺乏理论指导、策略单一、理解片面等各方面的问题。这里,基于军工市场实际,结合基本策略组合,阐述一下文化营销的策略实施。

一、文化营销的产品策略

在军工文化营销中实施产品策略,就是以产品为载体传递企业文化的过程,要在军工产品的市场定位、属性、设计、包装等各个层面渗透文化理念,在每个可能的用户接触点上,都要发挥文化营销的影响力,并在此基础上,将国家利益、时代精神与用户需求进行有效结合,把文化价值植入产品之中,提升产品的文化与价值内涵,以文化力重整军工企业的营销流程。

军工文化营销产品策略实施的步骤:(1)目标市场分析。文化营销关注的是目标用户与产品文化的价值契合,实际应用中,军工企业不能只关注自身的产品文化,还要对目标市场及其用户文化进行调研分析;(2)发掘文化内涵。军工企业在发展过程中可能存在一些不同的文化信息及成果形式,要仔细研究、发掘企业及其产品的文化内涵或文化关联,例如军工的历史文化内涵、产品的品牌文化内涵等;(3)寻找共鸣。通过目标市场调查和文化内涵发掘,可以对比分析,找出军工企业及其产品满足目标用户的文化共鸣点,这个共鸣点就是产品的文化定位。

二、文化营销的品牌策略

随着我国军工市场的逐步开放,军工行业的迅猛发展,军工企业开始从计划经济的幕后走向市场经济的前台,越来越重视品牌文化建设,开始通过电视、网络、报刊、杂志等多种媒介开展企业宣传、品牌建设和文化推广,制作纪录片宣传其历史、文化和优势,发表网络软文树立品牌形象,通过报刊杂志推广产品服务、企业文化、管理思路等,所有的营销宣传活动牢牢围绕文化做文章,以传递和提升品牌的核心内涵与价值。

从现实意义上来说,军工企业开展文化营销的目标,就是成为行业内的领导品牌,通过文化价值和精神内涵的传递,给用户强大的感召力和吸引力。当然,企业在运用品牌策略开展文化营销时,必须广泛吸收各种文化要素,凝结着文化内涵和魅力的品牌及其产品带给用户的超值感受和价值体现,才是品牌文化营销的精髓所在。

三、文化营销的定价策略

传统模式中,军工企业常把成本加上一定利润作为定价策略,这虽然符合目前各总部级用户的部分要求,但其结果是形成思维定式,不考虑用户购买军品时的环境、文化和心理倾向,企业的营销效果会大打折扣。如果在营销中融入了文化,通过提高文化价值,便可以超越传统的定价方式,文化营销认为，用户购买的是整体消费价值，相比成本而言，产品的文化价值形象也许会成为更重要的价格决定因素。

案例：某军工企业长期从事某核心技术领域研发任务，拥有一支优秀的技术及营销团队，通过文化营销，其营销团队将技术团队"拼搏进取、无私奉献"的精神内涵融入产品价值体系中，得到了用户的高度认可，实现了超额利润的同时，用户的满意度仍然保持很高的水准。

四、文化营销的促销策略

军工企业对于军工文化的深刻理解及营销运用非常重要，企业可以积极策划或参与各种具有文化内涵的用户活动，如重走长征路、红色旅游等，来聚集军工目标用户，传递品牌的内涵与价值。

案例：为了进入某总部系统市场，笔者曾详细研究了该用户的发展起源和历史，发现企业的发展曾经与用户的历史有过交集，随后在掌握用户特征的基础上，分析整理了用户群体的价值文化观，找寻与企业文化体系的契合点，最终结合用户单位的党性培养需求，组织策划了一次发源地寻根活动，不仅获得了用户单位的称赞和大力支持，还成功地提升了企业品牌形象。

在文化营销过程中，军工企业可以通过一些公众关注度较高的事件来达到宣传目的，例如一些军工企业每年都会推出社会责任报告，里面主要内容就是企业在社会责任领域所开展的工作，如建设希望小学，扶贫救灾等，事件都不大，体现的却是企业的文化理念和价值观。

案例：笔者曾经在某款产品的促销过程中，分析了产品的优势特点，能耗低、小型化、材料环保等，于是主打"绿色，环保"的概念，结合国内某次比较有影响力的环保活动，邀请用户到企业参观及考察，取得了非常不错的营销效果。

20.2 观念营销

不论是对于企业，还是个人来讲，了解掌握观念的概念及影响力，树立正确的观念对于营销过程意义重大，甚至直接决定营销结果。有一些军工营销人员，工作中目标明确，策划合理，方法得当，但在现实营销实践的过程中屡受挫败，很多时候问题就出在观念上，是观念而不是其他，决定着营销人员的命运。不同的观念，会采取不同的行动，不同的行动会导致不同的结果，不同的结果就会产生不同的命运，个人如此，企业亦然。

观念营销体系中最核心的内容是价值观,价值观是军工人傲然于天地之间的灵魂所在,对于营销人员个体来说,要想在军工行业营销中独树一帜,建立相比其他营销人员的核心竞争力,价值观至关重要。这里,价值观营销的主体包括企业及员工个体,客体包括用户群体及代表。在多年的军工营销经历中,笔者始终保持对价值观营销的高度关注和学习应用,也有不少的感悟,由于篇幅原因,这里虽然只是将价值观营销作为观念营销的核心内容进行阐述,但从军工行业营销的应用角度来说,这实在是极为重要的营销模式,也是代表着军工营销未来的重要趋势之一。

20.2.1 概念与内涵

一、观念

"观念"一词源自古希腊的"永恒不变的真实存在",它同物质和意识、存在和思维的关系异常密切,是客观存在的主观映象,马克思说:"观念的东西不外是移入人的头脑并在人的头脑中改造过的物质的东西而已"。

观念是个体意识形态的表达,从通俗意义上来理解,观念就是人们在长期的生活和生产实践当中所形成的对事物的总体认识。它一方面反应客观事物的不同属性,同时又加上了个体主观色彩,所以,可以这样理解,观念是人们对事物主观与客观认识的系统集合。

二、价值观

价值观是指一个人对周围客观事物的意义、重要性的总评价和总看法,是人们对外在世界和内在世界的系统的、理性的、自觉的认识,通俗点说,价值观就是个体对事物价值判断的观点集合。价值观是一种内心尺度,它隐藏在人性中,却凌驾于一切之上,支配着人的行为、态度、观察、信念、理解等,支配着人认识世界,明白事物对自己的意义,并积极开展自我了解、自我定向、自我设计等,同时也为人自认为正当的行为提供充足的理由支撑。

"仁者爱山,智者乐水",一个人的价值观决定他的言行、习惯、性格,并进而决定他的命运。对军工营销来讲,价值观是选人用人的重要标准,营销岗位,作为军工企业对外联系的窗口和纽带,如果某营销人员的价值观与企业的价值观,与军工文化的本质及军工企业的价值文化理念有明显悖离,必然会对企业形象和长远发展产生重大的负面影响。此外,价值观具有相对的稳定性和持久性,一旦成型,将在很长时间内影响军工营销个体的行为模式和发展,并持续影响营销人员的心志成长。

三、价值观念营销

结合军工营销实际,价值观念营销就是针对军工目标用户,进行企业或个人价值观的沟通、融合并发展的营销过程,营销人员是输出方,价值观是输出内容,用户是输入方。很多时候,价值观营销是一个多方参与的过程,不是企业或者个人的单方面行为,一方面是企业或个体针对目标用户传播价值观的过程,重点在传播,另一方面也是目标用户认同和接受企业或个人价值观的过程,重点在于接受;反过来,用户也在传递自己的价值观,这时候,营销人员的角色就变成了接收方,二者的完美结合就是成功的价值观营销案例。

所有行业的伟大企业,无一例外都拥有一流的价值体系,有强烈的使命感、荣誉感和责任感。需要强调的是,价值体系与企业市值、创新能力没有直接对应关系,在如今的中国军工市场,用户具有更加广阔的视野和多样的个性诉求,产品功能与价值表达已经步入同质化时代,企业必须依靠价值观发展,个人必须依靠价值观生存,价值观营销是实现差异化竞争的有效手段,强调企业使命责任、个人价值观与行业价值观的吻合能充分体现企业的人文精神,并为企业带来巨大的竞争优势;而对于军工营销人员来说,也必须依靠价值观的传播来获得成功,这些价值观是我们区别于其他人的最重要的标识,在军工行业,我们能做到产品功能与个人情感的差异化还远远不够,如何升华为文化、精神与价值观念的呼应与统一,将营销的中心工作转移到与用户积极互动,通过价值观的交流与传递,让用户更多地产生价值观上的共鸣,十分重要,这就是所谓的"价值观营销",也是一种新的生产力。

20.2.2 军工价值观营销的内容

我们结合军工用户特点分析来阐述价值观念营销的内容,主要包括以下几种:

(1) 理性价值观。是以知识和真理为中心的价值观,具有理性价值观的军工用户把追求知识和真理看的很重,所以,营销人员在每次见面之前,务必做足功课,才能与其展开沟通,这部分人容易较真,以技术专家为主;

(2) 政治价值观。这一类型的用户一般以决策层为主,处于领导岗位,拥有决策权,注重个人的政治前途和政治利益获取,对于军工营销人员的政治素养要求会比较高,在营销过程中,营销人员在充分展示自身价值观念的

同时,要注意挖掘用户的政治诉求,并力争与企业的营销目标找到一定的契合点;

(3) 社会价值观。是以群体和他人为中心的价值观,这类型用户把为组织、为他人服务认为是其个体价值的最佳体现,这时候,军工营销人员就要突出自己的利他特征,以获取认同,这方面的代表是辅助决策者;

(4) 经济价值观。是以有效和实惠为中心的价值观,这方面的用户代表是采购主管或者招投标过程中的财务人员。如果用户认为购买到价格实惠的价值产品是最重要的,那么在营销的过程中,要从产品的性价比着眼,以产品性能为基础,从价格上做文章,争取用户的信任和支持。

20.2.3 价值观营销的军工应用

马斯洛著名的需求金字塔理论,把自我实现作为人类需求的最高层次,而自我实现从某种角度来说,恰恰是价值观的具体体现,加上德鲁克一直强调的"使命、愿景和价值观",都在不断地证明并强调价值观念营销在营销策略应用领域的重要地位。此外,科特勒提出:价值观营销是意义的营销,是意识形态方面的认同。围绕这个观点,军工营销人员必须清楚,在向用户营销企业价值体系的同时,也要营销推广自己的价值体系,这就对营销人员的意识形态方面的内涵和修养提出了很高的要求,具体大家可以参考本书中关于军工文化以及营销素质要求方面的阐述来深刻领会。

每个用户作为一个独立的个体存在于世界上,他会有带有鲜明个性的世界观、价值观、人生观,但很可惜,任何个人的社会观、世界观、价值观都是有缺陷的,不是完美的,个人心里也清楚,所以就会更加地渴望被认可,军工用户如果感受到你对他价值观念的赞赏与尊重,同时还能通过你的独特视角,使他的价值体系得到他所认为的提升,一切也就水到渠成了,因此,价值观念营销的实质和核心是基于用户自我实现需求的满足。

军工营销过程中,你所面对的决策者或者有话语权的技术专家,绝大部分都是有丰富的社会阅历和深厚的文化基础,如何能赢得他们的认可,价值观的趋同是最重要的。在与军工用户接触的过程当中,要用心的观察,通过很多小的动作和细节方面的东西,充分挖掘潜藏在每一个用户心中的认同需要。价值观,决定着营销人员在军工行业的长远发展和未来命运,一个优秀的军工营销人员,其价值观是能够自成体系但又具备充分的开放包容特征,既能融入,也能输出,是个体意识形态的"开放式平台"。

很多人会觉得奇怪,为什么有些军工营销人员很年轻,却可以做到和不少的领导、专家建立良好的私人关系,建立畅通的沟通渠道,其实,核心关键就在于价值观的趋同,这是一个操作体系,是一个综合应用过程。我们知道,个体之间的价值观、世界观、社会观是不一样的,但再不一样,也总会找到共同点,区别只是共性大小而已,可能10%,也可能20%,也可能有60%,关键是求同存异。如果经过初步判断,发现你与用户的价值观完全不在一个层面上和框架内,没关系,你将一部分比较接近的观念进行修正完善,向用户靠拢,达到沟通无碍并不是十分困难的事情,待成为朋友后,再进一步,通过沟通交流,相互影响和价值融合,把持继提高价值观的匹配度;接下来,只要你的产品或者技术能满足用户的基本需求,你就一定能获得不错的市场空间和份额,实现营销目标。但在这个过程中,一定要注意的是,在价值观营销的过程中,不能有太多的功利心,而是发自内心的尊敬与欣赏,积极主动地吸纳用户价值体系中的闪光点,在不断完善并提升自己的过程中,影响并帮助用户实现价值提升,最终自然而然的达到目标,在这个过程中,营销目标的达成只是价值观营销的附带成果而已。

20.3 关系营销

关系,在中国有着意味深长的深刻含义,它随着文明社会的诞生而出现,随着社会的进步而不断发展。在现代经济发展进程中,越来越多的企业意识到,寻求与用户、供应商、竞争者等相关利益方建立和维系一种长期、稳固和亲密的关系,是企业市场营销活动成败的关键,也是实现企业利益最大化的重要保证,于是,关系营销应运而生,军工市场的关系营销聚焦于市场交易双方的良性互动,把正确处理企业与所有利益相关者之间的关系作为营销活动的核心。

20.3.1 概念与内涵

所谓关系营销,是把营销活动看成是一个企业与用户、供应商、合作伙伴、竞争者及其他公众发生互动作用的过程,其核心是建立和发展与这些相关利益方的良好关系,使各方面的利益得到满足和统一,信任与承诺是这个过程得以实现的基础。对于军工企业及其营销团队来说,关系营销是军工营销的核心模式,是具体业务策略,是军工营销的重点工作内容和成功基础,不论是从中国社会的大环境,还是军工市场的小环境,关系营销的应用成效不同,营销最终结果可能会天差地别,说到底,中国仍然是关系社会,军工市场同样需要讲究人情世故。

军工市场关系营销的实质,是企业在军工营销中与各方利益代表建立长期稳定的、相互依存的营销关系,以求得企业的全面可持续协调发展,这个过程,军工营销人员必须遵循主动沟通、信守承诺、互惠互利原则。结合军工市场和行业的现状、特点,关系营销的本质特征可以概括为以下四个方面:

(1) 沟通互动。在军工关系营销中,沟通应该是双向而非单向的,是互动过程,通过广泛的充分的信息交流和利益分享,使军工企业赢得各个利益相关者的支持与合作;

(2) 合作双赢。只有通过合作才能实现资源共享和协同作战,学会尊重关系各方的利益诉求,才能多赢;

(3) 情感满足。关系能否得到稳定和发展,情感因素起着关键作用,关系营销不仅要实现物质利益,还要让参与各方能从关系中获得情感上的需求满足,进一步巩固关系营销的成果;

(4) 控制管理。目前绝大部分军工企业把关系营销这块职能放在营销部门,用以跟踪用户、合作伙伴及其他利益相关人的情感和态度变化,通过对关系动态变化的实时掌握和跟踪分析,及时采取措施消除关系中的不稳定因素。

20.3.2 军工市场关系营销策略内容

关系营销要求把一切内部和外部的相关利益方纳入研究及工作范围,对于军工企业来说,其主要内容包括:用户关系营销、合作者关系营销、竞争者关系营销等,其中,用户关系是关系营销的核心,其他方面是围绕用户关系的关系生态圈。

一、用户关系

用户是军工企业生存与发展的基础要素,是军工市场竞争的根本所在。只有为用户提供了满意的产品和服务,建立了良好的关系,才能使用户对产品、服务进而对企业及其人员产生信赖感,并提升品牌影响力。要与用户建立良好关系,主要有以下策略:

1. 以用户为中心,提高用户满意度

军工企业把用户放在中心位置,满足其需要,首先要了解需求的类别,用户需求一般分为显性需求和隐性需求,相比较而言,显性需求比较好满足,隐性需求的满足则需要双方共同的努力,而且有不少的限制条件。营销活动本身就是一个围绕用户,满足需求的过程,企业的产品从设计生产、进入市场到赢得定单,从令用户满足、满意到为之骄傲,逐步进入一个较高的层次和阶段,也是军工营销的最终价值所在。

2. 建立客户关系管理体系,提高用户忠诚度

一般来说,军工企业的大部分利润都来自于少量的重要忠诚用户,所以培养和提升关键用户的忠诚度,对企业来说是一件非常重要的事情,关系营销中建立与用户良好关系的重要方法是数据库系统的应用,也就是我们通常所说的 CRM 系统,它可以有效地把各个渠道传来的用户信息集中在一个系统中,实现企业内部共享,不仅有利于赢得用户,更有利于维系用户,培养用户忠诚。

二、合作方关系

这里的合作方主要包括军工企业的战略合作伙伴、供应商、渠道合作方、技术转产方、产品代理商等,与合作方关系处理的重点在于相互了解,互利互惠。

1. 相互了解

在以事实为基础的前提下,企业应该主动让合作方充分了解企业的综合实力、战略目标、发展愿景等,寻求价值共同点,产生共鸣,只有在企业文化存在共通,战略目标较为一致,发展愿景相互认可的基础上,才能建立长期、紧密、深入的合作关系。

2. 互利互惠

企业和合作方之间,必须保持平等互利,这就要求企业在营销活动中对待合作方应从长远利益出发,重视互惠互利的关系,实现共同发展。话虽如此,但行业中仍然存在部分单位依靠雄厚的技术实力、丰富的渠道资源和稳固的总体地位,不重视下游供应商、战略伙伴等合作方的利益,这是典型的"营销短视症",损害的是企业的未来。

三、竞争者关系

关系营销策略提倡的是一种合作精神,依靠各自的资源优势实现双方的利益扩展,在军工行业,尤其是占有市场主导地位的老牌军工企业,其核心愿景和最终目标本质上是一致的,都是为了中华民族的崛起,为了国家利益

实现,因此,某种角度来说,军工市场没有纯粹的竞争关系,也没有永远的敌人。

案例:以笔者所在研究所为例,在某领域方向排名第一,是市场领导者,某军工集团的下属某研究所是市场追随者,双方存在业务上的全面竞争关系,相互之间也由于竞争对手的一些方式方法受到过不公正的对待,但双方的企业领导层站在大局的角度,站在国家利益至上的角度,以开放包容的态度面对彼此,该竞争的时候全力竞争,公平、公正、公开,该合作的时候紧密无间,确保了各重点型号工程的顺利实施,国家大利益得到了保障,企业的小利益自然得到了实现。事实证明,在军工行业,通过有效的合作而非低层次的恶性竞争,企业可以更好地提高综合竞争力,也有利于企业在最大程度上发挥自己的优势,挖掘自身的潜能。

总之,关系营销的实施是一项系统工程,营销人员必须全面、准确的理解军工关系营销所包含的方方面面及其内涵特点,企业与用户的关系是关系营销中的核心,但要实现企业与用户建立长期稳固可持续发展关系的最终目标,离不开其他相关利益方的关系支持。

20.3.3 军工市场关系营销的基本途径

关系营销是以用户为中心来开展的,从发现需求、满足需求到营造并提升用户忠诚,是关系营销的三个通用步骤。在发现并分析需求的基础上,军工企业可通过提供符合需求的产品和服务、提供附加价值等方式来保持用户满意;同时,军工营销人员还需要实时分析用户的满意程度以及产生满意的最终原因,从而有针对性地采取措施来维系用户,最终达到培育并建立用户忠诚的目的。

按照梯度推进的方式,我们可以归纳三种关系营销的层级和实现方法:低级关系营销,利用价格刺激使目标用户增加财务利益;中级关系营销,增加社会利益,附加财务利益,建立用户组织关系;高级关系营销,增加结构纽带,同时附加社会利益,与用户建立结构性关系,这种关系产生的收益对于关系用户有特别价值,且不能通过其他来源得到,这是关系营销的最高境界。以此归纳为基础,结合军工行业的实际应用,我们列举几种主要的实现关系营销的常规途径:

1. 利益刺激

向重点军工用户或大用户提供合理的利益输出,如价格折扣、附加价值、增值服务等。通过长期的、互动的、增加价值的关系维护，确定、保持并增加来自主要用户的产出，这是较低层级关系营销的范围，但很有效。

2. 设立团队

建立专门从事用户关系管理的团队或机构，是所有用户信息的集中点，是企业内部做好用户服务的总协调，这是关系营销卓有成效的组织保证，目前，大部分军工企业把这一块职能放在市场部或者营销部，也有部分企业专门成立了客户关系部用于专门支撑客户关系的管理维护。

3. 个人感情

个人感情即通过营销人员与用户群体或个体的密切交流增进友情，强化关系。由于中国社会结构中剪不断理还乱的人情关系，很多时候，个人联系和情感因素在军工市场关系营销中往往发挥着重要作用。

4. 数据营销

数据营销指建立、维持和使用利益相关方的数据信息以进行交流和交易的过程，这里的数据指与军工企业相关利益方有关的各种数据资料，如个体信息、交易信息等，数据营销具有极强的针对性，是一种借助先进技术实现的"一对一"营销。

5. 定制服务

根据每个用户的不同需求制造产品、提供服务并开展相应的营销活动。这是军工行业关系营销中应用非常广的营销模式，通过提供特色产品、优质服务和超值的感受尽可能满足用户的需求和价值实现，培养并提高用户忠诚度，这已经是高级关系营销的范畴了。

20.3.4 关系营销的军工应用

关系营销的应用需要军工营销人员有极高的情商，这一点和文化营销或者口碑营销不一样，文化营销更多的取决于企业本身的文化体系，口碑营销的基础来自于企业产品及服务的优质度，而关系营销的主体和客体都是"人"，关系复杂多变，人与人之间的情感也是世上最难把握的东西，因此，如果不能敏感细腻的把握营销对象的情绪变化，是无法做好关系营销的，这其中需要非常高超的技巧、敏锐的直觉和细致的观察。

下面，阐述一下针对军工用户开展关系营销的具体应用。

（1）关系营销开展的前提，首先需要取得用户的信任

军工用户由于职责岗位的重要性，加上群体文化的影响，对于关系的建

立普遍持谨慎态度,而且工作很忙,时间有限,如果不讲究方式方法,营销人员可能连面都见不上,更加谈不上建立关系并取得信任了;一般来说,在第一次见面前,营销人员最好找到熟人引荐,圈子只有这么大,你与用户之间的联系是客观存在的,关键是要用心找寻,熟人引荐是很多年轻营销人员与用户建立个人信任关系的捷径,虽然它对你营销目标的实现不一定起着决定性的作用,但确实缩短了双方从陌生到熟悉的时间;如果实在找不到介绍人,那么可以考虑先从用户群体的低层次人员入手,建立关系和情感纽带,千万不要冒然地一上来就给用户群体中的核心人员或者领导层面打电话约时间,别人会觉得唐突,第一印象就不好。

(2)建立了初步的联系并取得用户的初步信任后,需要营销人员主动作为,反复沟通,不仅要把关系"跑出来",跑深跑透,还要跑得有策略,有技巧,尤其是在同质化比较严重的市场领域,跑得到位,就有可能击出本垒打,营销成功的可能性就大。此外,务必要注意掌握频率和节奏,要有"度",过了,就是败笔了;在多次拜访的过程中,军工营销人员要注意个人品牌和形象的建立及维护,通过人品、修养和良好的习惯给用户留下深刻印象并不断加深,任何产品和服务的销售最终还是通过人来完成,所以营销产品前先营销自己,举止得体,工作敬业,真诚对待用户,帮助用户实现价值,赢得尊重的同时也就赢得了关系营销的阶段性胜利;在帮助用户解决问题过程中,要注意的是,军工用户与其他行业用户不同,很多都是专家,他们比营销人员更懂需求、更懂专业、更懂技术,那么,在解决问题的过程中,营销人员要注意把用户拉进来,一起面对,一起解决,建立情感基础的同时,也避免了解决方案不被认同的风险,尤其是经验尚浅、能力有限的年轻营销人员。

(3)通过第三方的评估验证和宣传推荐来证实企业实力,加深用户体验。前面也专门就军工资质的问题简单探讨过,这是市场的敲门砖,很难想像,一个没有保密资质、质量体系认证以及武器装备生产资质的企业能够在军工行业如鱼得水,这些有影响力的第三方认证机构颁发的证书,企业一定要尽全力去获取;此外,还可以通过老用户的宣传推荐来赢得新用户认可,请现实用户开具应用证明或者应用报告,也可以是感谢信的形式,例如企业的产品曾经参加过某项国家重大任务的执行或者保障过程,用户方颁发的纪念牌或者感谢信都可以是证实企业具有实力的有力证明;这里除了要建立企业品牌之外,个人品牌的建立也同样重要,要有意识的恳请认可你,又与用户有实际接触的第三方人员,在用户面前多宣传你的优点和长处,这也是更快与用户建立信任关系的方法技巧之一。

（4）在关系营销的过程中，军工营销人员一定要有自信。自信来自于不断的学习，常年的积累，才能对答如流，应付自如。不能在用户询问时支支吾吾，这会让用户觉得你不够专业，或者有所隐瞒，这时候如果再想进行关系推进就很难了。展示自信的同时，沟通技巧也很重要，很多军工营销人员，都会遇到一个比较困惑的问题，就是和用户交流时很难引起对方的共鸣和回应，用户总是有一搭没一搭，双方都感觉很别扭，这就要注重世界观、价值观、社会观的培养，还要关注时事热点，关键是必须有自己的一些独到见解，用户能感受到收获和提升，就会对整个沟通过程充满兴趣。

（5）关系营销的整个过程中，物质上的激励和满足是客观存在的，实际上，军工用户可能并不在乎这些方面，但实事求是来看，不管是讲究人情世故，还是从市场行为角度来说，物质层面的满足是赢得用户好感并加速这一过程的催化剂，也是军工营销人员加深印象的重要手段。

需要强调的是，新常态下，营销人员在进行物质激励的时候，形式上要注意规避政治和法律风险；此外，营销人员千万不能陷在这种模式中无法自拔，有一些营销人员，包括现在核心军工集团的一些营销人员，素质良莠不齐，部分人以利益交换为代价，把与用户间的情感交往也作为商品来看待，使军工行业的关系营销变了味道，这本身是一种庸俗的营销文化，必须坚决制止。企业应在日常的营销实践中摸索出如何建立一种长效的、安全的、依靠个人魅力、品牌形象、产品质量、优良服务来维系的关系营销网。

20.4 口碑营销

口碑营销在军工行业应用非常普遍，是符合军工行业信息传播规律的重要营销模式。在军工行业，广告宣传做得多，效果不见得好，用户有自己的判断标准，企业自身说得再多，也都是自说自话，用户更愿意相信并接纳行业内的领导、专家、朋友、同事或者所熟悉的人的意见，这是人性，也是一种群体心理。

20.4.1 概念与内涵

一、概念

口碑，是人类最原始，成本最低，却是最有效的传播方式之一。在社会发展过程中,口碑营销方式本身也在慢慢的发展和进化,在商业中的运用越来越广泛,形成了现代口碑营销的概念和体系架构。军工市场中的口碑营销,就是军工企业有意识或无意识的生成、制作和发布口碑题材,并通过一定的渠道和途径进行口碑传播,以满足用户需求、实现军品交易、赢得用户忠诚、提升企业品牌为目的的信息传播过程。

口碑营销一个最重要的特征就是可信度高,因为在一般情况下,口碑传播都发生在朋友、同事、同学等关系较为密切的群体之间,或者来自于行业内有一定地位和影响力的群体,在口碑传播过程之前,他们之间已经建立了一种长期稳定的信任关系,相对于纯粹的宣传、促销、公关等等企业自身的行为而言,可信度要更高,尤其是在中国目前这样缺乏良好信用体系的社会状态环境中。

在军工市场,用户具有较为一致的价值观和世界观、社会观,圈子比较窄,信息传播速度非常快,相互之间也很容易就某件事达成共识,因此,口碑营销是一种非常重要的营销策略模式。口碑营销不仅仅要宣传推广企业的品牌、产品和服务,同时还包括了军工营销人员自身的品牌。由于多种原因,军工用户会热衷于把自己关于产品、服务的使用经历或体验转告他人,如果经历或体验是积极的、正面的,他们就会热情主动地向别人推荐企业、人员及其产品、服务,帮助企业发掘潜在用户;而如果体验是负面的,他们会更加专注地传播并表达自己的不满,甚至直接用脚投票,不再使用企业的产品或者服务,以至于不再与企业及其营销人员产生任何联系。

值得注意的是,对于军工行业来说,不是说企业投入大量资源,进行密集性宣传,短期内就能赢得口碑的,只有对营销的各项基础工作做得非常细致、到位并持之以恒,只有产品和服务水平超过军工用户的本来期望,才能得到他们的推荐和宣传,尤其是那些领先于竞争对手、别出心裁、不可复制却又超出需求预期的服务和举措,更会让用户迅速提升忠诚度,形成口碑传播效应。

二、内涵

信息大爆炸时期,对于信息的处理和筛选却变得越来越难,用户经常会感觉无所适从,变得越来越难以信任由企业、渠道商以及媒体所构建的垂直信息渠道,他们更愿意相信水平的信息渠道,即来自所信任的人或群体的口碑传播,口碑营销策略为企业的信任危机突围提供了一种行之有效的解决办法。

需要注意的是,口碑营销并不是营销领域内的新概念,民间有俗语"金杯银杯,不如老百姓的口碑",也不是什么了不起的营销革命,它只不过是信息时代众多营销方式的一种罢了。虽然口碑营销有很多优点譬如宣传费用低、可信度高、针对性强等,但口碑营销并不是解决眼下所有军工营销问题的救命稻草,它同时也有不少缺点,例如口碑是在用户口中诞生并且传播的,对于营销人员来说这本身就是不可控制的,有的用户在充满偏见、或是情绪化的状态下发表的言论很可能会毁了营销人员之前的所有努力和成果。

口碑营销不仅仅是一种营销手段,更有深层次的社会心理学作为基础,是构架于人们各种社会需求心理之上的,从马斯洛需求原理的角度来说,人们喜欢就某些信息进行传播和分享,和人类客观存在的各层级需要都有关系。口碑营销的本质是如何赢得用户的信赖和认可,比一般的营销手段更天然自发,也更加易于接受,在此前提下,用户才会通过真诚交流各自的体验与感受,在有意识或者无意识的情况下实现企业产品及服务的优势宣传,而如果运用不当,要么会成为一种市场欺骗方式,要么会给企业造成严重的负面形象传播。

目前的军工行业,口碑营销越来越显示出其强大的力量,在做口碑营销的时候,军工营销人员首先要忘记自己的产品,而从自己目标用户群体的角度,去考虑他们的真实需要,以及如何超出他们的真实需要,而不是总想着如何向他们推销产品、服务,这是第一步;然后才是通过营销策划及具体操作,使用户不断谈论和传播企业、营销个人以及所提供的产品和服务的正面信息,进而提升品牌形象、个人形象和产品形象。

20.4.2 军工口碑营销的优劣势分析

在这个竞争全球化、市场一体化的知识经济时代,口碑营销对于军工行业来说,具有独特优势和营销价值,显示着不一样的力量:

(1) 培育忠诚。良好口碑是反映产品优劣及企业品牌忠诚度的重要指标,对企业发展有着举足轻重的影响;

(2) 避开锋芒。随着军工市场竞争的加剧,通过智慧、技巧的处理,口碑营销,可以帮助我们有效避免市场竞争中的正面冲突,给企业创造一个好的竞争环境;

(3) 成本可控。口碑营销无疑是当今世界上最廉价的信息传播工具,相

比企业在宣传方面的其他投入来说,成本低,效果好,性价比高;

(4) 可信度高。军工行业,由于市场对象、行业保密要求等一系列特点,用户对媒体宣传的信赖度一直都有限,口碑营销中,传播者独立于卖方之外,从用户的角度看,口碑传播的信息被认为是客观和独立的,具有亲和力和感染力,更容易被信任,并直接促成购买行为。

(5) 有针对性。口碑营销具有很强的针对性,它不像一些传统行业的广告那样,大撒网多捕鱼,它往往是面向某个特定的用户群和圈子,对一些产品或者服务开展有针对性的营销活动;

(6) 有团体性。物以类聚、人以群分,这也是军工细分市场的依据之一,不同的用户群体之间有着不同的话题与关注焦点,有相近的消费趋向和使用习惯,相似的品牌偏好,只要影响了其中的一个人或者几个人,信息便会以几何级数的增长速度传播开来;

(7) 积极促进。在军工行业,不合时宜的广告宣传很可能会引起军工用户群体的反感,而口碑是市场相关利益方对于某个产品或服务有较高满意度的具体表现,拥有良好的口碑,对军工企业的长远发展,提升其知名度和美誉度,以及新产品推广、新领域开拓,都有着积极的促进作用;

(8) 发掘潜在用户。很多时候,军工营销人员不知道该如何去寻找潜在用户,有时候费了很多力气找到了,成功率却很低,口碑营销是解决这个问题的不错选择。一项研究表明:一个满意消费者会引发八笔潜在的买卖,其中至少有一笔可以成交。

(9) 影响购买决策。在购买决策的过程中,口碑起着很重要的作用,是使得用户决定采取或放弃购买决策的关键因素;

说了这么多优点,口碑营销也存在一些缺陷,比如个人的偏见,口碑营销是由个体发动的,受限于自己的所见、所闻、所感以及专业能力、价值观等因素,致使褒贬不当,成为偏见。如今的军工行业,用户要求越来越高,众口难调之下,很容易产生不满,并迅速转化为负面影响;此外,在传播过程中,如何对传播过程进行控制,是一个问题,如果传播者言不达意、不准确,造成事实叙述不清楚、不确切,或者传播失真,营销人员缺少有效的解决办法。

不论怎样,作为一种代入性很强的认知方式,口碑营销在传播的针对性、有效性和传播深度方面表现优异,是军工行业中值得营销人员重点关注和运用的一种营销策略模式。

20.4.3 军工市场如何实施口碑营销

在军工营销领域,口碑营销具有举足轻重的地位,但真正将口碑营销作为一门学问进行系统而深入研究的人却并不多,也没有更多的资料参考,这里,以美国口碑营销大师安迪·塞诺威兹在《做口碑》一书中所给出的口碑营销分析框架和操作步骤为基础,结合我国军工实际来阐述如何在军工市场实施的口碑营销策略,我们简称其为"五T",分别是:谈论者(Talkers)、话题(Topics)、工具(Tools)、参与(Taking Part)和跟踪(Tracking)。

1. 谈论者

作为军工营销人,我们需要找到合适的人成为谈论者,为我们传播信息,为企业的产品、服务培养新用户,这里所谓合适的人主要包括两种,一种是意见领袖,是一个小圈子内的权威,他的观点能被广为接受,他的购买行为和态度能作为其他用户的重要参考;一种是群众,群众是扩大传播范围的主要力量,是传播主体。对于军工营销人员来说,意见领袖传播的是对象的核心价值,群众则是扩大传播范围,一个是深度,一个是广度,两者都不可或缺。

案例:某企业在策划某新专业方向产品的推广时,决定策划召开一次研讨会议,对于意见领袖的选择,反复斟酌,最后通过各种渠道邀请到了相关方面的领导和专家代表,包括军队总部机关的采购决策者、院士级领域专家以及核心用户代表等,围绕产品的核心竞争优势大力推介;此外,又邀请了一批与企业联系密切,且与该领域方向有业务相关性的合作伙伴作为群众和摇旗呐喊者,效果很好。

2. 话题

口碑营销,需要找到传播的话题和理由,能引起大家注意并发生兴趣,形式是多样的,可能是一个信息,可能是一次会议,也可能是一个特别的活动,对于军工行业来说,寻找有影响力的话题,内容要尽量简洁明了,策划工作要细致严谨。

案例:2010年,某军工企业在策划其新型装备产品的口碑营销时,选择了从产品的绿色环保和军民融合的特色应用入手,作为唯一的军工企业参加了环保展会,随后又在北京的军民融合产业园区,召开了一次产品发布会,这两次策划都得到了军工媒体的重点关注,并邀请了多位领导、专家参与活动,通过制造话题,口碑传播,使得新装备在很短的时间内就打响了知名度。

3. 工具

如果已经确定了谈论者,也拥有了话题,就该利用合适的工具,加快口碑传播的速度。在运用口碑营销的过程中,可以考虑使用以下的方法:一是通过与用户建立紧密的联系,主动恳请用户予以支持和帮助;二是通过邮件、电话或者简讯的形式,将企业在该产品上的持续投入和新的信息源源不断地告知用户及相关利益方;三是通过优化产品的配套服务内容,让话题传播者拥有与众不同的特权感觉,特权感受是一种强烈的促进因素,可以激发人们的传播热情;四是找到权威机构或者专家,出具产品的鉴定证明书、产品推荐信及感谢信等静态的证明材料,持续提升产品影响力。

4. 参与

口碑就是一种对话交流,所以我们一定要非常重视与用户、合作伙伴,包括竞争对手在内的相关利益人的沟通,加强相关人员的参与感,这方面如果没做好,很容易出现口碑消失甚至朝着负面方向发展的后果。这里的参与,是尽可能地站在用户的角度思考问题,制造话题,表达一定要客观,在不断宣传产品竞争优势的同时,要注重对于其不足以及针对不足开展的工作进行阐述,显示真诚。通过沟通交流,找到认可产品的人,给予鼓励和推进,也找到有疑问和怨言的人,给予解释和改进,参与过程需要军工营销人员投入大量的精力和时间,不能投机取巧。

5. 跟踪

在前面所有的工作进行或完成后,我们还需要对口碑营销的效果进行跟踪反馈,评价用户反馈出来的原始信息,以帮助我们更准确真实地了解用户的看法与态度,并学会利用这些信息制定更有针对性的营销计划。

20.4.4 军工口碑营销的形式及关键点

与传统行业相似,军工行业中的口碑营销主要有以下三种形式的口碑:经验性口碑、继发性口碑以及有意识口碑。经验性口碑是最常见、最有力的形式,它来源于用户对某种产品或服务的直接经验,具有一定主观性;继发性口碑是军工用户在直接感受军工营销活动所传递的信息时,形成的口碑;有意识口碑就是有意识地利用媒介来为产品营造正面的气氛。对于这三种形式的口碑,军工企业及其营销人员都需要以适当的方式从正反两个方面了解和衡量其影响和结果。

下面,我们来了解一下军工行业口碑营销的关键点。

1. 创建良好口碑

任何一种优秀的营销方式都无法弥补产品本身的不足,更何况口碑营销更是利用了用户之间的直接信息传播,所以企业在口碑营销策划之初,首先要狠抓产品质量和服务,也就是修内功,为产品、服务创造一个好的口碑,之后才是考虑如何进行口碑传播。

口碑营销不仅仅是将好的口碑传播出去,还有一项重要内容就是制止坏口碑的传播,两者是相辅相成的,两手都要抓,两手都要硬。内功没修好,就急忙开展口碑营销,很有可能适得其反,一个负面口碑的影响力可能会远远大于一个好口碑,中国有句俗语:好事不出门,坏事传千里。

2. 寻找意见领袖

当我们拥有了一个不错的话题或内容,还必须选择一个很好的传播载体,例如"意见领袖",口碑营销就是要找到这些有地位、有影响力、有跟随者的传播核心。毛泽东同志曾说过:领袖的力量是无穷的。在这个信息高速发展的时代,能否慧眼识珠,找到这个关键的意见领袖,取决于企业及其军工营销人员的综合素质,和对于军工市场、行业的全面深入理解,以及营销策略的落地执行。

3、坚持不懈努力

口碑营销是一个长时间的过程,不可能一蹴而就,需要通过长时间坚持不懈的努力才能够实现,尤其是新产品、新技术或者新服务的口碑营销,更加需要企业及其营销人员要做好长期斗争的心理准备。

20.5 体验营销

随着物质文明的进步、科学技术的迅猛发展和社会生活水平的提高,人们逐步从对量的追求进入到了质的需要时代,较多的物质并不意味着绝对的幸福,体验层面的满足对用户可能更加重要,加上各行业都面临产品和服务的同质化趋向,体验经济与体验营销应运而生。

20.5.1 概念与内涵

1998 年,美国人派恩和吉尔摩首先提出了体验营销的概念,并指出:体验经济时代已来临。他们在《体验经济》一书中提到的"体验"的定义和类型,全面且精准,认为:体验从心理学角度理解,就是一个人的情绪、体力、智力、甚至是精神达到某一特定水平时,他意识中所产生的美好感觉,或者说,是个体对某些刺激产生回应的个别化感受。体验具有多重存在形态,既可以依附于产品和服务而存在,也可以作为单独的出售物而存在,对于军工市场来说,用户体验虽是个体主观感受,依然可以作为军工企业创造的一种有别于产品和服务的价值载体,可以作为一种独立的经济提供物,为企业带来利益。

体验营销是人们由物质及生理需求向精神文化需求发展的产物,用户在作出购买决策时,不仅要考虑产品和服务带来的功能上的利益,更加重视购买和使用过程中获得的符合自己的情感需求和情趣偏好的特别感受。

目前,国内外学术界关于体验营销有多种定义。国内,余世仁的"体验营销是指企业根据消费者情感需求的特点,结合产品和服务的属性,策划有特定氛围的营销活动,让消费者参与并获得美好而深刻的体验,满足其情感需求,从而扩大产品和服务销售的一种新型营销活动",内容全面,概念清晰;国外方面,伯德·施密特在《体验式营销》一书中指出,体验式营销是站在消费者的感官、情感、思考、行动、关联五个方面,重新定义、设计营销的思考方式。这个定义更加精炼,浅显易懂,同时给人无限的拓展空间。

军工行业中,营销人员在应用体验营销策略时,需要关注用户真实的体验需求是什么,产品和服务内容是什么,如何进行体验策划等方面,但除了购买阶段的用户行为及心理分析,还必须要关注其购买前和购买后的体验、感受,这才是关键。

20.5.2 军工市场体验营销的特征

与传统营销相比,体验营销有着鲜明的特点,这些特点与军工行业有着不少的契合之处:

1. 参与

传统营销模式中,消费者是企业营销活动的观众和被动接收方,在军工体验营销中,用户直接参与体验价值的创造,成为营销活动的主体。军工行业,请用户或其代表主动参与产品或服务的设计以及生产过程,是比较常见的体验营销形式,毫不夸张地说,用户的深度参与是军工行业体验营销的根本优势所在。

2. 互动

传统营销条件下,不管是"推"还是"拉",企业都处于主导地位,使消费者进入企业设定的轨道,以实现赢利的目标,消费者处于被动、受支配的地位;而在军工体验营销中,军工企业与用户通过信息和情感交流,达到行为的相互配合、相互促进,形成良性的双向互动关系。在军工市场中,企业的话语权有限,与用户的互动沟通并取得其信任及支持至关重要,因此,体验营销的互动特性与目前军工行业的特色、现状和需要高度匹配。

3. 情感

传统营销过程中,企业与消费者之间是一种商品买卖关系,一手交钱,一手交货,谈不上太多的情感性。但军工体验营销需要十二分的投入,重视对军工用户群体的情感交流,增进彼此情谊,满足用户的情感需求,这是体验营销的显著特点,企业与用户之间若没有深厚的情感纽带以及由此而建立的充分信任,产品、服务再好,也只能实现短期目标及利益。

4. 个性

传统营销中,企业最喜欢通过标准化生产满足消费者的标准化需求,有时候为了成本控制甚至会主动扼杀个性设计,而体验营销非常重视个性,以各具特色的产品满足消费者的个性化需求。军工行业,用户群体严谨细致,但由于群体的综合素质比较高,在马斯洛需求层次里面处于高端,对于个性化的标准和要求也越来越高,而从军事需求和应用环境角度来说,军工产品、服务也必须结合实际开展个性设计。

对于军工企业来说,要想通过体验式营销策略实现既定目标,就必须结合军工行业的特点和现实状况,一切都以用户为中心点来进行策略设计,从产品设计一直到营销推广过程的每一个环节,始终站在军工市场用户的体验角度来构思,并时刻关注用户的心理感受。同时,通过设计人性与个性兼具的特色拳头产品,创造一种不同寻常的体验内容,通过产品和服务,使用户体验到企业的文化和价值主张,是军工体验营销的高级模式。

20.5.3 军工体验营销的构成及模块设计

一、军工市场体验营销的构成

这里,我们基于军工行业体验营销策略的概念和特点,结合4P营销策略组合理论,从产品、价格和渠道的角度来阐述军工体验营销的主要构成。

1. 产品体验

在开发设计产品时,军工企业要注重对用户体验需求的心理分析和对产品属性的深度挖掘,有意识地为产品与服务增添愉悦的体验感受。"十五"期间,军工行业环境刚开始好转,那时的营销观念比较落后,很多军工企业,唯一关注的就是技术指标和尽可能多地完成任务,抢占市场,忽视了用户的产品体验,结果就是用户满意度始终停滞不前,产品的外观、包装、稳定度和可靠性,软件的界面友好度,服务的精细化程度,甚至是小到印制板的工艺水平都饱受诟病。一般来说,产品体验最容易爆发问题,但也最容易改进,只需要采取一系列措施提高产品和服务体验感受,用户满意度就会逐渐上升。

2. 价格体验

军工行业,企业需要采取多种措施持续强化与用户的交流,使其认识到价格与价值的内在联系,并在定价过程中让用户能体验到物有所值。例如为了规范某专用装备市场,某军工企业经过详细的成本核算,制订了严格的报价体系和规范要求,并始终坚持面向所有用户的报价是统一的,这种价格体系好处是有利于提升企业形象,坏处是会降低用户的价格体验,后来,企业有针对性地进行了改进,结合每个用户的特别需求,增加了产品的附加价值,例如提升保修年限,免费软件升级,免费增加配件,提高交付验收标准等,虽然价格并没有变化,却大幅提升了用户的价格体验满意度。

3. 渠道体验

体验所在的位置和环境会影响体验营销的结果,地域的不同带来文化上的差异,进而给用户带来体验的差别化。例如,某军工企业地处成都,在与北京地区用户群体的沟通中或多或少会有不利影响,对于军工行业来说,渠道资源集中于北京,外地的军工企业如何解决距离导致的服务体验不足,一直都是一个问题。从操作方法来看,主要有几种方法弥补:① 注重高新技术研发创新,建立核心技术竞争优势;② 就算响应成本会大幅提升,也要尽可能做到快速响应,更好地满足用户的体验需求;③ 建立并完善驻北京机构,如北京办事处或者研发中心,建立与用户保持顺畅沟通的优质平台;④ 把握每一次用户前来企业本部考察的机会,给用户最佳的现场体验,弥补距离所带来的不足。

二、军工体验营销模块设计

由于体验的复杂化和多样化,在军工市场应用的过程中,我们可以将体验形式看做一个个的体验模块,这里,我们结合伯德·施密特关于体验营销的概念,从感官、情感、思考、行动等角度来进行体验模块设计。模块之间相对独立,但又有着千丝万缕的联系,感官引起用户的注意,情感使用户体验变得个性化,思考加强对体验的认知,行动唤起对体验的投入。

1. 感官体验

将视觉、听觉、触觉与嗅觉等知觉器官应用在军工体验营销上,能用来实现企业及其产品的差异化优势,引发用户的购买动机,增加产品的附加价值等。例如,用户在接待过程中,看到的是整洁的办公区域,听到的是专业的产品介绍,摸到的是实实在在的成品装备,都是非常好的感官体验。

2. 情感体验

情感体验即通过美好的体验设计触动军工用户内在的感情与情绪,从而对某品牌产生好感、信任,并直接或间接影响到其购买决策。例如给用户传递认真负责的工作态度,严谨细致的企业文化,以人为本的内部环境等。

3. 思考体验

思考体验即以某种方式引起军工用户群体的兴趣,并使其对问题进行集中或发散的思考,创造认知和解决问题的独特体验。高科技行业采用思考营销方式比较普遍,例如军工行业中,在方案设计阶段,充分吸收用户的想法和思路,将其精华体现在方案中,用户会因为成就感而产生美好体验。

4. 行动体验

行动体验通过影响用户生活方式,升华用户的身体体验,来丰富用户的生活并与之产生良性互动。军工体验营销模块的设计实施,需要对企业内外部环境进行全面分析,考虑目标用户的喜好、行为以及影响他们的各种因素等,考虑企业产品的质量、销售等全面情况,考虑合作伙伴、竞争对手,以及整个行业的宏观和微观环境等。

三、军工体验营销的问题

体验营销,作为一种效果显著的全新营销理念,被不少军工企业及其营销团队接受并成功应用,但从整体上来看,体验营销实施的层次较低,实施过程中还存在不少问题和困惑。例如在营销理念方面,不同企业对体验营销理念的认识与接受程度差别很大,有的不屑一顾,有的盲目跟风,在运作时,忽视对于体验营销的广度、深度、幅度的理解和研究,产品不进行细分,用户对象也不进行细分,体验层次是五花八门,体验营销的管理混乱,效果自然大打折扣;此外,体验营销中容易忽视系统性,有的军工企业只喜欢设计对产品或服务的某一环节的体验,缺乏系统的规划和设计,忽视了体验营销的最终目标是为用户创造一种优质的整体体验;第三,体验营销的基础有时候并不牢靠,如果条件还不具备就开始全面铺开进行体验营销,比如用户需求都还不清楚,体验营销的设计方向就可能出现错误和偏差,效果可想而知。

20.5.4 军工市场体验营销的关键

对于军工市场来说,体验营销是以创造、引导并满足用户的体验需求为目标,营造并保持用户忠诚的一个动态过程,也是用户与企业品牌相互作用的过程,其核心理念在于:不仅要提供满意的产品和服务,还要为用户创造有价值的主题体验,以体验为桥梁,满足用户需求,实现用户价值。这里,体验式营销成功运作的关键在于产品、主题和场景,下面,我们结合军工市场特点,从这三个方面阐述军工体验营销实践的关键所在:

1. 产品

体验营销要求军工企业在整个营销活动中以目标用户的体验需求为中心,要做到这一点,产品很关键,产品是体验的关键载体,企业应注重与用户之间的沟通,以用户对产品的体验感受,来设计制作和改进自己的产品,并开发出更好的产品来满足用户的体验要求,为用户实现更多的价值;军工营销人员必须清楚包括质量、技术、结构、价格、性能、包装等在内的各种产品属性以及属性的设计和传递过程。

案例:某军工研究所,在成立专职的产品推介部来配合营销部门开展与用户的持续性互动沟通之外,每两年会策划组织一次针对重点用户、重点区域和重点产品的用户满意度调研行动,其目的就是收集用户意见,持续改进产品,以提高用户的体验满意度。

2. 主题

军工体验营销需要找准定位,明确目标,确定一个体验主题,并围绕这个主题展开营销策划实施,将企业的文化与诉求传递给军工用户,让用户切实感受到企业所要展现的体验价值。主题应新颖、独特,与产品联系紧密且能突显产品特色,能够引起目标用户的注意,激发他们的参与热情,引发其美好联想,促使其推进采购活动。具有特色的主题是迈向体验成功的关键一步,也是建立军工企业差异化竞争的关键。

案例:某企业进行某型号产品的体验营销策划,为了突显该产品的发展历程及辉煌历史,结合我国军事工业的发展脉络、历史推进及趋势分析,在企业内部建立专题展室,运用最先进的三维动画技术,分阶段分步骤地把该产品型号的前世今身做了一次全面阐述,用户到企业参观的时候,体验效果非常好。

3. 场景

场景是体验产生的外部环境,通过组织体验式活动,美化体验场景,让用户积极参与,加强体验信息传播,对用户的购买决策有着直接的影响。场景具有履行信息传递的重要职能,为体验过程奠定基调,也是体验质量的具体表现。

案例: 继续以上面的体验营销策划为例,在场景布置环节,该企业针对不同历史阶段,有着不同的装修和布局风格,同时,在三维动画设计时,加入了用户互动内容,用户可以在虚拟实验环境中模拟操作装备过程,这一场景设计获得了非常好的评价。

20.6 深度营销

随着军工市场竞争的不断加剧,军事需求的实时变化和用户的个性化需求特征日趋明显,寻求营销差异化,建立市场竞争优势成为亟待军工营销人员解决的问题。

如何摆脱传统营销策略如价格战、宣传战或者促销战的思维禁锢,一个重要的方法就是深度营销,通过营销价值链的广度延伸和深度挖掘来建立企业的差异化优势和核心竞争力,它来源于4P、4C等基础营销策略组合的具体应用,却又有所突破,为军工营销人员提供了一种有效的思维模式和解决方案。

20.6.1 概念与内涵

深度营销就是以某种标准,把市场分为若干个小的营销单位,然后在终端系统策划开展有针对性的营销活动,建立品牌优势并进行深度挖掘,从而实现企业营销目标。对于军工企业来说,深度营销有别于深度分销,它并不是简单的销售网络整理,而是指通过努力,构建企业核心价值链,并以此提升客户关系价值以掌控渠道和终端,取得市场竞争优势的应用型营销策略。

对于军工行业来说,深度营销优化并提升了营销的工作效率,它要求企业及其营销人员注重细分市场、重点用户、渠道网络等核心要素的协调发展,强调与用户建立长期的战略性合作伙伴关系,并通过大量、细致的、人性化的营销工作,长期保持用户的品牌忠诚度。需要强调的是,军工市场深度营销策略的中心是渠道,所有的策略执行都是围绕渠道的深度掌控和挖掘来进行,作为产品从生产者手中转移到最终用户手中所经过的通道和路径,渠道是连结企业与最终用户之间的唯一纽带,对渠道的广度延伸和深度挖掘,是企业营销体系建设的关键和重点。

20.6.2 军工市场深度营销的特征

深度营销模式以构建和优化营销价值链为目的,围绕渠道的广度延伸和深度挖掘,其定位及效果主要体现在营销价值链及渠道体系的构建和管理,结合军工应用实际,主要有以下几个特点:

(1)强调渠道网络的稳定性,以相互配合、长期发展的理念,与用户渠道、合作渠道、供应渠道等价值链环节形成利益共同体,制定紧密的合作和利益协调机制,既强调全局利益,也重视利益平衡,引导价值链中成员个体不以各自短期利润为唯一追求目标,还要关心整体利益和其他成员利益,从而获得长远可持续发展;

(2)强调对于关键渠道资源的掌控,如决策群体、实际使用者、具有行业影响力的合作伙伴等,积极整合关键渠道资源,实现军工营销价值链的结构优化和各环节能力的均衡,提高军工企业渠道网络的整体效能发挥;

(3)强调渠道网络的系统管理,军工企业需要加强对各重点环节的经营指导和日常维护,并对价值链中相对薄弱环节的资源投入和改善,提高其运转效率,同时通过加强市场信息管理,指导价值链各环节在市场竞争中协同作战;

(4)强调营销效果的积累,绝不是单纯的依靠宣传或降价促销,而是注重持续地为用户提供持续的增值服务,不断深化情感联系,建立稳定且有效的营销影响力,提高用户忠诚度,在有效降低成本的同时,还能获得累积性的营销效果;

(5)强调营销网络的深度和广度,深度营销绝不仅仅是"深",还有对于"广"的要求,把一个点做得再深入,也终究只是一个点,但把面做的再宽广,如果不深入,一切都是零。两者看似在营销资源分配上有冲突,但决不矛盾,是相辅相成,辩证统一的关系,重要的是寻找到那个效益最大化的契合点。

20.6.3 军工市场深度营销的原则

在军工市场深度营销策略的具体操作层面,主要遵循五大原则:集中兵力、攻击对手、巩固市场、渠道沟通和用户访问。

（1）集中兵力。在军工市场竞争中,首先要集中资源于重点的细分市场、产品和用户上,并注重辩证优先的顺序,毛泽东军事思想中的重要原则之一就是"集中优势兵力";先是聚焦局部,做深做透,然后辐射全局,做大做广,并通过对成功经验的复制推广,最终实现企业发展目标。

（2）攻击对手。在军工市场竞争中,为了获得竞争的主动,在军工文化、道德、制度和现实环境允许的范围内,军工企业要学会合理定位,主动进攻,决不能被动防御,这会完全丧失市场节奏的把握。

（3）巩固市场。在提高军工市场份额的同时,企业可以通过提供增值性服务和营销策略组合支持,提高整个营销价值链的效能比,建立起广度和深度兼具的营销渠道体系,设立市场进入壁垒,巩固市场地位。

（4）渠道沟通。与军工市场中综合实力强,有一定影响力的用户和伙伴开展合作,并保持有效沟通状态,使企业营销链的质量强于竞争对手,以获得竞争中的优势地位。

（5）用户访问。由于深度营销的主要工作之一就是细分或区域市场的密集开发和精耕细作,这就要求企业建立较为完善的信息数据库,并优化用户管理模式,保持一定节奏的有效用户访问,建立广泛、深厚的用户关系。

20.6.4 军工市场深度营销的要素

军工深度营销模式的基本思想是基于营销价值链的系统协同效率,通过有组织的努力,提升用户关系价值以掌控渠道,取得市场综合竞争优势,其要素包括目标市场、核心用户、渠道网络和营销人员,核心要素是渠道。

（1）目标市场。企业通过对军工目标市场的宏观环境、用户情况、竞争对手、合作伙伴、营销网络等信息及数据的充分调查、收集,建立数据库,开展市场分析,制定以构建营销价值链为核心目的的市场营销策略,同时合理规划并分配营销资源,对目标市场精耕细作,强调营销质量。

（2）核心用户。核心用户是在市场上掌握交易主动权,具有一定影响力,对军品交易实现具有现实价值和未来意义的用户群体。寻找、建立并巩固与核心用户的利益结盟与合作,围绕核心用户的需求和利益提供全面的服务支持,是构建深度营销价值链、掌控核心渠道网络并实现企业高速发展的关键。

（3）渠道合作。目前绝大部分的军工企业,在营销资源的配置上,不论是数量还是质量,都有欠缺,依靠单个企业的力量,要想做好深度营销,难度很大,比较好的解决方案是,结合军工市场特点,找寻合作伙伴,抵近目标用户,建立相对稳定的渠道网络,是保证深度营销价值链稳固有效的基础。

(4)营销人员。军工营销团队是深度营销模式的核心力量,组建一支具有战斗力的学习型营销队伍,促进营销队伍从机会型的"猎手"向精耕细作的"农夫"的转化,成为能给用户提供增值服务、开展有效沟通,并建立深度关系的优秀军工营销人才。

最后,我们再来重点分析一下深度营销流程的核心要素——渠道。

对军工企业来说,营销渠道强调的是企业与其他渠道成员间持续的、相互的和紧密的支持关系,其目的是建立既深又广的营销网络或渠道联盟。这里,营销渠道合作伙伴或战略联盟的建立是深度营销的重要内容,在军工行业,这种伙伴关系的建立,需要企业必须在可能提供的产品、技术支持、定价及其他相关的领域有着明确的优势,才能吸引合作者;此外,企业必须具备定时考察渠道伙伴的能力,并定期评估合作模式的适用性。军工企业的营销渠道通常由许多各自谋求自身利益的企业组成,很多利益是相互冲突的,一旦矛盾产生,就会破坏原有平衡,所以渠道成员常常无法保持长久的合作伙伴关系,甚至还会成为对手,由此产生的渠道冲突往往导致深度营销的效率直线下降。

很多军工企业,都签订过为数不少的战略合作协议、项目合作协议、技术转产协议等,这是为了建立一个能与企业的战略目标及长远发展相匹配的渠道联盟体系,但事与愿违,往往这些协议都成为一纸空文,要避免这种情况,需要我们在开展渠道合作时关注三个条件是否满足:合作双方都有各自特殊的需求;合作双方都有满足对方需要的能力;合作双方都面临不开展渠道合作会导致市场风险的状态。

渠道体系之所以是深度营销的核心要素,还因为渠道能给军工企业带来成本领先和差异化这两种基本的竞争优势。深度营销渠道是利用生产企业、中间商和最终用户之间存在的纵向联系,并使之协调和最优化而形成的。由于渠道成员间在某种程度上处于同一利益共同体,因而对营销活动可以进行协调和优化,从而降低营销成本;第二,深度营销渠道可以通过多种方式为企业提供独特性,从而使企业获得差异化优势,表现在渠道对于营销效率的提升,对于用户不同需求的满足以及资源整合后的能量积聚和爆发;第三,从军工市场渠道关系的角度来说,仅仅依靠物质利益建立起来的关系渠道是浅层次的,尽管这种方式可能能满足短期利益实现,对于双方看起来很有吸引力,但却很难创造持久的紧密关系,因为物质利益的基础不牢固,且竞争对手很快就会模仿从而使企业失去优势。

综上,我们可对军工深度营销的核心要素——渠道的内涵,作出如下论述:深度营销渠道是军工企业在对自身及其所在行业进行系统思考的基础上,精心构造的、以自身为核心,包括用户、合作伙伴和其他相关利益体在内的深度营销价值链。在这一价值链中,企业与各渠道结成了长期稳定的战略合作关系,并通过各种方式将企业与营销对象的价值观念、战略意图、思想理念进行相互交融,相互渗透。

20.6.5 军工市场深度营销的流程及方法

一、流程

结合目前军工行业的营销现状,军工深度营销的流程主要包括:

(1)选择目标市场。从企业现状、产品特征、市场潜力以及竞争态势等多维角度出发来选择目标市场,筛选出批量大、利润高或发展潜力大的细分领域,进行渠道的精耕细作;

(2)进行市场调查及分析。强调市场深入调查,以及信息收集的全面性,提升企业对于市场机会的把握能力,并以调研信息为基础,完成对目标市场特点的把握和发展趋势判断,明确竞争的关键点和确定主要攻击对象,确定渠道和目标用户选择标准,同时完成信息分析以指导市场工作;

(3)建设相应的营销平台。建立与深度营销相适应的营销管理规范、工作制度和配套体系等;

(4)设计和确定各种工作流程。包括选择和确定市场内核心用户,力争建立长期互利合作的关系;构建营销价值链,与核心用户一起开发和建立覆盖主要市场的渠道网络,获得营销价值链的主导地位;通过不断向核心用户提供全面的产品服务和技术支持,不断深化关系和加大影响力,实现对竞争对手的压制和重点渠道掌控等;

(5)滚动复制与推广。在取得市场经验和竞争有效策略的基础上,选择条件较成熟、利于竞争的市场,由易到难,由点及面,进行滚动复制推广。

二、方法

军工企业作为市场中深度营销价值链的组织者和管理者,其深度营销流程需要关注的要点有:明确进行深度营销的产品种类,加强产品型谱整合,提高产品的核心竞争力;新产品的开发上要突破原有的思维定势,不断开拓创新,同时加强新品推出市场的效率和时空分析,有计划地展开市场推广;确保有限的营销资源配置在最核心的营销工作点上。下面,我们从深度分析、渗透和切入的角度分析深度营销的主要方法:

(1)深度分析。深度营销离不开对用户和合作渠道的深度分析,需要营销人员尽可能地收集用户和合作方的详尽资料,例如核心决策层构成、采购或合作模式、群体层次、独特诉求等,并对各种信息来源的资料进行深度挖掘,融合处理,以获得精准且价值含量高的有效信息。

(2)深度渗透。对用户及其他渠道进行深度渗透可以从以下几个方面着手:细致观察,获得更多的第一手信息;加强学习,获得第二手信息;善于沟通,深度渗透的主要内容要靠沟通来完成;换位思考,我们必需学会从其他利益代表体的角度,多层次多维度地了解和掌握相关信息。

(3)深度切入。在切入一个新领域,或者新市场的时候,军工企业一开始被拒绝是经常现象,被用户拒绝,被合作伙伴拒绝,被竞争对手拒绝等。这时候,军工营销人员要坚持从"深度利益平衡"的角度来进行切入,结合对国家需求、未来利益、现实数据的分析,给予对方以充分的信心;其次要讲究平衡,军工企业的主体是国企,决策群体是政府或军队人员,代表国家利益,对他们来说,手心手背都是肉,不能因为照顾新进入者的感受而忽视传统市场占有者的利益,面对这个问题,必须站在符合国家需要和利益实现的制高点,才能打破之前的利益关系,建立新的平衡。

20.7 精准营销

随着一些传统营销模式的效率下降,如何以最少的资源消耗,获得最大的营销效果,逐步成为企业和营销人员关注的重点,精准营销应运而生,成为现代商业营销的新趋势。凭借其"精准"的特点,精准营销在军工营销活动中也发挥着越来越重要的作用。

20.7.1 概念与内涵

21世纪初期,科特勒首次提出精准营销的概念,他对精准营销的描述是:"企业需要更精准、可衡量和高投资回报的营销沟通,需要更注重结果和行动的营销传播计划,以及对直接销售沟通的投资。"目前对精准营销,国际上并没有一个权威的定义,对于军工企业来说,精准营销就是在企业精准定位的基础上,依托现代信息技术手段,建立良好的沟通体系,针对精准的目标用户,以精准的市场定位、资源投入、价格策略、产品宣传,确保精准营销的成功。

精准营销概念的出现,很大程度上取决于科技进步,首先,互联网的迅速发展使人们获取信息的渠道更多、更快速;其次,计算机技术的发展,使得营销人员可以基于大数据分析,大幅提升营销精准度;第三,监测技术的发展使精准营销的实施及评估成为可能。另一方面,进入21世纪后,庞大的信息量虽然给人们带来了便利,却也使人很难找到自己需要的信息,出于个性化的追求,人们开始进行信息的选择性接受,这是精准营销产生的根源所在。

军工企业面临的竞争越来越激烈,信息传递到目标用户越来越困难,传递成本也越来越高,为了使企业在军工市场竞争中生存下来并做大做强,企业必须在加大营销投入的同时,高度关注营销行为的投入产出比,这种客观需要使军工企业对精准营销方式的应用需求显得极为迫切。

20.7.2 军工精准营销的要素及特点

一、要素

对于军工市场来说,精准营销的要素主要有:

(1) 精准的市场定位。产品是什么?目标用户在哪里?企业在市场中处于何种地位?这是在军工市场实施精准营销所必须思考并明确的内容,在此基础上,如何在恰当的时间,找到恰当的用户,用恰当的方式,提供恰当的产品,就是军工精准营销的主要模式,这里的"恰当"是关键。

(2) 巧妙的推广策略。长期以来,传统的市场推广主要是广告、促销、渠道等营销手段,需要花费大量的金钱与精力,这种模式在军工行业收效甚微,而精准营销可以充分结合军工行业特点,借助分析筛选,寻找到目标用户,实施准确而有效的营销推广策略,降低成本的同时,也使军工企业的资源配置更加灵活。

(3) 满意的用户体验。在以市场导向、用户体验为中心的营销新时代,要想获得收益,军工企业就必须始终关注并围绕用户体验和价值实现来开展营销工作,精准营销可以直接聚焦到目标用户的价值需要,帮助企业提高用户满意度,建立品牌忠诚度。

（4）庞大的数据库。一般来说，精准营销需要一个庞大的信息数据库，里面记录所能找到的全部市场信息，例如用户的性格、籍贯、教育程度和偏好等个人信息，还有市场信息、政策信息、环境信息等。信息的维度和类型越丰富，营销的精准度就越高，营销的效果就越好。

二、特点

军工市场精准营销主要具有针对性、高效性和导向性等特点：

（1）针对性。精准营销强调的是"精细"和"准确"，它实施的前提就是针对准确的营销目标开展细致的军工营销工作。

（2）高效性。精准营销的高效性体现在军工企业及其产品信息对目标用户的传播上，因为不用走弯路，没有中间环节，所以可以直接抵达，避免信息传递过程中的失真。

（3）导向性。军工精准营销以军工用户的需求和欲望为导向，强调的是比竞争对手更及时、更准确地将信息传递给企业最重要的用户，这种导向会极大提升军工企业在市场竞争优势。

军工精准营销通过可量化的精准的市场定位技术，借助先进的数据管理、信息通信技术，直接面向军工用户的个性化需求开展沟通，在降低营销成本的同时，使企业营销达到可度量、可调控等精准要求，在逐步建立稳定用户群的过程中，帮助更多的用户实现价值，提升价值，进而满足军工企业科学可持续发展的内在需求。

三、作用

（1）精准营销贯彻了用户导向原则。军工企业要迅速而准确地掌握市场需求，就必须离用户的时空间隔越小越好，一方面，信息经过多个环节的传播、过滤，必然带来自然失真；另一方面，由于各环节主体利益的不同，他们往往出于自身利益的需要而过分夸大或缩小信息，从而带来信息的人为失真。精准营销强调的是比竞争对手更及时、更有效地了解并传递目标市场上所期待的需求满足，绕过复杂的中间环节，直接面对用户，在一定程度上避免了信息的失真，可以帮助企业更好的掌握军工用户的真实需求和欲望。

（2）精准营销降低了企业成本。精准营销是渠道最短的一种营销方式，减少了中间环节，军工营销成本大为降低，又由于其完善的跟踪及效果验证体系，一发现问题即可及时纠正，直接降低了军工用户需求满足的成本支出。

（3）精准营销方便了用户购买。军工企业通过前面所说的各种媒介，定期向用户提供企业、产品和服务信息，同时结合电话咨询及上门拜访，产品推介或一对一沟通等多种模式，用户不出门就能与企业保持信息交互，这在很大程度上增进了用户的便利性，尤其是军工市场的管理及核心骨干层日常工作繁忙，没有那么多的时间去进行信息收集或实地考察的情况下。

20.7.3 军工精准营销的实施流程

（1）精准的市场定位。市场细分和企业定位是军工市场精准营销活动的关键一环，通过建立相应的数据体系，开展精准的信息分析，进行市场研究、准确定位及用户选择。实施精准的市场定位，最常见的是产品和价格的精准定位，虽然军工行业是对价格相对不敏感的特殊行业，但在产品的功能、质量及指标符合需要的前提下，价格是影响用户购买决策的重要原因，反过来，在经费预算和价格确定的情况下，产品的功能、指标、外观也会在很大程度上影响用户的购买决策。

（2）精准的营销对象。所有的营销策略的实施都需要以用户为中心，营销对象的精准也就非常重要，比如说做星上元器件的企业，如何才能把产品交付给最终用户手中，必须准确地找到卫星的总体或者星上载荷分系统承研单位；希望进入军队信息化市场领域的企业，就必须聚焦军队主管信息化建设的职能部门。精准聚焦到组织用户后，还需要继续定位到用户个体，例如采购主管、最终用户、决策群体等营销对象的信息，都很重要，必须精准。

（3）精准的传播方式。精准营销采用的不是大众传播模式，但在传播媒介和宣传手段上是相对一致的，主要有以下几种形式：① 邮件。通过解密或者拆分后，有部分军工信息内容可以通过邮件传递，例如地方军工企业的品牌宣传、信息沟通、合同谈判等；② 报刊。针对军工用户的报刊杂志不少，如解放军报、参考消息、国防科技等，这其中，解放军报不能做广告，可以结合事件营销，刊登正能量文章进行品牌宣传；③ 活动。2014 年，某军工企业为了打开某领域市场，建立覆盖全局的渠道网络，经过周密的营销策划，从符合国家安全及战略利益实现的角度展开，成功完成了涉及该领域数十个一线用户的需求调研，在研讨交流中，穿插了所在企业的战略、能力、文化和产品体系介绍，由于参加会议的全是现实的最终用户，精准营销的效果非常好；④ 电话。军工营销人员需要非常注重用户信息的收集整理，尤其是联络方式,当需要直接与用户进行沟通或信息传递时,电话是精准营销的重要载体;⑤ 微信。随着网络科技的发展,有很多新的精准营销的载体出现,如微信,为了进入大数据及云计算市场,营销人员可以参加比较有影响力的微信群,并结合企业业务方向和实际需要,组建企业的微信公众号。从中收集信息,并结合判证分析发现市场机会。

(4)精准的用户管理。CRM 是面向用户,关心用户,一切围绕用户为中心来运作的管理体系,是军工精准营销应用的核心。CRM 管理可以帮助企业深度开发目标用户,支持企业发展战略,实现营销业务与管理的规范和高效。有些军工企业甚至为了体现对于军工市场及其 CRM 的重视,专门在企业内部建立和用户沟通的平台,直接解决用户的各种问题,摆脱了传统营销体系对渠道及营销层级的过分依赖,实现一对一的精准营销。

(5)精准的产品属性。与精准的定位和沟通相适应,只有针对不同的用户,设计、研发、生产并提供个性化的产品和服务,才能精准地满足军工市场需求。个性化的产品和服务在某种程度上就是定制研发,例如,上机上舰装备的笔记本电脑需要加入三抗三防设计理念,里面还要装有特定的配套应用软件,就是定制服务。

20.7.4 军工精准营销的应用模式及关注问题

一、应用模式

精准营销的手段有很多,应用模式也比较丰富,军工企业通常采用的有媒介营销、第三方营销、数据库营销等。

(1)媒介营销。通过各种媒介渠道,如互联网、报刊杂志、主题活动、电话通信等成熟渠道,与各级军工用户及相关利益人之间,保持良好的信息交互及双向沟通;

(2)第三方营销。当军工企业很难直接寻找并联系到自己的潜在和现实用户时,可以考虑借助和自己业务相关的其他企业,实现精准营销。

(3)数据库营销。数据库营销是军工企业进行精准营销时越来越重视采用的一种营销方式,企业利用计算机技术的发展,以全新方式储存、处理并使用户资料信息,运用先进的数据库技术和网络通信技术,挖掘用户信息的巨大潜力,以个性化、持续性、低成本的方式推进军工营销活动。

二、关注问题

军工市场中,在实施精准营销的过程中,我们需要关注以下问题:

（1）信息基础。精准营销的一个重要基础是军工市场信息的调研,对信息的来源和质量有着很高的要求;

（2）用户细分。在前期信息调研的基础上,分析研究,选择购买意向最大的那部分群体以及潜在用户群体,有的放矢;

（3）应用过程。精准营销对于军工行业有非常大的应用价值,但必须结合具体情况分析;

（4）结果分析。精准营销要配备监测系统,研究精准营销的过程有效性,并结合评估结果进行分析。

20.8 价值营销

科特勒:"交换和价值是营销的核心概念"。本节通过对军工价值营销的内涵、价值营销的实现、价值表现形式以及企业目标与价值营销的关系等方面的阐述,使大家能够对军工价值营销建立初步的认识,这里,请务必注意价值营销与价值观念营销的区别。

20.8.1 概念与内涵

一、价值

价值是用户从产品或服务中所得到的各种实际利益减去成本。对于军工企业来说,价值是与企业的核心使命和责任相关的利益体现,价值包括品牌、产品、服务、技术、市场地位、用户满意度等多个因素和内容。品牌的提升、高质的产品、卓越的服务、技术的领先、巩固的市场地位、较高的用户满意度,都是企业价值的形式体现。

对于军工用户的价值体现形式而言,国家利益的保证、资源的节约、开发周期的缩短、产品性能的提升、维护成本的降低、售后服务的完善以及个人政治利益的满足等等,是用户价值的具体实现。

二、价值营销

无论市场环境如何变化,对军工企业来说,用户既是营销的起点,也是营销的终点,贯穿其中整个过程的,就是"价值",军工营销的终极目标就是为了用户及企业的价值实现以及持续提升,可以说,军工价值营销的本质是基于用户以及企业价值实现的营销。

对于如今的军工行业来说,军工企业和用户的所有市场行为,都可以从谋求价值最大化的角度找到原因,进行解释,但企业创造价值,用户获取价值只是其次,重要的是为国家谋求价值,为社会寻找价值,价值不再只是由企业创造然后与用户进行交换的存在,而是用户与企业共同创造的产物。

价值营销,是分析、传递和实现军工用户价值的整体营销过程,也是通过向用户提供最有价值的产品与服务,在此过程中引导用户成为对等的问题解决者,使其作为一个集体去创造价值、获取价值,并因此获得市场竞争优势的新型营销模式。

20.8.2 军工市场价值营销的实施

军工市场中,按照价值营销的整个实施传递过程,可将其分为五个步骤:

1. 价值的建立

主要包括企业的品牌价值以及给用户提供的产品和服务所蕴含的价值,这是基础和首要问题,没有这个1,后面有再多的0也没用。这里,我们主要从产品价值、服务价值和品牌价值的角度阐述一下价值的建立过程:(1)产品价值。主要通过产品创新,重整产品价值,摆脱产品同质化所引起的激烈竞争;(2)服务价值。主要通过服务增加产品的附加价值,取得市场竞争优势;(3)品牌价值。品牌不仅是企业的品牌,同时也是属于国家、社会和用户的价值承载,用户对企业品牌价值的准确理解可以增加其对于产品、服务价值体验的深度,从而影响其购买决策。

此外,对于军工市场来说,营销人员要格外注意附加价值的建立,它是以用户为中心,给予用户的预期之外的价值,这种附加价值在军工行业应用极为普遍,如用户买一套固定监测系统,附送一套便携式系统并延长免费保修周期;用户购买一套管理软件,附送后期的所有升级,并开放平台;用户购买一辆装甲车,附送一套嵌入式的通讯系统等等。

2. 价值的匹配

企业及其产品、服务的价值都是相对于用户而言的,价值的体现最终要归于是否能满足目标用户的需求,所以在完成价值建立后,营销人员要在对自身价值全面了解和掌握的基础上,建立以目标用户为中心的价值营销观念,一切以满足市场及目标用户需求出发,寻找用户最需要的突出价值,有针对性地将价值与目标用户的真实需求相匹配。价值匹配是连通整个价值营销链路的关键,首先要做市场细分,也就是找到目标用户;其次就是进行目标市场的选择;第三是市场定位,结合用户的需求分析,建立起产品与用户的价值关系。

3. 价值的传递

价值匹配过后,就是如何通过军工营销行为,把价值完整的、顺畅的表达出来,并真实的传递给军工用户,成为用户可感知的价值,价值本身不会说话,如何言简意赅,一语中的,保证价值营销效果的最大化,需要军工营销人员熟悉价值链传递的整个过程。例如用户是非常注重产品的性价比的,传统的定价是计算成本,加上部分利润,这里,企业想从用户的角度出发,可以先和用户沟通产品价值并创造现场体验环境,用户感受到价值传递后,用户可能会潜意识的提高对于企业品牌及其产品的价值认可,这时候与用户就定价问题进行沟通就会有比较好的效果。

4. 价值的评估

包括两个层面,一是企业要对所传递的价值进行内部评估;二是用户在感受到价值后,有一个效果评估。军工营销人员要时刻关注评估结果,因为环境变化了,价值评估结果会发生变化,而评估结果很多时候都会直接影响用户的购买决策过程。对于用户这边,价值营销不但要考虑产品研发,还要重点关注售后服务,用户往往在这个环节对企业的整个价值传递环节进行评估。举例来说,系统模块化应用比较好的,在价值评估环节表现会比较好,因为装备需要维修时,把坏掉的模块取出换上新的就可以,技术难度不大,成本投入也很小,但用户会觉得企业管理规范、技术先进、反应及时、服务到位。

5. 价值的反馈

军工用户在确认接收到了符合甚至超过自己的需求的价值后,会以某种方式给予企业一定的价值反馈,以促使企业进一步提供价值。价值反馈能很好地就价值在企业和用户之间的实现过程进行闭环,便于企业更好地向用户提供价值,提升价值,通过反馈,企业能够把握住价值营销的关键步骤,并随时根据用户的反馈意见进行过程修正。

20.8.3 价值创新是军工价值营销的前提

在军工营销过程中,需要价值创新与价值营销的紧密结合,没有价值创新,价值营销就成了无源之水,没有价值营销,价值创新的意义无法体现。军工企业能为用户创造怎样的价值?如何进一步的创新?如何结合价值创新开展价值营销？这是价值营销时代，军工企业必须反复思考的关键问题，解决营销问题的过程，就是发现价值创新与价值营销本质意义和有效路径的过程，就是军工企业蜕变成长的过程，就是用户价值得到持续提升的过程。

价值创新，是军工企业价值营销的前提和基础，军工企业的价值创新途径和形式主要有以下五种：

1. 延伸创新

关键在于对现有价值的提升，着力突破现有市场空间的限制。

案例：在某大型系统产品市场仍处于黄金增长的期间，该市场的领导者企业便开始未雨绸缪，开始在现有技术的基础上，针对舰载和机载平台的需求，组织开发团队启动了小型化设备的研制，并开始在该应用方向开展人才和技术储备，而这种价值创新，结合价值营销，为企业提升能力及品牌价值提供了动力支持，有着正向的激励作用。

2. 实用创新

产品及服务的实用性是非常重要的价值创新形式，也是军工企业保持强大竞争力的利器，很多军工企业的研发人员，习惯性站在技术角度思考问题，再加上项目利益的驱使，以及对所谓超出用户期望的错误理解，系统越做越庞大，软硬件模块越来越多，操作界面能做多复杂就做多复杂，设备能多加就多加。

案例：本来一个3U机箱插四块采集卡就能做好的系统，要用四台设备各一块采集卡的模式，不仅为后面的售后技术服务留下隐患，还会埋下用户满意度的急剧降低的风险。在现实的竞争态势下，军工企业需要不断调整思路，进行实用价值创新，用最简单的算法、最小型的装备、最干净的界面实现用户的最迫切的需求，返璞归真。

3. 转移创新

企业可以根据外部环境、内部资源的实际状况来进行价值转移，剥离现有的主要业务，向价值链的另一环节转移，或者进行市场空间的转移，但对于军工行业，企业无法做到传统领域那样随心所欲的转换主业方向。

案例：2014年，某军工厂宣布进军云计算领域，思路没有问题，但转型并不成功，路漫漫其修远兮。在军工行业，笔者曾经试图带领团队进入电子对抗领域，但数次努力未果，原因很复杂，包括老牌企业的市场壁垒，采购机关的转换成本，以及企业并没有足够的技术储备及市场优势等。

4. 价值集成

通过对不同品类产品价值的集成,能使整体品牌进入一个更高的阶段和空间。

案例:某军工企业分别设立有天线、平台、软件事业部,本来是各自为战,后来通过集成,将各个事业部的产品进行整合,集成为一个大型系统,并寻找到了市场空间,这是产品层面的集成,同时,通过集成,该企业从原来的装备生产商,变成了系统集成商,并逐步建立了总体团队,形成了系统总体设计能力,这是企业的价值层面的集成。

5. 着眼未来

要在市场中保持竞争优势,我们必须比其他企业更有远见,更准确地预测需求的未来发展趋势,并以未来的眼光来审视现实的产品状态,布局价值创新,如华为对于4G的提前投入,如今看来是有远见的,而曾经非常火爆的小灵通企业现在却不知道在哪个角落。"人无远虑,必有近忧",于军工企业及其营销人员来说,必须要对军工科技发展的未来趋势有深刻且清醒的认识,要立足现在,着眼未来。

本章最后,需要再次强调的是,在现实工作中,军工营销人员对于营销策略的应用应该是具体的、变化的、融合的。从本质来说,它们都是建立在基础营销策略理论之上的,只是侧重点不同;同时,随着企业资源、市场环境、行业趋势等内外部条件的变化,策略的应用范围与应用模式、内容都是不断发展的;第三,在选择并应用营销策略时,一般是结合实际情况,结合多种营销策略应用,但不能随意组合,还是要有针对性,策略之间有关联度,脉络要清晰;最后,军工企业要想在竞争中长期保持优势地位,就必须在现代市场营销理论指导下,根据企业自身实际,摒弃过去的那些传统的、不合时宜的老做法,在营销渠道策略方面大胆创新,不断探索适合中国军工市场发展特点的新型营销模式。

第八部分 军工营销的方法执行

进入21世纪以来,全球化、知识化、信息化、数字化和网络化使整个世界进入崭新的时代,随之而来的是旧军工经济模式向新经济模式的转变,新常态、新情况下,军工营销人员要始终坚持在辩证唯物主义理论指导下,在正确的战略指引下,运用方法论,将一些营销模型、方法和技巧与军工市场环境、行业文化、用户特征等紧密的结合起来,开展营销实践,在军工市场保持竞争优势。

第21章 军工营销的常用模型和工具

传统营销模型、工具如何适应新的时代需要,如何与军工市场的特点进行美妙的融合,军工营销人员要重点学习并掌握。

21.1 马斯洛需求分析模型

用户分析是军工营销过程的基础和前提,而马斯洛需求层次理论是军工市场用户分析过程中最为重要的工具和方法之一。马斯洛把人类个体需要按其重要性、产生先后次序分为生理、安全、社交、尊重和自我实现五个层次,他看到了需要在人的价值实现中的作用,并把人的自我实现动力说成是人的价值活动的最终动力。马斯洛认为:"人性按着他自己的本性有指向越来越完善的存在,越来越多地实现其人性的压力。"这种"人性的压力",对人是一种更深层、更本质的存在。

21.1.1 需求模型概述

马斯洛需求理论的五个层次的需要(图21.1),是一个由低到高的渐进过程并逐步得以满足的,生理与安全是较低级的需要,是物质性的需要,而社交、尊重与自我实现是比较高级的需要,是精神性的需要。这张马斯洛需求模型图,与传统的既有一致,也有很大区别,结合军工市场的现实特点,笔者取消了金字塔结构,强调了各需求类型的共存度,突出了高端用户和一般用户的区分,体现了内在因素与外部条件,精神需要和物质需要在模型中的内在联系,大家可参考下面针对模型的具体分析,加深理解。

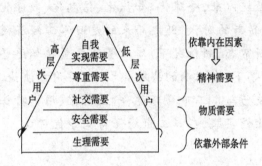

图21.1 马斯洛需求层次模型

一、生理需求

对食物、水、空气和住房等需求都是生理需求,这类需求的级别最低,人们在转向较高层次的需求之前,总是尽力满足这类需求。但即使在军工行业欣欣向荣的今天,还有许多军工人不能满足这些基本的生理需求,食品安全、环境污染是我国目前的重要社会问题,是普遍性问题,这里不提;住房方面,很多政府和军队决策机关的年轻工作人员都没有自有住房。军工营销人员应该明白,如果用户还在为生理需求而忙碌时,你去和他们单纯的谈理想、谈自我实现就有点不实事求是了,不是不能谈,而是要兼顾、要全面,也要分阶段,有侧重。

例如,对有些高端军工用户来说,企业提供有机食品,国外的会议交流机会等,可能就契合他们的需要;对另外一些低端用户来说,没有住房,收入不高,这时候,思考力、道德观可能变得脆弱,但企业和营销人员需要切记,不能因为企业的发展而去不断满足用户的所有需求,尤其是不合理的物质需求,很难满足而且会增大企业营销风险。总之,在不触犯国家法律法规的前提下,要切合实际,灵活运用用户需求分析方法,开展军工营销活动。

二、安全需求

安全需求包括对人身安全、生活稳定以及免遭痛苦、威胁或疾病等的需求，也属于低级别的需求。对许多军工人而言，安全需求表现为生活安全，工作稳定，以及有医疗、失业保险和退休福利，等等，这些基本上是有保障的，因此，针对马斯洛理论原有的安全需求概念，并不需要关注太多，在实际工作中，我们应该更多地把对于安全需求的分析和企业、产品的竞争优势相结合，例如企业的属性和价值体系，可以使用户对项目过程更可控，并降低由此而来的政治风险；使用环保材料来制作产品，降低社会责任风险；配套安防技术，可以降低装备保密和防护风险等。

三、社交需求

社交需求包括对友谊、爱情以及隶属关系的需求，属于较高层次的需求。当用户的生理需求和安全需求得到满足后，社交需求就会变得突出，进而产生激励作用。有时候军工企业组织新老用户参加郊游、茶话会、企业年会等集体活动形式，都是结合其社交需求开展的营销策划活动；北京有不少私人拥有的庭园住宅，平时是闲置的，只有主人有聚会时，才会开放，这实际上就是另一种高端社交需求的满足。满足用户社交需求的过程，就是建立和谐、温馨且稳定用户关系的过程，从实际来说，军工用户群体，包括其中的核心决策群体，内心渴望友谊，但围绕在他们身边的更多的是工作关系所建立起来的联系，看起来繁花似锦，内部却脆弱不堪，如何通过军工营销工作开展，与用户建立起真正的友谊，不仅需要军工营销人员在人生观、世界观和价值观上要与之有共鸣，相匹配，还需要在方式方法上有独到之处。

四、尊重需求

尊重需求属于较高层次的需求，既包括对成就或自我价值的个人感觉，也包括他人对自己的认可与尊重。有尊重需求的人希望别人按照他们的理想形象来接受他们，并认为他们有能力，有品位，有格调，能胜任工作并做到最好。在军工营销实践中，会经常感受到用户对于尊重需求的渴望和不满足，大部分用户对于名声、地位的向往，对于政治利益和前途的重视，是现实环境下人性的必然，我们应该更多地看到其中所蕴含的正向的东西。除了对用户政治诉求的尊重以外，对于用户决策的全力支持，对于其展现才能的高度认可，也是对于用户尊重需求得到满足的形式之一。

五、自我实现需求

自我实现需求的目标是全方位的自我实现,或是充分发挥个体潜能,这是最高层次的需求,是追求人生境界获得的结果,具体包括认知、审美、创造、发挥潜能的需要等等,在前面各低层次四项需求都满足或部分满足的情况下,有着自我实现需求的人可能会过分关注这种最高层次需求的满足,以致于自觉或不自觉地放弃较低层次的需求满足。在军工行业,这种用户主要还是集中于比较高端的核心管理、决策层,那些达到自我实现需求点的人群,具有很高的自控能力,会为了所谓的意义而运用最富于创造性和建设性的技巧,并以高山流水的姿态面对复杂环境,解决棘手问题。对于这个用户群体来说,价值观、道德观和理想胜过一切,相应的也对军工营销人员的素质提出了更高的要求。

21.1.2 需求层次模型的军工应用分析

马斯洛需求层次理论假定,人们被激励起来去满足一项或多项在他们看来很重要的需求,其强烈程度取决于需求在层次理论中的地位,以及其他更低层次需求的满足程度。这整个的激励过程中,需求是动态的,渐变的,有因果联系的,其排列顺序因人、因时、因地而异,不过,从普适角度来说,人们还是会优先满足生理需求,强调这个观点,因为本书中对于意识形态方面的东西强调颇多,但并不代表基础的、物质的东西不重要,大家要辩证地来研究看待。

需要注意的是,一般来说,五种需要像阶梯一样从低到高,逐级递升,某一层次的需要相对满足了,才会向高层次发展,追求更高层次的需要才成为驱使行为的动力,但事实上,次序并不是完全固定的,有变化也有交叉,也有各种例外。同一时期,一个人可能有几种需要,但有一种需要占支配地位,对行为起决定作用,各层次的需要相互依赖和重叠,高层次的需要发展后,低层次的需要仍然存在,只是对行为影响的程度大大减小。从军工营销人员的角度,五种需要中的生理、安全和社交上的需要,通过外部条件就可以满足,而尊重的需要和自我实现的需要是高级需要,必须是通过内部因素与外部环境结合才能满足,而这种满足可能是无止境的。

此外,由于每个人对于事物的评价和认知是不统一的,所以,军工营销人员在用马斯洛需求理论对用户进行分析并对号入座时,不能站在自己的角度看问题,还是要结合主客观因素,以事实为依据,但要充分考虑用户的自我认识和态度。

案例:有一位军工营销人员在工作中产生了困扰,在他看来,军工行业里的人应该早就实现并满足了生存及安全需要,所以,他坚定不移地把社交、尊重和自我实现作为用户分析的前提了,并结合这个前提开展了所有的营销策划和设计,结果却很不理想,这就是从自己的世界出发想当然的结果,把任何事物绝对化,都不是辩证唯物主义的认知范畴。这里有几个方面问题需要分析清楚,一是目前军工市场的整体容量虽然不大,但是从业人员很多,收入也参差不齐,而这里面,抛开政府、军队的体制内人员,真正有编制的公职人员越来越少,基本上已经市场化了,都是合同保障,而对于中国人尤其是体制内工作的人来说,体制很重要,编制也很重要,这个是影响安全感的重要因素,军工用户群体,并没有解决低层次需求的满足;其次,很多人会认为,军工行业发展态势非常好,也比较规范,福利也不错,应该早就解决了生存需要,没什么生存压力,一旦有这种认识,问题就来了,相比目前国家的某些行业而言,军工行业的收入比较稳定且有一定保障,但军工从业人员的素质普遍比较高,他们瞄准的是国家的高端产业的横向比较,举例来说,在军工行业,一年 20 万的年薪算不错了,但是与金融、互联网、咨询等行业相比,还是有一定差距的,尤其是在北上广深这些一线城市,从收入上来说,并没有比其他地方高,但生活成本却高了很多,如果想当然地认为,军工群体的人员只需要尊重、自我实现等高级需求,是偏颇的,他们中有很大部分人存在社交需要,也同样面临生存问题,所以在营销策划中,如果忽略这些方面,是不切合实际的,关键还是要实事求是。

最后,对需求理论,我们还要明确并强调以下几点:第一,已经满足的需求,不再是最为重要的激励因素;第二,人类是有欲望的,欲望需要被满足,但绝对的满足是不存在的;第三,需求一直都在,用户的所有行为都可以从需求方面找到根源;第四,需求可以划分为不同层次,低层次需求的满足与高层次需求的主导作用,是辩证的,统一的。

21.1.3 需求模型之于军工营销的意义和不足

马斯洛需要层次理论作为最为经典的人本主义心理学理论,对于军工营销而言,有着重要的意义和价值。

(1) 理论强调了人的价值和尊严,对于促进军工营销过程管理中对用户的关注与分析具有积极意义。用户绝不是企业或者营销人员达成目标的

"工具",他们有感情,有尊严,有只属于他们的价值认知,尤其对于军工行业用户来说,有些时候,需求层次的重要性排序其实是倒过来的,也就是说,对于尊严、自我实现的需要在某些时候,对于军工用户来说,高于生存需求的满足。

(2) 理论概括了适用于最广大人群在不同层次上的需要,在一定程度上反映了人类行为和心理活动的共同规律,对于我们的军工营销实践有着具体的指导价值。虽然军工行业用户有着这样或那样的特质,但作为人的个体存在,绝大部分用户是符合马斯洛需求层次理论的,因此,马斯洛需求层次理论是军工营销人员开展用户分析的重要手段。

(3) 理论肯定了高层次需要的重要性,有助于挖掘并发挥出精神利益的巨大作用,帮助我们认识到,对于军工用户而言,高层次需要的追求和满足能使人产生更深刻的内在幸福感和丰富感。事实上,军工群体的核心优势就在于不断追求,不断超越,在于人生境界的提升,军工行业不同于其他传统行业的最大特征就是军工文化和精神,那是理想和信念的源泉,支撑着一代又一代军工人,不论何种艰苦环境都始终坚持下去。理解了这个,对于军工营销工作的指导意义是巨大的,可以引导军工营销人员不断地从用户的精神满足层面去开展营销活动。

上面,我们阐述了马斯洛需求层次理论对于军工营销的意义和价值,但反过来看,还是有着它的不足,我们在运用理论开展营销工作的时候,要注意规避这些不足。

一是需求层次理论是人本主义心理学的内容,容易误导人们将需求欲望作为行为动机的唯一要素,但实际上,人们的行为除了受现实需求、欲望、愿望影响外,还受信念等其他外在的因素影响。所以,马斯洛需求理论可以作为军工营销人员研究市场,分析用户的重要工具和方法,其结果可以为后面的营销策划和执行提供依据,但如果把该理论作为军工市场用户分析并定性的唯一根据,是错误的。

二是需求理论的归类存在一些重叠,例如,一个人提高了对于生理需求的评价标准,有可能就是因为他的尊重与自我实现的需求,实际上,被尊重的需求是贯穿整个需求层次理论的心理现象;除此之外,安全和社交需求从人际方面来说也有相互重叠的方面,比如营销人员经常会遭受到用户的白眼,会难堪,造成营销人员觉得心力交瘁,进而对营销产生厌烦并最终离开,这里,既有安全需要得不到满足,也有社交需要得不到满足的原因。

三是需要层次理论认为高层次的需要是建立在低层次需要基础之上,但实际上,很多时候,高层次需要应该是包含低层次需要的,比如军工用户的社会交往需求其根本目的还是为了更安全地保障自己的生理需求,其基本需求与高级需要的满足往往是统一的。

四是需要满足的标准和程度是模糊的,没有统一的标准。理论对于很多精神和理念层面的情况无法进行解释,马斯洛从自然主义出发,却没有看到自我实现等内在需要是一种能动的追求,是一个有自觉目的的社会实践过程。如老一辈军工人拖儿带口,在最艰苦的地方开展三线建设,也很难解释军工行业内的很多杰出代表为追求崇高的目标而不畏艰难困苦,甚至舍身忘死的精神。

21.1.4 需求模型与军工营销实践的融合发展

目前的军工市场,用户群体中的高层管理人员和基本管理、执行人员相比,在尊重和自我实现需求上的差距非常大,对于需求的理解和评估差别也会很大,例如,营销人员在节日期间给用户群体中的执行层面如采购主管一些物质刺激,可能对高层管理者就没有任何效果;对于高级管理层很有用的尊重和自我实现方面的需求满足,可能并不适合基层人员的需要,除此之外,就算都是属于基层用户代表,理解和认识也会有很大差别,所以,需求理论在军工营销过程中的灵活运用,必须要以解放思想,实事求是为指导。

军工市场中所面对的一些高端用户,其生理、安全和社交需求都得到了部分或全部的满足,相对而言,他们更需要的是尊重和自我实现,这就是为什么在竞争激烈的军工市场中,用户总是努力寻找那些具有使命感、远景规划和价值观的企业,并希望这些企业能满足自己对社会、经济、环境等问题的深刻内心需求,简单说,他们要寻求的产品不仅仅要满足自己在功能上和情感上的需要,最重要的还要满足个人精神方面的需要,他们追求的是人生的意义、快乐和价值实现,物质很重要,但排在意义和价值的后面;另一方面,军工用户所购买的军工产品与服务不是他们自己用的,是给国家用的,那么,怎么样才能使他们有不一样的体验,那就是营销过程中触及其内心深处的那些东西,因此,在军工营销中,为用户提供意义和价值是营销活动的新特点和新主张,心理满足和精神回报,对军工用户来说才是最重要的需求,能否满足这种需求将是一个企业、一个营销者优秀与否的最大差异。

从马斯洛需求层次理论的未来发展,结合我国军工市场的发展趋势,以自我实现为中心的价值观体系将会成为未来的主流,是军工用户价值活动的源泉,也是军工行业不断发展创新的最根本驱动力。马斯洛依据他所建构的人的内在价值论,把人的自我实现的动力归结为"人性的压力",是内在需求,而对于军工营销人员来说,也会有着自我实现的需要,这种需要的满足,只有通过社会,通过团队协作,通过不断的实践才能达到,只有把个人的自我实现与军工市场的需要统一起来,为国家、军队的国防现代化做出贡献,自我价值才能得到社会的承认,才有意义。

21.2 SWOT 分析模型

在军工行业,SWOT 分析是应用的最为广泛的工具之一,用来确定企业本身的竞争优势、劣势、机会和威胁。这种把企业内部资源、外部环境进行有机结合的方法,可以帮助军工企业客观准确地分析和研究现实情况,把资源和行动聚集在自身的强项和有最多机会的地方,让军工企业的营销实践变得更切合实际,易于执行。

21.2.1 概念与特征

一、概念

SWOT 分析法又称为态势分析法,20 世纪 80 年代由美国的管理学教授韦里克提出,SWOT 分别代表:Strengths(优势)、Weaknesses(劣势)、Opportunities(机会)、Threats(威胁)。企业通过对优势、劣势、机会和威胁的综合评估与分析得出结论,确定自身的资源优势和缺陷,了解所面临的机会和挑战,从而调整企业资源及发展策略,达成企业的目标。目前,在军工行业中,SWOT 分析主要用于营销战略设计、内部管理优化、市场策略制定、竞争对手分析、研发方向选择等诸多方面。通过图 21.2,我们从军工市场中民营企业的角度,进行 SWOT 分析演示。

二、特征

SWOT 分析的基础来自于以能力学派为代表的企业内部分析与迈克尔·波特为代表的竞争环境外部分析,在两者结合的基础上形成了 SWOT 结构化的平衡系统分析体系,与其他的分析方法相比较,SWOT 用系统的思想将这几个相对独立的因素相互匹配,并进行综合分析,内容上强调从结构分

策略分析 \ 内部能力 \ 外部环境	内部优劣分析	
	S优势 1. 体量小，市场反应快； 2. 机制灵活，营销能力强； 3. 政策保障，国产化要求； 4. ……	W劣势 1. 市场地位低，创新弱； 2. 抗风险能力差； 3. 相比军工集团，渠道掌控力小，可调配资源少； 4. ……
外部环境分析 — O机会 1. 军民融合战略的深化推进； 2. 市场门槛的降低； 3. 国家鼓励民营资本进入军工市场； 4. ……	（SO），采用进攻策略，强势推进品牌扩张。	（WO），采用调整策略，不断进行内部能力优化，进行细分市场扩张。
外部环境分析 — T威胁 1. 老牌军工集团通过整合重组，建立市场壁垒； 2. 市场竞争加剧； 3. 市场与国外的交流合作增多，可能引入新的竞争者； 4. ……	（ST），采用积极防御策略，在控制现实风险的基础上，随时关注潜在威胁，结合市场需要和自身优势，提升市场份额。	（WT），采用防御策略，首先解决生存问题，内部注重能力提升，外部注重顺势而为，目标聚焦，市场补缺战略。

图 21.2　SWOT 分析模型

析入手对企业的外部环境和内部资源进行整体研究，形式上也表现为结构矩阵。

21.2.2　SWOT 模型的军工应用原则

一、含义

1. 机会与威胁分析

随着经济、社会和科技的不断发展，我国的军工行业也受到经济全球化、一体化过程加快的影响，军工企业所处的市场环境更为开放、多变。外部环境分析成为军工企业时刻需要关注的重要方面，主要包括威胁和机会，威胁指的是环境中不利于企业发展的趋势，如果不采取行动，这种不利趋势会导致企业竞争能力受到削弱；机会是对军工企业市场行为富有吸引力的领域，企业在领域中有一定的竞争优势。

2. 优势与劣势分析

识别内部环境中的优劣势很重要，如果不具备准确的企业定位与自我认识,并对竞争对手的优劣势了若指掌:机会再多也没有用,抓不住,机会只留给知己知彼的人,因此,每个军工企业都要定期检查自身的优劣势,包括各个单方面的能力以及综合实力对比,以扬长避短,这里主要关注军工营销及市场竞争方面的优劣势分析。

一般来说,我们需要从企业的整条营销价值链来对比分析,主要如营销资源配置、产品技术指标、营销渠道覆盖度以及价格是否具有竞争性等。如果经过分析,一个军工企业在某一方面或几方面的优势正是军工市场营销所应具备的关键要素,那么,企业在竞争中就会有优势,至于如何发挥优势,取得主动,是营销操作层面的事,这里不展开。

二、应用原则

SWOT分析模型,简单来说,就是企业外部环境分析及内部资源优劣对比,一旦使用SWOT分析法决定了问题的关键点,也就基本确定了企业的营销战略及目标。SWOT分析在军工营销中的应用非常普遍,不仅是因为它易学易懂,最重要的是军工营销的很多环境并不需要定量分析,通过定性分析即可得出结论以指导后续营销行动。

进行军工SWOT分析的时候,我们必须注意,不论是外部环境还是内部优劣势分析,有几个应用原则要把握好:

(1) 在整个SWOT分析及应用过程中,要清楚地区分现在与未来,现实情况摆在那里,好掌握,好研究,而未来趋势的分析上,需要下更多的功夫;

(2) 军工营销人员必须站在市场和用户角度,客观公正地认识分析,不能自说自话;

(3) 分析的时候必须考虑全面,但也不能没有重点;

(4) 分析时必须找准对象和方向,如果找错了,那么整个分析的基础就不存在了,分析得越彻底,在错误的路上就走得越远;

(5) 保持简洁化,避免复杂操作与过度分析;

(6) 一定要具体情况具体分析,注意结合项目实际区分核心优势和一般优势,优势面分布得再广,在项目所需要的核心要素上没有优势,则整体上可能仍然处于劣势。

21.2.3 SWOT模型的意义及存在问题

SWOT分析对于军工营销而言意义重大,它可以使复杂的问题清晰化,使营销管理者能够清楚地认识企业状态并加以分析,提高决策准确性,还可以帮助营销人员建立立体多维度的营销认知,使营销战略、策略的制定和执行更富有成效。

尽管有这样或那样的优点,SWOT分析在实际应用中还是有一些明显的缺陷。SWOT方法分析直观、使用简单,不受时间、空间的限制,即使没有精确的数据支持和专业化的分析工具,也可以得出有说服力的结论,但不可避免的,SWOT的精度不够,这是先天不足,这只能通过定量数据的补充验证等方法来弥补;其次,SWOT主要采用定性方法,通过分析形成结论,但以此为依据作出的判断,不免带有一定程度的主观色彩,而这种主观上导致的偏差,营销人员自己是感觉不到的。所以,前面在应用原则中,很重要的一条就是站在用户角度而不是自己的角度,要尽量真实、客观、准确;第三,在SWOT应用中,军工营销人员要注意SWOT模型本身所带有的时代局限性,要结合军工实际,解放思想,辩证应用,并注重适应性改进。

有一些军工营销人员,在一开始学习使用SWOT分析法的时候,会存在认识上的误区,导致效果不理想,例如,在管理层还没有明确整体营销目标,营销团队内部也没有达成共识前,如果就组织相关人员进行SWOT分析,会因为团队成员思想上的不统一,而导致SWOT分析的方向各异,结果多种多样,在实际工作中无法推进。

21.2.4 军工市场SWOT分析步骤

从目前军工营销实践的具体情况来看,SWOT分析是应用最为普遍的分析工具之一,在做营销策划之前,军工营销人员需要对所有利益相关方、用户核心干系人、企业外部环境、内部资源配置等全面情况进行尽可能的掌握分析,对形势有一个客观的、正确的判断和结论后,用来指导下一阶段的营销计划、策略实施和工作安排。在此过程中,营销人员需要充分认识、掌握、利用和发挥有利的条件和因素,控制或化解不利的风险和威胁,扬长避短,从而选择最佳的军工营销战略、策略和方法。

一般来说,在军工市场中进行SWOT分析时,主要有以下几个方面的步骤内容:

(1) 明晰企业战略。营销工作SWOT分析的前提是明晰企业发展战略,营销人员如果不能确认营销方向是否有利于企业的长远发展,不要贸然开展分析工作,这是原则性问题。

(2) 分析环境因素。运用各种方法,分析出外部环境因素和企业内部的营销环境。外部环境是对企业的发展产生直接影响的有利和不利因素,属于客观因素,内部营销环境因素是企业在其营销资源的配置中存在的积极和消极因素,属主动因素。

(3) 确认资源能力。分析完环境因素后,还需要确认企业的资源和能力的优劣势,例如产品技术优势、有形无形资产、人力资源配置、组织体系保障等,体现形式以表格为主。

(4) 构造矩阵结构。将各种因素根据轻重缓急或影响程度等排序方式,构造 SWOT 矩阵。在此过程中,将那些对企业的营销工作有直接、重要、迫切、久远的影响因素优先排列出来,而将那些间接、次要、短暂的影响因素排列在后面,最终的分析结果体现在 SWOT 分析图上的定位。

(5) 制定行动计划。在完成分析和矩阵构造后,便可以制定出相应的营销行动计划,基本思路是:发挥优势,克服弱点,利用机会,化解威胁。

(6) 验证分析结果。军工营销人员在进行完 SWOT 分析并制定了相应的营销行动计划后,要密切关注营销结果,并反过来验证分析过程是否准确,形成闭环,循环改进。

21.3 波特五力分析模型

波特五力分析模型是迈克尔·波特提出的一套关于行业竞争影响因素的重要理论,是企业设计制定竞争战略时经常利用的战略分析工具。军工产业应用中,五力分析模型通过有效地分析市场竞争环境,支撑军工企业竞争战略设计和营销策略制定,并直接指导军工营销实践活动。

21.3.1 概念与特征

波特认为,行业中存在着决定竞争规模和程度的五种力量,包括:新的竞争对手进入市场,替代产品的威胁,购买方的议价能力,供货商的议价能力以及现实竞争者之间的竞争,这五种力量综合起来影响着市场的竞争度,如图 21.3 所示。

波特五力模型是用来分析军工企业所在行业竞争特征的一种有效的工具,源于企业对行业竞争规律的深刻理解,这五种竞争力综合起来,决定了军工企业在市场中建立竞争优势,可持续发展的能力。

对于军工行业来说,虽然由于国家的行业保护以及市场壁垒和门槛的存

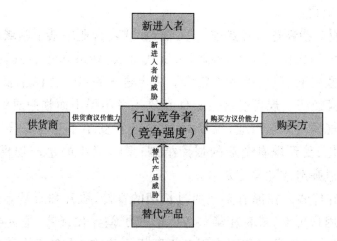

图 21.3　波特五力分析模型

在,各主要军工集团企业目前暂时能保持市场领导地位并控制采购成本,降低用户议价能力,阻止新进入者,预防替代品威胁,但由于与军工发展密切相关的航天科技、电子通信、高性能计算、信息处理等领域技术的高速发展,替代品和市场新进入者的威胁仍然是军工国企的心腹之患,威胁时刻存在。近几年,国家在逐步放开军工市场对于民营企业的限制,以民营资本为代表的市场新进入者开始在军工市场发力,随着时代发展和形势变化,预计"十三五"这种冲击度会越来越大;替代品方面,除非具有唯一性和排他性的技术、产品,目前市场中,过半数的军工产品随时可能被同类型或更先进的产品替代。

21.3.2　波特五力模型的军工应用

波特五力模型将大量相对独立的因素汇集在一个简便的模型中,以此分析军工行业的基本竞争态势,下面,我们重点阐述现实竞争者和新进入者的威胁。

一、新进入者的威胁

新进入者的威胁主要有两种形式,即军工行业中新创办的企业,或者由于实现多元化经营而新进入本行业的企业。新进入者会带来新的生产能力,新的资源,与现有军工企业争夺市场份额和利润,从而对现有企业的生存和发展形成巨大的威胁,其威胁的严重程度取决于市场进入障碍的大小和现有企业的反击强度。

第八部分 军工营销的方法执行

1. 进入障碍

进入障碍是指新进入者要进入军工行业或者行业中某个领域市场需克服的障碍和付出的代价,进入障碍高,付出代价大,新进入者的数量就少,影响力和威胁系数就低,反之则威胁较大。决定进入障碍高低的主要因素包括:

(1) 规模经济。规模经济会迫使新进入者不得不面临两难的选择,要么以大的生产规模进入该产业,投资太大,企业承受不了且容易导致市场利益格局剧烈变化,受到现有企业的强烈抵制;要么以小的生产规模进入,结果是产品成本过高造成竞争劣势。

(2) 差异优势。指原有企业通过长期的宣传、服务和质量等获得较高的市场信誉和用户忠诚,或者在某些方面形成了差异化优势,迫使新进入者必须在产品研发、营销推广和用户服务方面投入更多,才有可能取得一定的市场份额。

(3) 资金需求。是企业进入新市场所需的物资和货币的总量,军工行业,新进入者想要进入一个新的细分市场,并在竞争中获胜,需要大量的资金和资源投入,包括面对新渠道所需要的营销拓展费用也是一笔不小的开支,而最终效果受多种因素影响,不好预估。

(4) 转换成本。指军工用户变换供货商所付出的成本,包括培训、设备兼容度、更换配套设备等引起的成本,甚至还包括中断原渠道所带来的心理成本等,这一切都会造成用户对市场新进入者的抵制。

(5) 固有资本。产业内原有企业常常在其他方面还具有与规模经济无关的固有资本优势,新进入者无论达到什么样的规模经济状态都不能与之相比。比如,部分军队总体研究所具有的政治资本,与用户之间的血缘纽带,以及多年来对于主营业务的专注和持续投入,加上严格的市场准入制度,其领域市场总体地位无可撼动,决定了新进入者只能摆正位置,寻求合作。

2. 现有企业的反击强度

市场中原有企业对新进入者行为的态度和反应,直接影响到市场进入的成功与否。如果采取比较宽容的态度,新进入者进入某一产业就会相对容易;反之,如果现有企业非常在意甚至不满,就会对新进入者采取强烈的反击和遏制措施,进入难度就会加大。军工行业,一般来说,在某些情况下,现有企业会对新进入者反应强烈:

(1) 企业有能力对新进入者进行反击和遏制;

(2) 市场退出壁垒高,且资产流动性较低,会逼着原有企业强烈反应;

（3）该业务关系到企业的生存发展、市场地位等核心利益的获取；

（4）市场容量有限，无法吸收新进入者等等。

从军工市场实际来说，在面对市场新进入者时，主要军工企业都会有比较强烈的反应并组织反击，但后果往往是双输。

案例：2009年，军工企业A从整体布局和科学可持续发展角度，准备进入某新市场领域，当时该市场领导者是合作多年的战略合作伙伴B企业，为了平衡及安抚情绪，A企业提出用另外的市场机会进行交换，但由于该专业方向关系到对方的市场地位及品牌影响力，引起了B企业强烈的不满和反击，双方协商未果，只能各自为战，公开竞争。由于双方将注意力全部集中在对方身上，却忽略了还有潜在的市场新进入者C企业，鹬蚌相争，渔翁得利，最后反而是实力偏弱的C企业中标。

二、现实竞争者的威胁

之前很长时间，由于老牌军工企业身份上的先天优势、各种有利的资源配属以及市场保护，并没有严峻的生存压力，但随着军工市场的逐步放开，开始出现越来越多服务相近、产品相似、文化趋同的新进入企业，尤其是民营企业群体，在军工市场中的地位和影响力正在稳步提升。事实上，冬天已经来了，竞争态势是严峻的，未来会更严峻，老牌军工企业要清楚的认识到这一点，要有强烈的危机意识，提前布局，充分准备，才能以不变应万变，在军工市场竞争中保持领先。

目前，影响军工市场竞争激烈程度的因素主要有：

1. 企业数量及力量对比

市场中企业数量越多、实力相差越小，竞争就越激烈，如目前一些通用的军用配套产品；但如果某行业内仅有一个或少数几个大型企业处于支配地位，市场集中度高，则领导企业可通过多种手段建立行业秩序，竞争程度就比较低，有时候甚至是有默契的相互配合，垄断市场并共同抵御新进入者，如航天航空、核应用领域。

2. 行业发展速度

不同阶段，发展速度也不同，成长阶段，发展速度快，企业较容易地在市场中找到自己的位置，因此考虑更多的是集中精力发展壮大自己，而不会过多考虑竞争对手的情况，从而使企业间的竞争相对缓和；成熟阶段，增长缓慢，各企业为了维护自身的生存环境，竞争就会激烈得多。目前，军工各细分市场的发展速度和所处阶段是不一样的，有处于成熟阶段的，例如常规武器装备、车船平台等；也有处于成长阶段的，如飞机发动机、国产芯片、网络安全等。

3. 差异化程度与转换成本

同类产品，如果差异小，标准化、通用化水平高，则用户转换成本较低，容易导致企业激烈的竞争。反之，若产品差异性比较大，各具特色，这时用户的转换成本高，企业间的竞争就不会太激烈。以某细分市场为例，用户需求差异化大，采购批量小，产品生命周期普遍较短，领导者企业以研发为主，货架式产品较少，加上企业本身所具有的综合能力、政治资本和历史积淀，在其主营业务领域长期保持领先地位，该细分市场的竞争程度并不激烈。

除上面说的三个因素之外，现实竞争企业间的市场竞争激烈程度还受到固定成本、退出障碍等方面因素的影响。

案例：某军工企业原来一直保持市场核心竞争优势的解调器产品，有长达20年的技术积累和积淀，但随着科技的发展和需求的变化，用户需要更加高速、稳定和小型化的设备，于是，市场中出现了非常多的现实竞争者和替代产品，有些现实竞争者直接就在市场原有先进产品的架构基础上开展研发设计，导致该军工企业在解调器市场原本的竞争优势不复存在。

三、替代产品的威胁

替代产品是指那些与市场中已有产品具有相同或相似功能的产品，往往在某些方面具有超过原有产品的竞争优势，如价格更低、质量更好、指标更高、功能更多等，因此，必然会给行业内的企业带来强烈的冲击，如芯片的更新换代，武器平台隐形需求所拉动的材料升级等。军工企业应随时警惕替代产品的出现，并预先制定出防范措施，但我们仍然需要辩证的对待这个问题，如果替代产品本身就代表着发展趋势和未来，而且符合国家和军队的利益需要，那么，企业不仅不能排斥，还要积极地引进、吸纳并应用新技术、新产品。

一般来讲，替代产品的市场影响力取决于产品价值是否提升、用户使用替代品的欲望以及转换成本等因素，其中，价值提升是关键，价值提升了，用户自然会有购买欲望，相对转换成本也会降低。

案例：原本如日中天的计算机巨头如IBM、DELL等，其在中国的计算机业务近几年都在走下坡路，原因是多方面的，有环境的变化、企业战略布局的原因等，但其中的一个重要原因就在于当事方过多地把注意力放在现实的市场竞争上，并为此投入了大量的资源，却忽视了诸如平板电脑、手机终端等市场替代产品的崛起。

四、供货商议价能力

供货商是指为生产者市场中的军工企业用户提供所需要的各种设备、器部件等配套支撑的企业群体,它们是军工产业链和价值链的重要一环,其也属于军工企业范畴。供货商的讨价还价能力越强,采购方企业的盈利空间就越小,反之则盈利空间大。

决定供货商讨价还价能力的因素主要包括行业集中度、重要性、前向一体化的可能性、采购方企业所能带来的利益、产品差异化程度和转换成本的大小以及产品的可替代程度等。供货商的行业集中化程度越高,产品在整个项目中的地位越重要,前向一体化转型的可能性越大;采购方所能带来的市场份额增长越低,产品差异化程度越高,供货方的议价能力就越强。

案例:某民营企业,代理了一款星上器部件产品,其主要用户是卫星平台厂商,由于该器部件的技术门槛很高,在卫星平台中又是核心部件,加上该企业目标聚焦,经过多年渠道积累,与最终用户,即采购决策机关的关系非常密切,其议价能力非常强。

五、用户议价能力

用户是军工企业产品或服务的购买者,主要包括政府和军队的采购决策层、最终使用者等群体代表;对于设备配套商、元器件供货商等二级市场的军工企业而言,从事系统集成的军工企业就是用户,是服务的对象。

影响用户议价能力的主要因素包括:① 用户集中度。用户采取集中进货的方式,或者进货批量较大,则对供方企业具有很大的讨价还价能力,如军方的集中采购项目。② 用户购买产品占其经费或成本支出的比重。比重越大,用户在购买时就会越谨慎,其议价欲望也会更强烈。③ 用户企业选择后向一体化的可能性。对于一些系统集成商企业来说,实力强大,具有实现后向一体化的能力,这就增强了用户企业对供方的议价能力。除此之外,产品差异化程度、用户转换成本的大小以及对于市场信息的掌握程度都会影响到用户议价能力。

案例:在卫星地面数据接收处理领域,某军工企业具备从天、伺、馈到变频、解调到数据管理的全部研制生产能力,只是从专业化生产角度以及不愿在天线生产上投入人力资源,而选择外包采购,这种情况下,天线供货商的议价能力就偏弱,而用户企业方的议价能力就很强。

综上,我们可以发现,波特五力模型采用结构化的方式来评价军工行业,识别竞争对手,简单、直观且有效,同时还可作为其他深入分析工具的基础和验证。但该模型也有局限性,其分析方法是建立在几个基本假设基础上的,比如波特五力模型从一开始就假设了竞争战略制定者可以随时了解整个行业的信息及其发展,现实中这是很难的,尤其是在军工行业,信息本身就不是完全透明开放的;其次,模型假设行业中只有竞争关系,却忽略了对于合作关系的分析研究,但现实中军工企业之间存在多种合作关系和合作模式,例如竞合联盟,因此,很多时候,我们需要用到其他的模型来配合波特五力模型开展相关市场分析;第三,模型假设行业的规模是相对固定的,只有通过夺取对手的份额来占有更大的资源和市场,但现实中我国的国防科技经费支出逐年上升,给予了企业足够的空间,可以通过不断的开发和创新,扩大市场容量,并通过与竞争对手共同做大蛋糕来获取更多的资源和市场空间。

虽然上面说了不少五力模型的短板,但任何模型都会有缺陷或者先天性的不足,不管怎样,对于军工营销人员来说,波特五力模型都是需要重点掌握并熟练运用的理论模型和工具,需要强调的是,营销人员在运用过程中要辩证的对待,正确的处理,用开放的思路,结合具体实际去开展分析,解决营销问题。

21.4 PDCA 循环模型

PDCA 循环是由美国质量管理专家戴明博士提出来的,又称为"戴明环"。尽管 PDCA 源于质量管理需求,但由于循环的核心在于科学的可持续改善,也就是通过不断地变革,获得巨大的成绩,因此,PDCA 循环实际上可以作为有效进行其他专业工作的指导程序,可以直接适用于军工营销领域。熟练掌握和灵活运用 PDCA 循环方法,对于军工企业提高营销体系的运行效率,提高营销行动的效果,有很好的应用价值。

21.4.1 概念与特征

一、概念

PDCA 循环是管理学中的一个通用模型,对于军工营销来说,PDCA 循环是能使任何一项营销活动有效进行并持续提升的重要工作模型,笔者是该模型的忠实拥趸和坚定执行者,希望通过本书的推介,在军工营销实践中得到更广泛的应用,见图21.4。

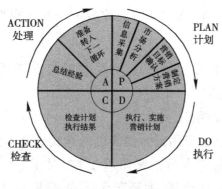

图 21.4　PDCA 模型

结合工作应用实际,我们先来了解一下 PDCA 模型在军工营销中所分别代表的含义。

(1) P(Plan):计划,包括军工企业营销方针和目标的确定,以及营销活动的策划安排。在计划阶段,要通过市场调查,摸清市场需求以及用户对产品的个性化要求,确定营销目标和方案。

(2) D(Do):执行,执行就是具体的军工营销运作过程,这个阶段,要实施计划阶段所规定的内容,如根据营销策划内容开展促销设计、渠道拓展、市场公关等。

(3) C(Check):检查,就是要不断总结军工营销执行过程的经验,明确问题出在哪里,具体是在计划执行过程之中或之后,检查营销实践情况,看是否符合营销计划的预期结果。

(4) A(Action):处理,对检查、总结、反思的结论进行处理,扬长避短,成功的经验加以肯定,并予以复制并借鉴,失败的教训也要吸取,以免重现。

需要注意的是,与其他一些营销模型和方法不同,循环过程不是运行一次就结束,而是周而复始地进行,一个循环完了,解决一些问题,未解决的问题进入下一个循环,这样环环相扣,阶梯螺旋式地上升。

结合军工营销实际应用来说,不论哪种营销模式,都要先提出营销目标;目标确定了,就要继续进行营销策划,也就是计划制定;计划制定完毕,接下来就是具体执行和实施;营销活动告一段落后,还需要进行检查,看是否达到预期效果,有没有实现营销目标;通过检查找出问题和原因所在,最后就要进行处理,通过不断地自我修订和完善,实现营销工作的效用最大化。因此,军工营销策划、管理及执行活动的有效运转,问题的改进与解决,营销体系的不断完善,PDCA循环都是重要的的科学模型和工作程序。

二、特点

PDCA循环,可以使我们的思想、方法和工作步骤更加条理化、系统化和科学化,具有如下特点:

1. 大环小环,不断循环

PDCA循环作为衍生应用到营销管理的重要方法,不仅适用于整个营销管理过程,也适应于营销人员的某阶段工作,对于一个企业的营销体系来说,PDCA循环有大环,有小环,大环套小环,小环里面又有更小的环,环环相扣,不断循环。大环是小环的母体和依据,小环是大环的分解和保证,各个营销部门、团队、个人的小环都围绕着企业的总目标朝着同一方向转动,通过循环把企业上下涉及营销的各项工作有机地联系起来,彼此协同,互相促进。

2. 科学发展、螺旋递进

PDCA循环是在科学的理论指导下进行的,可以帮助军工企业科学发展、螺旋上升。就像爬楼梯一样,一个循环运转结束,营销能力和效果就会提高一步,然后再执行下一个循环,不断前进,持续提升。

三、不足

在应用PDCA于军工营销工作的过程中,我们会充分感受到这套科学工作程序带来的益处,但也存在一些问题和短板:首先,PDCA环节中缺少对于创造性的重视,而创造性,恰恰是军工营销工作中极为重要的素质和要求,PDCA模型不断强调让人如何完善改进现有工作,容易导致惯性思维的产生;其次,模型要求必须做完一个循环,才能来检查和处理,显得不够灵活,也容易导致企业的资源浪费,因此,建议大家结合实际情况优化PDCA流程,例如把检查阶段提前,从计划制定阶段就开始检查,一旦发现有问题,经过分析判证后,及时修正;第三,为了整个循环的平衡性和开放性,在整个大环的外围可以考虑增加新的要素,新要素可以针对循环的所有阶段,也可以只针对个别阶段,军工营销人员要不断地加强学习,结合具体实际,发现寻找新的要素和信息。

21.4.2 PDCA 循环的步骤

军工营销领域,PDCA 表明了营销活动的四个重要阶段,每个阶段又分为若干步骤,如何应用,还需要营销人员结合实际,具体情况具体分析。

一、计划阶段

计划阶段,首先要选择细分市场,这里需要综合企业资源、技术等各方面能力来确定市场方向。在市场方向选择中,调研是基础,基础没打牢,可能带来营销决策上的失误,因为一开始方向就是错的;其次是设定目标,也就是规定军工企业营销活动所要做到的内容和达到的标准,目标一般是定性、定量的结合,比如"成为市场领导者,实现市场占有率60%"等,市场目标是计划阶段的核心内容,其设定必须有分析、有依据,设定目标时可以使用关联图、因果图来系统化的揭示市场中相关利益方之间可能的联系,同时使用甘特图来制定营销计划安排时间表;第三是确定方案,不论是何种形势下,都会存在多种营销解决方案,比较好的做法是尽可能的收集意见,提出方案后,应用假设法、矩阵图等方法来优选并确定出所谓的最佳方案,如果企业的市场数据库够大够完善的话,也可以选择模型仿真来帮助决策。

二、执行阶段

营销计划制定完毕后,就进入了具体的执行、监测阶段,在这一阶段除了按计划和方案执行,确保工作能够按进度实施外,还必须对过程进行实时测量,注意过程数据的收集整理,监测各种不利因素以随时预防并控制风险。

三、检查阶段

营销方案是否有效、目标是否完成,需要进行效果检查后才能得出结论,把完成情况同营销目标进行比较,看是否达到,如果没有达到,差距在哪里,原因是什么,都要有分析,有结论,并对下阶段营销工作有指导。此外,检查阶段,我们仍然要高度关注营销过程中潜在的风险,随时检查,随时控制。

四、处理阶段

处理阶段:对于经过验证,行之有效的营销措施,要进行分析整理,找到其根本的、能普遍适用的一些规则,制定成军工营销的参考标准,以便后面的执行和推广,但由于营销是一门实践科学,军工营销人员在熟练应用一些成熟法则的同时,还需要关注变化、不断创新,扬长避短,为新一轮的 PDCA 循环提供依据和参考。

案例：某军工企业的市场目标是通过营销策划，在某细分市场中提升10%以上的市场份额，但完成一轮营销过程后，效果检查时发现只有不到5%，其中主要的问题出在拳头产品的技术参数与实际应用值不匹配，导致部分用户选择了竞争对手的产品，总结经验并对产品进行改进后，开始第二轮PDCA循环，按计划重新实施后达到了设定目标值。

21.5 PEST分析模型

PEST分析是分析企业宏观环境的有效工具，通过对于政治（Political）、经济（Economic）、社会（Social）和技术（Technological）这四大类影响企业的主要外部环境因素进行分析研究，识别对企业有冲击作用的外部力量。在军工行业，PEST分析模型可以被用在战略规划、市场分析、经营管理、营销策划等多个方面，是一种简单实用的重要方法，见图21.5。

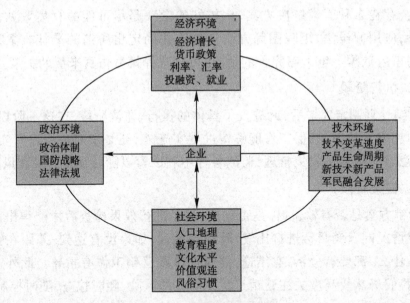

图21.5　PEST分析模型

21.5.1 政治环境

政治环境的分析对于军工企业极为重要，尤其是执政党性质、政治体制、政府的方针政策、国防战略、军费开支水平、反垄断法、与重要大国关系、地缘政治、区域合作等。以我国为例，政治体制是社会主义制度，以及中国共产党领导的多党合作和政治协商制度，共产党是工人阶级的先锋队，根本宗旨是全心全意为人民服务，这也决定了军工用户的根本属性；目前，中国军工市场还是属于计划经济与市场经济并存的状态，但与市场的全面接轨是必然趋势；军工市场在某种角度上说，还是政策市场，没有政策，把营销做到极致也不会有任何效果；企业的发展，不仅取决于市场效益，还有政府补贴的力度，如军工行业的"技改费"，对于企业的实力提升、研发平台改进、长远发展等都有关键性的作用；与重要大国的关系、地区关系直接决定了军工企业在国际军工贸易中的对象和具体操作，例如，向和我国长期保持友好关系的国家，可能有时候是以经济或技术援助为主，这时候企业就不要去谈经济利益了，为政治利益服务。

21.5.2　经济环境

对于军工企业来说，在经济环境变量方面需要重点关注国家的经济建设发展状态，它决定了国防开支水平，而国防支出直接决定着军工企业目前的市场容量和未来的发展空间；同时，军工企业还要关注资金利率、汇率和通货膨胀率，这关系到企业的融资成本和收益价值，尤其是处于股份改造阶段的军工企业；此外，军工行业的劳动生产率水平，决定了企业的市场定位，直接指导企业营销战略设计及策略执行；外国经济状况、进出口决定了企业的方向，例如，面向东南亚开展国际军贸业务的军工企业，金融危机时，如何度过难关；不同用户群体间的经费差别，也直接决定营销策略的实施，如有一段时间，国家在遥感卫星上投入很大，资金充裕，结果一大批的军工企业开始介入遥感领域，如卫星设计制造、测控、地面接收、遥感数据处理等，这一领域的市场经济也逐步变得激烈，近几年，国家的投入开始向海洋倾斜，又有一批企业开始着手研究海洋电子以及海上装备平台产品。

21.5.3　社会环境

社会环境包括一个国家或地区的居民教育程度和文化水平、风俗习惯、价值观念等。其中，文化水平会直接影响军工用户的需求层次和内容；风俗习惯会禁止或抵制某些营销活动的进行；价值观念会影响社会公众对与军工行业的认知程度，这会影响到行业的长远发展。以教育状况为例，军工市场用户的教育程度普遍较高，收入也比较稳定，那么他的需求层次相对就较高;另外,社会对于军工企业的责任和使命存在必然要求,比如作为军工行业骨干的各大军工集团,政府、军队、社会公众必然对其社会责任的履行程度提出更高的要求,各军工集团纷纷发布社会责任报告,一方面是自身文化建设需要,一方面也是社会环境的约束;而对于准备进入或者有意进入军工市场的民营资本来说,军工行业中特殊军工利益集团的数量,以及对于国家鼓励民营资本进入军工领域等政策的支持程度,也直接决定了民营军工企业的市场生存状态。

21.5.4 技术环境

对于军工企业来说,技术环境除了要考察与企业所处经营领域的活动直接相关的技术手段的发展变化外,还应及时了解国家对军事科技开发的投资和支持重点,该领域的技术发展动态,技术转化成产品的速度,专利及其保护情况,等等。

军工行业是高科技行业,代表着国家的综合实力和科技创新能力,没有技术上的核心竞争优势,纯粹靠营销来支撑企业发展是不现实的,因此,技术环境的分析非常重要。例如,飞速发展的电子信息和通信技术将在未来的社会和经济发展中起到愈来愈关键的作用,信息技术将成为国家在军事科技领域的投资重点,那么企业就要在改变传统工作模式的同时,积极应对技术环境变化的考验;以新材料领域的技术发展动态为例,航空发动机、飞机隐身涂层、卫星太阳能面板等,都会决定军工企业的发展方向、战略布局;而技术转化成产品的速度,对于企业的营销决策也非常重要,如某平台的数据防盗用,虽然行业内有一些技术研发的储备,但由于多方面原因,无法转化成产品,那么企业可能就需要暂时搁置该技术领域方向的投入;专利及其保护情况方面,目前军工行业有所谓的国防专利,但由于长期的行业保护和信息封闭,存在漏洞,军工企业还需要进一步提高对于其专利技术的保护,但反过来说,技术转移会提升军工行业整体上的创新力和生命力。

此外,企业在生产经营中使用了哪些技术,这些技术对企业的重要程度如何,企业是否可以持续地利用这些技术,技术的发展动向如何,未来会发生哪些变化,实现营销目标需要拥有哪些技术研发的配套资源,等等,也都是军工营销人员需要持续关注的问题。

21.6 ITA 模型

ITA 即信息(Information)、思考(Thinking)、行动(Act)的简写,三个要素既紧密联系,又相对独立,它来源于笔者个人军工营销实践的经验总结,是多年来不断摸索的思想产物,贯穿于笔者的整个军工营销实践。

ITA 模型既能指导顶层设计,也能指导具体执行,代表着笔者最为看重的三个要素,具有普适性。由于本身知识结构限制,可能并不能把 ITA 模型的内涵、特点、趋势等分析得特别透彻完整,权当是共享了源代码,如何二次开发或具体应用,大家可以通过各自的营销实践来验证完善,见图 21.6。

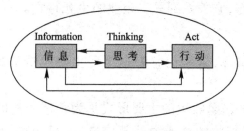

图 21.6 ITA 模型

21.6.1 信息

这是一个信息时代,信息的价值不可估量,对于军工营销人员来说,信息管理能力在很大程度上决定了其营销活动的成败。

一、内涵概述

在我国军工市场机制逐步开放,企业改革不断深化的大背景下,军工企业开展市场营销活动,对信息的及时掌握和充分应用变得越来越重要,营销的成功越来越取决于信息的收集与处理,作为市场营销决策的依据和基础,这里的信息包括环境、政策、相关利益群体等全部与企业市场营销活动相关的资讯内容。面对日趋激烈的军工市场竞争和营销环境的复杂多变,军工企业对信息的需要和依赖比过去任何时候都迫切。

要想做好信息的收集、整理和分析工作,并用来指导实践,营销人员一是要亲力亲为,不能假手他人,其他来源的信息,可能需要花费更多的资源去验证;二是要在军工企业内部培养并形成重视信息收集的氛围,自上而下的全员参与信息收集,才能最大限度地扩张信息来源和收集面;三是具有一支精通业务的信息整理及分析团队,一般来说,目前这块工作主要还是由营销团队兼任,所以,军工营销人员需要加强这方面的知识积累和学习;四是有足够的资源支持,包括资金、人力等。

在知识经济时代,信息已成为企业的一种无形资产,军工企业的经营决策必须建立在真实准确的信息之上,而每一项经营决策都会经过从信息搜集到调研分析,再到信息验证和评估阶段。在激烈的军工市场竞争中,企业只有一切以市场和用户需求为中心,充分的收集、整理、归纳、分析、评估、总结所掌握的有效信息资源,并使信息在最短最快的时间传达到相关决策部门,才能为营销决策提供可靠依据,企业才能确定目标和发展方向,这是一项复杂而重要的工作,它关系到军工企业的生死存亡。

二、信息管理

结合军工市场实际,营销信息管理流程主要包括信息的收集、整理、分析、传输和决策。

(1)信息收集。信息收集的主要形式是为营销人员提供数据服务,是基础,包括与营销活动相关的企业内外部信息,这里,每一个信息来源点都是一个传感器,一块采集卡。收集之前,要确定营销所需的信息的范围,重要程度和优先次序,有针对性,有侧重点的开展信息收集工作。

(2)信息整理。信息整理是去粗取精的过程,是使企业尽可能获得信息真实全貌的一整套程序。实际操作中,期望某个军工营销人员将全部信息都整理到位,是不现实的,需要团队的力量,同时还要善于利用外部资源,此外,整理思路一定要清晰。

(3)信息分析。信息分析就是对整理后的信息,进一步的分析、研究和评判,去伪存真,以便把信息转变成有用的情报,为营销决策提供支持依据。通过信息分析,可以帮助军工企业发现存在的问题和潜在的机会。

(4)信息传输。信息经过整理分析后,如何在最短的时间内递送到最需要的人手中,是决定整个信息管理效益的关键。

(5)信息决策。决策是军工企业营销信息体系流程中最重要的环节,前面所有的工作都是为了决策正确而服务的。通过决策,企业可以解决一些特定的复杂营销问题,并帮助企业对于市场信息进行验证。

21.6.2 思考

信息是为企业的营销决策服务的,但信息管理的最终效果取决于营销人员是否愿意去思考,而且善于思考,它直接决定了前面所开展的所有工作的成效。思考,是人的基本特征、属性和权利,也是人类文明不断进步的动力源泉。

思考能力是与生俱来的,但主动思考、独立思考的意识才是关键;此外,思考与信息管理并不是先后关系,两者是相互交叉融合的,信息管理过程也需要思考,思考过程同样需要信息来支撑和配合。下面,我们结合军工营销,阐述 ITA 模型中"思考"的价值所在。

一、学会科学地思考

在军工市场中,营销成功的重要前提是科学地思考,这里,我们将思考分成五个步骤:① 正确的定义问题。就是需要解决的营销问题到底是什么,企业的困扰来自于哪里等;② 建立逻辑树。就是由所面临的营销问题而展开的要解决这个问题需要考虑的因素,可以帮助我们找到解决军工营销问题的核心要素;③ 筛选。为确保思考的高效简洁和操作性,需要只保留逻辑树的核心,删除不相关部分或者相关度低的部分;④ 提出假设。先假设,后检验,并不断地循环重复,这是一个重要的科学处理问题的方法;⑤ 可信度分析。通过思考,判断数据来源及其可信度,并收集支撑数据及信息。

到这里为止,我们完成了一个思考的循环过程。在思考一个重要问题,或者做出重要结论前,要先确定真正的问题,思索一下所有的相关因素,进行清理,然后针对重点提出假设,并明确支持或者推翻假设需要的数据,最后明确目标,收集数据。科学的思考方式,能帮助我们把自己变得更高效、更强大。

二、判别信息的真假

思考的重要内容之一就是如何辨别军工市场信息的真假,有四种主要的方法。

(1) 实证法。实证就是指能够通过客观事实来证实,科学思考方法的一个重要基石就是实证主义,即任何一个理论或者理念要被确认为正确的话,它必须是存在,并能被验证的。

(2) 证伪法。实证法是正向的,通过实践、观察来证明信息的真假,证伪法是反向的,也就是试图去证明信息是错误的,如果证明不了,就可以暂时选择信任这些信息。

(3)来源法。验证信息是否准确,一个重要的衡量标准是其来源是否可靠,包括信息的根源及其宣传渠道是否可信。例如,如果某个信息是国防科工局发布的,又或者来自于国防白皮书的内容,那么,信息来源是可信任的;但如果是你通过网络搜索到的内容,或者通过其他行业的人,收集到的一些信息资料,信息的渠道来源就是需要进行可靠性验证的。

(4)个案法。各种各样的信息中,有相当一部分的支撑依据是个别案例,例如某军工企业在某领域签订了一个大项目合同,因此推断出该领域将会在未来迎来大发展,这条信息的支撑依据就是个案。此类信息,需要验证,需要分辨这个信息来源于大量的实验或者统计数据,还是仅有的个案。

三、避免思维的误区

现实生活中,当我们做决策时,必然存在思维上的一些错误,它们隐藏得非常好且与主观意识息息相关,以至于很难发现,所以我们时不时需要停下来,重新审视一下思维的过程,尽量避免思维误区。结合军工实践,主要误区有来源于自身的自我欣赏和外部的光圈效应:

1. 自我欣赏

就是将好的结果与自己的行为建立联系,而忽视坏的结果与自己行为的联系,就好比每只猫在镜子中看到的自己都是老虎。因此,军工营销人员在思考问题时,务必要做好自身定位,不能沉浸在自我欣赏、自我催眠而不能自拔,否则只会让营销决策离事实和目标越来越远。

2. 光晕效应

光晕效应指的是人会因为被某个异常醒目的闪光点或者优点吸引,而忽略此人或此事其他缺点。例如,市场上有很多写阿里巴巴、写华为的营销书籍,有一段时间,似乎只要是和阿里巴巴、华为沾上边的书都很好卖,这就是大家只关注到了这里面的闪光点,却忘记去分辨这些书是谁写的,马云或者任正非认不认同,里面的信息真不真实,数据可不可靠。事实上,目前这类书籍可能只有少部分是可靠并且真实的,而如果一旦只是作者自说自话,他所传递出来的信息就不具备太大的参考价值。在笔者的军工生涯中,曾经出现过,基于特别的欣赏或者信任,因为信息是军工行业中有影响力的专家或领导传递出来的,就依循着思路贸然决策并展开行动,结果却很不理想,当然,这可能只是个案,不是说这种模式完全不可取,只是需要我们更冷静地判断,不要被光晕效应蒙蔽了双眼。

自我欣赏提醒我们并不如想象的那么聪明,光晕效应又进一步提示我们不但不聪明,而且有时候还不理性。除此之外,思维上的误区还有赌徒谬误、二元模型等,赌徒谬误告诉我们对于概率所作的直觉判断常常是错误的,二元模型告诉我们,我们的思维并不像我们想象的那样自由,而是被束缚在非此即彼的牢笼内,必须用多元化的思考方式才能帮助我们客观思考。

21.6.3 行动

前面我们阐述了信息和思考的重要性和内涵,它们需要落地,需要验证,必然离不开具体行动。在这里,行动就是将信息管理和思考的成果变成营销战略、计划、目标和方案,并将其落到实处、变成结果的过程,是一种暴露营销问题并根据情况采取行动的系统化流程,是军工企业开拓市场、履行责任、服务用户和提升营销能力的重要保证和不可或缺的手段。

习近平主席曾指出:"知是基础,是前提,行是重点,是关键,知行相辅相成,把道理弄明白了,行动才能自觉持久,行动上落实了,对于道理的领悟才能更深入。"这里的"知"和"行",知就是掌握信息,积极思考,行就是行动,我们在军工营销工作中,要以知促行,以行促知,知行合一,这样既能解决对于营销本质的认识提升,又能解决行动自觉问题,使得军工营销工作落地更稳,扎根更深。

军工企业营销能力的高低,有一个评价标准,就是营销"行动力",可分为狭义与广义,狭义的行动力可以是指营销个体的营销操作能力或针对某一件营销实践的执行能力,说白了就是把想干的事干成功的能力;广义的行动力是指一个企业、一个团队在达成目标过程中,对所有影响最终目标达成效果的因素都进行规范、控制及整合运用的能力,涉及长期战略。

行动力对军工企业来讲就是核心竞争力,关系企业的生存和发展;对营销团队来讲就是战斗力,关系到营销活动的成败,一个有战斗力,能完成工作目标任务的营销团队,一定是个善于收集信息,勤于思考,同时执行很强的团队;而对营销个体来说,高效率的执行是在行业中取得成功的必要条件,当信息收集完毕,思考告一段落,战略方向确定,行动就变得最为关键。那么,如何提高营销行动力?我们可以从五个方面着手:

(1)事业心、责任感是提高营销行动力的思想保证,军工营销人员要有较强的行动力,必须有很强的事业心和责任感,它们来源于理想、追求,是做好营销工作的基础,决定了军工营销行动力的大小,并直接决定营销效果的好坏。

(2) 以人为本、机制健全是行动力的组织保障。对军工营销来说,执行的主体是人,客体是事,加强营销工作行动力的关键就是组织全体营销人员把工作落到实处,努力完成各项营销任务,将营销工作思路、计划和目标转变为实实在在的营销成果。在军工企业中,只有坚持以人为本,充分调动积极性,才能产生行动力;同时,也要关注制度建设,通过严格的制度来进行营销管控,规则清楚、职责分明、任务明确,行动力才能得到保证。

(3) 信息和思考是行动力的前提和基础。这里,信息收集处理和思考,都是属于基础工作,这个不做扎实,执行就是空中楼阁,成为无源之水,无本之木,营销工作就会失去方向,没有针对性、时效性和可操作性,工作难落实,任务难完成,行动力就会大打折扣。因此,要提高行动力,就必须在信息收集、处理中脚踏实地,细致严谨,在后续的思考环节,要解放思想,求真务实。

(4) 队伍素质和团队精神是提升行动力的根本需要。营销团队的行动力取决于其营销队伍的整体素质和战斗合力,木桶理论告诉我们,一只木桶的容积取决于最短的一块板;但事实上,每块木板是否嵌合紧密,同样重要。一个企业的营销行动力的强弱取决于它最薄弱的环节,也更取决于是否具有相互沟通、协调配合的团队精神,是否具有凝聚力。因此,加强营销队伍建设,提高其综合能力和整体素质,培养团队合作精神是提升企业营销行动力的根本保证。

(5) 创新是执行保持鲜活生命力的重要保证。要使军工营销工作持续保持较强的行动力,就要着眼于"新",开拓创新,不断改进工作方法。只有持续改进,才有活力;只有不断创新,才有发展,面对竞争日益激烈、变化日新月异的军工市场,创新和应变能力已成为军工企业推进发展的核心要素,因此,要提高行动力,就必须具备较强的创新和接纳新事物的能力,在营销中充分发挥主观能动性,创造性的行动。

21.7 安索夫矩阵

安索夫博士于1975年提出安索夫矩阵概念,以产品和市场作为两大基本维度,用矩阵形式区别出四种产品、市场组合和相对应的营销策略,企业可以通过矩阵模型分析,选择最适宜的市场策略,来达成收益或市场份额增长的目标。安索夫矩阵是目前应用非常广泛的营销分析工具之一,下面,结合军工营销应用实际对四种策略进行分析,见图21.7。

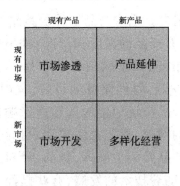

图21.7 安索夫矩阵模型

一、市场渗透

用现有的军工产品面对现有的军工市场及用户群体。以企业目前的产品组合为发展焦点,采取逐步渗透的策略,藉由促销手段、提升服务等多种方式来争取新用户,或是说服现有用户增加购买量。目前,由于军工市场的总容量及增量主要是受国家经济总量、发展状态、国防战略、国际形势和军事斗争等因素的影响,是国家决策层面和环境变化调整的问题,一个企业能力再突出,综合实力再强,也不可能凭一己之力改变市场的总体容量大小,因此,作为军工企业,主要还是通过顺应市场趋势,深耕细作,不断挖掘、培育并牵引新的用户需求,在企业可控的范围内实现用户及其产品使用数量的稳步增长。

二、市场开发

提供现有产品开拓新市场。对于军工细分市场来说,很多产品是有多个用户需求存在的,产品本身的核心架构和模块不用改变,可以结合用户不同的个性化需求进行指标、外观、包装等方面的小改变即可以将其推向新市场,如给海军陆战队研制的数字化单兵装备,同样可以在集团军部队得到应用;给某军兵种研发的通信系统,其他军兵种可能也同样需要;除此以外,还有一些军工产品可以往政府方向进行市场开发,如无线电监测设备,国家及地方无委也有需求,而且需求量比军队要大,虽然不是直接为军队服务,但军工企业是国家的企业,为党政机关服务同样是为了国家利益实现和国家安全稳定,是军工企业的使命、责任和光荣,另一方面,做政府市场,不论是品牌推广效益、技术反哺效益还是人才培养效益,对于军工企业都有重要的意义和价值。

三、产品延伸

推出新产品给现有用户。采取产品延伸的策略,利用现有的用户渠道来借力使力,通常是扩大现有产品的深度和广度,推出新一代或是相关的产品给现有的用户。在军工市场,你争取到一个项目,绝不仅仅就是一个,后面会有升级改造项目,会有核心器件储备项目等,同时还会通过口碑营销,影响到其他用户对于同款产品市场地位的认知而影响其购买决策,所以,营销人员在不断开拓新市场的同时,要非常注重用户挖掘和产品延伸,不断地向已有用户推出新一代的产品及相关服务,例如,针对原来的一些占用大量空间资源的系统工程来说,随着技术的发展,有些已经可以用更小型化的系统来代替,甚至机柜中的一台装备的功能直接就被几个芯片模块组合给替代了,可以考虑向老用户推荐一些便携式系统等相关产品;还有就是全新产品的推出,一些原来主要依托进口,军工企业自身没有能力进行研发的产品,随着技术研究的深入和国家科技创新体系的完善,都完成了自主研发。

四、多样化经营

提供新产品给新市场。这种策略由于企业的既有渠道、资源可能都派不上用场,也没有一些成熟的经验可以借鉴,对企业来说,会有一定风险,但从军工企业目前的现状及发展趋势来说,多元化经营不管是现在还是未来,都是军工企业的一种重要的模式。从我国军工市场的整体容量来看,绝大部分的细分市场面临容量有限却竞争者不断增多的局面,如果军工企业只专注于其中一个市场,可能支撑不了企业的长远可持续发展,多元化经营是解决这个问题的重要方法之一。需要注意的是,多元化经营和以某方向市场为主营业务并不矛盾,反而是相辅相成,这里,大家可以重点结合战略环节的新产品开发战略以及思维模式中的辩证思维来理解并进行实际应用。

第 22 章 军工营销的原则、方法与关键阶段

对于军工营销人员来说，获得成功并不一定要拥有超人的天赋和强大的能力，却一定要善于运用正确的原则和方法来做事。本章，笔者希望结合自身的军工营销实践和思考，通过对核心军工营销原则和方法的应用描述，分享一些心得体会。

结合军工市场的特点，我们在开展军工营销过程中，要注意几点：(1) 实事求是。实事求是原则是贯穿于军工营销领域的基本原则，不管是原则把握还是方法应用，切记要以事实为依据；(2) 清晰简洁。营销本身包含许多元素，涉及许多专用术语，在实践中要逻辑清晰，干净利落，效果才有保证；(3) 主次分明。不要试图把关于企业和产品的所有信息都传递给用户，首先用户并不需要，其次用户在过多的信息面前，反而可能会茫然，从而丧失对于核心信息的分析和掌握能力，在营销时，一定要抓住重点、主次分明。

22.1 军工营销重要原则

为做好军工营销，我们在实践中要注意一些基于军工市场实际的原则运用，这里，选择了布局、统筹、平衡和共赢进行阐述，只是笔者的部分理解和认知，大家可以结合个人实际，自行总结提炼。

22.1.1 布局

2012年，笔者先后参加了中国工程院在舟山、青岛和广州组织召开的国家海洋战略发展论坛，会上，领导及专家多次谈到国家海洋战略布局问题，再考虑到海洋战略作为国家层面的战略重点，同样需要软件、电子、通信、制造等产业配套，这一点与军工相关产业有不少交集，由此引发了笔者关于军工行业布局的思考，可能不成熟，但算是一种探索。

随着我国国际地位的不断提升，国家的战略利益实现对国防安全提出了新的要求和挑战，我国面临东海钓鱼岛主权、南海权益维护、北面朝鲜半岛局势、西南与印度的边界争端等一系列的问题，伴随而来的是军工行业发展

原始需求的增长，也预示着未来很长一段时间，军工市场都将保持高速发展状态。作为军工企业，要想在这一波浪潮中取得核心竞争优势，就必须提前进行布局，包括营销布局、技术布局等，且必须与国家的军工产业战略布局保持方向一致，这样才能保证科学可持续的发展。对于军工企业来说，这是一种战略思维，是一种长远愿景，是一种企业文化，也是一种行业姿态，有利于企业的品牌宣传、资源利用、成本控制、技术创新等全方位营销体系建设。

营销布局方面，要想在军工市场有所作为，军工企业需要在北京有常驻机构，北京是首都，是政治、经济、军事、文化中心，它几乎集中了军工行业的所有决策管理机关，军工项目的来源最终都要追溯到北京，不管是从市场信息的收集、渠道的铺设、专业的发展，还是营销推广、售前支持和售后服务的需要，北京对于军工企业来说，都是最为重要的区域市场，没有之一。这也是笔者在戎星科技创立之初，即注册成立北京子公司的主要原因。

军工营销中，还要注意到专业技术领域的提前布局，海战场、空战场、太空战场、网络空间是未来军事斗争的重点区域，军工企业需要明确认知到这些方向所在，并提前进行渠道、技术和资源布局。此外，在具体技术方面，信息栅格、隐形材料、降噪技术、网络攻防等方面都是未来军事科技发展的重点。

此外，在主营业务方向上，在现实和未来之间，如何取舍，如何布局，也需要重点关注。军品业务的发展主要分为预研、型号研制和装备生产三个阶段，军品采购往往从关键技术研究阶段，甚至在最初的方案论证时，就会通过各种方式考察并物色承研单位，而承担后续的型号研制单位也一般从承担预研课题的单位中选择，原则上经过型号研制并通过军方设计定型的产品，才可正式列入军方可购买的装备系列中，因此，不夸张地说，军工市场"得预研者得天下"，军工企业要把更多的精力放在预研和型号研制任务上，企业内部要重视技术储备，鼓励技术创新，提前布局未来，这是可持续发展的关键。

要分析国家在军工行业的战略布局，我们先要清楚国家在科技和产业发展的战略布局，两者具有一定的相通性。国家在天津滨江、重庆两江、上海浦东等国家级战略新区的基础上，"十二五"期间，又新成立了舟山群岛新区、四川天府新区、山东蓝色经济开发区等国家级战略新区，下一步，陕西西咸、贵州贵安等新区发展也将上升为国家战略层面。从国家近几年的产业结构布局的态势分析，软件、电子信息、元器件、航空航天、精密制造等与军工行业密切相关的产业布局基本上与国家的大战略布局是一致的，主要集中在沿海(黄渤海－东海－南海)、沿江(长江),并通过陕西、贵州等省市的新区建设,将整个产业发展布局进行了连接(图22.1),形成了一个菱形结构。未来,不管是老牌军工企业,还是军工市场的新进入者,原则上建议参考这个菱形的框架范围进行营销及业务布局。

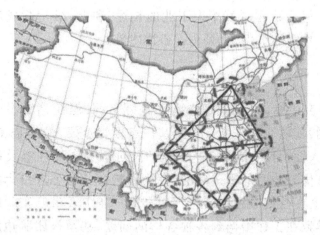

图 22.1　军工行业战略布局图

22.1.2　统筹

作为军工行业的一份子,企业首先要学会跳出本层级思考的局限,立足全局来思考,去实践,这看起来似乎很难,但如果能紧紧围绕国防和军队建设这个大局,站在引领支撑国防现代化事业转型发展的高度,去不断地审视自身,思考未来,务实创新,就一定能牢牢把握市场的脉搏,统筹全局。这其中,企业和市场、局部和整体、当下和长远,可能会出现各种各样的困难和问题,我们需要始终站在顶层和体系高度,突破自身狭隘利益观念的约束,坚持在各种矛盾中找寻一个最佳的平衡点,这符合军工企业的长远利益和战略目标实现。

以设立市场竞争壁垒为例,对于军工企业来说,市场壁垒是他们所一直梦寐以求的,设立了比较高的市场壁垒,意味着较少的替代者,意味着可以在与供应商的谈判中占据主导地位,意味着企业可以得到高速可持续发展,意味着有充足的现金流,意味着政治影响和市场地位,意味着实力累积、品牌效应等一系列的东西。但是反过来说,可能某个阶段来说,设立市场壁垒是不科学,也是不符合技术进步和军工市场的可持续发展需要的,它不符合军工行业的全局利益,这时候,我们就要打破它,用户在不断强化这种意识,企业要更加重视,它会降低企业未来所面临的风险。

案例:2014年,在某重要平台的竞标中,原来一直占有市场垄断地位的某大型军工集团在面对市场新进入者的时候,缺乏全局思维,一开始高傲,后来阻碍这种变化,再后来妥协并接受这种变化。对于企业来说,不愿意接受,可以理解,但是站在国家军事工业的长远、和谐、可持续发展的角度,这种变化是一个重要的节点,也是一次破冰之旅。

22.1.3 平衡

中国人讲究中庸,很多人把它看作是贬义词,但在笔者看来,中庸本身是一个中性词,其核心是平衡。理解这一点极为重要,尤其是在军工行业营销中,在揣摩人性、分析市场、适应环境时,对于平衡的理解及运用,是评价军工营销人员优秀与否的重要标准,直接影响企业及个人目标的实现;不理解这一点,就会在营销过程中产生不切合用户需求及市场实际的想法,而这种想法可能导致在工作中遇到各种各样的问题,甚至被团队边缘化。此外,我们还要注意平衡军工市场现在和将来的需要,用户群体隐性和显性的需求平衡,自身野心和实际资源支配的平衡,等等。要想在军工行业持久成功,"平衡"之道,至关重要。

对于军队或者政府来说,他们是决策群体,是国家利益的代表,他们需要操控一切能够操控的力量和资源,因此,军工市场绝对不是一个完全竞争的态势。对于军方用户来说,手心手背都是肉,如果市场中群龙无首,参与竞争的企业太多,一场乱战,局面的控制难度会增大,用户的风险会增高;另一方面,也不能一家独大,否则用户的话语权就会大大降低,议价权无法得到保障,而且创新度不够,不符合行业健康发展的需要,因此,用户一般会有意识地在行业内领域中培养2到3家各方面实力相近的企业,并在这些企业之间保持一种平衡状态,以营造一种有益的、可控的竞争环境。

很多时候,解决军工营销环境中所面对的冲突和分歧的最好办法就是"平衡"。在不违背原则、不损伤国家利益的前提下,军工用户会期望市场中的企业能相互妥协,相互配合,要讲政治,重责任,听招呼。

案例:2011年,在笔者主抓的某新领域拓展项目竞标中,竞争对手A企业是该细分市场的领导者,其营销团队认为渠道关系良好,技术实力过硬,产品形态成熟,其营销目标设定为将研究所在项目中的比重份额占到80%,且明确不会退让,却忽视了用户管理层的调整,新的项目决策领导层面在整个过程中,有着平衡各方面利益的强烈诉求,性格上也比较强势,对于一家独大局面,用户感受到威胁,内部出现了意见分歧,而 A 企业的自以为是又进一步增强了决策群体的反感情绪;另一方面,笔者所在研究所本身具有雄厚的资源配置,很强的总体能力,优质的产品服务,加上顶层设计和具体执行都很强的营销团队,逐步掌握了主动权,A 企业最终只在该项目中获得了 40% 的经费额度,这其中主要是定位与平衡如何把握的问题。

22.1.4 共赢

军工市场有着自己独特的游戏规则,不论是从国家利益维护、市场的规范性发展,还是行业的长远利益考虑,军工用户都希望出现"共赢"的局面。这里的共赢对军工企业来说包含了内外部几个层面,主要包括企业和员工、企业与外部资源、企业与用户等关系群体的利益共赢。企业内部,部门、员工的关系是一荣俱荣,一损俱损;与外部资源之间,不论是用户群体,还是潜在或现实的合作伙伴、竞争对手、产业链上下游企业之间,其利益本质都是相通的。

共赢原则的核心是形成合力,达成共识,这里,强调四个方面的内容:

一是企业与用户要形成合力。用户是军工市场和行业的根本,代表的是国家、社会、人民的根本利益,军工企业要想在市场中傲视群雄,就必须想尽一切办法,把企业的利益与用户的利益绑定在一起,同呼吸,共命运,只有这样,企业才能保持科学可持续的发展态势。

二是企业营销团队内部的合力。团队合作精神是人的社会属性在企业和其他社会团体的重要体现,个人英雄主义在当今社会已行不通了,军工营销工作需要团队内部有组织、有计划、有分工以及相互配合、相互协调,优秀的营销人员总是具有强烈的团队合作意识,要想在军工营销领域取得成功,除了个体必备的优秀素质之外,还必须依靠团队作战。

三是企业内部各部门与营销部门的合力。企业的每一个人都要有意识地主动参与营销活动,其中包含了全员营销的理念。过去,军工企业没有营销部门,主要是凭借与用户接触较多的技术团队所提供的信息,来开拓军工市场,随着市场竞争的加剧,现在我们需要企业内外更多的人员参与到市场信息收集、企业品牌宣传、形象维护等直接为营销提供支撑的工作中来,包括企业的领导层、项目管理以及科研、生产、财务、采购部门的专业人员。当然,军工营销人员也要积极主动地去与这些专业人员建立密切的联系,使之为我所用。

四是企业与外部资源形成的合力。对于企业来说,单靠一己之力,已经越来越难以在市场中纵横驰骋,这时候,如何与外部的良性资源进行结合,产生化学作用,形成巨大合力,显得非常重要。形成合力的对象包括合作伙伴、竞争对手、供货商等,合力的领域包括渠道、资金、人才、技术、服务等各个方面。目前,各种产业园区多如牛毛,但军工科技园区较少,不论是产业集群效应,还是资源配属效果,或者是通过搭建一个交流平台,在信息大融合中,实现信息融合、智慧共享、联盟作战,都值得军工行业研究。

共赢的营销原则要求军工企业要讲政治,要彼此包容,要服从大局,要合作共赢,否则,最后可能是"多输"的结果。

案例:某研究所与某军工厂竞争一个系统集成项目的建设权,主管机关是国家某部委项目预算额度800万元,从系统集成本身的角度而言,这个项目并不大,但是在蝴蝶效应越来越明显的军工市场环境里,每一个单子都很重要,加上研究所和工厂都很重视总体地位和产值效益,双方营销团队为了争夺项目,竭尽全力,互不相让,甚至不惜相互诋毁,却不知,主管的部委机关本来是觉得竞争双方各有所长,研究所善于总体设计及后端数据处理,工厂的优势在于前端硬件采集设备的生产,合作来做就可以了。之前申报的项目经费额度是有一定上浮空间的,从平衡原则来说,做了总体的,利润上就少一些,承担分机的,利润上多一点即可。最终恶性竞争的结果是,项目主管机关觉得两个单位都不能从大局考虑问题,那么,开始竞价谈判吧,最终,研究所以560万元拿下该项目,项目硬件采购成本是420万元,但若加上差旅费、人力成本等进行成本核算,实际成本600万元,研究所亏损40万元,同时,过程中树立了一个对手,在未来会造成什么影响,不得而知,某种意义上来说也得罪了用户,用户的意愿和利益都没有得到体现,在这一场较量中,所有价值链条上的单元利益都受到了不同的影响和损伤。

22.2 军工营销方法应用

营销方法极其重要,它直接而广泛地影响着军工营销的最终结果和成败。这里结合个人应用经验,选择FABE、AIDA、USP和5W2H法进行简要阐述。

22.2.1 FABE 法则

FABE 法则即属性（Feature）、优势（Advantage）、利益（Benefit）和证据（Evidence）的缩写，主要应用于通过营销人员向用户分析产品利益和价值，说服用户选择产品的过程，将产品本身的特点、所具有的优势、能给用户带来的利益有机地结合，按照一定的逻辑顺序加以阐述，并辅以相关证明，构成一个完整的、直入人心的推介过程。

法则中，F（Feature）指属性或功效，即产品有哪些特点和属性，是客观存在的，例如：某信号接收机的小型化、模块化特点突出，覆盖范围大，适合于舰载、机载应用；A（Advantage）是优点或优势，即相比竞争对手有何优势，是在与其他产品的比较中发掘出来的，例如：某机载装备在抗辐射、电磁兼容方面的能力国内领先；B（Benefit）是用户利益与价值，就是产品优点能给用户带来的利益和价值，需要把产品的特点和用户本质需求结合起来，例如：某舰载工控机在恶劣环境下的可靠性优势可以保证用户，尤其是海军用户在执行远洋任务时的装备稳定；E（Evidence）代表证据，包括技术报告、应用证明等，例如：企业给某军队用户研制了一套监测定位系统，再向其他用户推介的过程中，可以展示用户所出具的应用证明，作为营销支撑。

使用 FABE 法则来营销军工产品，能让用户对其独特性和竞争优势更加聚焦，让营销人员的思路更加清晰，通过专业且流利的表达，实现和目标用户之间信任感的建立。在具体应用过程中，军工营销人员对于属性的阐述必须抓住重点，简明扼要，让目标对象一开始就被吸引，其中不可避免地要进行和竞争对手产品的对比，这时候，需要格外注意，不要过多突出优势，回避劣势，更不要直接攻击竞争对手，这样往往会适得其反，尤其是在军工行业中，用户有着自己的价值认知和主观判断，他们会反感于不断地被营销人员牵着鼻子走，也会反感抬高自己、贬低他人的行为，这被认为缺乏修养，因此，不管是属性还是优势，还是要实事求是，同时重视证据支持，可以有底线地美化，但绝不能毫无节制地夸大。

在 FABE 法则的军工营销应用中，对于产品、服务能给用户带来的利益和价值是该营销方法的核心和关键，如果说属性描述需要营销人员对于产品本身状态的了解，优势阐述需要对于市场状态的掌握，那么利益和价值的沟通则需要营销人员深刻理解用户所关心的利益诉求是什么，因势利导，投其所好，使企业的优势和价值体现与用户的内在利益需要相吻合，才能实现营销效果最大化。需要强调的是,这里的优势应该是产品能够满足用户某种需要的特定优势,是核心竞争力,且不容易被复制。

军工营销人员在应用 FABE 法则时,要重点避免两点误区:(1) 不要过分强调产品属性,例如用过于专业的语言进行指标阐述;(2) 营销中,切忌不要混淆优势(Advantage)和利益(Benefit)的概念和内涵,否则会使用户觉得思维混乱,很不专业;(3) 对于营销节奏的掌控和分寸把握极度重要,节奏乱了,会适得其反。

22.2.2 AIDA 法则

AIDA 法则,是描述购买行为的重要法则,A(Attention),即引起注意;I(Interest),即诱发兴趣;D(Desire),即刺激欲望;最后的 A(Action),即促成购买。具体涵义是指营销人员必须把用户的注意力吸引或转变到产品上,使发生兴趣,刺激其产生占有的欲望,最终达成交易。

AIDA 模式的四个阶段,相互关联,环环相扣,缺一不可。应用 AIDA 方法,营销人员需要具备持续的跟踪推进能力,有时候可能要打持久战,这其中,刺激用户的购买欲望是 AIDA 法则的关键环节,要使用户相信,你所推荐的产品正是他所需要的,一旦用户已经产生了这种认识,比较合适的做法是进入中场休息,切忌猛追猛打,在用户进行实际购买前要有一个缓冲带,如果这时候沉不住气,可能就会前功尽弃,因为用户可能会觉得局面和节奏被别人掌控,而这是很多军工用户情感上所不能接受的,所以,购买决定务必由用户自己做出,营销人员只需要在恰当的时候,正面或侧面地使用户确认他的购买决定是明智的、必须的,就够了。

在军工行业的 AIDA 模式应用中,第一步是引起注意,但实际上集中军工用户的注意力并不是简单的事情,他们很忙,而且很多时候长期保持对于军工营销人员居高临下的优越感,这种优越感使得他们很难在与营销人员的沟通过程中,始终保持专注状态,这个阶段要"不卑不亢,有礼有节";第二阶段是诱发兴趣,这里的兴趣,绝不仅仅针对产品本身,这是一个内容丰富的环节,包括从企业文化、品牌、个人魅力、产品核心竞争优势等多个层面激发用户的兴趣和认同,这个阶段,营销人员要善于"把握节奏",可以趁热打铁,也可以按兵不动;第三步是激发用户的购买欲望,欲望的产生前提是用户所获得的利益和价值是用户所真正需要的,这个阶段需要营销人员具备丰富的营销及其相关专业领域知识、熟悉市场和行业规则,了解用户的真实想法和核心诉求,这个阶段,需要营销人员能"进退有度";第四步是促成购买行为,这个阶段的重点是对于节奏的准确把握,最佳状态是"行云流水"却又"抑扬顿挫"。

22.2.3　USP 法则

USP(Unique Selling Proposition),表示独特的销售主张或独特的卖点,它本是广告行业发展历史上具有深远影响的方法模式,我们可以在营销实践中将其与军工市场特点进行结合和衍生,使其成为一种重要的军工营销法则。

这个法则要具备四个要点:一是关注,你所营销的对象是用户所关注的,有潜在购买意愿的产品或者服务;二是利益,强调产品的特殊功效和给予用户的利益和价值实现;三是独特,也就是具有竞争者很难复制模仿的核心竞争力,人无我有,人有我精,人精我专;四是集中,所强调的主张必须是强有力的,集中在某一个点上,以达到效果最大化。

在军工营销的实际应用中,USP 方法应用的关键在于对产品利益、价值传递的聚焦,这里,差异化是核心,一切方法都紧紧围绕差异化来开展,而且要不断地强调,以至于成为营销过程中下意识的行为。要想熟练应用 USP 理论方法,营销人员需要培养以市场为导向的思维,把注意力放在满足用户核心需求上,将产品核心价值传递给用户;准确地锁定目标用户,不要试图向所有的用户对象提供服务,必须有所侧重;要随时掌握竞争对手的动态,知己知彼,方能百战不殆;最后还要善于自我定位,寻找或者创造独特的差异竞争优势。

回到差异化主题上来,这方面,很多军工企业容易亦步亦趋,因为对于独特卖点的的深度挖掘,需要企业管理层、营销人员等具有高度的敏锐性和极强的创新性。在军工行业,有多种办法显示独特性,例如超低的价格、极高的质量、功能设计上的独一无二、用户服务的无懈可击、完善的售后保障机制,等等。这里,企业不可能把所有的要素都做到最好,要掌握一个平衡,追求完美和偏科太多都是不行的;除此之外,我们还要注意到并非所有的产品和市场都需要 USP 方法,如果是相对垄断市场,USP 的运用效果就并没有那么理想;第三,营销人员必须要认识 USP 方法的本质,找到掌控 USP 的节奏和方向,一旦踩准了,就必须坚定而努力地贯彻执行下去。

22.2.4 5W2H法则

5W2H法则,广泛用于企业管理、技术研发和营销活动,5W是五个英文字母的词头,即"WHAT、WHO、WHEN、WHERE、WHY",就是"何事、何人、何时、何地、何因",2H即"HOW、HOW MUCH",就是怎样做、需要花费多少钱。通过7个设问,发现解决问题的线索,寻找解决问题的思路,进行解决问题的方案设计,从而帮助决策,指导执行。

在军工市场营销中,5W2H是一个非常重要的营销方法,在结合实际的基础上,采用5W2H方法来解决问题,通过循序渐进的提问,可以帮助营销人员保持思路的条理化,杜绝盲目性,始终围绕营销核心要素开展营销工作。5W2H方法的核心就是多问几个为什么,在营销工作实践中,笔者经常将5W2H方法与头脑风暴法结合起来使用,打破砂锅问到底,一直问到没有问题可问,这时候再着手进行有针对性的营销策划,思维就会非常清晰,且胸有成竹。

5W2H方法浅显易懂,使用也很方便,其应用对于军工营销工作具备启发意义和参考价值,一方面可以准确定位存在问题,清晰表述解决方案,提高军工营销工作效率;另一方面还能有效掌控事件本质,抓住营销问题的关键所在和脉络关系。此外,5W2H方法有助于军工营销人员全面地思考问题,理性地面对问题,有条理地梳理问题,在很大程度上减少了营销过程的盲目性,从而在营销实践中少走弯路。在军工营销实践中,一般来说,如果用来作为分析对象的营销方案经过5W2H的考察审核,已问不出问题,便可认为方案可行,如果还有问题,且找不到令人满意的答案,则表示该营销策划还有改进的必要和空间。

这里,我们以某军工企业准备进入某新领域市场的营销策划来简单阐述5W2H在军工市场营销中的应用:

(1) WHY:为什么要进入这个市场?依据是什么?非进入不可吗?为什么不是其他市场?这个问题是后面所有问题的基础,营销部门必须自己能说清楚进入该新市场的理由是什么,是否符合企业的利益实现和价值目标,是否符合市场需要,如果不进入该市场,会对企业造成什么影响,还有没有其他市场也需要积极介入,等等,这个阶段是解决必要性的问题。

(2) WHAT:进入新市场的目的是什么?重点是什么?在有足够的理由支撑企业决策进入该市场后,就进入策划阶段,后面这几个"W"都是解决可行性的问题。进入新市场的目的,既是对于为什么进入该市场的依据,也是为了更好地树立目标,有针对性地开展军工营销工作;有了目标以后,还要找到工作重心,以便进行有限资源的合理调配,支撑营销工作开展。

(3) WHERE:我们选择从何处入手?用户在哪里?这些都是具体执行层面的事情了,进入某军工细分市场,从哪里入手,从渠道着手,还是基于技术创新,还是以合作的形式,选择的突破点不同,具体操作形式和方法就有很大区别。这里,我们还需要明确用户的位置所在,这里包括了采购机关、军代表、最终用户等各种类型的用户群体,例如,采购机关在北京,军代表有可能在企业所在片区,最终用户则可能是某个部队。

(4) WHEN:何时启动该项营销工作?什么时间完成?什么时机最合适?这是关于紧迫性的问题,如果市场竞争激烈,形势复杂,那就需要寻找合适的进入时机,并不是越快越好;而如果是新的领域市场,大家都还在观望阶段,企业一般有两种做法应对,一种是沉下来,静观其变,谋定而后动,一种是开拓进取,抢占市场制高点,具体怎么操作,需要结合具体情况,具体分析。

(5) WHO:由谁来承担具体的市场拓展工作?谁来组织完成?谁在负责?谁是营销对象?谁是竞争者?这里涉及到营销工作的具体责任单位和责任人,以及外部相关利益对象的问题。要想做好新市场的开拓,强大的营销团队和优秀的营销个体都很重要,需要做好选择,确定了执行部门和人员后,还要弄清楚营销对象是谁,不仅仅是军工市场用户,应该是企业进入该市场空间行为的所有利益相关方,包括竞争者、供应商、合作伙伴,等等。

(6) HOW:怎么做军工市场营销?如何提高营销效率?如何实施营销方案?这里是营销策划方案的重点内容,既有分析,也有计划安排的内容。举例来说,如何开展市场营销,首先要进行需求分析,市场需求是什么,能力需求是什么,战技指标需求是什么等;其次是营销方案,包括营销原则,营销目标,营销工作指导思想,还有营销的具体步骤和实施进度,等等;第三,如何落地,如何更有效率地完成军工营销行为,都在这个部分。

(7) HOW MUCH:此次营销活动需要花费多少?做到什么程度算成功?会有什么收益?这有点类似于项目建议书里面的投资估算与效果预估。企业在正式开展进入该新市场的营销工作之前,还需明确整个过程大概需要多少经费,同时进行估算,营销成功后,会有什么收益,包括社会效益分析、经济效益分析和军事效益分析等,既是投入产出比的分析,也使得心中有数,便于军工企业进行资金筹措,也便于营销人员的营销经费申领与使用。

最后,在运用5W2H法则的营销过程中,我们需要注意两个问题:一是对于营销人员来说,提问的意识、频率和方式方法都很重要,是发现问题和解决问题的重要前提,在营销过程中,如果前期不做好充分准备,后续营销工作中,会不断地有新问题、新情况出现,因此,想做好军工营销,就要学会提问,勤于提问,善于提问。二是不能被问题牵着鼻子走,不能陷在里面,尤其是问题比较多的时候,容易导致信心丧失,或者头绪太多,找不到解决问题的关键路径。

结合笔者的5W2H应用实践,军工营销人员应该在设问阶段就要理清思路,对于问题间的关联要心中有数,问题答案之间的脉络关系要清楚;其次,要分清主次,有主要问题和次要问题,答案中也有主要方法和次要方法,总之,理清思路,掌握脉络,抓住主要矛盾,军工营销人员就能牢牢把握5W2H分析方法的整体节奏,为营销工作找准方向,注入动力。

22.3 军工营销关键阶段

本节,我们从市场分析、策划实施、招投标和合同管理几个关键阶段过程,概述军工营销的重点流程以及具体的方法应用。

22.3.1 市场分析阶段

这里,从需求分析、用户分析和利益分析几个方面展开。

一、需求分析

需求是一切营销活动的起点和终点,军工营销的本质就是发现用户的需求,然后利用产品或服务去满足这种需求。需求是军工营销过程中首先应该把握的基础和核心元素,也是第一要务,可以说,没有需求,就没有军工市场,也就不存在军工营销行为。

我们经常把军工市场中的需求,不加区分都统称为用户需求,这里面包含了组织需求和组织中的个体需求。对于军工营销人员来说,两种需求都要关注到,实际情况来说,有时候,组织内个人需求的满足会在很大程度上影响到组织需求的满足,这看似不合理,但却是广泛存在的。从最终的营销效果来看,军工行业绝大多数的成功营销案例,基本上都是建立在同时满足了组织和个人需求的基础上的。这里,我们重点围绕个人需求的集中表现来分析，个人需求并不是所谓的幕后交易，也并不肮脏，它只是需求而已，表现为精神和物质方面的追求，例如追求权力、成就、认可、安全，又或者内心的圆满和价值的归属等，军工营销人员需要接受并适应，结合用户个体需求的不同制定相对应的营销策略和方案。

那么，如何去发现用户不同的个人需求，在营销实践中，并没有现成的答案可提供，营销人员需要通过自己的实践和思考去发掘军工用户的真实需求，这是对营销人员的重大挑战之一。一般来说，在与用户交流沟通的过程中，通过记录、观察、问询和聆听，发掘出其真实需求，有些用户需要掌控感，希望自己是有决策权的权威人士，还有一部分用户，不追求物质享受，而是想达到一个高度，追求一种成就，等等。过程中，军工营销人员要避免市场营销近视症，例如过于注重基于自身对于用户现有欲望或需求的理解开展营销活动，却忽略了需求的动态变化和个性特征。

最后，我们再来谈一谈需求符合度的问题，很多军工企业喜欢提出"超出用户需求"的口号，但有些要超出，有些不能超出，在前期论证的参与度、售后服务的快捷性方面，要坚定不移地超出用户预期，而且超出得越多越好；而在用户个体物质需求的满足方面，不但不能超出，甚至要降低，这是为自己负责，也是为用户负责；另一方面，关于产品的技术战术指标，有时候符合即可，指标高了，用户不一定会觉得好用，而且容易一旦出现问题，用户就会认为由于采用了新技术而导致的系统不稳定，同时，企业也丧失了后续的改造和升级的理由，影响了后续项目，甚至有可能还会引起用户的不信任感，因此，除非是用户明确提出的需求升级，否则，不提倡主动就相关的技术指标进行变更。从技术创新和社会科技发展的角度，这种做法不一定是正确或者符合趋势的，从笔者内心角度，更倾向于认为，是否超出用户需求的开展技术服务，标准应该是是否符合国家利益和国防需要，而不应该考虑项目风险。但目前的市场环境就是这样，军工营销人员需要在现实与未来之间找寻到平衡点。

二、用户分析

军工营销过程中，用户分析是非常重要的环节，这里，我们主要从用户识别、用户选择和用户管理的角度来阐述。

1. 用户识别

对于军工企业以及营销人员来说，有需求，具备购买力，对产品与服务的购买过程具有建议、执行、决策与决定权力，以及最终使用者，这些，都是用户群体。识别用户的核心是识别用户群体中的关键决策者,面向不同领域,在不同时期,对不同项目,关键决策者可能都不一样,要具体情况具体分析,目标必须准确,分析必须到位,执行才能坚决。

案例:某次系统配套单机设备项目争取,营销团队想当然地认为某二级部业务局的主管参谋及其分管领导是核心角色,但却没有考虑到,该领域,系统总体单位长期技术垄断,在市场上拥有相当的话语权,最终,承担系统总体的项目技术总师不同意,坚持选择原有供货商,原来所认定的核心决策者也无能为力,企业的整个营销努力和资源投入都打了水漂。

军工营销实践中,有时候还会遇到,关键决策者可能不是某一个人,而是一个群体,决策权力比较分散,却又相互制衡,有一些人可能不直接参与决策,但是参与审批、拨款等流程,而且对于用户方来说,采购也好、技术也好,相关责任部门和利益相关人太多,利益实现存在交叉和冲突,决策过程很多时候会比较复杂。类似这种营销困局,营销人员一定要端正心态,学会适应,心急吃不了热豆腐,而是通过更用心地体会和摸索,梳理关系,把握脉搏,逐步破解营销迷局。

2. 用户选择

军工用户也是人,也会有弱点,内心中不光有天使,还有魔鬼,所以,我们需要进行用户选择。可能很多营销人员会不理解,现在竞争这么激烈,用户是甲方,掌握绝对的市场主动权,我们有什么资格去挑选用户,也可能会有人问,现在还没到选择用户的时候,企业还在起步阶段,所有的用户都得要,一个都不能丢。实际上这与用户选择的观点并不矛盾,从军工企业的长远发展来看,必须要选择用户,迟早要选择用户,不好的用户有可能一件事情就会给企业带来灾难,大家在理解的时候,要解放思想,在操作的时候,要实事求是。

军工营销人员可以把用户分成几个层级,一种是高尚的,更看重"义";一种是矛盾的,"利"和"义"都很重要;第三种是低俗的,只看重"利"。和第一种打交道,营销人员很放心,企业也很放心,可以长期粗放式地跟踪维护;第二种矛盾体,需要持续的、精细化的跟踪维护,根据经验,往往是这种人能给你和企业带来最多的市场份额和利润,因为,高尚的总免不了要有公事公办的时候,低俗的则很容易被其他的对手挖墙脚,谁给的利益多跟谁好,但矛盾的不一样,这种用户一般与营销人员或者企业存在感情基础,企业的产品和能力如果不错,又能给予足够的附加激励,这类型用户会成为企业最长久、最重要的渠道和项目来源；而针对第三种，营销人员需要小心谨慎地开展工作，尤其在进行市场手段操作的时候要注意规避风险，别挖个坑把自己和企业都给埋在里面了，和用户接触的时候，也要小心翼翼，不要透露自己的任何底牌和策略，说不定，转过头信息就传到竞争对手那里了，但针对这种用户，营销人员在不透底牌的同时，可以尽可能地从他那里获得对手的情况；此外，还有一类用户，谁也不帮，谁也不得罪，比如说投标的时候，变成两面派，就是把 A 的告诉 B，把 B 的告诉 A，评标的时候，打分打一样。

3. 用户管理

很多人认为，用户关系管理是一种技术、是一个流程，但笔者看来，它其实是一种理念，是一种思维，是一种转变，目前国内绝大部分的军工企业，用户关系管理做得并不好，甚至有些根本不做，对于客户的基本信息、生活习惯、内在需求都一知半解。在用户关系的建立和维系上，军工营销人员要关注以下几点：一是专业素养，要充分展现你对用户需求的了解深度和解决问题的能力，尽可能为用户提供完整的解决方案；二是注重细节，例如尊重用户的时间，真诚可靠，信守诺言等；三是把握时机，不急于求成，懂得把握营销节奏，进退自如，选择在合适的时机开展工作；四是对症下药，要想掌握整个用户关系管理进程的主动权，就必须对症下药，用户的真实需要是关键，认可、尊重还是自我实现，都要有相对应的解决方案。

在军工营销过程中，营销人员的精力是有限的，必须有所侧重，结合项目实际和关系管理，营销人员可以参考并采用"抓两头、放中间"的方法。抓两头是指抓住高层和低层，也就是决策者和操作者，放中间，指的是中间这一级，当然，放中间不是说要放弃中间，而是分了主要和次要，根据项目的大小、合同的大小、营销的难易程度，要有判断。比较重要、合同额度比较大的单子，对方决策层面领导级别比较高，年龄比较大，或者是涉及后续的可持续发展的渠道，最好是请企业高层出面公关，如果营销人员去沟通，付出百分百的努力，也可能效果很差，必须要找一个能同层面对话的人去；办事层面，如技术专家、总部机关的参谋人员，这部分人员心态比较开放，更好沟通，营销效果会比较好，主要是开展信息收集；至于中间用户阶层，很多时候既不办事，也不决策，收集信息也会有所保留，可以不作为营销公关的重点对象，但这种"抓两头、放中间"的方法只是其中一种情况，具体操作上，还是要具体情况具体分析。

三、利益分析

利益诉求主要包括政治效益和经济利益,在目前的军工市场里,军工用户,尤其是其中的军队采购部门的用户代表,经济利益固然重要,但最为看重的还是政治效益,营销人员将主要精力投入到为用户提供最大的经济利益,是不明智的,也是危险的。在市场竞争中,政治效益的满足是至关重要的竞争条件。

案例:曾经出现过,一个国家重点研究所与某民营上市公司竞争某系统工程的总体承研,两个单位都很有实力,在总体地位的争夺中闹得不可开交,甚至影响到了项目的批复进度。但实际上,两者的利益是存在一定互补性的,可以通过谈判达成平衡。对于研究所来说,生存压力较轻,最看重的还是单位的全面发展和政治诉求;而民营企业就不一样,完全是市场竞争状态,利益观念渗入骨髓,但如果什么都想要,就有矛盾了。这种情况下,如果双方能坐下来,商议一下解决方案,例如研究所承担总体,获取政治利益,但在经济利益上给予让步,民营企业担任副总体,出让一部分的品牌效益和政治利益,获取更多的经济利益,也许问题就迎刃而解,这种方法处理的关键,在于对利益分配平衡原则的有效把握,以及谈判双方的格局和相互包容。

22.3.2 策划实施阶段

军工营销的策划实施阶段是整个营销过程的核心环节,下面,我们从品牌宣传、军品定价和产品推介三个方面来谈谈营销策划及实施阶段的方法应用。

一、品牌宣传

前面对品牌营销战略有过详细阐述,这里的品牌宣传,我们从营销方法层面入手,作为前面品牌战略内容的补充。

一是会议营销。以往,很难想象军工企业通过组织产品发布会或直接参加展览会等各种形式,来提升品牌知名度,而如今,这种情况越来越普遍,国防科工局、军队各级装备采购部门等军工管理机关,各军工集团、企业及科研院所等,都开始主动去组织并参加各种展会,例如国防电子装备展、珠海航空展、卫星导航年会、军民融合技术展等;此外,各军工企业,也越来越有意识地通过召开技术研讨会、产品发布会、新老用户答谢会等会议形式,来进行品牌宣传以及新产品发布。

二是学术营销。例如通过论文拟制或书籍出版开展品牌宣传,某军工企业组织团队,在相关领域领导及专家的指导下,编写了一部信息技术方面的丛书,非常实用,也比较全面,对于该企业的品牌推广起到了很好的作用;此外,把军工行业的相关决策层面的领导或专家列入编审委员会,也是一种非常好的品牌宣传和营销模式。对于军工企业来说,学术营销方式能够满足部分重要军工市场用户的内在需求,前提是一定要与"学术腐败"划清界限。

三是形象营销。这里的形象营销包括企业、个人和产品形象,可以用三部曲来描述形象营销的过程。以军工企业进入某新领域市场为例,第一步,树立企业形象,前期的用户接触主要是介绍沟通企业的情况、远景、发展规划和概要介绍主营方向,以熟悉、宣传和造势为主,不要急着进入营销主题;第二步,通过与用户的接触和交流,充分树立自己的个人形象,通过整洁的穿着,得体的谈吐,以及对沟通节奏的充分把握,获得用户的认可,军工营销人员所面对的是对国家最忠诚的群体,也是最难沟通的群体之一,但如果你理解了这个特殊群体的文化、价值观、思维模式和行为习惯,就会顺利地融入进去;第三步,在树立了良好的企业和个人形象以后,开始推广产品形象,通过详细地推介、演示、实物展示等多种手段,使用户对产品建立良好的体验并随之产生购买欲望,并自然而然地与用户达成意见统一。

二、军品定价

军事采购是一种买卖活动,价格起着关键的调节作用,对于军工营销人员来说,熟悉定价机制,掌握定价方法非常重要,它有时候会直接决定整个项目营销工作的成败。价格横跨了军工营销流程的好几个环节,在招投标环节其作用体现得最为突出,但从营销实际来说,在营销策划实施阶段或之前,企业必须完成产品定价工作,这是基础工作。

在军品价格一定的情况下,军品由于分类标准不同,成本项目设置不尽一致。根据《军品价格管理办法》的规定,军品成本一般由直接材料费用、直接工资和其他直接支出费用、制造费用、军品专项费用和管理费用等组成,目前军工产品及服务的主要定价依据是装备发展部,即原总装备部制定下发的报价模板,虽然各军队部委系统的装备采购部门在报价模板的内容和结构设计方面会存在一些不同,但基本内容和原则是一致的,而形式上的统一只是时间问题。此外,目前通用的计价模板,仍然存在一些问题,例如军工企业在定价过程中,会被要求几乎零盈利,这实际上是违反市场规律的很奇怪的现象,就是现实版的"掩耳盗铃";还有就是软件计价不规范,意见不统一,这在系统工程中软件作用越来越重要的今天,是不可思议的。可喜的是,军工市场管理层已经开始意识到这个问题,例如,2015年底,开始试行新的关于软件计价方面的新政策和新要求。

由于我国的整个社会政治、经济形态,以及政府强大的控制能力,在军工市场中,用户群体及其代表起绝对主导作用。从现实状况来讲,尽管军队相关采购主管部门在扶持和引领军工市场科学发展的同时,一直致力于良性的竞争态势,但军工市场中,用户是军品的唯一购买者,处在相对垄断地位。这种情况下,市场经济中的竞争机制不能有效地发挥作用,加上军事采购过程中的信息不对称,因此,我国的军工市场不是完全的市场经济,其定价流程有其特殊性,或者说,军品价格的形成除遵循市场价格形成的基本规律外,还有其特殊的规律。

首先,现实的军品市场还不能实现完全竞争,军品市场内存在许多机制障碍,实际的军品价格并不总是由市场力量决定,而是融入了许多非市场的因素,比如,有时候,军品价格是军队与企业通过某种方式来商定的,这是可以理解的,作为直接需求主体的军队希望以有限的经费买到更多的军品,保持较低的军品价格以减轻国防开支的压力,企业希望获得更多的订单以巩固市场地位。而对于军工企业来说,有时候也很纠结,从市场行为来说,企业要追求利润的最大化,但在我国的军工行业里不行,我国目前军工行业的主体是国企,在军工市场的现实规模和军费额度下,追求利润最大化的直接后果就是可能和国家利益产生冲突,最终导致企业丧失政治优势,无法在军工行业可持续发展。

其次,在定价环节中,很多时候是军工企业按照报价模板进行军品报价,装备采购主管部门进行审核,但双方没有价格谈判过程,就算某种形式上有,谈判从一开始就不是对等的,采购方占有绝对主导地位,最终的价格确定受经费限制、企业报价、竞争状态、市场规模以及采购部门的意见影响,尤其是采购部门的意见,有时候会直接决定军品采购价格,审价说到底是一个人为决策的过程,因此,对于企业来说,如何充分发挥渠道资源,调动营销人员的积极性,通过有效的营销公关来尽可能地掌握定价过程中的主动权,至关重要,也非常考验军工营销人员的能力和素养。从趋势看,军品武器装备采购过程中,谈判在价格中会发挥越来越重要的作用,虽然不会像菜市场一样地讨价还价,但军品的价格受主观因素影响力会逐步减弱,谈判一方掌握的信息越精确,在谈判中所占有的优势就越大,定价也会更有利于这一方,军工企业和营销人员要关注这种变化并进行适应性调整。

第三,在军品定价环节中,军工营销人员需要尽可能全面地收集军工用户和竞争对手的相关信息,反复揣摩并分析其心理,参考同类产品之前的采购价格,研究市场环境分析及物价增长指数,综合考虑内部得出的成本核算数据,再结合经验和直觉,最终确定报价。这种模式,笔者曾多次实际应用,效果很好,但整个决策环节比较复杂,涉及面也比较广,需要思路足够清晰。

三、产品推介

这里,我们主要从产品试用、演示和仿真模式,来阐述军工产品推介阶段的方法应用。

1. 用户试用

用户对产品进行试用,在军工营销过程中是常用方法,但结合具体项目实际,有时候也会起到出奇制胜的效果。

案例: 某地处西北的单位用户需要采购10套移动通信监测设备,该领域比较有实力的有3家企业,分布在北京、西安、成都,不论是距离还是实力,西安的企业都具备相当的优势,而且该用户还是西安企业的老渠道,但成都的竞争企业,为了打入西北市场,结合公关过程,直接提供了10套设备拿给用户进行试用,为什么不是5套?如果是5套,一旦竞争对手发现,可能会采取同样的方式,最后,有可能会变成两家企业各提供5套设备试用,虽然西安和成都的企业产品都能满足用户的技术战术指标要求,但西安的指标测试值更高,加上诸如地域、渠道方面的一些优势,成都企业丢标的概率也就更高,那时候,欲投的成本反而收不回来,结果就不可控了,既然已经预投了,就要投到位,根本不给竞争对手机会。而且,最关键的,前面,我们说过军工行业的决策群体普遍比较重情义、讲平衡,这个项目中,就算西安的企业还是挤进来了,用户仍然有较大的可能还是会从平衡、情感或者保持可控竞争的角度,部分采购成都企业的试用产品,对于成都企业的市场进入和新用户拓展的目标来讲,结果仍然可以接受,该营销过程的最终结果,成都企业获得5套设备订单,成功进入西北市场。

2. 产品演示

对于装备配套而言,产品演示是一种非常好的营销方法,尤其是需求紧迫的情况下。

案例: 某部队需要采购一套车载电子装备,预计合同额2000万元,实力最强的是北京的A所和成都的B所,不论是技术储备、人才团队还是综合实力,位于上海的C所都有一定差距,在国内也没什么名气,但是,在投标前的很长时间里,A所和B所把注意力都放在对方身上,却忽视了其他潜在竞争对手,而C所,所长负责高层公关,主抓生产和研发的副所长带领相关团队加班加点,在方案完善的基础上,预投了近800万元,直接把这套车载电子装备赶在投标前研制了出来,并通过营销策划,将采购主管部门的领导和相关专家邀请到了上海进行现场演示,最终,C所夺标。

3. 系统仿真

由于很多军工企业在营销过程中,需要通过很直观的东西给机关和用户以决策依据,尤其是新产品、新技术和新领域,系统仿真结果是很好的支撑。

案例:某专项的策划过程中,由于是填补国内空白的一个工程,经费投入大,时间紧,同时还有一定的实施风险,国家发改委及相关军队部委迟迟无法下决心给予正式批复,项目推进不下去,停在那里了,后来,企业通过渠道找到一家专门从事军用系统仿真的公司,虽然基础数据并不完整,但通过3个月的努力,做了一个基于实战数据的仿真系统,主要是演示效能分析,结果非常具体直观,其可信度获得了领导及专家的认可,项目得以进入批复流程。

22.3.3 招标投标阶段

在整个营销过程中,招投标阶段是最为关键的环节之一,开标、评标和定标是招投标过程的固定阶段内容,下面,结合笔者的实践经验和体会,从开标、评标和定标三个方面来讨论军工营销人员在招投标的过程中需要采用什么方法,注意什么问题。

一、开标

在开标过程中,营销人员要格外注意开标前的工作准备。

(1)开标前,必须掌握了解所有参与投标单位及其相关信息,并根据名单进行竞争指数分析,不要写长篇大论的报告,但分析一定要全面、具体,对于优劣势的分析比较要客观,尤其是竞争指数超过自身的单位,需要非常细致深入地分析其短板,然后寻求战胜之"道"。

案例:在某次军兵种的项目招标中,A企业在技术上占微弱优势,其他诸如渠道、关系、品牌等方面都处于下风,在进行了详细的分析后,在充分挖掘并渲染技术创新性和应用可靠性的基础上,企业营销团队针对采购部门及用户对于该项目保密度的重视,强调自身在保密方面的投入、举措和独特优势,最后成功挤掉多名对手,成为该项目的副总体单位。

(2) 开标前,营销人员要对投标方案进行反复审查,尤其是否有缺项,或者严密性方面是否有问题。

案例:在某次投标过程中,某企业前期做了非常多的工作,感觉胜利女神已经在招手了,但却忽略了对于投标方案的严格把关,在一个小指标的描述上出现了错误,发现时已经进入专家打分评标阶段,少数几个倾向于其他单位来承担任务的评审专家,在会上抓住问题不放,而当时的答辩人员没有做好准备,回答的效果不好,最终失标。

(3) 开标前,营销人员要反复阅读并研究招标文件的内容,尤其是细节要求,可能一个小疏忽就会导致整个营销工作前功尽弃。

案例:2009年,某军工企业在组织参加一次项目投标的过程中,由于没有详细阅读招标说明,没有注意到招标书中要求报价内容不含某单机设备,结果不仅价格飙升,在指标和成果交付内容方面也出现了重大偏离,一开标就成为废标。

(4) 开标时,要善于合理利用规则和抓住漏洞。有些时候,用户自己在招标时,由于并非专业人士,难免出现瑕疵,甚至是低级失误。

案例:2011年,某项目进行招标,采用邀请招标方式,但由于招标工作人员缺乏经验,而项目多,时间紧,于是,招标组织方决定在当天晚上评审完三家,第二天上午接着评后面的三家单位,而通过抽签,A研究所排在第四位,当天晚上,即通过相关渠道获得了前三家竞争单位的大致报价,马上有针对性地采取了应对措施,改进投标策略。事后证明,当时的信息收集和决策分析有多么重要,举这个案例,就是为了说明,军工营销人员除了信息收集、分析处理能力之外,敏锐性和对于招投标漏洞的非常规攻击能力要异常出色,才能把握住一些稍瞬即逝的机会。

二、评标

对于评标过程,营销人员要关注以下方法运用:

1. 专家名单

在规范化的军工项目,评审专家名单一般是通过从专家库里面随机抽选的方式确定,但如果是军队用户直接组织的招标工作,很多时候条件有限,那么只能自行从所了解的行业专家里面筛选。在军工企业有足够的实力承担好项目建设或者装备生产,也就是不损害国家利益的前提下,可以考虑以下处理方式:一是通过良好的企业形象和品牌影响,日积月累,注重与行业专家层面的沟通汇报,功夫在平时;第二是尽可能防止不利于本方的情况出现,如与竞争对手有利害关系的人不得进入相关项目的评标委员会。

案例:在某次投标中,军工营销人员发现,有一位专家曾经在竞争对手企业工作生活了二十多年,通过沟通协调,最终招标方主动更换了一名专家。随后,通过旁敲侧击,联系到对于用户单位意见能产生一定影响力的人员,站在第三方的角度,推荐了一名更倾向于本企业的专家人选。

2. 评分标准

评分标准有很多内容,主要有价格分、技术分、商务分等,这对于营销人员来说非常重要。价格分方面,有的是招标方根据经费情况,结合成本分析,确定一个价格,根据报价的偏离度来打分;有的是计算所有报价的平均值,作为最符合实际的满分标准,等等;技术分方面,有些侧重于装备可靠性,有些侧重于投标方的总体能力,还有些侧重于技术创新性等;商务分方面,有些评分标准更重视售后服务、有些更重视项目管理机制、还有些可能更重视单位的资质和保密方面的能力,等等。

案例:军工营销人员必须要十分重视对于评分标准的收集掌握,根据评分标准来调整制定投标策略和方法。如果用户更重视装备可靠性和与旧式装备的兼容,那么,在评标时,就要有所侧重,重点阐述这方面内容;如果打分标准更看重售后服务,那么就要适当提高保修期限、软件免费升级以及售后技术支持方面的所占比重。总之,在解放思想,实事求是的原则下,具体情况具体分析,要充分展现自己的优势面,实现既定营销目标。

三、定标

军工项目,定标一般不会在投标后当场宣布,有一定的时间跨度,这其中仍然有很多工作需要去做。定标后,营销人员还要持续关注后期信息收集。例如对于企业在投标过程的整体表现,用户方面或者机关方面是否有异议或者不满,中标通知书何时发放,等等。

结合信息收集情况,营销人员还需要再做一些沟通工作,夯实关系基础,促使有利于企业的投标结果落地。在军工行业中,判断是否中标,并具备法律效力的依据是中标通知书和合同签订,因此,定标后,仍然不能大意,应该促使招标方发放中标通知书,并尽快提前启动合同谈判和签订工作,不能给竞争对手任何机会,因为在系统工程中,分系统比较多,就算无法变更中标结果,却可以修正部分内容。

案例:在某次型号项目投标中,A研究所顺利中标,但在收到招标单位的电话通知中标后,营销部门出现了疏忽,为了争取项目完成时间,在还没有签订合同的情况下,直接将该项目移交给计划执行部门进行项目实施,而在此期间,失标的 B 企业没有放松,一直在努力争取,此消彼长,最终获得用户支持,从项目中挖走了非常重要的一个子系统的研制任务,由于获知消息时,用户的态度已比较明确,只能选择接受,A 所中标成功的效果和收益都大打折扣。

最后,不论是开标、评标还是定标过程,我们都需要高度重视细节,并防止经验主义。尤其是招标文件中的废标项,更是容不得半点马虎。

案例:2015 年,某研究所组织参加某大型系统工程招标,招标方在招标文件中规定,投标有效期要求确认为 90 天,否则废标,而某研究所承诺的投标有效期为 30 天,尽管技术分遥遥领先,该投标文件仍被作为废标处理,因为投标人只有 3 个,导致有效标不足 3 家而流标。

此外,由于用户的思路、模式、项目具体情况、评标专家的理解等诸多方面都属于变量,军工营销人员必须防止经验主义错误,有些方面,在军队用户那里没问题,但在国防科工体系的用户领域却是致命错误;在型号工程招标中,没有问题,但在预研课题投标中,可能就行不通,因此,军工营销人员务必要防止在招投标阶段犯经验主义、本本主义错误,要实事求是,具体情况具体分析地面对每一次招投标过程。

22.3.4 合同管理阶段

采购合同是用户与军工企业确定责、权、利关系的协议,是以法律形式规范调整军队用户和企业之间经济权益的一种形式和手段。目前军工市场中,存在形式最多的是预研合同、研制合同、装备采购合同等,完成投标后,企业就进入合同管理阶段。

一、合同签订

目前,大部分情况下,军工营销人员同时也负责相应的合同拟制、签订工作,但所起草的合同并不完全符合《中国人民解放军装备采购合同管理规定》中对于条款的相关要求,有相当一部分营销人员甚至根本不知道合同拟制的依据是什么,这其中存在相当大的隐患,最常见的,就是合同缺项问题。军工采购合同,一般主要包括以下条款:合同当事人;合同订立的依据;合同标的和数量;交付技术状态;价格、经费支付方式和条件、开户银行和账号;履行期限;包装、储存、运输及交付要求;质量保证要求;质量监督、检验验收内容和要求;服务保障要求;保密要求;其他约定的事项等。

此外,对于合同起草的依据和条款,军工营销人员必须清楚,有时候营销人员嫌麻烦,会在很短的时间里在原来合同模板的基础上,修改一下时间和金额就算完成。为什么一直没有出现问题,只是因为目前军工行业的参与单位信誉度都非常高,信用体系比较完善,相互之间也有合作基础,就算是出现了一些合同方面的问题,大家也都通过协商解决掉了,很少付诸于法律维权,但没有出现较多的问题并不代表没有问题。

招投标阶段后,对于承研单位来说,如果中标了,那么进入签订合同阶段,如果失标了,企业及营销人员也不要气馁,结合实际情况,一方面是继续开展与总部及用户的沟通,表示理解,表达希望,为下次投标做铺垫;另一方面是和中标单位联系,看能否在系统中承担哪些工作,这也符合市场经济中竞争与合作并存的原则。

二、合同履行

签订完合同后,由于军工行业用户的特殊性,承研单位可以考虑直接进入合同履行阶段,也就是研发生产阶段,在军工行业内,一旦用户或者招标机构以书面形式通知中标结果,从周期保证来说,军工企业一般不用等第一批次经费下拨,便会提前启动项目的计划管理控制流程。在合同履行过程中,军工营销人员介入较少,这是资源有限状态下的权宜之计,会有一些问题,尤其是与用户的沟通模式会发生改变,而这种改变往往并不是用户所期望看到的。

案例:在某系统工程项目争取阶段,用户希望能配合总体单位A企业,承担其中部分应用软件的研发任务,企业的营销部门答应在项目中标后,这一部分由用户单位的技术团队完成。但在该项目顺利中标并被移交到计划执行管理部门后,由于信息沟通不畅,加上营销部门、计划管理部门以及采购管理部门对于项目情况认识上的不一致,出现了两个失误,一是当时答应用户的应用软件研制外包没有执行,而是企业自己完成;二是最了解用户需求的营销人员没有把情况移交到位,也没有持续跟进项目进展,而计划管理人员并不关注该项目及其问题状况,项目完成情况很不理想。最终,用户很不满意,不仅延后了尾款支付时间,同时明确表示短期内不再考虑将项目交给A企业。

因此,在进入合同履行阶段以后,企业要建立非常顺畅的内部沟通和信息流动机制,军工营销人员也要拿出相当一部分的精力来协调和保障各方资源对于项目的倾斜,如果人力资源够,精力上也能保证,建议营销人员参与项目执行过程,从头到尾跟进项目进展。

三、合同变更

军事采购合同双方,尤其是军方,并不希望在合同履行过程中出现什么变化,然而,在实际的履行中,有时候避免不了会出现异常情况,导致合同必须进行变更甚至终止。对合同变更、终止的谈判控制,是管理合同的重要内容,也是军工营销人员必须掌握的技能之一。

以合同变更为例,合同变更就是对已签订生效的合同进行的修改或者补充,必须得到甲乙双方的一致同意,但由于军事采购合同自身具有的特殊性,军方往往在签订的合同中附有一条特殊的变更条款,赋予采购方一定的单方面行动权力,以使其在重大问题上或者关键时刻能对项目承包商具备有效约束力,它不是双方通过谈判达成的协议,而是用户单方面采取的行动,例如政策原因,或遇到不可抗力事件的发生;由于技术水平的原因,合同继续履行下去后果严重;军事战略变化使合同继续发生已无意义等。

目前,军工行业的合同变更率保持在可控水平,基本上都是甲乙双方都协商后的结果,单边变更的情况很少,作为军工营销人员,在符合国家利益的前提下,要尽可能避免不利于自身的变更,尽可能推进有利于自身的变更。

案例:2016年1月,军委下文,要求军队单位全面禁止一切有偿服务,某军队属性研究所,马上成立了科技有偿服务清理领导小组,对正在执行的部分技术服务合同进行了有选择的中止。

第九部分 军工营销的配套体系

军工市场在客观上的不断变化发展,要求军工企业在主观上必须与之相配合,相适应,向高层次、全体系的营销方向迈进,这就要求军工企业必须建立完善的军工营销配套体系,包括质量、保密、管理等内部体系建设,以及对于外部市场环境中行业文化、采购管理体系的熟悉了解,这些都是军工营销的核心支撑力量,也是军工营销人员必须熟悉的重要领域。

本章重点从军工市场环境中的行业文化、采购体系的研究,来阐述军工营销配套体系建设的相关内容,并结合营销工作实际学习掌握,保证企业在军工市场的可持续发展。

第23章 军工行业文化体系

一个拥有强大生命力的行业,必须靠文化来管理和驱动。可以说,文化,是一个拥有梦想和情怀的企业,可持续发展的逻辑起点和最终的价值归属。

80多年来,我国的军工事业从无到有,从小到大,逐步建立起独立自主,配套完整的行业架构体系,与此同时,具有我国特色的军工文化也通过不断地总结提炼,丰富并提升着它的内涵,其影响力和作用力持续增强。在军工辉煌成就的背后,是以"两弹一星"、"核潜艇"和"载人航天"精神为核心内涵的、具有鲜明时代特征和行业特色的军工文化和军工精神。

23.1 概念、本质和内涵

一、概念

崇高的企业文化铸就成功的企业。所谓企业文化,是指企业在长期的生产经营实践中,所创造和形成的,全体员工认同并遵守的具有本企业特色的精神观念,并且把这种精神观念具体地体现和落实在企业经营管理和品牌建设的各个层面,包括企业使命、经营准则、工作作风、道德规范、发展目标等。企业文化实际上是作为人的价值理念而体现并存在的,而人的价值理念又是对现实活动的反映,因此,不同行业、不同企业都有自己不同的企业文化,有自己的特殊性,但另一方面,同行业中企业的文化内涵又有着本质上的相似和统一。

军工文化,就是军工行业中的企业文化组合,它是文化类型中的一种,随着军工行业的发展而发展。我们可以这样来定义军工文化:它是军工行业成员,包括组织和个体,在一定的社会历史条件下,在长期的工作实践中逐步形成并普遍认同的行业文化,是军工行业特定的价值观念、制度规范和行为方式等文化要素的总和。

文化是军工行业发展的内在要求,是基石和根本,也是军工企业的生存哲学和生命工程。军工文化建设,是军工行业在长期生产经营活动中群体意识的综合体现,是行业发展战略中一项长期、艰巨而细致的系统工程,通过文化建设,最终目标是建立军工行业的核心竞争优势,实现科学可持续发展。

二、本质和内涵

构建军工文化,弘扬军工精神,是我国军工事业可持续发展的重要保证,也是任何时期、任何阶段都必须突出的主题。军工文化的形式多样,不断发展变化,但其本质是社会主义核心价值观的具体体现。我们所谓的军工文化建设过程,就是把社会主义核心价值体系融入军队现代化建设体系的过程,就是如何正确处理国家利益、社会利益与集体利益、个人利益关系的过程,这里面,"两弹一星"、"载人航天"和"核潜艇"精神,都体现了有中国特色社会主义的文化精髓,是先进军工文化和军事文化的代表和重要组成部分。

军工文化的本质和内涵主要体现在以下几个方面:

1. 以爱国主义为核心的"报国文化"

表现为军工人具有强烈的责任感和使命感,自觉实践热爱祖国、献身国防的理念。军工行业是一个特殊的行业,它是直接关系到国家利益和国防安全的战略性产业,其状态与国家的安危、地位息息相关,从有军事工业的那一天起,爱国主义就深深地印刻在不同时代每一个军工人的灵魂深处。爱国主义是军工文化的核心内涵,也是军工行业与其他以逐利为主要目标行业的本质区别,军工人忠诚事业、严谨细致、无私奉献的工作作风和群体文化都来自于爱国主义的感召。

2. 以集体主义为核心的"和谐文化"

表现为军工人具有强烈的大局观念、团队意识以及人文精神,自觉实践以人为本、团结协作、和谐共赢、共同发展的理念。军工行业的特殊性,决定了集体主义情怀在军工文化中的特殊地位,是军工文化中不可忽视的重要组成部分,具体表现有三个方面:员工对于企业的忠诚和奉献;企业对于员工无微不至的关怀;员工之间如同兄弟姐妹般的凝聚力和协作力。军工人所从事的每一项工作都是系统工程,它既涉及团队内部的配合协调,同时也涉及跨领域、跨单位、跨部门之间的配合与协调,要想科学发展,必须依靠集体的力量,依靠和谐的文化,依靠人文关怀的精神。

3. 以追求卓越为核心的"创新文化"

表现为军工人强烈的学习态度和创新意识,自觉实践刻苦钻研、开拓创新的理念。以国家的需要为自身使命,勇于创新,追求卓越,是我国军工文化中的光荣传统和优良基因。军工行业的发展在一定程度上直接取决于国家整体工业、经济水平及创新体系的建设状态。目前,我国的军工行业与欧美强国相比,不管是行业地位、管理机制、创新体系、生产能力还是配套资源等,仍然存在较大差距,尤其是军工核心技术创新和管理机制创新方面。在这种情况下,军工人始终坚持自强不息、勇于探索、不断超越,在各个军工领域都取得了一系列具有国际影响力的科技创新成果。

4. 以团结奋进为核心的"拼搏文化"

表现为军工人的坚定信念和拼搏意识,自觉实践奋发有为、不畏艰险、拼搏进取的理念。我国的军工是从无到有,慢慢发展和壮大起来的,不论是"三线"建设时的艰苦,还是出山进城后的奋斗,军工人始终不畏困难和挑战,"敢打仗,打胜仗"。为了完成国家所交予的任务,勇于克服困难、艰苦奋斗的拼搏文化为我国军工行业的可持续发展提供了源源不断的动力,创造了一个又一个的奇迹。

23.2 军工文化的作用地位

管理大师杰克·韦尔奇指出:"文化是通用电器最无法替代的资本,是企业的核心竞争力"。对于军工市场来说,其市场竞争的高级形式集中体现在企业文化之间的较量,文化竞争的时代已经到来。文化,决定着军工企业未来的发展方向、能力和空间,是军工企业获得影响力,赢得竞争的根本所在。这里,我们分别从行业、企业和个人层面来阐述一下军工文化作用和地位。

一、行业层面

军工文化是我国的军事工业在漫长的发展过程中积淀下来的光荣传统和精神财富,是军工之"魂",是整个军工行业的文化传承与积淀,是渗透到军工全行业的理想信念、价值观念、道德规范、规章制度、思维方式、工作作风、传统习惯和行为规范的形式综合,是爱国主义、集体主义、追求卓越和团结奋进精神的生动体现,蕴藏着巨大的力量,也是推动军工行业不断创新发展的决定性力量。

二、企业层面

我国的国防现代化,我军的武器装备现代化主要靠军事工业,军事工业的发展主要靠军工企业,而军工企业兴旺发展的关键正是先进的军工文化。军工文化最核心的体现就是企业信奉并付诸于实践的价值理念,是企业的灵魂和精神支柱,是企业核心竞争力的重要内容,是企业持续发展的动力源泉,也是军工企业取之不尽、用之不竭的宝贵财富。

三、个人层面

对于军工从业人员来说,军工文化必须成为融入到血液中和灵魂里的精神支柱,将军工文化融入到个人价值观、世界观和社会观,是不断提高军工人的综合素质、促进其全面发展的必然选择,是个人提高工作创新力和打造核心竞争力的重要举措。作为军工营销人员,我们必须拼搏进取,坚定践行军工核心价值观,大力弘扬军工精神,达成个人的事业追求。

23.3 军工文化的特征与核心要素

一、核心要素

军工文化的核心是价值观，海尔集团 CEO 张瑞敏说："企业发展的灵魂是文化，而文化最核心的内容应该是价值观"。核心价值观是企业为达到经营成功而产生的，并在企业的经营过程中共同遵守，反映企业意志的价值理念，是企业经营管理的深层反映，是融化了民族与时代特色的个性特征。军工企业核心价值观的主要内容包括：国家至上、以人为本、不断创新、拼搏进取等，纵观我国十一大军工集团的发展历程，尽管它们的核心价值观表述不尽相同，但价值观的内涵与本源都是一致的。

对于军工企业来说，核心价值观是最具价值的无形资产，也是军工文化的动力源泉，在帮助企业不断地创造新价值的同时，其能量渗透到企业的目标、战略、政策、日常管理等一切活动中，反映到每个组织、部门、员工和产品上，也辐射并影响到企业的外部环境。随着社会的发展，我们需要与时俱进，不断构建并完善适应时代需要的企业核心价值观，才能使军工企业立于不败之地。

军工核心价值观能激发军工从业人员的使命感、责任感和荣誉感，还有工作热情和创新精神，由表及里地约束、引导和激励着全体军工人的行为，并将其影响延伸至整个行业。任何一个意欲在军工市场有所作为的企业，必须深刻地领会核心价值观对于企业的重要意义，并且在正确的理论体系指导下，坚定地树立和奉行军工核心价值观，结合企业特点，创造出具有企业特色的军工文化，从而使企业在日益复杂多变，竞争激烈的市场环境下，自成格局，游刃有余，为企业带来可持续的核心竞争优势。

二、军工文化特征

生机勃勃的军事工业为军工文化的形成提供了丰厚的土壤，军工文化又以其鲜明的特征、强大的凝聚力和感召力，为军事工业的发展提供巨大的精神动力和恒久的智力支持。与一般企业相比，军工企业文化的不同主要表现在以下几个方面：

1. 使命为先

企业使命是企业要去完成的任务，是对企业目标存在原因的具体阐述，是企业首要的宗旨。有别于将经济效益放在首位的其他行业市场,军工企业肩负着壮国威、保安全、振民心的历史重任,必须把国家、民族和人民的利益始终放在首位,具体体现如"国家利益高于一切""服务于国家国防安全、服务于国家经济发展"等。

2. 以国为重

核心价值观是企业经营管理的总原则,它影响着军工企业日常管理的方方面面,决定着军工个体的价值取向。其中,把国家的利益放在首位,坚持以国为重的核心价值观是军工企业发展的根本,具体如"以国为重,以人为本,以质取信,以新图强""事业高于一切、责任重于一切、严细融入一切、进取成就一切"等。

此外,与其他行业文化相比,军工文化还有始终保持先进性,弘扬科学创新精神,严格强调组织纪律等突出特点。最后,需要重点强调的是,作为军工文化的主要载体,军工人是军工企业精神文化的创造者,是企业行为文化的体现者,也是企业制度文化的执行者,他们的群体行为决定企业整体的精神风貌、文明程度和战斗力。

23.4 军工文化的发展历程

要想守住文化的根,就不能忘记历史的本。在我国军事工业不断发展壮大的过程中,正是独特的文化力在不断提升军工行业发展的核心竞争力,有力地推进国家军事工业的科学持续发展,不仅创造了以两弹一星、载人航天为标志的辉煌成就,而且形成了具有丰富内涵、鲜明特征和行业特色的军工文化。下面,重点介绍一下我国军工文化的发展历程。

一、播种:1949年建国以前

我国的军事工业从创立初期一直到1949年建国,这个阶段并没有成体系的军工文化,主要停留在口号宣传和隐性的精神层面,依赖于军工人的信念和自身约束,比较有代表性的是在抗日战争时期形成的"自力更生、艰苦奋斗、万难不屈,一切为了前线胜利"的延安兵工精神,内涵中,更多的是以国家的安危存亡为己任的爱国主义、以民族奋发图强为特质的艰苦奋斗和以大局利益至上的自我牺牲精神。

二、萌芽:50年代至70年代末

建国后,随着军工产业取得的突出成就,积累了较为深厚的文化底蕴,军工文化开始萌芽。艰苦奋斗、自力更生、开拓创新、国家利益至上是这一时期军工文化的主基调,"热爱祖国、无私奉献、自力更生、艰苦奋斗、大力协同、勇于登攀"的"两弹一星"精神是这个时期军工文化的集中体现和生动写照。期间,我国在政治上、经济上、军事上经受着国际反华势力的全面包围,针对战争随时可能爆发的国际形势,国家决定进行"三线"建设,一部分军工企业与人员前往三线地区,新建了相当部分的军工企业,军工文化开始成建制、成系统的发展演变。

三、蛰伏:80年代初至90年代末

1978年党的十一届三中全会召开后,军工行业所处的政治、经济、社会和文化环境都发生了翻天覆地的变化,这一阶段是军工文化的蛰伏期和过渡期。军工企业、科研院所开始逐步走向市场、参与竞争,计划经济和市场经济不断地碰撞融合,国家利益和经济效益需要双向均衡,面向市场、开放包容、追求创新和效益的文化理念开始逐步萌芽,文化开始成体系发展,并从背后走上了前台。

这期间,军工行业开始逐渐发展壮大,比较有代表性的事件是军品订货与采购制度的成型、完善,以经济建设为中心的治国方略和"军民结合、平战结合、军品优先、以民养军"十六字方针的提出,等等。蛰伏阶段,军工文化新的发展模式逐渐成形,为后来的破土而出积蓄了充足的力量。

四、爆发:21世纪以来

进入21世纪之后,军品供求更加灵活,竞争更加激烈,军工科研生产朝企业化方向迈开了实质性的一步,军工文化建设也取得了突出的成绩,尤其是2003年神舟五号载人飞船发射成功后,胡锦涛同志在讲话中首次提出要大力弘扬"载人航天"精神,并把"载人航天"精神的内容概括为"特别能吃苦、特别能战斗、特别能攻关、特别能奉献"。"载人航天"精神是"两弹一星"精神在新时期的继承和发扬,是我国军工企业发展的宝贵精神财富。

新时期、新形势下,对军工企业及军工人来说,我们要注意继承并发扬军工行业的优秀传统文化,用发展的观点和创新的思维对原有的文化、精神、价值、理念进行整合和提升,赋予新的时代内涵,在继承中创新,在弘扬中升华,使军工文化一脉相承。

23.5　军工文化所面临的问题

虽然我国的军工文化建设取得了令人瞩目的突出成绩,但仍然存在一些问题,主要体现在：

(1)认识深度不够。一些军工企业没有真正领会军工文化的实质以及文化对科研生产、未来发展的重要作用和价值,认为文化体系建设比较空,实际意义不大,效果也不明显,于是关注重点全部集中在研发生产和市场开拓上,这是严重的误区;

(2)存在形式主义。部分军工企业把文化建设的口号提得很响亮,但始终浮于表面,将文化建设搞成了文字游戏,没有扎实地开展具体的企业文化体系构建工作;

(3)文化创新不够。极少有企业或个体,专注于研究开展军工文化的创新工作,很多都是复制和延续,文化需要传承,但绝不能只做传承,文化创新是判断企业创新能力的重要标准;

(4)不清楚方向。就是没有真正认清国家对军工行业、企业进一步深化改革和文化力提升的要求和方向,导致很多工作都是无用功,甚至是起反作用的;

(5)开放度不够。国企文化和军工特有文化的融合是在体制的范围内开展的,不利于百花齐放、百家争鸣,在某种程度上限制了军工文化的全方位发展。

新形势下,随着世界范围内新军事变革浪潮的风起云涌,如何培育引领时代潮流、符合自身发展、具有军工特色的更加优秀的军工文化,如何进一步推动军事工业的持续、快速、健康、和谐发展,建设创新型军工文化,适应特色新军事变革,是增强我国政治影响力,提升国际地位的重要保证,同时也是军工行业面临的使命责任和艰巨挑战。

23.6　军工文化建设的趋势与展望

对于军工企业来说,要始终坚持市场目标和崇高宗旨的辩证统一,恪守商业诚信和企业道德,不断寻求自我超越。以利润为最高目标甚至唯一目标的实用主义只会增加军工企业的市场风险,而承担社会责任、构建和谐环境才是军工企业文化首要的价值准则。这就要求军工企业在内部树立正确的世界观、人生观和价值观,建立共同的理想信念,熔铸坚强的精神支柱;大力弘扬正气,发扬开拓创新、无私奉献的精神,实现个人、企业、用户和国家利益的和谐统一,共同发展,这才是军工企业社会价值实现最大化的完美境界。

"十三五"开始,军队和国企改革将进入具体实施阶段,需要抓住这次契机,以现代化企业制度为参照,全面适应市场要求,制定发展纲要和经营策略,以军工核心价值体系为根本,建立适应军工新市场经济体制的文化体系,建设特色鲜明,独立、完整、系统的军工文化。

这里,以某军工重点研究所为案例,阐述对于军工文化建设的看法。相比其他军工企业而言,该研究所具有非常好的文化体系基础,具有无私奉献和拼搏进取的精神传承,人才丰富,整体文化结构、知识水平、个人素质都较高,经过60余年的积淀,科技成果丰硕,在部分专业领域取得了巨大的成就;但另一方面,也存在诸如市场机制不灵活、文化宣传效果不显著等诸多问题。如何在新时期,新形势下建设以文化为灵魂、以制度为依托、以形象为载体、以创新为根本的特色文化,可以考虑从以下几个主要方面着手。

一、文化宣传

做好军工文化的宣传工作非常重要,对于军工研究所,科技实力、经济实力、人才实力都是硬实力,宣传工作是软实力,软实力上不去,其他工作就没有活力。新时期,军工研究所要走科技产业化发展道路,要不断提高市场竞争力以谋求长足发展,必须依赖强有力的宣传工作,对内增强凝聚力、向心力,对外强化研究所和产品形象的推广,要增强形象意识,注重整体策划。

军工研究所往往具有丰富的文化积淀和建设成就,但受其自身机制和特点限制,文化宣传和形象推广工作做得并不好。随着军民融合以及军工科技产业化发展步伐的加快,军工市场化的发展必然要求研究所要善于正确把握新形势下信息传播的特征和规律,提高媒体运作能力,持续向外界展示良好形象。

二、文化融合

目前我国的军工市场和行业发展处于转型期,这个过程中,军工研究所必须学会以优秀的哲学理论为指导,紧密结合军工行业的转型发展和战略设定,搭建文化体系框架,整合国内外、行业内外其他企业文化的优点和资源为自己所用,并在此基础上创新出属于自己的特色军工文化。

具体操作上,就是将符合研究所发展战略要求的内容继承和发扬光大,将不符合的部分抛弃掉。一部分研究所不具备的文化要素,只要符合未来发展战略的要求,就应积极吸收为新文化建设的内容,并精心培育,使其逐步成为研究所文化的重要组成部分;此外,要根据确定的新文化内容制定文化融合的方案,选择合适的文化融合模式,并明确研究所文化融合在不同阶段的工作目标和任务、措施和手段。

三、以人为本

要重视构建人本化的军工研究所文化,军工研究所只有把"以人为本"的理念落实到了各项具体工作中,切实体现出对员工的尊重、信任和充分支持,才能赢得员工对单位和集体的忠诚。这方面,军工研究所,尤其是军队属性的科研院所,等级观念很强,基层工作人员离精神上的自我实现以及被尊重需要的满足还有一定差距。十八大以来,我党我军所广泛开展的群众路线学习,就是要强调以人为本,人才是军工企业最为重要的资产,既然值得信赖,应当受到尊重。

四、创新求变

军工文化是一个不断创新的过程,是军工研究所可持续发展的动力和源泉。继承是创新的基础,创新是辩证地扬弃,只有创新的文化,才是反映军工精神风貌的文化,才是体现时代发展方向的文化,才是有生机活力的文化。我们要继承和发展军工文化中的优良传统和精神,总结典型经验,注意吸收其丰富营养和文化精髓,着眼未来发展需要,整合和创新原有的研究所精神、经营管理理念,并赋予新的时代内涵,适应军工行业发展对于文化的要求。

总之,新时期、新形势下,军工企业在转型过程中面临从计划到市场、从军品到民品、从垄断到竞争、从被动到主动、从国内到全球的多重转变,军工市场及行业的改革发展要求,迫使我们必须从企业文化上进行突围。对于军工营销人员来说,了解军工行业文化和企业文化建设相关内容非常重要,军工企业也需要营销人员建立与科研创新文化紧密结合的富有个性和战斗力的军工营销文化,培养营销人员共同的价值理念和精神追求,营造积极向上的良好氛围,建立与市场发展和营销机制相匹配的文化体系。

第 24 章 军工市场采购体系

军事采购,是国家把社会经济力转化为军队战斗力的最重要渠道,是我国政府根据国家战略、国防安全和社会主义市场经济发展的要求,通过实行国家军事订货,保障武器装备和其他军用物资的采购供应过程。军事采购属于政府采购的一部分,但在遵循政府采购基本制度及原则的前提下,由于其军事性、保密性等特点,与政府采购又存在一些不同,有自己的特点,相对独立。某种角度上来说,军工市场就是军事采购市场,军工企业的生存和发展依赖于军事采购,了解掌握军事采购体系的概念、模式、管理和流程等相关内容,对于军工企业及行业个体来说,至关重要。

本章关于军工采购体系的分析阐述,都只针对现阶段的情况而言,军队在持续改革过程中,采购体系如何改变以适应军事需要,需要大家以发展的眼光,辩证地看待并有选择地吸收。此外,军事采购分为武器装备采购和军事物资采购,本章以武器装备采购为主要对象进行阐述。

24.1 军事采购概述

对于军工企业及其下属各部门来说,每天都在直接或间接地参与着军事采购过程,尤其是营销部门,几乎所有的工作重心都是围绕军事采购行为来开展,因此,营销人员必须熟悉我国的军事采购体系,对于整个军事采购的原则、规范、制度、要求、流程要了然于胸,并掌握其行事规律和方式方法,这是做好军工营销工作的基础,也是成为顶尖军工营销人员所必须具备的能力。

24.1.1 主要概念及区分

一、军事采购

军事采购,是指军队运用国家财政资金,以法定采购方式与程序,采购武器装备、军事物资、工程与服务的活动。我国的军事采购既是军事活动,也是经济活动,具有绝对保密、相对垄断及个别独立性:军事采购反映军事用途与目的,关系到国家安全,保密性毋庸置疑;采购的参与主体是军队职能部门以及自成体系的军事工业部门,整个采购过程具备一定独立性;垄断性方面,从目前我国的军工市场和行业实际来说,市场交易双方都存在一定程度上的垄断行为。

目前,我国实行的是政府管控体制下的军品采购管理,这符合我国的经济和军事工业发展现状和特点。有部分观点认为我国的军事采购可以完全市场化,用完全的市场竞争来推进发展,此类观点有失偏颇,事实上,欧美是全球军品采购市场化进程最发达的地区,也没有办法实现所谓的完全市场竞争。

二、军事订货

军事订货,是军队按照计划,采用合同或协议形式,向军工单位或者企业约定购买武器装备和其他军事物资的行为,军方一般会通过军代表或其他组织、渠道实施质量监督,以保证能及时获取符合其要求的武器装备和军事物资。

一般来说,军事订货的主要内容就是签定订货合同或协议,通过合同或协议规定军品数量、质量、完成时间、交货与付款方式、价格等。订货合同的签定意味着订货活动的结束,其余的活动如需求的确定、采购计划的编制、采购经费的预算包含在采购过程中,是不同于订货的其他采购行为。

三、军事采购与订货的区别

这里为什么要把军事采购和订货分别阐述并进行比较,是因为我们很多的军工从业人员经常会把军事采购等同于军事订货,概念存在混淆。实际上,军事订货是采购的一部分,以武器装备的军事采购为例,它是一个过程,涉及预先研究、型号研制、试验、定型、订货、交付使用和后期保障,而武器装备订货一般是在装备定型后发生的行为,是武器装备采购过程的一部分。就某一具体的军事采购项目来看,其业务流程是采购需求的提出直到产品交付部队使用全过程中的所有活动,而军事订货只能看作是在此过程中一个特定阶段的工作,因此,军事订货是包括在军事采购之中的,是军事采购的一个阶段性工作。

24.1.2 军事采购的市场化及历史发展

军事采购因各国政治、经济、军事制度的不同而有所差异,但有一点是共同的,基本上都是市场化或者正在市场化的过程中。对于我国军事采购活动来说,只有走向市场,才能打破封闭,才能促进竞争,才能科学发展。市场化是必然的,是历史发展的主动选择,是发展社会主义军工经济的客观要求,是深化国防战略的基本途径,也是落实我军队信息化建设及装备现代化发展目标的有效手段;市场化也是可控的,军工市场的可控对于国家意志的具体实现和有效管理具有重要意义,其效益直接体现在军事斗争准备,为军队现代化建设创造良好环境等各个方面。

我国的军事采购体系在不断发展与完善中,有几个重要节点,分别是1978年的改革开放、1998年总装备部的成立和2015年的军队改革,成立新的装备发展部。在这里,可以将其发展分为四个阶段:

(1) 1978以前,在计划经济体制下,军事采购主要是指令性计划生产和分配制度,这符合当时的国情和军事战略需要;

(2) 1978—1998年,此阶段,国务院、中央军委对军品获取实行统一领导和决策,各有关部门对武器装备的管理实行分工负责。随着市场经济体制的初步建立,为适应新的经济体制和军事发展战略的要求,国防采购经费由原来的直接拨给军工部门,改为拨给军事采购管理部门,由军事采购管理部门与军工部门建立订货合同关系,这也意味着军事采购市场化进程的逐步深入;

(3) 1998—2015年:我国积极开展军事采购管理架构调整,发展健全有中国特色的军事采购模式。1998年,成立了中央军委领导下的全军武器装备采购管理机构——总装备部,这也成为军事采购制度市场化改革进程中的里程碑事件。从军事采购的角度看,结构上的分拆重组致力于将采购方与供给方完全分开,在军工市场中两者尽量都以交易主体的形式存在,这也意味着军事采购市场化体系的初步形成。

(4) 2015年— :2015年9月3日,习近平主席在世界反法西斯胜利70周年阅兵式上,庄严宣布中国裁军30万,这绝不是一个简单的数字,而是意味着整个军队编制体制的变化和调整,包括军队领导管理体制、联合作战指挥体制、军兵种力量结构和政策制度改革等。伴随而来的,必然是军事采购体系的适应性调整和改变,如管理模式、军民融合、采购流程、军事代表体系等,其中装备发展部的成立,以及军事代表体系的重新整合归并,军兵种装备部门主导权更多,都很有代表性。

24.1.3 军事采购的目标、作用和特点

一、目标

军事采购的目标主要是加强国家对于军工这种涉及国家安全的特种行业的管控,使之更安全、更经济、更高效,但在安全和高效中如何把握好这个度,很值得推敲。

案例:某国家专项工程分系统竞标,军队采购主管部门先后组织了四次竞争 PK,包括从初步筛选、有选择发放指南、方案择优到邀请招标,而有些分系统甚至在邀请招标之后,都没有结果,直接给每个投标单位一个试验样机研制任务,一年后再次进行投标竞争。一方面,采购周期太长延误了系统交付时间,同时提高了采购成本,直接造成国家资源的浪费;另一方面,在整个采购过程没有完全结束,但部分系统提前启动后,采购主管部门所委托的论证总体及技术管理单位出于部门利益,频繁插手并干预项目研发过程,导致研制总体单位及设备供应商无所适从。因此,如何做好宏观把控和微观推进的和谐统筹,是军事采购经济高效的重要保证,需要军工采购管理部门重点关注。

二、作用

军事采购是军队获取军品的唯一手段,也是促进我国军事工业科学有序发展的重要保证,其主要作用和意义体现在:(1)军事需求的扩张会刺激国家经济的快速发展;(2)军事采购可以牵引国家科技产业的技术发展方向;(3)军事采购可以作为一种国家调节宏观经济的手段,达到稳定经济和促进经济发展的目的;(4)军事采购是拉动国家军事工业发展的主要动力;(5)军事采购能够促使军工企业增强竞争意识,提高企业竞争力;(6)军事采购以竞争为基础,对于把军工企业推向市场,打破行业垄断,建立适应新形势的军民融合体制,有重要的现实意义。

三、特征

军事采购是国家战略、国防安全、经济发展和社会稳定需求的共同产物,地域不同、国家不同、时代不同,军事采购的机制、管理以及法规等方面都不一样,但其中也存在一些共性的、基本的特征。

(1)依托市场。以市场为依托,是主要军事强国,尤其是市场经济比较发达的国家在军事采购上具有的共同点,军事采购虽然具有很强的计划性,

但在市场经济高度发展的时代,采购活动仍然要以市场为基础来进行,这就要求军工企业强化市场观念,严格按照市场需求组织生产,重视技术创新,才能在军品市场中保证优势,取得发展壮大的主动权。

(2) 政府管控。军工采购是为国家利益和安全服务的,任何国家的军工生产和采购,都或多或少存在着政府干预的痕迹。以美国为例,其全球一体化市场经济的发展程度遥遥领先,但其政府对于军工行业的管控力度非常严格,尤其是对于其高精尖技术或者武器装备的出口,美国的军工寡头们也没有决定性的话语权,基本是政府主导。目前,我国的军事采购还处于发展的早期阶段,政府的管控非常必要,是必然的存在。

(3) 注重效益。效益提升是军事采购的存在基础,也是军工市场经济发展的客观要求,对于军事工业的科学有序发展具有举足轻重的作用。如何提升采购效益,绝大多数国家是通过对于采购过程的规范化管理来实现,我国也不例外,例如不断地进行机构调整以适应发展现状,不断地完善采购管理的规章制度,不断地优化军事采购流程,不断地吸收高素质人才以满足效益提升的需求等。

(4) 相对独立。军事采购遵循了政府采购制度的一般原则和要求,但由于与军事密切相关的特殊性,其所依托的环境、平台、主客体、战略、协调等方面都具有相对独立性。《政府采购法》也明确规定,军队采购的政策法规由军队自行制定。

24.2 军事采购管理体系

24.2.1 采购管理

一、机构组成

中国的军事采购最高决策层是党中央、人大、国务院和中央军委,负责颁布有关的重大方针政策和法规条例,审批国家军事订货与采购的计划和预算;执行管理层主要由军队总部中负责装备采购的主管职能部门,即装备发展部负责。

军工行业的所有参与者,都必须基本了解军事采购机构的分级层次化管理模式。对武器装备采购而言,其核心是总部装备管理机关、军兵种装备部的二级管理体制,一般来说,在军工项目的任务争取中,必须得到两级管理部门的一致认可。

二、采购规划、计划和预算

规划、计划和预算三者结合构成了一套完整的工作制度和程序。由专门机构进行管理,采取自下而上和自上而下分析、评估、审核相结合的方法,协调各阶段的工作和各方面的关系。

（1）规划。规划是某时期、某阶段军队所需装备的长远部署和整体构想,重点是解决国防发展的总体目标、方向、重点和规模等宏观性问题。在充分分析论证和综合评估的基础上,国家或军队采购管理机构根据需求的必要性、紧迫性、可行性等进行论证研究,总体平衡协调,制定出规划方案,报批后以文件形式自上而下地颁布执行。

（2）计划。计划是在规划的基础上,根据需求分析和经费状况,结合上年度计划执行情况而制定的具体采购工作安排和实施方案,重点是解决项目的优选和排序问题。其制定过程通常是军队各级部门根据自身的现实任务和紧迫需求,自下而上逐级制定、上报、汇总、审定,最终制定出各层级军事采购计划。

（3）预算。预算是根据规划和计划确定的项目编制的经费分配方案,重点是保证各个项目经费按计划落实问题。军队与国家财政部协商后提出下一年度的经费预算方案,批准后,由总部向各采购单元下达关于经费分配的指标。

三、市场准入及资格审查

对军工项目承研承制单位进行资格审查,是军事采购主体实行招标、竞争并择优签订合同的必要工作程序,武器装备采购合同必须与经过资格审查合格的企业和单位签订,军队装备采购主管部门专门针对此项工作制订了关于承研承制单位资格审查的管理规定。

目前,对于军工企业的资格审查,主要工作是验证企业的各类资质是否齐全,包括武器装备科研生产许可证、装备承制单位注册证书、军工产品质量体系认证证书、保密认证、涉密计算机集成、军用软件成熟度证书等,其中最关键的是军队装备主管机关所颁发的《装备承制单位注册证书》以及国防科工局颁发的《武器装备科研生产许可证》,意味着军工企业在证书所规定的承制范围内,成为军事采购的合格供应方。一般来说,有了这两个证书,其他的资质基本都是齐全的,而如果没有这两个证书,就算是拥有其他资质,在军工行业的很多细分市场仍然不具备承担任务的资格;资质申请中,最基本的要求是质量体系认证和保密认证,如果没有,企业几乎没有可能进入军工产业。

对于那些给军工集团或企业做设备配套、器部件级产品供应或者软件外包服务的中小型军工企业来说,有时候,对于资质的要求并没有那么的严格,但从发展趋势来说,军工行业会越来越规范,资质不全又缺乏核心竞争力的中小型企业将逐步被清理出军工市场,这个问题需要引起中小型军工企业的高度重视。但另一方面,随着国家对民参军模式的鼓励和推进,国家也将逐步放开军工市场,降低准入资质门槛。2015 年 9 月,国家发布了新的《武器装备科研生产许可专业(产品)目录》,目录共设许可项目 11 大类 755 项,相比 2005 年版本,新版目录减少 62%,只保留了对国家战略安全、社会公共安全、国家秘密安全有影响的武器装备,对武器装备战技指标、性能有重要影响的核心配套产品,以及难以依靠市场机制调节的专用配套产品,取消了部分武器装备一般分系统、配套产品的许可,缩减了武器装备专用原材料和机电设备的许可。新版许可目录的发布,对于进一步推动军工市场开放,充分利用优质社会资源,加快吸纳优秀民营企业进入军工领域,促进有序竞争,推动军民融合深度发展具有重要意义。

24.2.2 采购法规

要成为优秀的军工营销人员,必须了解掌握一些相关的军事采购法律法规,例如武器装备采购法规,以《政府采购法》和《国防法》为基础和依据,主要有军委颁布的《解放军装备采购条例》,以及装备采购主管机关制定发布的《装备采购计划管理规定》、《装备采购合同管理规定》、《装备采购方式与程序管理规定》、《装备承制单位资格审查管理规定》等规章组成,对于采购计划、采购合同、采购方式与程序、采购审价及资金支付进行了全过程规范。这些法规,只有少部分是公开发布的,有一些国防工业单位可以通过特别渠道获取,对于一些想进入军工市场的地方院所、民营企业来说,很难获取这些资料,那么就只能在工作当中,注意收集、整理、归纳并分析,最后形成一套相对比较成熟的符合法规体系要求的营销方法。

营销人员对于军事采购法规的掌握非常重要,以《装备采购计划管理规定》为例,其中规定了几个时间节点,如下达编制年度装备采购计划的时间,上报采购计划的时间,计划审核批复时间,计划下达时间,计划执行时间等。

这几个节点非常重要,因为,对于从事军工行业的管理层、项目经理或者营销人员来说,尤其是能够有渠道获得自己比较感兴趣的领域市场信息的大型军工集团或企业,这几个时间点掌握了,可以帮助单位在第一时间获得项目信息,抢占市场制高点。

24.2.3 采购模式

军工行业中,按军事采购方式,可分为招标采购和非招标采购,其中,招标采购又分为公开招标和邀请招标采购,非招标采购分为竞争性谈判、单一来源、询价以及采购部门认可的其他采购方式。由于军工采购的内容丰富,形式多样,其主体、对象、环境、要求存在差别,各有侧重,因此,公开招标、邀标、竞争谈判、单一来源和询价都是应用非常广泛的采购方式,对于笔者所从事的军工系统工程及装备配套项目而言,参与次数最多的是邀请招标模式,这是一种分寸控制比较好,更符合我国军工行业特征和发展现状的一种主流采购方式。

按军事采购的组织形式,有集中采购、分散采购以及两者结合三种模式。集中采购是设置专职机构或人员,根据采购计划,统一组织采购,在常规武器平台装备、通用装备以及军需物资的采购中很多时候都采用集中采购模式,在一些型号、系统级项目的建设中,大量的服务器、存储器或者显示器等常规配套就是采用集中采购,这种模式有利于内部协调、过程管理和成本控制;分散采购是用户单位为满足自身特定需求所实施的采购行为,分散采购主要针对批量不大或者有特殊要求的产品和技术服务的采购,其流程简单、采购成本相对较高,但是更符合用户的个性化需要,例如舰载装备、机载装备、后端信息处理软件等型号或系统级项目一般都是分散采购;此外,集中采购和分散采购各有利弊,若能很好地结合,对于采购管理部门、最终用户和军工企业来说是好事,例如系统中配套的需求量较大的单机装备或者货架产品,一般采用集中采购,而系统中需要重视用户分析,个性化特征明显,需要进行研发生产的部分,用分散采购模式更多一些。目前,军事采购的主管部门及用户一般会倾向于把能集中的集中,需要分散的分散,两者相结合的方式用得较多。

24.2.4 采购经费

目前,军事采购的经费主要分为科研费、购置费和维修费。

（1）科研费。包括科研试制费、装备科研费和专项经费等。科研试制费主要用于武器装备的预先研究、研制以及与武器装备科研有关的技术基础工作,由军队装备主管机关集中支付,各级装备采购管理部门根据拨款管理规定申请经费,经核准后,办理经费支付;装备科研费主要用于武器装备军内科研和技术革新工作,由装备采购主管机关根据批准的年度经费预算,通过武器装备经费管理渠道拨付;专项经费专项管理,按照有关规定拨付和管理,用于安排专项科研任务,如国家专项等。

（2）购置费。武器装备购置费是军队用于采购武器装备的经费,按军委批准的武器装备建设计划,分年度由国家财政拨给军队装备采购主管机关,按之前确定的年度指标,编制年度装备购置计划和预算,各级装备采购管理部门依据预算和装备交付的实际情况,通过各自的财务部门向企业付款结算。

（3）维修费。维修管理费,是用于武器装备的维护、保养、修理及维修器材、设备购置等相关保障活动的经费,目的是使武器装备保持良好状态,按军委批准的武器装备建设计划和年度经费标准,由军队装备采购主管部门进行管理使用。

这三种经费都来源于国家财政,合同都是单独来签订,分别对应于预研合同、系统研制合同、装备采购合同、维护检测合同等,其经费就是我们常说的技术预研费、研制费、购置费和维修费等。

24.3　军事采购关键流程

军事采购是一种政府管控下的市场交换行为,其行为主体中的买方代表就是前面所说的采购主管机关、职能部门和最终用户,卖方的代表就是以十一大军工集团为代表的军工企业。在现有的采购管理体系中,军事采购的关键过程主要包括:需求管理、列入计划、采购过程、监督审查。

24.3.1　需求管理

需求是所有军事采购的源泉和起点,需求的表现主体是军队,对接客体是军工企业,具体实现是装备和技术服务。需求的提出离不开军工营销人员在需求挖掘、引导和分析确认方面的能力,以及将能力付诸于实践,并转化为战斗力的主动追求。

一、需求来源

需求主要来源于两个方面：用户拉动和技术推动，用户拉动，是基于军队用户对现有或者未来装备配置短缺的认识，技术推动，是基于军队用户对于现有或者未来科技能够对我国家安全造成何种影响的认识。需求的实现受到经费及技术水平的制约，以军事装备采购为例，是军队在特定时期内一定价格下希望并且能够购买的武器装备数量。

二、引导需求

目前，军工市场的需求一般由用户或者采购职能部门提出，以用户提出为主，但实际上，很多时候用户却不知道或者不能清楚地表达自己的需求到底是什么，这时候，军工企业及其营销人员就要有意识地去引导需求。这里有一个前提，需要对国防发展战略、国家安全形势有很深的认识，同时具备很强的市场敏锐性，以及把握整个需求引导流程和节奏的能力。

三、需求分析

军事需求是军工装备科研及生产工作的源头，但目前，绝大部分军工企业、院所缺乏全过程的、完整的需求研究管理机制，缺少一支专职的军事需求分析队伍，很多时候，需求的收集、整理、分析都是零散而不成体系的。由于无法在军事需求领域持续开展研究、分析和深度挖掘，直接影响到军工企业在体系建设、技术创新、系统引领、战略规划、渠道维护等重要方面的目标实现。

四、需求确认

一般情况下，国家安全及军事发展战略的实现、军队现代化建设的需要、战争形态及方式的转变、科技工业的发展水平以及科学技术的发展状态都会在不同程度上影响军事装备采购需求的确定，以上影响军事装备采购的因素主要是从外部条件来说，而在需求确认的过程中，越来越多地体现出人的个体作用，这里的人不仅仅指的是采购行为的决策者，还有用户单位的管理层的认识，以及执行层面的技术状态是否满足装备使用的要求。

军工营销人员，必须非常重视需求的收集、整理、分析、确认和引导工作，密切关注军事潜在需求与建设现状，梳理需求中的瓶颈问题和军队建设的突出短板，配合技术团队分析确定技术研发方向，帮助军工企业设立发展规划和营销目标，实现企业营销体系建设与军事需求的对接与融合。

24.3.2 列入计划

需求确定后,就是列入采购计划,这一点非常关键,需求再迫切,技术再成熟,没有列入军事采购计划,一切白搭。

一、分类

对于武器装备军事采购计划而言,其划分的主要依据是时间。按时间划分,采购计划可分为中长期计划和年度计划,长期计划就是规划,立足长远,跨越时间段一般在10年左右,是方向、目标、步骤比较明确的顶层指导性文件,主要用来指导军事采购计划的制定和实施;采购中期计划是在长期规划的基础上,根据未来一定时期内的需求和经费所制定的采购实施方案,一般跨越5年左右,是规划的具体化,基于现实需求,更加贴近实际,但又需要逐步加以落实,一般来说,中期计划周期和国家发展的五年计划节奏比较同步;军事采购年度计划时间段为一年,以装备采购为例,列入当年采购的装备是已签订采购合同、已批准定型、部队急需、采购项目在上一年未完成,需结转下一年执行的装备采购项目等。目前,军工营销人员主要面向的是中期计划和年度计划,这其中,具体营销工作以年度计划为主要目标,但军工营销人员要对长期规划和中期计划保持高度关注,不能陷在现实工作中,就市场论市场,就项目找项目。

二、采购计划编制

结合日常军工采购计划编制的实际情况,这里只简要描述一下武器装备采购的年度计划编制,原则上是以年度采购经费指标为编制依据,突出重点,兼顾一般,综合平衡,留有余地。目前,军队装备采购主管部门编制武器装备年度采购计划主要包括当年武器装备采购、第二年武器装备采购草案和第三年武器装备采购预案,依序落实。各级装备采购管理部门编制本系统年度采购计划并上报,军队装备采购主管部门对各单位上报的年度装备采购计划进行审核、汇总,最终编制完成全军年度装备采购计划并付诸于实施。

军工企业及其营销人员要高度关注采购计划编制环节,紧密跟进,如果没有列入年度批次计划,后面虽然有调整,但项目立项的难度要远高于之前,所以,在计划环节,就算是竞争对手,大家也一定要抛开成见,目标一致,先确保项目列入采购计划,招投标阶段大家再八仙过海,各显神通。

24.3.3 采购方式

采购方式上，主要是五种形式：公开招标采购、邀请招标采购、竞争性谈判采购、单一来源采购、询价采购。对于军工采购管理及操作人员来说，在采购风险分析并可控的前提下，会根据项目的实际情况来确定具体采用何种方式，采购方式的选择非常重要，它是加快采购速度，节约投资，提高军事采购效益的关键环节；而对于军工营销人员来说，采购形式的区别伴随着采购对象的不同、标准和规范的差别以及装备采购的定量和定性评价标准，营销策略和方法实施也必然存在差别，因此，对于采购方式的提前掌握并有针对性地精心准备，是做好军工营销工作的重要前提和基本要求。很多军工营销人员会觉得，这应该是用户或者采购部门关心的事，我们只需要把用户关系、信息收集、招投标、合同签订等工作做好就行了，但绝对不是这样。在军工营销过程中，采购方式的确定，可以帮助营销人员预判项目经费，制定招投标公关模式，有时候通过营销行为，更改采购方式，甚至可以直接决定项目归属。

具体实践中，面对不同的采购方式，军工营销人员需要采用有差异的应对模式，并有足够的重视和极高的技巧去理解运用。例如：如果是单一来源采购，可能需要将更多的精力放在报价文件的准备上；如果是邀请招标，不光要重视投标文件的准备，花大力气来进行用户和总部沟通，同时还要争取获得专家名单，通过全方位的沟通汇报取得自上而下的支持和认可；如果是竞争性谈判，对于自身和竞争对手的优劣势分析会变得格外重要；如果是询价，那么价格自然是关键，如何控制成本，把价格做低，是关注焦点。

一、公开招标

公开招标采购是由采购部门通过报刊、网络等公共媒体方式向社会公开发布招标公告，有至少三家符合投标资格的供应方参加投标，从中择优选中标单位的招标方式，一般适用于采购通用性强，对于保密要求不高的军用装备采购项目，其主要采购程序为：组建招标团队、确认评标委员会名单、确定招标文件、发标书、投标、开标、评标、定标。

在军工领域，尤其是直接面向部队用户的项目营销和装备产品推广，行业及用户对于保密性的要求比较高，公开招标模式用得并不多；此外，公开招标主要以书面材料决定投标人本身的能力，很多时候不需要现场答标，有时不能完全反映真实水平和情况，这对于要求质量零瑕疵的军工用户，会增加潜在风险。尽管在一些情况下,公开招标并不是实现有效性目标的最佳方式,但不可否认,公开招标采购能最有效地促进竞争,节约资源,是军工市场中一种应用非常广泛的采购模式。

二、邀请招标

在五种采购方式中,对于军工营销人员来说,邀请招标是非常主要的采购方式,要重点掌握。

1. 概念及特点

邀请招标,是指采购方根据行业内相关企业的综合能力,包括资信、管理、技术和业绩等,有选择地发出投标邀请书,只有被邀请的企业才能参与投标竞争。形式上可分为选择性招标和限制性招标两种方式,两者的主要区别在于是否有公告程序及筛选流程。军工行业,尤其是军队用户作为直接招标方时,很多时候可能会选择限制性招标,也就是不公开信息,根据招标内容直接确定一批企业作为邀请投标对象,并将招标文件直接发往这部分企业,其他企业无法知道招标信息。

军事采购采用邀请招标方式,一是涉及国家安全和军队秘密的客观要求;二是供应商数量不多的客观限制;三是考虑到采购的经济有效性目标。邀请招标方式限制了投标人的数量,不利于形成充分的竞争氛围,但只要是前期经过严格的筛选和考察,在大幅降低招标费用和评标工作量的情况下,仍然可以取得理想的结果。

采用邀请招标采购,优点是可以避免一些公开招标的弊端,限制范围,控制费用,缩短周期,降低风险等;缺点是竞争度不够,可能会偏离市场价格规律,同时由于采购方对于市场的了解度有限,可能会漏掉一些更有竞争力的供应商,另外,也会给一些有竞争力的市场新进入者造成信息不透明。

2. 应用

对于军工行业来说,邀请招标更适用于直接涉及国家安全,有明确保密要求的项目,这种模式是在军事高科技装备采购领域,或者军队用户作为直接用户时,现实应用最为广泛的,但这种邀请招标的模式对于想要涉足军工领域的民营资本会有一些不公平,因为需求信息不对称、政治地位不对等。在进行被邀请对象的确认环节中,招标部门不论从何种角度出发都会更愿意选择具备军队属性的科研单位、以十一大军工集团为代表的军工骨干企业或者类似于科技部、工信部等国家部委下属的所谓"根正苗红"的科研机构和院所,因为挑选这些单位,对于用户单位及其招标管理部门来说,风险更可控,沟通更顺畅,相互之间的信任指数更高,这也是为什么"十五"期间国家就下文明确支持非公有制经济参与军事工业发展,却直到现在进展仍然缓慢的原因之一。

在邀请招标的模式中,采购管理部门为了使该专业领域具有更好的活力和发展前景,需要保持一定的市场竞争态势,但同时又必须注重对重点对象军工企业的扶持,使其处于行业领先地位,而用户也会根据项目具体情况不同,采用适宜的邀标模式,例如某系统工程,难度大,周期短,要求高,用户对于总体单位的选择异常慎重,第一轮邀请十余家具备一定实力的企业应标,通过三轮筛选后,最终选择三家企业进入到最后的评标阶段。

三、竞争性谈判

竞争性谈判采购,是指采购人或代理机构通过谈判,与企业就采购的条件达成协议的过程。它是主要采购模式的有益补充,在诸如采购涉及到技术发展的前沿,或者因为受制于其他条件,公开招标、邀请招标等采购方式的使用受到限制的情况下,是非常重要而且经济有效的采购方式。竞争性谈判适用于装备采购金额达到一定额度以上,招标后没有合格标的,价格不确定,或者因为技术复杂、性质特殊等导致需求可变等情况。其采购程序为:组建谈判团队、确定谈判文件、确定邀请谈判单位名单、谈判、确定承制单位。

在军事装备采购中,采用竞争性谈判具有一些独有的优势。一是可以缩短招标周期,竞争性谈判采购方式由于不是广泛进行招标,不存在准备标书、投标、等标的情况,这就大大缩短了采购周期;二是节约采购成本,采购实体可以直接与供应商进行谈判或协商,可以减少中间环节,省去了大量的开评标工作,有利于控制成本,提高效率;三是可以使供求双方能够更为灵活地谈判,采购主体可以根据实际情况,就拟采购对象相关问题进行多次谈判,采购到更符合要求的军品装备。

与公开招标方式采购相比,竞争性谈判具有较强的主观性,评审过程也难以控制,容易导致不公正交易,暗箱操作,甚至腐败,因此,对这种采购方式的适用条件须加以限制,例如谈判工作必须同期同步进行。

四、单一来源

单一来源采购也称直接采购,适用的情况:一是采购单位所购产品和服务的采购渠道是单一的;二是由于技术、工艺或专利权保护的原因,产品和服务只能由特定的供应商提供;三是发生不可预见的紧急情况时,不能从其他供应商处采购的;四是为保证原有装备采购项目的一致性或者服务配套的要求,必须继续从原装备承制单位采购的项目。

尽管单一来源采购是一种缺乏竞争的采购方式,但同样是不可或缺的采购方式,在军用高科技装备采购领域,这种模式也是判断承制单位的技术实力、渠道控制力以及用户管理能力等方面的依据之一。军工营销工作做到位了,可以把有可能采用其他采购模式的项目转为单一来源,也可以把本应该是竞争对手的单一来源采购项目转为采用其他采购模式,当然,前提条件是有足够的实力基础。

单一来源免去了发布信息、编制标书、组织评标活动等一系列工作,采购环节少,过程简单,具有实效,在紧急采购时,这种方式可以发挥较好作用。单一来源采购的特点,使采购活动处于一对一的状态,在交易过程中,有必要从法律制度上对这种采购方式的使用规定严格的适用条件和监督,目前,不论是政府采购还是军事采购,对于单一来源采购模式控制得比较严,也是审计的重点。但是对于军工科研院所、企业以及军工营销人员来说,单一来源采购是一种幸福指数非常高的采购方式、直接,安全。企业对于项目的掌控程度也非常高,其投标风险降至最低。

五、询价

询价采购是指采购机构向供应商发出询价通知,要求供应商报价,并对其报价进行比较以确定中标供应商的一种采购方式,适用于采购数量不多、金额较小、不需要保密、通用性强、价格变化幅度较小的装备采购项目。询价采购的采购周期短,成本极低,但存在非公平竞争、价格垄断、供应商无法履约、产品质量和服务无法得到保障等风险。

24.3.4 监督审查

军事采购监督审查的主要代表方是军事代表机构,军代表作为军品"监造官"和联系军工市场采供双方的"桥梁",最主要的任务就是受军事采购主管部门委托,依据采购合同,按照有关法规、标准,对项目设计、制造、检验、交货、服务等过程的质量、进度和经费等实施监督,保证军方按计划保质保量地采购到所需的装备与服务。认真研究军事采购管理与监理工作,对军工营销具有极为重要的意义,尤其是军代表制度,是军工营销人员必须熟悉,也不得不熟悉的领域,对于很多军工企业的营销人员来说,军代表群体是营销的主要对象群体之一。

实行军品采购的监督管理机制是军品科研生产管理的重要组成部分。有利于实现军事采购的全寿命、全系统过程控制和管理,提高采购效益;有利于建立相对独立的第三方制衡机制,有效解决目前军事采购过程中的一些深层次问题;有利于建立职责分工明确、工作运行高效的军事采购机制,推动采购制度改革。

军事代表机构是面向全军各级采购部门的合同履行,进行监督服务管理的专职机构,直接在军队装备采购主管机关及职能部门领导下开展工作。各装备管理部门向承担型号装备总体、主要单机设备研制生产任务及主要配套件生产任务的军工企业派驻军事代表室,军事采购部门订立合同后,委托驻驻地军事代表室实施项目监督管理。

军事采购主管机关依据国家和军队的法律法规,向重点承制单位派驻军事代表,主要工作内容是对采购对象形成过程的质量、进度、价格等进行监督控制,对重要节点和最终产品进行检验,并验收产品。军事代表是以合同管理为核心,对研制、生产、服务等全过程的"质量、进度、价格"实施监督管理,虽然目前军事代表既承担合同订立工作,又承担合同履行监督工作,但是,合同订立的真正权力属于军事采购主管机关。

军事代表室主要有三方面的工作内容:一是主要负责对合同履行计划的可行性及具体执行情况进行监督;二是主要对承制单位质量管理体系、研制生产过程质量、技术服务质量进行监督,负责检验验收和交接、发运监督等;三是主要负责合同履行过程的成本监督及控制工作。

除了在军事采购流程中,各级采购主管部门要对全过程进行监督以外,末期,还要开展严格的检验验收,一般来说,项目经费或者规模比较小的情况下,这些环节主要是由军代表来完成,但在型号系统或者重点科研项目中,很多时候,采购部门和直接用户也会介入;验收合格后,就是结算,结算完毕后,还需要接受各级审计部门的项目审计,主要是针对经费使用情况。

参 考 文 献

[1] 菲利普·科特勒,加里·阿姆斯特朗.市场营销原理.北京:中国人民大学出版社,2010

[2] 黄静.品牌营销.北京:北京大学出版社,2008

[3] 郭国庆.市场营销学通论.北京:人民大学出版社,2011

[4] 曾华锋等.国防科技发展战略论.北京:解放军出版社,2012

[5] 白万纲.军工企业战略、管控与发展.北京:中国社会出版社,2010

[6] 中共中央宣传部理论局.马克思主义哲学十讲.北京:学习出版社,党建读物出版社,2014

[7] 国防科技工业军工文化建设协调小组.军工文化论文集.北京:北京理工大学出版社,2006

[8] 祝志刚,刘汉荣.中国军事订货与采购.北京:国防工业出版社,2007

后　　记

第一次有想法要写《军工营销》，是 2011 年，当时的我，已经从事军工营销工作 5 年时间，到了一个瓶颈期，也有很多的疑惑，无人解答。幸运的是，随后被单位派驻北京，筹建北京分支机构，时间和空间上的有限自由，帮助我跳出过往的繁杂和喧嚣，静下心来，开始重新审视自己并思考未来。

一直以来，我都秉承"学以致用"原则，并坚信"持续成长可以构筑核心竞争力"，在从事军工营销工作之初，已经意识到个人知识储备的匮乏，为此，工作之余，我于 2006 年 9 月进入四川大学攻读 MBA 课程，2008 年又获得 PMP 证书，期间，阅读了大量的市场营销、企业和项目管理类书籍，但在朝着军工市场转化应用的过程中，遇到不少问题。传统市场营销理论和方法，需要与军工市场特点和文化价值体系相结合，需要有更高级的理论体系指导，需要有更强大的融会贯通能力。在持续积累和实践摸索的基础上，经过深入思考，2013 年，我启动了《军工营销》一书的编写工作。

作为一个多极多类多域的复杂大系统，军工市场覆盖领域广、构成要素多、内部结构特殊、相关利益体的关系错综复杂，相应地，对于军工营销及其从业者也提出了更高的要求，如何适应并满足这种要求，需要我们用到体系化、系统化等多种思维，站在顶层的高度来阐述、分析并指导军工营销活动的开展。

本书中，我尝试以马克思主义理论为顶层指导，多层面、多维度地围绕军工营销进行阐述，注重整体，也注重细节，不仅关注营销要素、结构关系，同时也关注市场分析、趋势发展和营销策划流程，既有战略层面，也有策略层面，还有具体的方式方法层面。我的主要诉求，并不是要和大家交流管理学或者营销学知识，而是致力于探讨如何把市场对于利润和金钱的渴望追求与军工行业的人文精神、价值理性进行有效融合，努力探讨一种物质主义和人文主义相结合的，符合我国军工行业现状、特点和未来发展趋势的新型营销体系。通过这种创新性的价值关系和思维框架，在基本涵盖军工行业营销要素的前提下，寻求为军工营销实践提供顶层解决方案的指导性文件。

本书在撰写过程中，得到了很多军工行业内的领导、专家及前辈的关心

后记

与支持,感谢北斗系统总设计师杨长风给予本书的意见指导,感谢中国工程院陈鲸院士为本书题写书名,感谢中国电子科技集团吴曼青院士为本书作序,感谢向梓仲、杨国兵、孙凝晖、姚发海、杨海洲等行业前辈为本书做推荐,感谢解放军国防科技大学军事科技哲学专家刘戟锋将军给予我的理论牵引,感谢四川大学管理学院李蔚教授对本书所做的框架指导。

我还要感谢在过去15年间,我所有的前任和现任领导以及我的同事们,他们是我的良师益友,教我做人,助我成长。尤其要感谢魏为、余健、宋学雷,他们在我的价值观体系成熟进程中,给予了我很多帮助,有些影响是决定性的、长远的、不可磨灭的;此外,陈勇、于涛、罗思毅、李智、刘兴汉、黄新强等,也在工作中给了我很多的具体指导。在本书出版过程中,更应感谢我的家人,正是有了他们的爱和奉献,使我可以心无旁骛的工作和学习,让我能够获得现在的拥有。

由于水平有限,军工营销各方面的研究应用也处于相对初始的阶段,可能会有很多方面没有讲清楚,说透彻,甚至是错误的地方,请大家谅解,也欢迎大家批评指正,多提意见建议,我会在后续工作中不断改进。

作者联系方式:微信——yaowei_201319

邮箱——yaowei_201319@163.com